图书在版编目（CIP）数据

当今台湾观察 / 瞿定国著. -- 北京 ：九州出版社，
2023.11（2024.11重印）

ISBN 978-7-5225-2363-7

Ⅰ．①当… Ⅱ．①瞿… Ⅲ．①台湾问题－文集 Ⅳ.
①D618-53

中国国家版本馆CIP数据核字(2023)第203106号

当今台湾观察

作　　者	瞿定国　著
责任编辑	邓金艳
出版发行	九州出版社
地　　址	北京市西城区阜外大街甲 35 号（100037）
发行电话	(010)68992190/3/5/6
网　　址	www.jiuzhoupress.com
印　　刷	鑫艺佳利（天津）印刷有限公司
开　　本	710 毫米 ×1000 毫米　16 开
印　　张	27.5
字　　数	400 千字
版　　次	2023 年 11 月第 1 版
印　　次	2024 年 11 月第 2 次印刷
书　　号	ISBN 978-7-5225-2363-7
定　　价	108.00 元

当今台湾观察

瞿定国 著

九州出版社 | 全国百佳图书出版单位

目　录

写在前面

　　2015 年 10 月，我所著《大陆老兵看台湾》一书由国防大学出版社出版，此后台湾政坛发生了重大变化。坚持"台独"纲领的民主进步党再次上台，蔡英文当上了台湾地区领导人。她打着"维持现状"的幌子，频频与美国等外部势力相勾连，坚决否定"九二共识"，坚持"两国论"，大搞"去中国化"，煽动两岸对抗，制造"绿色恐怖"，企图全面控制台湾社会，最终实现"台湾独立"。当然，这只能是痴心妄想，死路一条。

　　为此，笔者撰写了数十篇涉台文章，从政治、军事、文化等层面对蔡英文当局的"台独"路线进行批判。在写作中，特别注意对相关问题的历史考察，从历史和现实的结合上进行综合整理，以增加文稿的可读性、资料性，供有兴趣者分享和查阅。

　　截至 2021 年 12 月，我撰写了 60 篇文章，约 40 万字，均在中央统战部主管、中国和平统一促进会主办的《统一论坛》，中国社会科学院台湾研究所主办的《台湾周刊》等几种刊物上公开发表，现特汇集成册，定名为《当今台湾观察》，算是《大陆老兵看台湾》的续集吧！

瞿定国

2021 年 12 月 27 日

对台政策

习近平总书记新时代对台工作论述的科学建构

党的十九大报告涉台论述，在以往中央对台大政方针的基础上，对十八大以来对台工作的新理念、新实践，进行了全面科学总结，展示了举世瞩目的丰硕成果。习近平总书记站在国家发展全局和中华民族复兴的战略高度，面对国内外和台海复杂多变的局势，对新时代对台工作进行了新思考，提出了新思路，制定了新方略，形成了新体系，是习近平新时代中国特色社会主义思想重要组成部分，内涵极其丰富，应当认真品读和思考。

一、国家统一与中华民族伟大复兴相结合

国家统一与中华民族伟大复兴是密不可分的统一体。习近平总书记深刻阐释了国家统一和实现中华民族伟大复兴的内在联系。国家统一是民族复兴的必然要求，民族复兴进程又必然推动国家统一进程。两者相辅相成，同步前行。台湾的前途系于国家统一，台湾同胞的福祉更寄望于中华民族的强盛。

从两岸分离的现实情况出发，实现国家统一重中之重是必须坚定不移地坚持一个中国原则。十八大以来，习近平总书记多次强调"九二共识"的深邃内涵与历史意义，就在于它关系到认定两岸是一个国家还是"一边一国"的根本问题。习近平用"两岸关系之锚""定海神针"等比喻形容"九二共识"的重要意义。"锚定了，才能任凭风浪起、稳坐钓鱼台"；"没有这个定海神针，和平发展之舟就会遭遇惊涛骇浪，甚至彻底倾覆"；"九二共识"的核心是一个中国原则，认同两岸同属一中。台湾政局变化

改变不了"九二共识"的历史事实和核心意涵。在这个大是大非问题上，我们的立场不可能有丝毫模糊和松动。习近平总书记的重要论述，充分体现了祖国大陆的底线意识，是没有任何调整和妥协余地的。

实现国家统一和中华民族伟大复兴的伟大任务，必须依靠两岸同胞共同努力。"中国梦是两岸同胞共同的梦，需要大家一起来圆梦。"两岸同胞都是民族复兴的参与者、推动者、获益者，应当不分党派，不分阶层，不分宗教，不分地域，把握机遇，相互扶持，紧密合作，携起手来同心干。两岸人民共圆中国梦的号召，充分体现了中国共产党人对于新时代建设中国特色社会主义的道路自信，对于达成海峡两岸最终统一的政治自信，对于实现中华民族伟大复兴的目标自信。

二、和平发展与和平统一相结合

走和平发展道路，是中华民族优秀文化传统的传承和发展，也是中国人民从近代以来苦难遭遇中得出的必然结论。十八大以来，以习近平同志为核心的党中央，在更高层次上赋予和平发展与和平统一以新时代的新内容。

习近平总书记强调，中华民族是爱好和平的民族。消除战争，实现和平，是近代以来中国人民最迫切、最深厚的愿望。中国人民对战争带来的苦难有着刻骨铭心的记忆，对和平有着孜孜不倦的追求，十分珍惜和平安定的生活。中国人民怕的就是动荡，求的就是稳定，盼的就是天下太平。从实现两岸和平统一来说，理所当然地要走和平发展道路，中华民族伟大复兴事业的稳步推进，更需要保持两岸关系和平发展。两岸关系中的和平发展与和平统一，前者是基础，是前提，后者是必然，是归宿。没有前者，后者就难以实现，没有后者，前者也就失去题中应有之义。

中国不仅自身坚定不移地走和平发展道路，并且积极倡导各国共同走和平发展道路，打造人类命运共同体。2013 年习近平主席访问美国时表示，中国梦"与包括美国梦在内的世界各国人民的美好梦想相通"，形象地阐述了人类命运共同体理念。十八大以来，习近平几十次谈到"命运共同体",从国与国的命运共同体、区域内命运共同体,到人类命运共同体,这一超越民族国家和意识形态的"全球治理"新观念,表达了中国追求和平发展的愿望,体现了正在发展的中国与世界各国合作共赢的思想。

事物的矛盾性是普遍存在的,和平发展不可能一帆风顺,一定会有许多坎坷。台湾发生所谓"反服贸运动"后,特别是坚持"台独"路线的民进党再次上台后,两岸关系日趋复杂严峻,有些人士对走两岸关系和平发展道路产生疑虑,失去信心。对此,习近平强调,两岸关系和平发展是维护两岸和平、促进共同发展、造福两岸同胞的正确道路,也是通向和平统一的光明大道。我们要毫不动摇地坚持两岸关系和平发展的正确道路,沿着这条道路一步一个脚印走下去。"从根本上说,决定两岸关系走向的关键因素是祖国大陆发展进步。"随着大陆的迅猛发展,两岸差距的不断拉大,没有任何势力胆敢和能够阻挡两岸关系和平发展的前进步伐。

目前,海峡两岸尚处于分离状态,早日结束这种令人痛心的局面,是海峡两岸中国人的历史责任。解决这个问题的唯一途径,就是两岸人民一定要从战略高度,寻求双方都能接受的共同点、着眼点和落脚点,将和平发展的良好势头逐步引向和平统一。这是唯一正确的选择。2016年国庆招待会上,李克强总理的讲话涉台部分较之2015年有了新变化,将"维护和促进两岸关系和平发展",提升为"团结包括台湾同胞在内的一切支持两岸关系和平发展的力量,不断向着实现祖国完全统一迈进"。这表明实现祖国完全统一的伟大任务,已经历史地落在了当今一代中国人的肩上。

至于统一后的政治制度、政权形式,"必须继续坚持'和平统一、一国两制'方针"。目前,台湾一些政界人士和部分民众,对国家统一后的"一国两制"还存在误解,"台独"分裂势力也借机滋生事端。有的人甚至猖狂叫嚷要以台湾的"一国一制"来"统一"祖国大陆。习近平坚定地表示,"和平统一、一国两制"是我们解决台湾问题的基本方针,也是实现国家统一的最佳方式。我们将以最大诚意、尽最大努力争取和平统一的前景,因为以和平的方式实现统一最符合包括台湾同胞在内的中华民族的整体利益。考虑到两岸历史造成的隔阂和现实的一些差异,习近平指出:"'一国两制'在台湾的具体实现形式会充分考虑台湾现实情况,充分吸收两岸各界意见和建议,是能充分照顾到台湾同胞利益的安排。"这就为在台湾如何实现"一国两制"增添了新思路,赋予了新内涵,也必将出现新机遇。

2015年11月7日,习近平与马英九会面时指出:60多年来,两岸走上不同发展道路,实行不同社会制度。道路和制度效果如何,要由历史去检验,让人民来评判。两岸双方应该相互尊重彼此对发展道路和社会制度的选择,避免让这类分歧干扰两岸交流合作,伤害同胞感情。这是习近平总书记一个伟大的创新见解。

三、心灵契合与经济社会融合相结合

大力促进两岸同胞共同弘扬中华文化,把促进心灵契合与经济社会融合发展结合起来,是坚持和平发展道路、实现祖国统一目标的重要路径。2016年3月5日,习近平总书记在参加全国两会时,首次提出要"深化两岸经济社会融合发展"。11月1日,他在会见洪秀柱就两岸关系发展提出的六点意见中,有一条专门阐释了"融合发展"问题。

党的十九大报告指出:"两岸同胞是命运与共的骨肉兄弟,是血浓于水的一家人。我们秉持'两岸一家亲'理念,尊重台湾现有的社会制度和台湾同胞生活方式,愿意率先同台湾同胞分享大陆发展的机遇。我们将扩大两岸经济文化交流合作,实现互利互惠,逐步为台湾同胞在大陆学习、创业、就业、生活提供与大陆同胞同等的待遇,增进台湾同胞福祉。我们将推动两岸同胞共同弘扬中华文化,促进心灵契合。"报告运用极富情感的语言,宽广温暖的人文关怀,表述了两岸同胞的亲情和融合发展思想。

2016年以来,祖国大陆相继出台20多项政策措施,新一批政策措施还将陆续出台。2017年6月,以"扩大民间交流,深化融合发展"为主题的第九届海峡论坛,设置大会、青年、基层、经贸4大板块21个项目40场活动,8000余名台湾各界人士共襄盛举,取得了令人瞩目的成果。十九大台湾代表团团长苏辉等在接受记者采访时,高度赞扬祖国大陆的成就,希望台湾青年抓住机遇,到祖国大陆发展。已在祖国大陆发展有所成就的

台胞反映："在台湾，工作是职业，在大陆，工作可能成为事业。"

"台独"势力越是企图弱化和切割两岸民众联系，祖国大陆越是要坚持与之进行针锋相对的斗争，使两岸的交流和融合面进一步扩展，不再仅仅局限于经济物质层面，而要扩展到包括文化思想、制度管理等内容在内的社会领域，这是祖国大陆推动实现两岸民众心灵契合又一重大举措。有台湾媒体指出，融合发展由大陆官方推动，呈现"大陆主导，台湾参与"的单向过程，不会受到政党轮替影响，反而在民进党执政、两岸僵局下，大陆更可加大力度推动融合发展，以稀释"台独"浓度，抵消民进党当局在社会文化领域推动"渐进台独"的负作用力。

四、反"独"与促统相结合

确保国家主权和领土完整是国家核心利益，是一条不可逾越的红线。历史和现实警示我们，绝不容许任何来自外部的侵略势力和内部的分裂势力逾越这条红线。十九大报告宣示了我们反对"台独"分裂图谋的坚定意志和鲜明态度。"我们坚决维护国家主权和领土完整，绝不容忍国家分裂的历史悲剧重演。一切分裂祖国的活动都必将遭到全体中国人坚决反对。"

陈水扁执政期间，抛出"一边一国"论，视祖国大陆为"敌国"，并在军事上推行"有效吓阻、防卫固守"攻势战略，一度将两岸关系带到战争边缘。现在蔡英文当局又继承李登辉、陈水扁的衣钵，在文化、教育领域，大肆推行企图磨灭台湾同胞中华民族意识的"去中国化"，使两岸关系处于"冷对抗"局面，给台海局势发展带来了很大的不确定性。必须清醒认识到，"台独"分裂势力是两岸关系和平发展的最大现实威胁，也是两岸交流合作的最大障碍。对于形形色色的"台独"活动，无论是"渐进台独"，还是"法理台独"，我们都必须以《反分裂国家法》为据，做好扎实而充分的应对准备。

《反分裂国家法》规定："国家绝不允许'台独'分裂势力以任何名义、任何方式把台湾从中国分裂出去。"习近平在纪念孙中山诞辰150周年大会上则将其强化为："绝不允许任何人、任何组织、任何政党、在任何时候、以任何形式、把任何一块中国领土从中国分裂出去！"在庆祝建军90周年大会的讲话中，又重申了这"六个任何"。十九大报告将这"六个任何"正式写入其中，更增添了它的权威性和震慑性。"六个任何"犹如一把利器，击中了"台独"分裂势力的要害。2017年10月20日，台湾行政部门负责人赖清德在立法机构答询时，竟抛出"捍卫台湾主权、维护国人自由民主人权、发展经济壮大台湾、深化两岸和平发展、维护国人对未来选择权、捍卫区域和平安全"的所谓"六个决心不变"来应对"六个任何"，当然这也只不过是"螳臂当车"、自取灭亡而已。"我们有坚定的意志、充分的信心、足够的能力挫败任何形式的'台独'分裂图谋。"由此可见，祖国大陆反对"台独"的坚定立场、震撼力度和战略自信，都是空前的。"'台独'之路走到尽头就是统一。"

在反对和遏制"台独"分裂势力的斗争中，要把反"独"和促统结合起来，双管齐下，发挥叠加效应，公开大力支持统派的活动。在陈水扁疯狂推行"激进台独"路线时，我们更多地倾向反"独"力度，当前我们在面对蔡英文的所谓"渐进台独"时，则要坚定反"独"的同时，同步强化促统举措。例如涉及促统的政治议题，不管台湾政局今后怎么变化，不管蓝绿哪一方上台，都要尽快提到日程上来。习近平指出，增进两岸政治互信，夯实共同政治基础，是确保两岸关系和平发展的关键。着眼长远，两岸长期存在的政治分歧问题终归要逐步解决，总不能将这些问题一代一代传下去。祖国大陆多次表示，愿意在一个中国框架内就两岸政治问题同台湾进行平等协商，做出合情合理安排。

在反"独"促统斗争中，我们一如既往地"寄希望于台湾人民"，更寄希望于两岸人民的携手同心。人民群众是历史前进的动力，国家完全统一、中华民族伟大复兴，归根到底要靠两岸人民共同努力。习近平强调，"我们对台湾同胞一视同仁，无论是谁，不管他以前有过什么主张，只要现在愿意参与推动两岸关系和平发展，我们都欢迎"。这一重要表态，既是"两岸一家亲"理念的体现，同时也表明了祖国大陆对于迷途知返的绿营人士有更多的包容，有很大的气度。

五、"和平方式"与"非和平方式"相结合

国家安全是国家生存发展的前提，人民幸福安康的基础，中国特色社会主义事业的重要保障。当前，中国周边面临的安全形势是复杂、严峻的，在家门口添乱、生战的可能性增大。历史经验告诉我们，对于无论来自哪方面的风险，我们都必须做好"两手"准备。既要坚持用和平方式、谈判方式解决争端，又要做好运用非和平方式、主要是军事斗争手段，应对出现的各种复杂局面。

十八大以来，习近平总书记着眼实现中国梦强军梦，在领导国防和军队建设实践中，对做好军事斗争准备做出一系列战略思考，形成了独具特色的备战思想。他指出："我们捍卫和平、维护安全、慑止战争的手段和选择有多种多样，但军事手段始终是保底手段。"既是应对当前中国地缘战略环境日趋复杂、多方向安全压力的需要，同时也是应对"台独"分裂势力"剑走偏锋"、挑衅《反分裂国家法》的需要。

中央军委于2016年5月颁发《军队建设发展"十三五"规划纲要》。纲要根据党和国家战略部署，围绕实现党在新形势下的强军目标，贯彻新形势下军事战略方针，对"十三五"时期军队建设发展作出总体部署，强调优先满足军事斗争准备所急需。纲要规定，必须按照军委管总、战区主战、军种主建的新格局，进一步协调推进军队发展和改革。《军队建设发展"十三五"规划纲要》，是军队筹划组织各项建设和工作的基本依据，贯彻以后已取得显著成绩。

在《军队建设发展"十三五"规划纲要》的基础上，十九大报告提出"坚持走中国特色强军之路，全面推进国防和军队现代化"的指导方针和"两步走"战略。报告指出："适应世界新军事革命发展趋势和国家安全需求，提高建设质量和效益，确保到2020年基本实现机械化，信息化建设取得重大进展，战略能力有大的提升。""力争到2035年基本实现国防和军队现代化，到本世纪中叶把人民军队全面建成世界一流军队。"报告要求全军"扎实做好各战略方向军事斗争准备，统筹推进传统安全领域和新

型安全领域军事斗争准备"。

从两岸关系来说，我们历来主张运用"和平方式"而不是"非和平方式"解决台湾问题。《反分裂国家法》的主旨虽然是反"独"遏"独"，但首先强调的还是"和平方式"。第五条就明确指出：以和平方式实现祖国统一，最符合台湾海峡两岸同胞的根本利益。国家以最大的诚意，尽最大的努力，实现和平统一。

然而在解决台湾问题的过程中，由于国际、地区和两岸关系的复杂多变，特别是"台独"分裂势力日益猖獗，采用何种方式解决两岸统一问题，并不只是祖国大陆的善意能决定的。《反分裂国家法》第八条规定，在"三种情况"下，"国家得采取非和平方式及其他必要措施，捍卫国家主权和领土完整"。一是"'台独'分裂势力以任何名义、任何方式造成台湾从中国分裂出去的事实"；二是"发生将会导致台湾从中国分裂出去的重大事变"；三是"和平统一的可能性完全丧失"。对待蔡英文当局的种种"台独"图谋，要做好运用法律手段进行军事斗争的准备。

习近平任福建省省长兼福建预备役高炮师第一政委时，就对"台独"分裂势力十分警觉。在陈水扁上台的第二年，2001 年 8 月 2 日，习近平在一次座谈会上指出，要清醒认识台海斗争的严峻形势，进一步增强生成和提高部队整体战斗力的紧迫感，只有真正做好"打"的准备，才有"和"的可能。他特别强调，要真正从各个方面做好对台军事斗争准备。

十八大以来，在习近平主席领导下，中央军委狠抓推进部队建设、改革和军事斗争准备。习近平强调，全军要坚决完成担负的各项军事斗争任务，以国家核心安全需求为导向，按照"能打仗、打胜仗"的要求，真抓实备、常备不懈，扎实推进军事斗争准备各项工作。一旦危机发生，战争来临，人民军队就能召之即来、来之能战、战之必胜。无论来自何方的敌对势力，特别是"台独"分裂势力，在祖国人民和铁的长城面前必将碰得头破血流。

六、构建中美新型大国关系与维护国家核心利益相结合

台湾问题是历史遗留的中国内政。台湾问题之所以成为问题，一个重要原因就是美国的插手和干预，平添了一些国际因素。正因为如此，有台湾学者把解决台湾问题和处理中美关系这两个相互影响的问题，称之为"双层结构"，认为必须连带处置。

事实表明，美国为了自身战略利益，总是不时打出"台湾牌"。美国"全球台湾研究所"执行主任萧良其直言不讳地表示，美国有关台海关系政策的主要目标是，确保台湾问题要"以非威逼性、非单边性以及不损害美国利益的方式"加以解决，一语道破了美国对台政策的本质。

美国总统特朗普上台以后，在美国一些亲台势力的导演下，上演了一出与蔡英文通话的闹剧，表示一个中国政策是可以讨论的。特朗普妄图拿这个政治上的大是大非问题与中国做交易，获取美国的国家利益，遭到了中国政府的强烈抨击和坚决反对。习近平指出："我们要坚持走和平发展道路，但决不能放弃我们的正当权益，决不能牺牲国家核心利益。任何外国不要指望我们会拿自己的核心利益做交易，不要指望我们会吞下损害我国主权、安全、发展利益的苦果。"这些话语掷地有声，字字千钧，从根本上讲清了中国维护国家核心利益的坚定立场。其实，台湾问题不是靠美国能够解决的，决定因素还是要靠两岸中国人自己，特别是要靠祖国大陆的意志和实力。经过几个回合的较量，特朗普不得不回到中美建交以来、美国历届政府所遵循的一个中国政策上来。

台湾问题事关中国主权和领土完整，始终是中美关系中最核心、最敏感的部分，但它毕竟不是中美关系的全部。当前，中美之间的战略关系已经从一种普通的国际关系变成了关乎促进全球稳定和发展的关系。中美两国合作好了，就可以做世界稳定的"压舱石"，世界和平的"助推器"。

如何在不同意识形态、不同政治制度的中美两个大国之间，形成一种良性互动、协商合作的基本框架呢？习近平站在世界全局的高度，审时度势，纵横捭阖，以一代政治家的勇气和创新精神，从有利于坚持走和平发

展道路、中美两国共赢，以及地区和世界安宁与发展出发，擘画出了具有战略意义的大手笔。

习近平在 2012 年 2 月访美时就提出了建立"中美新型大国关系"。2014 年 7 月 9 日，他在中美战略与经济对话开幕式致辞指出："构建中美新型大国关系是一种使命和责任。中美两国经济总量占世界三分之一、人口占世界四分之一、贸易总量占世界五分之一，而且，中美两国利益深度交融，历史和现实都表明，中美两国合则两利，斗则俱伤。"9 次提到中美"新型大国关系"，强调中美两国可以也应该走出一条不同于历史上大国冲突对抗的新路，共同努力构建"不冲突不对抗、相互尊重、合作共赢"的新型大国关系。

2017 年 8 月 12 日，习近平应约与特朗普通话时强调，双方应该按照已经达成的共识，"妥善处理彼此关心的问题，推进中美关系稳定向前发展"。特朗普表示，"当前，美中关系态势良好，我相信可以发展得更好"。正如台湾学者潘兆民指出的，中美关系"冲突、对话、和解"的互动模式与"斗而不破"的格局已成定局，不会因白宫易主而轻易改变。

七、结语

习近平总书记新时代对台工作重要论述，从历史和现实的连接，理论和实践的结合，集中反映了习近平总书记在中国特色社会主义进入新时代以后，推进祖国统一大业的顶层设计和基本方略，是今后对台工作的指导方针和行动纲领，必须认真学习，把握精神，努力贯彻，全面落实，使新时代对台工作开启新征程，续写新篇章，结出新硕果。

（中央统战部主管、中国和平统一促进会主办
《统一论坛》2017 年第 6 期）

毛泽东关于武力解放台湾的战略思考

1948 年底，辽沈、淮海、平津三大战役取得胜利后，党中央和毛泽东准确地估计到国民党将把最后的落脚点放在台湾。如何取得解放战争的全面胜利，其中包括解放台湾，毛泽东深入思考，战略运筹，作出许多重要指示，中央军委也开始进行解放台湾的战役准备工作。

一、七届二中全会首次提出"解放台湾"的任务

在中国人民革命取得全国胜利的前夜，1949 年 1 月 6 日至 8 日，毛泽东主持中央政治局会议通过《目前形势和党在一九四九年的任务》决议。决议指出，1949 年和 1950 年将是中国革命在全国范围内胜利的两年。2 月 1 日至 3 日，毛泽东和苏联特使米高扬在西柏坡会谈时，谈到中国还有一半领土尚未解放时说，台湾是中国的领土，这是无可争辩的。现在估计国民党的残余力量大概全要撤到那里去，以后同我们隔海相望，不相往来。那里还有一个美国问题，台湾实际上就在美帝国主义的保护下。台湾问题比西藏问题更复杂，解决它更需要时间。[①]

3 月 5 日至 13 日，中共中央召开七届二中全会，集中讨论党的工作重点从乡村到城市的战略转移问题。毛泽东指出，辽沈、淮海、平津三战役以后，国民党军队的主力已被消灭。今后是要解决分布在从新疆到台湾的国民党剩下的一百多万作战部队。[②]应依据情况运用天津方式、北平方式、

---

① 《毛泽东传》（1893—1949）下，第 911 页。
② 《毛泽东传》（1893—1949）下，第 912 页。

绥远方式去解决敌人。但用战斗去解决敌人，仍然是我们首先必须注意和必须准备的。

根据七届二中全会精神，3月15日，新华社发表题为《中国人民一定要解放台湾》时评，首次明确提出"解放台湾"的任务："中国人民（包括台湾人民）绝对不能容忍国民党反动派把台湾作为最后挣扎的根据地。中国人民解放斗争的任务就是解放全中国，直到解放台湾、海南岛和属于中国的最后一寸土地为止。"

七届二中全会以后，在一次关于华东任务和人事安排的座谈会上，中共中央确定粟裕担任华东局常委，分管军事。在讨论华东局的管辖范围时，毛泽东提出"还要加上台湾"。他说："这地方很应该注意，有海军、空军及其他军队，有资材，很有生意做。"

在国民党政府拒绝在经过国共双方谈判代表拟定的"国内和平协定（最后修正案）"上签字后，毛泽东主席、朱德总司令4月21日发布《向全国进军的命令》，4月25日发布《中国人民解放军布告》，命令人民解放军奋勇前进，"解放全国人民，保卫中国领土主权的独立和完整，实现全国人民所渴望的真正的统一"。9月30日，中国人民政治协商会议第一届全体会议通过的由毛泽东起草的《中国人民政治协商会议宣言》指出：中央政府"将指挥人民解放军将革命战争进行到底，消灭残余敌军，解放全国领土，完成统一中国的伟大事业"。

10月1日，首都北京30万军民齐集天安门广场，隆重举行开国大典。毛泽东主席向全世界庄严宣告中华人民共和国成立。朱德总司令宣读人民解放军总部命令，要求全军指战员坚决执行中央人民政府和伟大的人民领袖毛主席的一切命令，迅速肃清国民党军队的残余，解放一切尚未解放的国土，"为解放台湾、澎湖、金门诸岛"而奋斗。12月31日，中共中央发表《告前线将士和全国同胞书》，将"解放台湾"、全歼蒋介石集团的最后残余势力，作为人民解放军1950年的光荣战斗任务之一。

随着解放战争的胜利发展，毛泽东紧密结合战争实践，对解放台湾问题，作出了许多战略性思考。1949年10月31日，毛泽东对第三野战军的兵力部署指出：三野防守华东，应"置重点于沪、杭、宁区域，以有力一部准备取台湾"。①1949年4月15日，国民党空军伞兵第3团在上海附近海域起义。时隔大半年，毛泽东忆及此事，于1950年2月4日给粟裕发电报指示："这批伞兵盼加强对他们的政治训练，我们需要以这批伞兵作基础训练一个伞兵部队，作为台湾登陆作战之用。"1950年5月28日，代理总参谋长聂荣臻关于部队编制原则问题向中央的报告提出，攻台作战所需之兵力与火力，尽可能保证充实；参加攻台部队仍然保留兵团和野战军机构，不予撤销，以利于集中统一指挥。对此，毛泽东均予以批准。②6月6日，毛泽东在中共七届三中全会上又强调，要"保障有足够力量用于解放台湾、西藏，巩固国防和镇压反革命"。

根据当时的国际国内形势，中央军委认为应在尽可能短的时间内完成台湾战役的准备工作，早日完成解放全中国的任务，以实现祖国统一。至于解放台湾的具体时间，则因多种原因不断往后延迟。1949年6月14日，毛泽东为中央军委起草给粟裕、张震等的电报，第一次明确提出，请开始注意研究夺取台湾问题，台湾是否有可能在较快的时间内夺取，用什么方法去夺取，有何办法分化台湾敌军，争取其一部分站在我们方面实行里外结合。如果我们长期不能解决台湾问题，则上海及沿海各港是要受很大危害的。

根据毛泽东的指示，1949年7月4日，刘少奇在访苏期间以中共中央代表团的名义给苏共中央政治局递交了一份报告，报告中对台湾问题作了如下分析：中共中央决定至迟在1950年解放台湾、海南和新疆。具体来说，先解放新疆和海南，通过解放海南，取得渡海作战经验。解放台湾问题拟在1950年下半年。7月25日，毛泽东在一份电报中说："我们认为最好在明年下半年，即我军攻打台湾时，整个大陆，西藏除外，为我们所占领。"1950年4月13日，毛泽东在关于购买空军装备器材致斯大林的电报

---

① 《毛泽东年谱》（1949—1976）第一卷，第34页。
② 参见《毛泽东年谱》（1949—1976）第一卷，第148页。

中则说："夺取台湾的作战，准备一九五一年进行之。"①

朝鲜战争爆发后，8月11日，毛泽东在起草的关于华东军区工作的指示中指出，"台湾决定1951年不打，待1952年看情况再作决定"。9月29日，毛泽东给中共中央宣传部副部长、新闻总署署长胡乔木写信说："以后请注意，只说要打台湾、西藏，不说任何时间。"②

二、华东军区制定"台湾战役"计划

为了实现武力解放台湾的战略任务，从1949年6月到1950年6月，在中央军委指导下，华东军区、第三野战军，经过缜密筹划，制定了攻台作战的战役计划。根据毛泽东的提议，中央军委指定粟裕为对台作战的总指挥。

1949年6月21日，毛泽东为中共中央军委起草致华东局，粟裕、张震、周骏鸣电报，明确指出，"准备占领台湾"，是摆在"你们面前目前几个月内"的"四件大工作"之一。8月2日，毛泽东为中共中央起草复粟裕并告华东局电："你们积极准备攻台湾是正确的，必须从各方面准备攻台，打破干部中的畏难心理。"③

1949年秋，第三野战军制定了以8个军攻台的作战计划，其中，以第9兵团4个军为攻台第一梯队，以另4个军为第二梯队。1949年底，在金门、登步岛战斗失利后，第三野战军对攻台兵力部署作了较大调整，决定增加参战兵力，除担任剿匪和地方警备任务外，主力12个军50万人全部参加攻台训练。第一梯队在原4个军的基础上再增加1个军。此后，粟裕又建议从第四野战军再借调4个军，使准备对台作战的总兵力增加到16个军。

1950年1月，华东军区、第三野战军前委下达了军区武装部队1950年的"六大任务"，第一项就是"歼灭东南沿海及台湾的国民党军，并配合

① 《建国以来毛泽东军事文稿》上卷，军事科学出版社、中央文献出版社2010年版，第132页。
② 《建国以来毛泽东军事文稿》上卷，军事科学出版社、中央文献出版社2010年版，第224页。
③ 《毛泽东年谱》（1893—1949）下卷，第541页。

各兄弟兵团，完成全国解放的光荣任务"。5月17日，第三野战军前委发出了《保证攻台作战胜利的几点意见》。

"台湾战役"计划制定后，华东军区、第三野战军加快了战役准备工作。主要有：

（一）召开参谋长座谈会

1949年12月召开野战军、各兵团、各军（三级军区）参谋长座谈会，总结1949年的参谋工作，研究部队在现代化性质的陆、海、空军联合作战情况下的参谋工作建设任务。会后，野战军司令部于1950年1月18日下达通知，提出了加强各级司令部建设的任务和措施。

（二）召开通信工作会议

1950年1月召开建国后第一次通信工作会议，研究渡海登陆作战的通信联络和通信兵的教育训练问题，并提出了今后通信兵建设的目标。

（三）召开舰上教育训练会议

1950年3月1日，华东军区海军召开首次舰上教育训练会议，总结第一期（1949年12月至1950年2月）训练计划的执行情况，并要求3月份继续突出个人操作技术，使舰艇能够开得动；4月至5月，进行第二期舰上教育训练，进一步熟练单人操作技术，并搞好单舰各部门的协同动作和多舰的编队航行。

（四）下达两栖作战训练纲要

1950年6月，根据中央军委赋予的准备以陆、海、空军联合攻占台湾的作战任务，华东军区下达了陆、海、空军两栖作战训练纲要，并指示准备参战的部队必须依据陆、海、空军联合作战的要求，针对台湾守敌的情况进行训练。纲要还规定，各军兵种自1950年7月至1951年3月分别训练，4月、5月进行以陆军为主的三军协同训练。

（五）华东军区展开全面防空斗争

国民党为确保台湾、舟山、海南、金门等岛，1949年12月31日决定在上述岛屿采取攻势防御战略，轰炸沿海城市和军事目标，以待美援"反攻大陆"。1950年1月、2月，敌机8次轰炸上海，5次轰炸南京，两次轰炸杭州，使我交通运输、城市动力和工业设备、渡海作战准备遭受重大破坏，人民群众惨遭杀害。仅2月6日，敌机16架轰炸上海时就有4家电力公司被炸毁，死伤居民542人，民兵810人，部队干部、战士25人。为了粉碎国民党军轰炸企图，2月，华东各地建立了防空治安委员会，开展全民的反轰炸运动。华东军区命令4个高射炮兵团分赴上海、南京、宁波、杭州等地，执行防空作战任务，命令第9兵团派出部队抢修上海市3个机场。2、3月份，军委又调空军部队陆续来华东。从1950年2月到5月，仅3个多月的时间，我空军就击落美制蒋机16架，打击了敌人嚣张气焰。

与此同时，经中国和苏联商定，为保证华东和上海地区的空中安全，由苏军巴基斯基将军率领空军混成集团，飞机99架，3500余人，于1950年2月26日至3月27日分别到达上海、徐州，协助解放军防空。在上海警备部队配合下，苏联空军在短短两个月时间内就4战4捷，击落国民党空军飞机6架，震慑了敌机对上海的轰炸破坏。10月，该部人员分批离开上海、徐州返回苏联，25日全部撤完。回国之前，苏军把全部飞机和装备、技术，移交给中国空军，并对我飞行员、机械师和地勤人员进行了培训。

（六）把对金门、舟山的攻击作战作为攻台的实战演习

为了进一步完善台湾战役计划，华东军区、第三野战军把对金门、舟山的攻击作战作为攻台的实战演习，以积累经验，吸取教训，使战役计划在实施过程中尽可能符合渡海作战的战场实际。

1. 攻打金门作战

为全歼福建沿海岛屿之敌，扫清对台作战的障碍，第三野战军第10

兵团第 28、第 29 军各一部，于 1949 年 10 月 24 日夜发起攻打金门作战。渡海作战的 3 个团又 1 个营和 4 个连，计 8000 余人，大部伤亡，一部被俘。这次战斗失利的主要原因是思想轻敌急躁，对敌兵力估计不足，缺乏渡海登陆作战的经验。对此，毛泽东于 1949 年 10 月 29 日给各野战军前委、各大军区发电报批评指出：当此整个解放战争结束之期已不在远的时候，各级领导干部中主要是军以上领导干部中容易发生轻敌思想及急躁情绪，必须以金门岛事件引为深戒。

2. 解放舟山群岛

1949 年 8 月 18 日至 11 月 6 日，第三野战军第 7 兵团先后攻占舟山外围 30 多个岛屿，歼灭国民党军近万人，为解放舟山本岛创造了有利条件。11 月 4 日，毛泽东在给粟裕等人的电报中特别指出：我们认为你们采取慎重态度，集中优势兵力，事先作充分准备，力戒骄傲轻敌的方针是正确的。由于国民党军陆续增兵舟山群岛多达 12 万余人，第三野战军乃决定增调第 21 军主力、第 23 军、第 24 军、炮兵 10 个团及海军舰艇一部参战，并立即进行各项作战准备工作。至 1950 年 5 月 13 日，盘踞在舟山群岛的国民党军鉴于形势不利开始秘密组织撤逃。第三野战军在查明情况后发起渡海追击，于 5 月 19 日解放舟山群岛。6 月至 10 月，华东海军部队完成了长江口的扫雷任务，从此，国民党军对长江口的封锁即被打破。

三、突击建立空军海军

新中国成立后，人民解放军开始了由低级阶段向高级阶段、由单一军种向诸军兵种合成军队的转变，加强海空军建设已成为整个军队建设的主要内容。为取得渡海作战时的战略优势，在解放台湾的各项准备工作中，中共中央和毛泽东更是一再强调建立空军、海军的重要性。

1949 年 1 月中共中央政治局通过的《目前形势和党在一九四九年的任务》决议指出："1949 年及 1950 年我们应当争取组成一支能够使用的空军

及一支保卫沿海沿江的海军,这种可能性是存在的。"①9月21日,毛泽东在中国人民政治协商会议第一届全体会议开幕词中指出:"我们将不但有一个强大的陆军,而且有一个强大的空军和一个强大的海军。"②9月23日晚上,毛泽东、朱德举行宴会,宴请国民党起义将领,毛泽东肯定他们的功绩说:由于国民党军中一部分爱国军人举行起义,不但加速了国民党残余军事力量的瓦解,而且使我们有了迅速增强的空军和海军。③

根据上述指示精神,代理总参谋长聂荣臻于1950年5月28日向中央军委提出海空军的扩充计划:当时海军共有38000余人,预计攻台前须扩大至55000人;空军共有57000人,攻台作战前须扩大至126402人。④毛泽东当即批示,"同意各项原则"。

(一)关于建立空军

1949年3月8日,根据兼任东北航校校长的刘亚楼建议,毛泽东同刘少奇、朱德、周恩来、任弼时等约见东北航校副校长常乾坤和副政治委员王弼,听取他们关于培养航空技术人才情况的汇报,酝酿创建人民空军。毛泽东等在听取汇报过程中,不断插话询问学员来源、训练水平、装备数量、飞机性能、教学能力、保障条件等情况。当常乾坤谈到航校在极其艰难的条件下,已培养出飞行、领航、通信、机械等各类技术人员500多名时,毛泽东连连称赞。3月17日,中央军委根据常乾坤、王弼的建议和当时形势任务的需要,决定成立军委航空局,负责领导中国人民的航空事业。3月30日,中央军委任命常乾坤为军委航空局局长、王弼为政治委员。⑤

在当时的情况下,要建立一支能够使用的空军,离不开苏联的帮助。1949年7月10日,毛泽东写信给周恩来,提出渡海作战建立空军的设想:我们必须准备进攻台湾的条件,除陆军外主要靠空军。"我空军要压倒敌

---

① 《毛泽东军事文集》第五卷,军事科学出版社、中央文献出版社1983年版,第474—475页。
② 《毛泽东文集》第五卷,人民出版社1996年版,第345页。
③ 《毛泽东年谱》(1893—1949)下卷,第541页。
④ 《建国以来毛泽东军事文稿》上卷,第144—145页,军事科学出版社、中央文献出版社。
⑤ 《毛泽东年谱》(1983—1949)下卷,第464—465页。

人空军短期内（例如一年）是不可能的，但似可考虑选派三四百人去远方（指苏联，作者注）学习六个月至八个月，同时购买飞机 100 架左右，连同现有的空军，组成一个攻击部队，掩护渡海，准备明年夏季夺取台湾。"①
7 月 26 日，中央军委在一封电报中强调，现在必须以建立空军为当前首要任务，此种条件已渐渐生长，准备一年左右可以用于作战。

1949 年 11 月 11 日，中国人民解放军空军领导机构在北京成立，刘亚楼任司令员，肖华任政治委员。1950 年 4 月 15 日，毛泽东为《人民空军》创刊号题词：创造强大的人民空军，歼灭残敌，巩固国防。4 月 6 日，朱德为该刊题词："努力学习，掌握技术，为建设一支新式的强大的人民空军而奋斗。"朱德还在 4 月 10 日召开的空军参谋长会议上指出：目前对你们最大的要求，就是要很好地把队伍训练和组织起来，精心研究科学技术，并好好地掌握它，使我们一出马就能打胜仗，收复沿海诸岛，光荣地完成彻底解放全国的伟大任务，并为建设新中国的强大空军打下一个牢固的基础。②上述指示为空军建设指明了方向。

1949 年 12 月至 1950 年 2 月，人民解放军空军以陆军调来的建制部队、优秀指挥员和原东北航校的人员为骨干，吸收部分知识分子和原国民党航空技术人员参加，开办了 6 所航校。1950 年 6 月 19 日，以航校速成班第一批毕业学员为主，组建了由歼击、轰炸、强击航空兵团编成的空军第一支航空部队——空军第 4 混成旅。

（二）关于建立海军

根据中央军委关于"成立华东军区海军司令部"的指示，1949 年 4 月 23 日，华东军区和第三野战军在江苏省白马庙组成华东军区海军领导机关，以张爱萍任司令员兼政治委员。后来中央军委即批准这一天为中国人民解放军海军节。4 月 29 日和 5 月 1 日，华东海军司令部接收了在江阴江面俘获的舰艇 6 艘以及在南京和镇江起义、投诚的国民党军海军第 2 舰队、第

---

① 《当代中国空军》，中国社会科学出版社 1989 年版，第 35 页。
② 中共中央文献研究室编：《朱德年谱》，人民出版社 1986 年版，第 343 页。

5 巡防艇队舰艇共 50 余艘。随后，中央军委又任命率部起义的第 2 舰队司令林遵为华东海军副司令员。

8 月 28 日，毛泽东、朱德、周恩来在北京接见华东军区海军司令员张爱萍和原国民党海军高级军官林遵、金声、徐时辅、曾国晟等，提出了解放台湾的任务。毛泽东说：台湾不解放，国家就不安宁。我们一定要解放台湾，我们也一定可以解放台湾。海军也要做好准备，准备配合陆、空军，在人民解放战争最后一战中立一功。

1950 年 1 月 1 日，毛泽东为《人民海军》杂志创刊题词："我们一定要建设一支海军，这支海军要能保卫我们的海防，有效地防御帝国主义的可能的侵略。"4 月 14 日，中国人民解放军海军领导机构在北京正式成立。海军第一任领导人为司令员萧劲光、副司令员王宏坤、副政治委员兼政治部主任刘道生、参谋长罗舜初。还在 1949 年 10 月中旬和 12 月中旬，毛泽东在北京就曾两次召见萧劲光，让他当海军司令员，并对他说，有海就要有海军。过去我国有海无防，受人欺负，我们把海军搞起来，就不怕帝国主义欺负了。再说，我们要解放台湾，也要有海军。海军一定要搞，没有海军不行。①

根据中共中央的指示和中共第三野战军前线委员会的命令，华东军区海军党委发布了"一切为了解放台湾而斗争"的工作方针，动员全部力量，一面组建，一面训练，并广泛开展了为解放台湾而"团结进军"的教育。

四、秘密派遣"红色特工人员"

1949 年 7 月，毛泽东曾提出"我们必须准备攻台湾的条件，除陆军外主要靠内应和空军"。② 这里所说的"内应"指的就是岛内地下党组织和武装群众。

1949 年 3 月，中共中央召开会议，对即将成立的华东局管辖范围进行了讨论，毛泽东特别强调：台湾也属华东局管辖。根据党中央的指示和要

---

① 胡彦林主编：《人民海军征战纪实》，国防大学出版社 1996 年版，第 58—59 页。

② 徐焰：《中共台湾工委为何遭受大破坏》，《学习时报》2010 年 8 月 2 日第 7 版。

求，华东局提出了解放台湾后的台湾省党政机关组成人员：舒同为中共台湾省委书记，刘格平为省委副书记。同时，省委、省政府各部厅、地委、县委的领导班子也完成了组建，并就台湾知识、政策等进行了集中培训。据有关人士回忆，中共台湾干部训练团有 4 个队，每个队 9 个班，每个班十多个人，共 400 多人，蔡啸担任团长。训练团的人员，有台湾省籍士兵、熟悉台情的福建人，以及从台湾撤回大陆的台共成员等。1950 年后，这个团解散，大部分人留在福建，改名边疆工作队。

中央内定舒同为台湾省委第一书记，主要是看重他是知识分子，有文化，文采好，又做过敌工部长。舒同素有"党内一支笔"之称，辞章功力人见人赞，党内许多重要文章、文件都出自他的手。他还写得一手舒体字，被毛泽东称为"马背书法家"。由他去任台湾省委书记，便于开展统战工作。后来舒同虽然没有正式上任，但以华东局社会部部长的身份，直接参与了对台的敌工工作。[①] 台湾省委副书记刘格平是回族人，因其有负责民族事务的经历，中共希望这样的班子能够团结台湾百姓，更好地发挥所长，尽快恢复台湾的社会秩序。

在此期间，大陆还先后派出 1500 名地下工作人员（人称"红色特工"）前往台湾开展工作，作为"内应"。然而由于地下党组织中共台湾省工委书记蔡孝乾的叛变，使得党的组织遭到很大破坏，牺牲惨重。直到 2013 年 10 月，总政联络部在北京西山修建无名英雄纪念广场，纪念在台湾殉难的大批隐蔽战线烈士，这段历史才逐渐披露出来。在墙上刻有 846 人的名字，碑前树立了吴石、朱枫、聂曦、陈宝仓四位烈士的雕像。

吴石（中共华东局赋予代号"密使一号"）是国民党"国防部参谋次长"，中将军衔，是中共潜伏在国民党内最大的内线。为取得吴石掌握的重要军事情报，舒同决定派长期在上海、香港从事情报工作的女共产党员朱枫（被誉为"台湾的江姐"），赴台与吴联系。吴石、朱枫等通过微缩胶卷传递到华东局许多绝密军事情报。其中有：台湾战区战略防御图，舟山金门海防前线阵地兵力火器配备图，台湾岛各个战略登陆点的地理资料分

---

① 舒均均：《马背书法家的从政之路》，摘自《文史参考》2011 年第 6 期。

析，海军基地舰队部署分布情况，空军机场及机群种类、飞机架数等。还有《关于大陆失陷后组织全国性游击武装的应变计划》等资料。毛泽东看到有关情报资料后，当即嘱咐有关领导："一定要给他们记上一功哟！"并附诗一首：惊涛拍孤岛，碧波映天晓。虎穴藏忠魂，曙光迎来早。（见北京西山国家森林公园无名英雄纪念碑）

五、朝鲜停战后再次叫响"解放台湾"的口号

朝鲜停战协定签署，毛泽东认为是应该解决台湾问题的时候了。1953年10月，毛泽东在中央军委会议上说："朝鲜停战了，我们身上的担子一下轻了很多……这两年，我们那位在台湾的蒋先生趁我们抗美援朝无暇他顾之际，仗着有'山姆大叔'撑腰，很是兴风作浪，在那里做反攻大陆的美梦哩！我们现在已经可以腾出手来了，我看该集中力量去解决台湾的问题了。"

1954年7月日内瓦会议以后，针对美台接触频繁、台湾当局不断骚扰大陆沿海情况，也为了显示中国人民解放台湾的决心和坚定立场，毛泽东指出，必须向全中国、全世界喊出"解放台湾"的口号。9月2日，毛泽东、周恩来为庆祝抗日战争胜利9周年给苏联领导人的电报中指出，中国人民"一定要解放台湾，以保障中国的国家主权和领土完整，以维护远东及世界的和平和安全"。

根据中央的决策和毛泽东的指示，华东军区于9月2日下达"为解放台湾而斗争"的指示，要求:（一）要积极主动地对国民党军进行全面斗争，寻找战机，主动打击敌人，逐次攻占沿海岛屿，推进斗争阵地；加强沿海防务，加强空防斗争、海上斗争和边防斗争；以战备姿态加紧部队现代化正规化的训练与建设，充分准备自己的力量。（二）与国民党军进行长期斗争，努力创造更为有利的条件，最后达到解放台湾之目的。（三）正确执行党的政策，削弱敌人，加强自己。

朝鲜战争停战后，艾森豪威尔政府基于遏制共产主义发展的战略考虑，决定进一步密切美台关系。1954年12月2日，美国政府与蒋介石集团签

订"共同防御条约"，把台湾、澎湖列岛置于美国的"保护伞"下，阻挠中国统一。12月8日，周恩来总理发表声明指出："美国政府企图利用这个条约来使它武装侵占中国领土台湾的行为的合法化，并以台湾为基地，扩大对中国的侵略和准备新的战争，这是对中华人民共和国和中国人民的一个严重的战争挑衅。"

为了反击美台签订"共同防御条约"，1955年1月至2月间，人民解放军发动渡海战役，解放了一江山岛和大陈岛。一江山岛战斗，是人民解放军陆海空三军首次联合实施的登陆作战，参战军兵种多，组织指挥和协同复杂。经过充分准备，人民解放军华东军区浙东前线指挥部以4个步兵营，9个炮兵营，各种类型舰艇137艘，空军和海军航空兵22个大队，作战飞机184架，于1955年1月18日发起了对一江山岛联合登陆作战，19日攻克该岛，全歼守军1086人。经过此次实战锻炼，取得了陆、海、空三军联合作战的初步经验。

20世纪50年代中期，美国插手台湾事务，使台湾问题出现复杂化、国际化的倾向。中国共产党及时调整了对美对台政策，提出了"和平解放台湾"的主张，几十年来为坚持一个中国原则、维护国家主权和领土完整，进行了卓有成效的艰苦斗争。

2019年8月4日

（中央统战部主管、中央和平统一促进会主办的《统一论坛》2020年第1期）

"和平解放台湾"主张实施的历史经验

20 世纪 50 年代中期，由于美国插手台湾事务使台湾问题出现复杂化、国际化倾向，中国共产党及时调整对美对台政策，提出和平解放台湾主张。回顾这一段历史，对于坚持"和平统一、一国两制"基本方针，牢牢把握两岸关系和平发展主题，最终解决台湾问题，具有重要意义。

一、中国政府首次公开提出"和平解放台湾"主张

1955 年 4 月亚非会议召开期间，中国政府向美国政府发出愿意谈判的信号。周恩来声明："中国人民同美国人民是友好的。中国人民不要同美国打仗。中国政府愿意同美国政府坐下来谈判，讨论和缓远东紧张局势问题，特别是和缓台湾地区紧张局势问题。"中国政府的努力产生了积极效果，促成了中美大使级会谈。从 1955 年 8 月到 1970 年，谈判历时 15 年，谈了 136 次，核心就是台湾问题。

与此同时，祖国大陆向台湾当局提出"和平解放台湾"的倡议。1955 年 4 月，周恩来访问缅甸期间对吴努总理说："中国同蒋介石集团之间的战争是内战的继续，过去没有现在也不允许外来干涉。如果美军撤退，我们是可能用和平的方式解放台湾。只要蒋介石同意中国的和平和统一，同意和平解放台湾，并派代表来北京谈判，我相信即使蒋介石本人中国人民也会宽恕他。"[①]

5 月，周恩来在第一届全国人大常委会第 15 次会议上明确宣布："中

① 《周恩来年谱》（1949—1976）中卷，第 464 页。

国人民解放台湾有两种可能的方式，即战争的方式和和平的方式。中国人民愿意在可能的条件下，争取用和平的方式解放台湾。"① 这是中国政府首次公开提出和平解放台湾的主张。

5月25日至6月7日，印度尼西亚总理沙斯特罗阿米佐约访华，重要目的就是敦促中美就台海局势举行谈判。5月26日，毛泽东会见他说："我们愿意用和平的方法来解决存在的问题。打仗总是不好的。""朝鲜战争和印度支那战争最后都是用谈判解决的，台湾问题也可以用谈判解决。""如果美国愿意签订一个和平条约，多长的时期都可以，50年不够就100年，不知道美国干不干，现在主要的问题就是美国。"②

1956年以后，中国进入全面建设社会主义时期。这不仅需要一个和平安定的环境，而且要调动一切积极因素参加。在这种形势下，中国共产党进一步确立了争取用和平方式解放台湾的思想，并且提出同国民党进行第三次合作。

1956年1月，毛泽东在最高国务会议上讲："古人有言，不咎既往。只要现在爱国，国内国外一切可以团结的人都团结起来，为我们的共同目标奋斗。"他还说，比如台湾，那里还有一堆人，他们如果是站在爱国主义立场，如果愿意来，不管个别的也好，部分的也好，集体的也好，我们都要欢迎他们为我们的共同目标奋斗。毛泽东还宣布：国共两党过去合作过两次，"我们还准备进行第三次合作"。③

1月30日，周恩来在全国政协二届二次会议上代表中国政府正式宣布"力争和平解放台湾"新方针。指出：凡是愿意走和平解放台湾道路的，不管任何人，也不管他们过去犯过多大罪过，中国人民都将宽大对待，不咎既往。④ 同时强调，凡是在和平解放台湾这个行动中立了功的，中国人民都将按照立功大小给以应得的奖励。凡是通过和平途径投向祖国的，中国人民都将在工作上给以适当的安置。

---

① 《中国台湾问题外事人员读本》，九州出版社2006年版，第35页。
② 《毛泽东年谱》（1949—1976）第2卷，中共中央文献研究室编，第381页。
③ 《中国台湾问题外事人员读本》，第35—36页。
④ 《周恩来年谱》（1949—1976）上卷，第543页。。

此后，毛泽东、周恩来在不同场合又多次阐明了和平解放台湾的许多重要原则和方针政策，集中体现在后来被归纳为"一纲四目"的方针中。"一纲"即："台湾必须统一于中国"；"四目"即：一、台湾回归祖国后，除外交必须统一于中央外，所有军政大权、人事安排等悉委于蒋（介石），陈诚、蒋经国亦悉由蒋意重用；二、所有军政及建设经费不足之数悉由中央拨付；三、台湾的社会改革可以从缓，必俟条件成熟并征得蒋之同意后进行；四、互约不派特务，不做破坏对方团结之举。[①]"一纲四目"是对中国共产党提出的和平解决台湾问题一系列思想和政策的精辟概括，也可以说是后来形成的"和平统一、一国两制"方针的雏形。

二、"和平解放台湾"主张在排除干扰中推进

中国政府提出"和平解放台湾"主张后，得到国际社会和台湾有识之士赞赏，但是美帝国主义和台湾当局出于各自战略利益需要，总是制造事端，阻挠台湾问题和平解决，中国共产党和中国政府与之进行了针锋相对的斗争。"文化大革命"对这一主张的实施也产生了严重冲击。中国共产党和中国政府正是在排除上述各种严重干扰和困难中，适时调整对台方针政策，巧妙运用斗争策略，在实践中将"和平解放台湾"主张推向前进。

（一）制定"联蒋抵美"策略，粉碎美国"划峡而治"图谋

第一次台海危机后，美国政府一直逼迫蒋介石集团撤出金门、马祖，以造成海峡两岸"划峡而治"、形成"两个中国"或"一中一台"局面。美国这一图谋遭到了海峡两岸中国人共同反对，最终被挫败了。

为了维护国家和民族的根本利益，打击美国分裂中国的图谋，党中央利用美蒋矛盾，适时调整和制定了"联蒋抵美"策略，并巧妙地运用在史称"第二次台海危机"的"炮击金门"中。

1958 年 8 月 23 日，解放军福建前线部队奉命对国民党金门防卫部和炮兵阵地等军事目标进行大规模炮击，封锁大小金门岛，中断国民党军补

---

① 《周恩来年谱》（1949—1976）中卷，第 321 页。

给。9 月初，美国向台湾海峡地区大量增兵，派军舰、飞机直接为国民党军运输舰护航，公然入侵中国领海。为打击美国的侵略行径，福建前线部队又于 9 月 8 日对金门国民党军和海上舰艇进行全面炮击。至 1959 年 1 月 7 日，解放军共进行 7 个波次大规模炮击，13 次空战，3 次海战，击落国民党军飞机 36 架，击沉击伤军舰 17 艘，毙伤国民党军 7000 余人。

对于此次炮击金门，毛泽东曾质言之，实行的是"战争边缘政策"，演的是"文戏"，就是要整美国人一下。毛泽东也曾把这叫作"基本上还是文打"。[①] 为什么这样说呢？

炮击金门打响以后，美国一时摸不清中国大陆的"底牌"，先是调集大量海空军，先后集结 7 艘航空母舰、3 艘巡洋舰、40 艘驱逐舰、2 个航空队、3800 名海军陆战队员，声称要为国民党军运输补给船队护航，但后又同意恢复中美大使级会谈，并抛出所谓"停火"说，其实质是重弹"划峡而治"老调。9 月 30 日，美国国务卿杜勒斯在记者会上表示，如果在台湾地区"有了可靠的停火，在金门、马祖保持大量的部队就是'愚蠢的''不明智的''也是不慎重的'"。还说："美国没有保卫沿海岛屿的任何法律义务""美国将赞成国民党军队从金马撤出。"

杜勒斯的声明激化了美国与台湾当局的矛盾，蒋介石坚决拒绝美国让其放弃金门、马祖等沿海岛屿的要求。10 月 1 日，国民党中常会举行 3 小时会议，磋商对策。蒋介石对美联社记者发表谈话称，杜勒斯的话是"片面声明"，台湾"并无接受的义务"。在蒋介石看来，这些岛屿的政治价值远远超过了军事价值。拥有这些岛屿就意味着台湾当局不仅"统治"着福建省，而且表明它享有祖国大陆的"统治权"。如果退出金、马，便切断了台湾与祖国大陆最后的政治联系，这将有利于美国等西方国家推行"两个中国"或"一中一台"政策，从而动摇国民党当局在国际社会中"代表"中国的"法统"地位。因此，蒋介石始终不肯就金、马防卫问题向美国让步。10 月 13 日，蒋介石发表进一步固守金、马谈话表示："中华民国"即使战斗到最后一个人，亦不会放弃外岛或"中华民国"任何其他地区的一

---

① 《毛泽东传》（1949—1976）（上），中央文献出版社 2003 年版，第 879 页。

寸土地，美国怎么做，是他自己的事情，而防卫"中华民国"的政策，乃是我们自己的事情。

针对上述情况，10月2日至13日，中共中央连续召开政治局常委会会议，讨论台湾海峡形势及其对策。毛泽东认为，侦察任务已经完成，问题是下一步棋怎么走。他说，对于杜勒斯的政策，我们同蒋介石有共同点：都反对"两个中国"，他自然坚持他是"正统"，我是匪；都不会放弃使用武力，他念念不忘"反攻大陆"，我也绝不答应放弃台湾。但目前的情况是，我们在一个相当时期内不能解放台湾，蒋介石"反攻大陆"连杜勒斯也说"假设成分很大"。毛泽东认为，让金、马留在蒋介石手里，好处是金、马离大陆很近，我们可以通过这里同国民党保持接触，什么时候需要就什么时候打炮，什么时候需要紧张一点就把绞索拉紧一点，什么时候需要缓和一下就把绞索放松一下，不死不活地吊在那里，可以作为对付美国人的一个手段。我们一打炮，蒋介石就要求美国人救援，美国人就紧张，担心蒋介石给他闯祸。对于我们来说，不收复金、马，并不影响我们建设社会主义。光是金、马蒋军，也不至于对福建造成多大的危害。反之，如果我们收复金、马，或者让美国人迫使蒋介石从金、马撤退，我们就少了一个对付美、蒋的凭借，事实上形成"两个中国"。①

经过讨论，会议同意毛泽东的意见，对金、马还是打而不登，断而不死，让金、马留在蒋军手里，不让美国脱身，以利于同美国的"两个中国"政策作斗争。向金门打炮也可以打打停停，一时大打，一时小打。但在宣传上仍要大张旗鼓，坚持台湾问题是中国内政，炮击金门是中国内战的继续，任何外国不得干涉。

根据这一战略设想，10月5日，中共中央向党内发出《关于金门、马祖等沿海岛屿军事斗争的指示》，指出：立即解放金、马，同"把解放金马和解放台湾统一起来解决的长远利益比较起来，则不如把金马暂缓解放仍由蒋军占领似乎较为有利"。②中央军委也确定了"打而不登、封而不死"

① 吴冷西：《忆毛主席》，新华出版社1995年版，第84页。
② 《中国台湾问题外事人员读本》，第37页。

的决策，准备在将来有利情况下实行对台、澎、金、马"一锅端"的政策，而不是首先夺取金门。

10月6日，由毛泽东起草、以国防部长彭德怀名义发布的《中华人民共和国国防部告台湾同胞书》，公布了对台湾的新政策。随后毛泽东又起草了《中华人民共和国国防部命令》（10月13日）、《再告台湾同胞书稿》（10月13日，未发表）、《中华人民共和国国防部再告台湾同胞书》（10月25日）和《中华人民共和国国防部三告台湾同胞书》（11月，未发表）等文告（以下简称"文告"）。毛泽东、刘少奇、周恩来、邓小平等中央领导同志，还在一些重要会议和会见各方人士的谈话中，对上述政策进行了阐述。概括起来主要是两个方面：

一是强调坚持一个中国，反对"两个中国"。"文告"指出，"我们都是中国人"，"台、澎、金、马是中国的一部分，不是另一个国家。世界上只有一个中国，没有两个中国"，"台、澎、金、马整个地收复回来，完成祖国统一，这是我们六亿五千万人民的神圣任务。这是中国内政，外人无权过问，联合国也无权过问"。为此，祖国大陆建议国共两党"举行谈判，实行和平解决"。

二是明确指出美帝国主义是海峡两岸的共同敌人。"文告"指出："自从美帝国主义占据台湾以来，形势已经改变了，美帝国主义成了我们的共同敌人。我们和你们还是敌对的，但这种敌对，较之民族矛盾，已经降到第二位。"强调"待在台湾和台湾海峡的美国人，必须滚回去。他们赖在这里是没有理由的，不走是不行的。""中国人的事只能由我们中国人自己解决。一时难于解决，可以从长商议。"

这时，一位和两岸高层人士都有密切联系的杰出爱国文化人士曹聚仁受到了两岸关注。他既是毛泽东、周恩来的座上宾，蒋介石、蒋经国父子也曾秘密邀其赴台"畅谈"和平统一事宜。

1958年10月13日，毛泽东会见曹聚仁时表示，只要蒋氏父子能抵制美国，我们可以同他合作。我们赞成蒋保住金门、马祖的方针，如蒋介石撤退金门、马祖，大势已去，人心动摇，很可能垮，只要不同美国搞在一起，台、澎、金、马要整个回来，金、马部队不要起义。他还指出，台湾可以照原有方式生活，军队可以保存，继续搞"三民主义"。在场的周恩来也表示：美国企图以金门、马祖换台湾、澎湖，我们根本不同他们谈。台湾抗美就是立功。①

与此同时，蒋介石也托曹聚仁向毛泽东表达一个信息："如果解放军再不停止炮击，他将不得不听美国人的——撤出金门和马祖，届时时间一拖久了，中国就有分裂之虞。"② 这个信息很有意思，看似台美将要联手对付中国大陆，实则是两岸要联手粉碎美国"划峡而治"的阴谋。

于是，祖国大陆宣布，对金、马炮击，从 10 月 6 日起停止一周，解除对其一个多月的火力封锁。"文告"指出，停止炮击金门，是为了对付美国人，以利台湾军队固守。这是民族大义。此后，祖国大陆即采取了对金门"打打停停、时而大打、时而小打"的方针，演出了一幕战争史上从未有过的"活剧"，令世人赞叹不已。

经过这一仗，两岸领导人在一个中国的共同基础上调整了政策，配合得十分默契。从此，海峡两岸由过去激烈的军事对抗，转为以政治对抗为主、军事对抗为辅的冷战对峙状态。国民党领导人逐步放弃了"反攻大陆"口号，把主要精力放到经营岛内事务上。

美国"划峡而治"阴谋被粉碎后，通过和平方式解决台湾问题又提上了日程。中共所进行的促和工作，对台湾产生了积极影响。1959 年 2 月 27 日，毛泽东在会见摩洛哥共产党代表团时说："现在我们又讲跟蒋介石合作，他说不干，我们说要。合作共同反美，他不干。我们说有一天美国要整他，总有一天美国要承认我们，丢掉他。蒋介石懂得这一点。我们搞第三次合作，他通过秘密的间接的方法跟我们联系，公开不敢，怕美国，而我们不怕。"毛泽东还说，我们同台湾谁也离不开谁，就像《长恨歌》中所说："在天愿作比翼鸟，在地愿为连理枝"，蒋介石把枝连着美国，而

---

① 《周恩来年谱》（1949—1976）中卷，第 181 页。

② 陶涵：《蒋经国传》，林添贵译，台北时报出版社 2000 年版，第 268 页。

美国却连根都要挖掉。①

（二）摸清美国底牌，打破国民党军进犯祖国大陆军事企图

随着时间的推移，情况有了新变化。20 世纪 60 年代初，由于自然灾害以及工作中某些"左"的政策的失误，祖国大陆经济出现了暂时性的严重困难。台湾国民党当局错误估计形势，认为祖国大陆像一堆"干柴烈火"，一点就着，他们放弃了两岸"和平""合作"的想法，积极策划进犯祖国大陆东南沿海地区，制定了对美国都极其保密的"反攻大陆"的"国光计划"。

中共中央认真研究了台湾的动向，认为蒋介石"反攻大陆"的决心虽然很大，但还存在不少困难，关键是要看美国的态度。为了摸清美国的"底牌"，1962 年 3 月，周恩来指示在国内休假的中国谈判代表王炳南立即返回华沙，找美国大使卡伯特会谈。王炳南向卡伯特谈到蒋介石准备窜犯祖国大陆的情况，并反复指出美国政府在背后所起的作用。最后以警告口吻说，蒋介石窜犯祖国大陆之日，就是中国人民解放台湾之时。卡伯特当即表示，在目前情况下，美国决不会让蒋介石"反攻大陆"。卡伯特向王炳南保证：我们决不要一场世界大战。如果蒋介石要行动，我们两家联合起来制止他。② 王炳南摸清了美国的态度，思想上松了一口气，立即向国内作了报告。这一情况对毛泽东和中共中央做出正确决策十分重要。1962 年 5 月 31 日，毛泽东同总参谋长罗瑞卿谈话时，就粉碎国民党军企图在东南沿海地区登陆窜犯问题作了重要指示。毛泽东说，根据目前情况必须准备，准备好了，国民党军不来也没有坏处。如今年国民党军来进攻，就不让他上来，这样对我们比较有利，因为我们还没准备好，至于明年让不让他上来，看情况再说。他还说，要对敌人进行政治攻势，警告他"反攻大陆"是幻想，南下的部队（到达后）可以公开行动，就是要叫蒋介石知道，目的是破坏他的进攻，推迟其行动。③

---

① 王永钦主编：《中国结——两岸关系重大事件内幕》，新华出版社 2003 年版。
② 张兵：《长达 15 年的中美大使级会谈》，《百年潮》，2009 年 9 月。
③ 《罗瑞卿传》，当代中国出版社 2007 年版，第 227—228 页。

5月29日至30日，中央军委战略小组召开会议研究东南沿海地区作战问题。会议由组长刘伯承主持，徐向前、陈毅、贺龙、叶剑英以及军委战略小组和办公会议成员，总部、各军兵种、北京军区领导人和总参防突袭小组成员参加会议。会议认为，蒋介石要在祖国大陆经济困难之际搞我们，他认为是个千载难逢的好机会，我们要准备敌人来，准备打仗。要从各方面准备好。同时要搞政治攻势，揭露敌人的阴谋。

6月10日，中共中央发出《关于准备粉碎国民党军进犯东南沿海地区的指示》指出：据判断，他们很可能在最近期间，即台风季节前后，对福建省和闽粤、闽浙结合部地区发动一次二三十万人的登陆作战，要求全党、全军、全国人民提高警惕，从各方面做好准备，决不让美蒋这一罪恶阴谋得逞。6月26日，总参谋部、总政治部发出《关于当前民兵战备工作指示》。全军遵照中央指示，进行了紧张的战备教育和训练，并在兵力部署、物资装备、通信保障等方面做了调整和充分准备。

10月1日至12月6日，台湾国民党当局连续派遣武装特务窜扰广东沿海地区，妄图建立"游击走廊"，为实现大规模军事冒险计划创造条件。这些登陆的武装特务均被祖国大陆彻底歼灭。

1963年，针对国民党"九大"制定的"反攻复国纲领"，周恩来指出："看来蒋帮的袭扰可能要搞些新花样，规模也可能大些，次数要频些，手段和做法会更毒辣。"他要求各级党政军民做好充分准备，彻底粉碎敌人的一切阴谋。①

1965年8月6日，国民党海军"剑门""章江"号军舰执行"海啸一号"任务，运送特战人员在祖国大陆沿海侦测登陆作战所需情报，遭祖国大陆南海舰队鱼雷艇和护卫艇伏击沉没，毙俘国民党军少将以下官兵200余人。8月17日，毛泽东接见参战有功人员说，你们打得好，蚂蚁啃骨头嘛！我们向来就是用这种方法消灭敌人的。周恩来说，这次海战之所以打得好、小艇之所以能打沉大舰，主要是打了近战、夜战、群战。海战也要近战、夜战、群战，把敌分开打，先打弱的，先打小的，后打中的，孤立

---

① 《当代中国民兵》，中国社会科学出版社1989年版，第273—274页。

大的、强的。继"八·六"海战之后，11 月 14 日凌晨，国民党海军"永昌"号、"永泰"号于崇武以东海域乌丘屿附近，又被祖国大陆东海舰队福建基地鱼雷艇和护卫艇部队击沉、击伤。两次海战惨败，使蒋介石"反攻"梦醒，"国光计划"规模开始逐年缩减。1972 年 7 月 20 日，"国光作业室"被彻底裁撤，并入"防务部门作战次长室"，"国光计划"也就寿终正寝了。

（三）努力消除"文化大革命"干扰，坚持做好对台工作

"文化大革命"期间，祖国大陆"极左"思潮泛滥，政治秩序混乱，对台工作也受到了严重干扰和破坏。

1966 年 6 月 27 日，《人民日报》发表题为《一定要把五星红旗插到台湾省》的社论，重提已经多年未提的"一定要解放台湾"口号。社论充满了"武力解放台湾"的意味，是"文化大革命"开始后中共对台政策发生逆转的标志。1968 年 10 月中共八届十二中全会公报，以及 1969 年 4 月的九大政治报告，均沿用了"我们一定要解放台湾"基调。由于"文化大革命"错误地否定了中华人民共和国成立 17 年公安工作的路线、方针、政策，许多原国民党军政人员和不少民主人士均受到冲击，两岸之间秘密接触完全中断，战犯改造工作也受到严重影响。

从 20 世纪 70 年代初开始，鉴于国内外形势发生的深刻变化，毛泽东、周恩来等老一辈革命家从战略全局考虑，排除各种干扰，在一些大政方针上作了重大调整，特别是推动中美关系、中日关系正常化，恢复中华人民共和国在联合国的合法席位，确立了国际社会承认一个中国的格局，为最终解决台湾问题创造了最根本的条件，对台实际工作也取得了一定进展。

"文化大革命"后期，毛泽东进入暮年，他的最大心愿就是解决台湾问题，希望在有生之年能够看到祖国统一。1975 年，毛泽东决定无条件特赦全部战犯，释放在押的美蒋武装特务和原国民党县团以上党政军特人员，就是他这种心迹的表露。这也体现了中国共产党的伟大气魄与和平诚意，国内外反应甚为热烈。舆论认为，中国大陆此举是抛向蒋经国等台湾当权

者的一个"和为贵"彩球，不过他们没有接住，丧失了推动两岸关系发展的极好机会。

三、以"回到祖国怀抱"取代"解放台湾"提法

1978 年 12 月，中共十一届三中全会彻底否定了"文化大革命"，确立了党和国家工作重心转移到经济建设上来，由此各项工作的方针、政策也有所调整。全会公报首次以"台湾回到祖国怀抱、实现统一大业"来代替"解放台湾"的提法。

1979 年元旦，全国人大常委会发表《告台湾同胞书》，郑重宣示了争取祖国和平统一的大政方针。这是新的历史条件下中国共产党和中国政府对台方针的重要宣示，标志着对台方针政策的重大转变，为确立和平统一的方针创造了新的有利条件。

同日，国防部部长徐向前发表声明指出：台湾同胞是我们的骨肉兄弟。为了方便台、澎、金、马的军民同胞来往大陆省亲会友、参观访问和在台湾海峡航行、生产等活动，从今日起停止对大金门、小金门、大担、二担等岛屿的炮击。

1 月 30 日，邓小平在美国参众两院发表的演说中指出，我们不再用"解放台湾"这个提法了。只要台湾回归祖国，我们将尊重那里的现实和现行制度。我们一方面尊重台湾的现实，另一方面一定要使台湾回到祖国的怀抱。在尊重台湾现实的情况下我们要加快台湾回归祖国的速度。

2019 年 1 月 2 日，《告台湾同胞书》发表 40 周年，习近平总书记在纪念会上作了题为《为实现民族伟大复兴　推进祖国和平统一而共同奋斗》重要讲话。讲话全面阐述了祖国大陆立足新时代、在民族复兴伟大征程中推进祖国和平统一的重大政策主张，是指引新时代对台工作的纲领性文件，具有划时代意义。

（中央统战部主管、中国和平统一促进会主办

《统一论坛》2019 年第 4 期）

政治看板

蔡英文"维持现状说"评析

在人们的高度关注和急切期待中，蔡英文的"五·二〇就职演说"终于露出了真面目。不出所料，这是一篇虽经百般"修饰"但万变不离其"独"的自白书。由此判断，今后在民进党"台独"路线的挑衅下，两岸关系将进入不确定的时代，两岸的矛盾、纷争、对抗也将成为"新常态"。笔者现仅从蔡英文抛出的"维持现状说"做如下剖析：

一、台湾"新民意"是"维持现状说"的重要基础

2015年6月，蔡英文访美期间就明确提出"维持现状"，表示她当选之后，"将在中华民国现行宪政体制下"，在"珍惜并维护20多年来协商和交流互动所累积的成果"基础上，"持续推动两岸关系的和平稳定发展"，并称这在台湾已有"广泛的共识"。同年9月，蔡英文在一次研讨会的演讲中，更加明确表示："我的两岸政策重点就是维持现状，维持台海和平与两岸稳定与发展的现状。"

2016年4月27日，曾任"陆委会主委"的蔡英文"回娘家"听取汇报时，又多次重申"会致力维持两岸关系和平稳定现状"，建立"具一致性、可预测且可持续的两岸关系"。在"就职演说"中，蔡英文又表示：我们将致力维持两岸关系的和平稳定；我们也将努力维持现有的机制。在2016年台湾"选战"中，蔡英文抛出了处理两岸关系的"维持现状说"。在蔡英文看来，此说既可应对民进党内的不同声音，又可争取更多的台湾民众支持她夺得"大位"。

然而对于什么是"现状","现状"的政治基础是什么？蔡英文并未作出明确回答，在许多场合都是模糊应对，蒙混过去。倒是民进党前主席、"独"派大老姚嘉文为她作了旁白："蔡英文的'维持现状'指的是台湾与中国互不隶属、台湾是主权独立国家的现状。"

此后，蔡英文在赴"陆委会"听汇报，谈到"维持现状"时，又别有用心地搞了个"新创造"，强调她主张的"维持现状"，和过去8年最大的不同，在于未来两岸关系推动必须基于"民主原则"和"普遍民意"，并"超越党派的立场"，唯有如此，才能让两岸关系可长可久，"维持现状"才有真正的意义。显然，蔡英文的"维持现状说"不仅是模糊的，而且强调所谓"台湾新民意"是"维持现状说"的重要基础。在这里，蔡英文埋下了伏笔，而未来一旦所谓"台湾新民意"改变了，那么"现状"就不能再"维持"而应当"改变"了。如果是这样，哪里还有什么两岸关系的"可长可久"呢？

二、"维持现状说"的要害是拒绝明确承认"九二共识"

抛出"维持现状说"的蔡英文，从历史到现实都是不承认"九二共识"的。她不仅参与炮制了"两国论"，并且曾经抢先"纠正"陈水扁一度意图承认"九二共识"的策略性表态。2000年6月29日，蔡英文在接受《中国时报》访问时表示，陈水扁"并没有接受一个中国原则"。后来她还表示，"1992年基本上没有共识，只有各自模糊的焦点"。此后，陈水扁就再也不提"九二共识"，而改提"九二精神"了。

2016年4月27日，夏立言向蔡英文谈道：过去8年台当局以"九二共识"为基础，和大陆互动；根据"中华民国宪法"，至少做到"维持两岸稳定"，但蔡英文对此没有作出回应。在此次"就职演说"中，蔡英文仍然只字不提"九二共识"，演说中涉及"国家认同"的用语共59次，其中"这个国家"13次，"台湾"41次，"中华民国"5次，这些数据恐怕不是随意而为的吧！试问，"九二共识"的核心是一个中国原则，两岸同属一中，反对"台独"，对这样一个大是大非问题，又如何求同、如何存异呢？

两岸关系发展的历史表明,"九二共识"既是两岸关系和平发展的基石,也是两岸关系现状的重要组成部分。只有继续维护好"良好势头,否则后果难以设想。台湾《联合报》4月26日社论说:台湾追求全球化,无论在经济面或政治面,"两岸关系皆是建构全球化的脊柱条件"。两岸关系若失去"九二共识"的政治基础,可能会严重影响台湾对内、对外整个经济与政治生存环境。民进党必须自问,台湾有无能耐面对不接受"九二共识"所可能引爆的"地动山摇"的后果?

三、"维持现状说"蕴含着"台独"内涵

蔡英文炮制的"维持现状说",本来就无具体内容,弹性很大,蔡英文可以充分利用模糊性,根据需要随意塑造内容,这就为她在国际上推行"台独"分裂活动开了个"大门"。由于民进党长期坚持"台湾是一个主权独立的国家",这个"现状"必须"维持"的立场,蔡英文因此完全可以在岛内社会及国际上,将"台独"立场轻易包裹进她的"维持现状"里,并把她的"维持现状"解读为她是在"维持台湾是一个主权独立国家的现状"。也就是说,蔡英文的"维持现状说",实为民进党推行"台独"分裂活动提供了理论依据,并为"台独"活动披上了"维持现状"的外衣,从而更加具有欺骗性、危害性。这一点,在蔡英文的选前及"就职演说"里大加渲染的"新南向政策"可见端倪。

早在2015年9月,蔡英文在民进党党庆"外交使节"酒会上就提出了民进党的"外交政策蓝图"。她强调未来会在"和平、稳定与繁荣"的基础上,开拓台湾的对外关系,包括持续强化与美、日等"伙伴关系","分担责任建构稳定、持续性的区域与国际环境",以及包括推动"新南向政策",深化台湾与国际社会有更具意义的交流与往来等。在"就职演说"中,蔡英文再次强调了上述对外政策,并表示在此架构下,"我们也愿意和对岸,就共同参与区域发展的相关议题,坦诚交换意见,寻求各种合作与协力的可能性"。这表明,蔡英文在对外政策上已由马英九时期的"将两岸关系置于台湾对外关系之上"变为"将台湾对外关系置于两岸关系之

上"，这是一种"逆向"的政策变化。

蔡英文的"新南向政策"，较之李登辉、陈水扁主政时的"南向政策"，在具体做法上虽然有了一些调整，但其"台独"的"战略内涵"并未改变，最根本的还是要以"南向"对抗"西进"，继续推行"两国论"的分裂路线，图谋让台湾这艘"航船"绕开大陆驶向全球。正如蔡英文"就职演说"中所说的，推动"新南向政策"，是为了"提升对外经济的格局及多元性，告别以往过于依赖单一市场的现象"。这不仅在政治上是错误的，在经济上也有违自由市场潮流，究竟能有多大成效，岛内外质疑声不少。

各种迹象表明，蔡英文上台后，还可能会在南海、东海等中美、中日有冲突的问题上与美日积极配合，对祖国大陆维护东海、南海的领土主权和海洋权益，形成很大的挑战，对此必须密切关注。

（中国社会科学院台湾研究所主办《台湾周刊》2016 年第 22 期）

蔡英文刚当选就试水"台独"

2016 年 1 月 16 日晚，蔡英文出席"胜选晚会"和国际记者会时，把"泪水转化成笑容"，喜悦地表示要穿上民进党的"制服"，带领大家去展示"信心和责任感"。显而易见，其寓意就是要向岛内外表明"台独"理念："我们做到了。"蔡英文公然把台湾称为"国家"，并要通过"必要的软硬件建设，修复过去的政策错误"，让台湾晋升到"先进国家"之列。这真是狂人说诳语。

一、史明何许人也

蔡英文在"胜选晚会"上说："昨天的选前之夜，我看到已经 98 岁的史明欧吉桑，在那么冷的天气里，淋着雨，还来到舞台前面，为我加油。他说话已经很困难，但是我知道，欧吉桑是要告诉我，做台湾的总统，要有志气，要有决心，要坚强。"（注："欧吉桑"由日语演绎而来，意指男性中老年人）。

史明，何许人也？他本名施朝晖，1918 年 11 月生于台北市士林望族施家，1937 年入日本早稻田大学政治经济学部学习，读了大量社会主义和无政府主义作家的作品，深为马克思的教义所吸引。1942 年毕业后到大陆，参加中国共产党领导的抗日战争和解放战争，后因对党的土地改革政策和对敌军工作的某些做法不满，认定"台湾人不能跟中国人一起"，于 1949 年北平和平解放时乘机叛逃台湾，后又亡命日本，从事"台独"活动。1962 年 7 月，史明用日文写成《台湾人四百年史》在东京出版，这被认为是最早的"台独"经典之作,对台湾后世青年"台湾意识"的灌输影响很大。

1967年6月30日,史明在日本成立主倡"台湾民族主义"的"独立台湾会",1993年返回台湾成立该会"台北总部",极力宣扬和推行"台独"政治理念。1995年3月29日成立的"台北宣传车队",每周六、日下午外出宣传,持续至今从未间断。每当两岸关系出现重大事件时,"独立台湾会"总要有所动作。2005年3月《反分裂国家法》通过,史明与台大学生于校门口发起长达14天的静坐抗议。以后又组织人员和车队,阻止中国国民党主席连战赴大陆访问。2014年3月台湾发生"太阳花学运",年已96岁的史明每天都来到现场,时而发表演讲表示支持。

2015年2月26日,由姚文智担任制作人、陈丽贵执导的史明纪录片《史明·革命进行式》在台湾上映,放映时间长达一个月。3月10日,蔡英文率领民进党公职、党工及志工人员,与史明等人共同观看了纪录片,以期扩大其政治影响。8月,一帮"台独"分子为史明戴上"台湾永远的革命家""桂冠",举办了"史明首次个展",并表示为"延续台湾独立精神",正筹资策划建立一所"史明革命学舍"。

二、新老"台独"合流

赢得"大位"的蔡英文深知,要搞"台独","将会面对很多挑战,改革的过程一定会很辛苦",为此她对这位有着特殊经历的"台独"大佬史明大唱赞歌,妄图以其为榜样鼓励"台独"们跟着她一起去实现"台独"的最终目标。

台湾媒体报道说,史明和蔡英文两人的年纪相差甚远,但为台湾"做事"的精神是一样的,这让他们成为忘年之交。对于此次蔡英文竞选2016年"大位",史明一直看好。他说:"2016年要选举,可以说她最适合啦!因为这边有国民党,它的后面有共产党,我看是蔡英文最得民心啦!"

蔡英文也竭尽吹捧史明之能事说:"他是一个非常务实的理想主义者,而且他也是一个与时俱进的行动家,有时候我想,如果我要跟欧里桑来选的话，我有时候会觉得，我说不定选不过他，因为他的行动力实在是惊人。"蔡英文透露，史明有时会到她的办公室提醒她一些事情，使她感到史明对于后辈充满着提携与爱护之情。

正是这样一位近百岁的"台独"精神领袖，不顾年老多病，奔波多处，为蔡英文竞选造势，还组织车队环岛劝进，支持民进党上台，这使蔡英文深受感动。她说，这位欧吉桑是要求她做台湾的"总统"，要有志气，要有决心，要坚强。蔡英文表示："我在这里要跟欧吉桑说，我一定会坚强。面对台湾的困境，我每一分钟都会坚强。蔡英文坚强，台湾人民才会跟着我一起坚强。"在胜选晚会上，蔡英文还表示接受大家的意见，去掉自己"太过理性"的不足，坚强地带领台湾人民去实现"台独"目标，好一番豪言壮语！笔者要奉劝"台独"们，无论是"大佬"也好，"新秀"也罢，只要否定一个中国原则，坚持搞"两国论"，在威力无比的《反分裂国家法》面前，只能是死路一条！

（《知识博览报》，2016年1月25日）

蔡英文"独"性入骨改也难

中国有句古话：江山易改，禀性难移。这句话用在蔡英文身上倒是蛮贴切的。在两岸关系上，蔡英文释放的"独"论甚多，笔者现择其要者为其"画像"如下：

一、"两国论"的起草者

蔡英文从 20 世纪 90 年代中期开始，受聘为台"陆委会咨询委员"（1994—1998）、"国安会咨询委员"（1999—2000），"陆委会主任委员"（2000—2004），其主要任务都离不开制定两岸关系政策。在时任台湾地区领导人李登辉的欣赏和拔擢下，蔡英文迅速成为其重要幕僚和制定大陆政策的核心人物。1998 年 8 月，李登辉接受"国安局长"殷宗文的建议，成立"强化中华民国主权国家地位项目小组"，蔡英文和同为"国安会"咨询委员的张荣丰、陈必照，以及后来出任"总统府"副秘书长的林碧昭，都是重要成员。1999 年 5 月，这个小组关于"两国论"的研究报告出台，李登辉当面听了汇报，并对报告给予充分肯定。台湾政界有人揭露，"两国论"的完稿与民进党"台湾前途决议文"的出台在同一月份，让人怀疑"两国论"小组与民进党高层暗度陈仓，并在大陆政策核心议题上取得了共识。

据台湾《联合报》记者何振忠 2001 年 7 月 11 日报道，该报告"前言"指出，自 1991 年"修宪"以来，已将"台湾的主权和治权"限缩在台湾，并且承认中华人民共和国统治大陆的合法性，所以两岸的定位至少应该是"特殊的国与国关系"。报告还提出"修宪""修法"和废除"国统纲领"的建议。"修宪"的重点在于冻结"宪法"第四条"中华民国领土，依其固有之疆域，非经国民大会之决议，不得变更之"，改为"中华民国领土为本宪法有效实施地区"；同时增订"公民投票"法源，凡事关"国家"前途之重大决议，必须经过全体"国民"同意。至于"国统纲领"部分，则建议采渐进式的废除，先是尽量不提，有关"一个中国""一个中国就是中华民国""一个分治的中国""一中各表"等论述，也都不用，最后则以新的"两岸关系纲领"取代。对于两岸的终极安排，则不预设目标。另外，所有法律的用语，一律修改为"中华民国"与"中华人民共和国"。

1999 年 7 月 9 日下午，德国之声总裁 Dieter Weirich、亚洲部主任 Gunter Knabe 与记者 Simonede Manso，由台"行政院新闻局"局长程建人陪同，专访李登辉。他们问到在并非实际可行的"宣布台湾独立"与不被大多数台湾人民接受的"一国两制"之间，是否有折衷的方案？李登辉回答说："中华民国从 1912 年建立以来，一直都是主权独立的国家，又在 1991 年的修宪后，两岸关系定位在特殊的国与国关系，所以并没有再宣布台湾独立的必要。"

李登辉抛出"两国论"的最终意图，在其《亚洲的智略》（2000 年 11 月出版）一书中，讲得再也明白不过了。他说："以往我们是以一国两府的方式来加以说明，但显然有所不足。实际上，我们必须以一个中国、两个国家（一中两国）的思维代之，才有利于台湾地位的保障。因此，我们必须进一步正式承认中华人民共和国。""我们一旦承认中共，中共即成为新国家，而我们则是旧国家。只是，这个旧国家也已经产生本质的变化，现在的中华民国不再是以往的民国，而是拥有崭新内涵的新的共和。"台湾当局某些有关方面人士也表示，两岸关系已从"两个对等政治实体"走到"两个国家"，两岸会谈就是"国与国会谈"等等。

李登辉的讲话从根本上否定了一个中国原则，要把台湾作为一个"新国家""独立"出去。两天后，中台办、国台办发言人对此做出最强烈反应，指出："李登辉公然将两岸关系歪曲为'国与国的关系'，再一次暴露了他一贯蓄意分裂中国的领土和主权、妄图把台湾从中国分割出去的政治本质，与'台独'分裂势力的主张沆瀣一气，在分裂祖国的道路上越走越远。李登辉自己的言行证明了他一再表示的"不会也没有必要采取'台独'路线、'没有放弃追求未来统一的目标'，完全是对台湾同胞、国际舆论的欺骗"。

在参与起草和制定"两国论"之后，蔡英文欲盖弥彰，千方百计地为之辩护，声称"两国论"只是在描述两岸的现状，未来台湾可以不提"两国论"，但不能否认这个现状的存在。据"陆委会前主委"苏起在2001年5月13日举办的一次两岸关系座谈会上指出，蔡英文曾对他说："今后虽不再提'两国论'，但仍将继续执行'两国论'。"

陈水扁上台以后，继承李登辉"两国论"的衣钵，于2002年8月3日透过视讯会议，向在日本东京举行的世界台湾同乡会年会抛出了"一边一国论"。此论较之前者更为阴险露骨，更强调台湾有别于"中国"之外的"独立性"，强调"统一并非唯一及最后选项"。陈水扁叫嚷："台湾不是别人的一部分，不是别人的地方政府、别人的一省，台湾也不能成为第二个香港、澳门，因为台湾是一个主权的国家。简言之，台湾跟对岸中国一边一国，要分清楚。"①

8月5日，蔡英文代表台当局向媒体辩称，陈水扁的"一边一国"论强调台湾当局是"享有主权独立，不属于中华人民共和国"之"事实"，和"两国论""不相干"；陈水扁"只是描述现状，没有政策性的意图"，表达的是台湾当局"在防御性地预防或避免现状被改变"。人们注意到，蔡英文任"陆委会主委"的几年期间，正是民进党"台独"政策定调、强化和推行的重要时段，蔡英文是起了重要的推动作用的。

更有甚者，在民族认同问题上，蔡英文追随李登辉、陈水扁，拒不承认自己是中国人。蔡英文说，是否中国人只是"个人选择问题"，"是不是中国人不重要，最重要的是要对台湾这块土地产生认同"。由此可见，蔡英文的"独"性已深入膏肓了。

---

① 陈水扁"世台会"致辞全文，http://www.sina.com.cn2002年08月05日09:29，南方网。

二、"九二共识"的否定者

蔡英文参与起草和炮制"两国论"后，不仅得到了李登辉的欣赏，也得到了其继任者陈水扁的重用。蔡英文没有辜负他们的期望，在两岸关系中充当推行"两国论"的急先锋，并且先于陈水扁表态否定核心为一个中国原则的"九二共识"。

2000年陈水扁上台之初，鉴于只得到39%的选票，统治地位并不稳固，因而于当年5月20日"就职演说"中，抛出了"四不一没有"："不会宣布'台湾独立'，不会更改'国号'，不会推动李登辉的'两国论'入'宪'，不会推动改变现状的统独'公投'，也没有废除'国统纲领'与'国统会'的问题。"6月20日，陈水扁在上任后的首次记者会上又放出试探气球，称愿意接受两岸两会达成的"一个中国、各自表述"共识。而蔡英文6月29日在接受《中国时报》访问时则表示，"所谓的'一个中国、各自表述'，就是我方形容此一过程（1992年10月至11月初的香港会谈）的用语"，陈水扁"并没有接受'一个中国'原则"。蔡说出了陈水扁想说而暂时没有说的话，从此他再也不提"九二共识"，而是改为提"九二精神"了。

为了"凝聚全民共识、促进族群和谐、维护台海和平及发展两岸关系"，8月14日，在"总统府"正式成立任务编组性质的"两岸跨党派小组"。陈水扁委请"国统会委员"、"中研院院长"李远哲主持小组工作。李提出应"回到1992年各自以口头声明方式表述'一个中国原则'的共识"。蔡英文立即表示，"1992年基本上没有共识，只有各自模糊的焦点"。有报道称，在"两岸跨党派小组"对两岸关系作出结论前，蔡英文主持的陆委会"动作频频"，蔡英文担心会达成一个中国的结论，准备了20多个因应"危机"的策略版本，并且放言如果达成"一中共识"也只能作为参考。她还指责一些支持"九二共识"的人是"走得太快，完全超过陆委会的掌握与想象"。在蔡英文和"台独"分子的主导下，小组最终得出了回避一个中国原则、不提"九二共识"的结论，蔡英文马上满意地表示，"这个结论弥足珍贵"。

岛内最近揭露，蔡英文曾经表态支持过"九二共识"，而李登辉更是"九二共识"的批准人，然而他们后来都予以否认。其实这并不难理解，因为这伙"台独精英"们承认也罢，否认也罢，那只是战术手段变换而已，而实现"台独"才是他们的真正战略目标。

台湾"九合一"大选后，民进党可能"执政"的气势水涨船高。蔡英文抛出了否定"九二共识"、"维持两岸现状"的新说。她表示处理两岸关系的基本原则，就是要"维系台海和平及持续两岸关系稳定发展的现状"。对于什么是现状，现状的政治基础是什么，蔡英文并无片言只语的解释。对此，两岸舆论都批评蔡英文回避"九二共识"，依旧玩弄"文字游戏"，如同2012年大选时她提出的"台湾共识"一样，空洞无物，不知所云，这既不能让岛内选民放心，也难以说服北京和华盛顿。

大陆对两岸关系现状的定义是极其明确的：1949年以来，海峡两岸虽然尚未统一，但大陆和台湾同属一个中国的事实从未改变。2008年以来，在"九二共识"的基础上两岸关系实现了和平发展。这就是两岸关系的现状。蔡英文的"维持两岸现状"说，是一个充满陷阱的表述。民进党前主席、"独"派大佬姚嘉文赤裸裸地表示："蔡的维持现状指的是台湾与中国互不隶属、台湾是主权独立国家的现状"，符合民进党的基本立场，"蔡英文提维持现状，就是要反对'九二共识'"。这是民进党的不打自招。如若这样，今后两岸关系的发展，其后果是不堪设想的。

三、"冻独论"的搁置者

随着两岸关系和平发展和岛内政局的变化，民进党内出现了"冻结台独党纲"的声音。2014年1月8日，民进党团总召柯建铭提议"冻结台独党纲"，引发党内轩然大波。同年6月19日上午，由前民进党"立委"陈昭南、郭正亮、台湾《美丽岛电子报》董事长吴子嘉及前"陆委会"副负责人童振源等人起草，由党代表许锦构、易锦隆担任提案人，透过40多位党代表联署，提出"冻结台独党纲"案，送交民进党中央党部。此事立

即引发 "独派" 顽固势力的大动作反扑，声称 "民进党如果敢冻独，我们就要冻结民进党"。面对民进党内出现的这种争斗局面，蔡英文在党代会前即定调说："认同台湾、坚持独立自主已变年轻世代的天然成分，如何冻结、废除？" 在 7 月 20 日举行的民进党第十六大，她表示由于会议时间有限，故将所有提案送中执会讨论，必要时再召开全代会处理。蔡英文此举，实际上是将 "冻独案" 束之高阁，永不实行。

随着 2016 年台湾 "大选" 的即将来临，民进党一些重量级人士又开始相继提出较为务实的看法，"冻独论" 者也重提其主张，有的甚至明确提出民进党应与 "台独" 脱钩。民进党前主席许信良指出，"蔡英文必须调整两岸政策，不只是为了 2016，更是为了两岸长久关系"。前 "立委" 洪奇昌期待民进党能够表述，2016 年若执政将不追求台湾 "法理独立"，同时民进党内能孕育出 "中华民国决议文"。谢长廷主张 "台湾共识不等于民进党共识"，应包括国民党和其他党的主张，并包括台湾 "宪法" 现状。然而蔡英文对民进党重量级人士的这些观点和焦虑，仍抱持置若罔闻的态度，不予答理。她的答复是："这段时间以来，关切民进党两岸政策的人非常多，各方的意见也都听到，维持两岸关系的稳定、台海安全与关系的稳定，这是大家共同的目标；至于台湾前途由 2300 万人决定，这也是社会最大的共识。"[①] 社会舆论表示，这些话听起来头头是道，但仔细琢磨什么也没有说。

四、大陆 "调整论" 的炮制者

2014 年 7 月初，蔡英文接受《天下》杂志专访，谈到两岸关系时抛出了所谓大陆 "调整论"。她说，2014 年的选战 "如果打好，连中国都会朝民进党方向来调整。如果他们觉得，2016 年最有可能赢的是民进党的话，他们自动会去创造那个条件……中国一调整，美国人就没有什么好讲的"。[②] 显然，这是一种自欺欺人的选战策略，其目的就是要蛊惑更多的选民，特

---

① 台湾《中国时报》2015 年 4 月 9 日社论《两岸关系蔡英文必须表态了》。
② 台湾《中央日报》网络报 2014 年 7 月 11 日社评《蔡英文果真如此天真？》。

别是中间选民，让他们相信只要民进党赢了，大陆不能不接受民进党执政，两岸关系不会因政党轮替而受到影响。

蔡英文所谓"调整论"不但高估民进党实力，错估台湾民意，而且低估了大陆方面反对"台独"的意志、决心和能力。世界上只有一个中国，大陆和台湾同属一个中国，中国的主权和领土完整不容分割，决不允许任何人以任何方式把台湾从中国分裂出去。大陆反对"台独"、打击分裂势力一以贯之，毫不动摇，决不手软。坚决维护国家核心利益，这是大陆不可逾越的"底线"。

至于蔡英文所说的只要大陆"调整"，美国就不会说话了，这也是一厢情愿的说法。美国对于海峡两岸的战略首重的是和平稳定，绝不会接受那些可能给美国战略利益带来损害的挑衅性说辞。"美国在台协会（AIT）"前执行理事施蓝旗就质言之，民进党应知"九二共识"的重要性，而不是闪躲。

2015 年 5 月 21 日

（福建省文学艺术界联合会《两岸视点》2015 年第 7 期、
《知识博览报》2015 年 5 月 25 日）

从郑成功在台形象的变迁看岛内"台独"活动

从李登辉、陈水扁到蔡英文，无不打着"转型正义"的旗号，歪曲历史，制造事件，大搞"去中国化"，在"文化台独"上尤为下功夫。近些年来，顽固不化的"台独"分裂势力，又开始把矛头指向两岸共同的民族英雄、"开台圣王"郑成功，扣帽子，泼污水，耍花招，意图通过"去郑成功化"达到"去中国化"的目的。

一、"议和图"取代"受降图"

2010 年 4 月，笔者曾到当年郑成功征讨荷军的指挥部所在地——台南市赤崁楼园区参观。园内有一组青铜雕像，反映的是民族英雄郑成功收复台湾、接受荷兰人投降的场景。郑成功身着明代官服，手按剑柄，气宇轩昂，神情若定。两旁伺立的亲兵，手持刀枪，仪态威武，气氛肃穆。面对他们的是一个身腰微倾、神情恍惚的荷兰人。铜像座基上写着"郑成功议和图"，座基碑文题目是"郑成功：赤崁议和"。在参观时，与我同行的国务院水利部科技司原司长戴定忠教授（曾任两岸水利交流委员会主任委员）严肃地告诉我，他于 1994 年曾到此参观过，当时座基上写的是"郑成功受降图"，现在怎么改成了"郑成功议和图"呢？回到北京后，他拿出当年的录像和照片给我看。经过仔细对照，还发现碑文原来的标题是："郑成功：赤崁受降"，改动后的碑文标题是"郑成功：赤崁议和"。碑文正文也只改了两个字，即将原碑文中的"荷兰人投降"，改为"荷兰人议和"，其他并无二致。如不细心阅读，很难发现两者的差异。从"投降"到"议和"，二字之差，就巧妙地篡改了历史，抹杀了郑成功的开台辉煌，篡改者真是用尽了心机。我当即写了篇题为《赤崁楼"议和图"取代"受降图"揭秘》，刊登在《两岸关系》杂志 2010 年第 10 期上。然而，随着时间的推移，这种篡改慢慢地为人们所遗忘。2019 年出版的台湾《新新闻》1679期（2019.06.09—06.15）有关祭拜郑成功的文章附图，用的就是"郑成功议和图"，大陆权威出版社出版的有关专著使用的也是"郑成功议和图"。由此可见，"文化台独"影响之深，危害之大。有学者称，"文化台独"实为"战略台独"，堪称真知灼见。

另有资料显示，台海军老掉牙的两艘潜艇——海龙、海虎号，是 20世纪 80 年代从荷兰购得的。1995 年 1 月，时任台湾地区领导人的李登辉指示台海军成立"潜舰发展办公室"，继续采购潜舰。在这样的背景下，台湾当局应荷兰人的要求，将"受降图"改成了"议和图"。由此可见，从李登辉开始的"台独"势力代表人物，就是一群为了达到某种目的不惜篡改历史的寡廉鲜耻之徒。

二、诬称郑成功屠杀台湾少数民族

在"去中国化"的布局中，蔡英文选择了台湾少数民族的视角，以"转型正义"为名，代表台湾当局向少数民族道歉。2016 年 8 月 1 日，她在所谓道歉演说中说："荷兰及郑成功政权对平埔人的屠杀和经济剥削，清朝时代重大的流血冲突及镇压，日本统治时期全面而深入的'理番'政策，一直到战后中华民国政府施行的山地平地化政策。四百年来，每一个曾经来到台湾的政权，透过武力征伐、土地掠夺，强烈侵害了当地民族既有的权利。"在这里，蔡英文黑白不分，是非颠倒，硬是把荷兰殖民者和"郑成功政权"相提并论，说成都是"对少数民族的屠杀和经济剥削"的刽子手。

在台湾社会，还有一些少数民族教师、民代也诬称"郑成功是屠杀少数民族的元凶"。2016 年 7 月 28 日，台南市多名"还原正义连线"成员，高呼口号，向台南火车站前圆环的郑成功铜像泼红墨水。更令人气愤的是有装神弄鬼者，演出了假托鬼神显灵让郑成功向台湾少数民族道歉的闹剧，"为三百年前死于郑军手中的各族少数民族英灵超度"。

历史已经表明，郑成功最大功劳是赶走荷兰人，将台湾纳入中国版图，建立以汉人为主的社会。他不但不是"屠杀少数民族的刽子手"，而是功高至伟的"开台圣王"。作为卑南人的台"监察院"官员孙大川说，若非郑成功建立以汉人为主的社会，也许台湾地区与印度尼西亚、菲律宾等发展模式一样，都是长期由欧洲人所统治的社会。台湾史专家、嘉义大学历史系助理教授吴建升认为，就史论史，郑成功治军甚严，在早期档案中并未发现郑成功直接杀害台湾少数民族的记录。有民间传说郑成功寻访高山族部落，部落首领拿出金、银、草、土献给郑成功任其挑选。郑成功选择了草和土，退还了金银，说自己是来台湾收复土地而不是贪图金银的，因此让台湾少数民族心悦诚服。以这一传说为原型的故事《四盘礼品》还入选了小学四年级语文课外阅读题。

郑成功的"开台"功勋，受到了台湾民众的高度肯定和祭拜。根据2016 年的统计，全台主祀郑成功的庙宇就达 450 多家。2017 年由地方主祭的活动中，郑氏宗亲将历来对郑成功的六面封号旗帜（延平王、漳国公、威远侯、忠孝伯、招讨大将军、开台圣王），献给台南火车站前的郑成功铜像，表达对郑成功开台的崇敬之意。"总括一句话：郑成功以及其后人部属，把华夏整套文化奋力发扬，使我国自三国东吴千数百年以来在台湾久经长营的业绩，得以花开果成，乐利生民；遗惠启迪，益宏汉业。"[1]

日本殖民统治台湾 50 年，屠杀包括少数民族在内的台湾同胞数十万人之多。对日本侵略台湾的行径，蔡英文不仅不予谴责挞伐，却用了"全面而深入的理番政策"这样的"中性"说法加以美化，只字不提要求日本政府道歉赔偿。由此不难看出，蔡英文们的"哈日""仇中"情结，是多么鲜明！

---

① 黄典权：《郑成功史事研究》，台湾商务印书馆 2000 年 7 月第 7 版，第 80 页。

三、郑成功"中枢祭典"规格的降升

降低郑成功"中枢祭典"规格，是蔡英文当局大搞"去郑成功化"的又一重要表现。从1963年起，每年4月29日，在国民党当局主导下，台南市延平郡王祠都要举行郑成功"中枢祭典"，指派事务主管部门负责人主祭，这是台湾地区的高规格。然而蔡英文上台后，祭典规格开始降级。其缘由是阿美人民进党"立法委员"谷辣斯·尤达卡提出，郑成功来台，对西拉雅平埔人及少数民族而言，造成许多平埔大社消失灭绝，族人颠沛流离逃至山区，就像蒋介石在"二·二八"杀害台湾人一样，主祭郑成功不应由"中央政府"执行。谷辣斯·尤达卡是个典型的"台独"分子，推行少数民族"独立建国"那一套。在她的提议下，2017、2018年郑成功的祭典规格降低了，不再由当局事务主管部门负责人担任主祭官，而改由时任台南市长的赖清德主祭。这种做法引起了相当多的民众特别是郑氏宗亲的不满。

然而到了2019年，祭典规格突然又恢复了原貌。4月26日，台"内政部长"徐国勇亲临台南延平郡王祠，披着主祭官彩带，主持纪念郑成功来台358周年"中枢祭典"。

祭典规格的一降一升，有着深刻的社会背景和政治缘由。原来台湾民间传说，今年郑成功将接替关公，接任第十九届"中天玉皇大天尊——玄皇高上帝"。台湾"中华郑成功文化协会"于2019年3月2日宣布了此事。

关于玉帝让位一事，民国初年出版的《洞冥宝记》宣称，玉帝已经在位7000多年，"耄期倦勤"，因此让位给关帝。"郑成功接任玉皇大帝"的倡言人之一、世界郑氏宗亲总会郑传兴声称，现任玉皇大帝是关圣帝君，于1863年出任，至今已156年，功德圆满，将回归本位。至于将"延平郡王"郑成功列为第十九代玉帝，则首见于台中武庙明正堂的扶鸾著作《瑶池圣志》。2005年，由五教教主推荐、众神选拔郑成功为下任玉皇大帝。"中华郑成功文化协会"与开元佛殿还将举办第一届"国际玉皇文化节"活动暨第十九代玉皇大帝郑成功就职大典。

蔡英文当局得知此事后，深恐得罪了郑氏宗亲，赶紧恢复了原有祭典规格。据"郑氏宗亲总群"9月7日发布的信息称，郑氏在台湾地区为第12大姓，约占全岛人口比例的1.5%以上。显而易见，台当局的突然拜神，并没有任何诚意，主要是"考虑到郑氏宗亲的实力与选票"，为了"胜选"的需要。

四、拿郑成功有日本血统说事

"台独"分裂势力在推行"去郑成功化"中，无所不用其极，在污蔑郑成功是"屠杀少数民族的刽子手"的同时，又拿郑成功有一半日本血统说事，从一个极端走向另一个极端，说郑成功的"反清扶明"，就是反对大清王朝，反对与中国统一。台"内政部长"徐国勇在2019年的"中枢祭典"上借机宣扬"台独"的说法：郑成功不被清朝利诱投降，不与大陆进行统一，更渡海来台赶走荷兰人，开拓建设台湾；他是国际贸易家，促进台与日、东南亚国家的贸易往来。蔡英文当局妄图通过错误解读郑成功，将台湾的历史与大陆切割开来，把中国自古对台湾的管辖开发史清除为零，从郑成功光复台湾开始重新计算，将郑成功打扮成台湾的"国父"，从而为分裂祖国背书。这完全是对民族英雄郑成功的诬蔑。郑成功的反清复明、驱逐荷兰侵略者，是为了实现中国的统一。他给荷兰侵略者揆一的信中指出："然台湾者，中国之土地也，久为贵国所踞。今余既来索，则地当归我，珍瑶不急之物悉听而归。"郑成功的"复台诗"说得也很清楚："开辟荆榛逐荷夷，十年始克复先基。田横尚有三千客，茹苦间关不忍离。"这封信，这首诗，充分表明了郑成功驱逐荷兰侵略者、维护祖国主权和领土完整的坚定立场。

说到郑成功的家庭情况，郑成功确为中日混血儿。其父郑芝龙，早年随商船到日本，与日本田川家族的田川氏结婚，生一男孩，取名郑福松，后改名郑森。郑森后因拥护南明唐王朱聿键称帝有功，被赐"朱"姓，且赐名为"成功"，即"朱成功"。不过后来人们大都以郑成功或者"国姓爷"来称呼他。1645年，清军攻入江南，郑芝龙降清，而郑成功则拒绝投降，并率领其父旧部在沿海一带继续抗争。郑芝龙投降后立刻被押往燕京，田川氏也因在战乱中受到清军侮辱而自杀。这两件事使郑成功更加坚定了抗清的意志，并在 1662 年收复台湾。郑成功一生抗清复明的信念坚定不移，功绩不可磨灭。对此，连康熙都不得不承认，并在郑成功死后题写挽联赞赏："四镇多易心，二岛屯师，敢向东南争半壁；诸王无寸土，一隅抗志，方知海外有孤忠！"

日本占领台湾后，利用郑成功有日本血统，为自己占领台湾增加合法性，于是把台南延平郡王祠改建成"开山神社"，增加了日式建筑。这是日本在台湾设立的第一座神社。令人愤慨的是台湾居然有人自视自己为日本人、"台湾的祖国是日本"。2016 年洪素珠辱骂老"荣民"事件暴露的"台湾民政府"，就是最终要"回归日本祖国"的一个政治性组织。他们宣称：日本政府放弃台湾主权"权利"，但是天皇仍保有台湾主权"义务"。权利可以放弃，义务"神圣"不可放弃，要永远保有。据日本《产经新闻》2019 年 10 月 3 日报道，最近有 3 名出生于日据时期的台湾人，认为二战结束后丧失日本国籍是日本政府做法不当，近期将向日本大阪地方法院提告，以确认其拥有日本国籍。"台湾民政府"等组织和人员，与"台独"势力有千丝万缕的联系。

（中国社会科学院台湾研究所主办《台湾周刊》2019 年第 47 期）

台湾成立"海洋委员会"观察

经过多年酝酿和"立法"后，台"行政院"新设立的二级机构"海洋委员会"（以下简称"海委会"），于 2018 年 4 月在高雄成立。原"行政院海岸巡防署"降编纳入，改称"海洋委员会海巡署"，并新设"海洋委员会海洋保育署"和"国家海洋研究院"。高雄市是台湾南部政经中心，港口与海运的大城，具有地理环境与海洋资源双重优势，也是蔡英文当局推动"新南向政策"重要的前进基地，故而将"海委会"设于此地。这也是第一个在高雄成立的"中央部会"。

海洋事务管理整合

台湾过去的海洋事务管理，分散在"内政部警政署水上警察局""财政部关税总局""国防部"（"海军司令部"及"警备总部"）、"国家安全局""行政院农业委员会"等单位。各单位通过"警备总部"（后期改为"海岸巡防司令部"）主导的"行政院会报"，协调工作及情资，但仍因事权不一造成许多困扰。

2000 年 1 月 28 日，"行政院海岸巡防署"成立，海洋海岸巡防维护事项开始整合。2010 年 2 月 3 日，修正"行政院组织法"，增设"海洋委员会"。2015 年 6 月 16 日，"立法委员"邱文彦等提案的"海洋委员会"组织四法（"海洋委员会""海巡署""海洋保育署""国家海洋研究院"）三读通过。7 月 1 日，"总统府"公布"海洋委员会组织法"等相关法规。2016 年 1 月 8 日，"行政院"发布命令，"海洋委员会组织法""海洋委会海巡署组织法"于同年 7 月 4 日开始施行。3 月 21 日,"立法院"通过临时提案,"海洋委员会组织法"暂缓施行。6 月 30 日,因政党轮替,"行政院"发布命令,上述二法暂缓施行。7 月 15 日,"立法委员"再次提案修正"海洋委员会组织法",拟将"海洋委员会"改为"海洋部",并将"渔业署"纳入所属机关。12 月,55 名跨党派"立法委员"连署提案,改设"海洋及渔业部",并将航港、气象等机关也纳入。2017 年 8 月 17 日,由"行政院前院长"林全敲定,"海洋委员会"于 2018 年 4 月在高雄市成立。

"海委会"挂牌运作

"海委会"成立后,主要负责台湾总体海洋政策、海域安全、海岸管理、海洋保育及永续发展、海洋科技研究与海洋文教政策等事项。

根据"海洋委员会组织法"和相关法规,"海委会"设主任委员 1 人(特任),副主任委员 3 人,其中 1 人兼任"海巡署署长",主任秘书 1 人。委员 17—19 人。现任主任委员黄煌辉,成功大学土木工程研究所工学博士,原"飞航安全调查委员会"主任委员。政务副主委李仲威,海军军官学校正期 64 年班,台湾海军"中将",曾任"国防部海军司令部副司令"兼"海巡署署长"。"政务副主委"陈阳益,成功大学土木工程系博士,原台湾中山大学副校长。"海委会"内部机关设综合规划处、海洋资源处、海域安全处、科技文教处、国际发展处、秘书室、人事处、政风处、主计处及信息室。

2018 年 4 月 28 日上午 11 时,台"海洋委员会""海洋保育署"及"国家海洋研究院筹备处",新任"首长"布达暨揭牌典礼,在高雄鸿海软件研发大楼举行。蔡英文主持并致辞,"行政院院长"赖清德为"海洋委员会"黄煌辉主任委员布达。另有"总统府秘书长"陈菊、高雄市代理市长许立明、"中央"与地方政府、各级民意代表及地方士绅等参加。蔡英文以"打开大门"使台湾成为海洋"国家"的起点作为开场,赞述了高雄港的历史演变,要求黄煌辉,除配合"行政院"推动绿能等前瞻做法,积极开发新能源、新水源及新的海洋休闲活动，更重要的是如何唤起人们的海洋意识，使其勇敢面对海洋，善用已有海洋资源，让其维持永续发展，建构人类与海共生且共荣之友善环境。黄煌辉表示，"海洋委员会"下辖"海巡署""海洋保育署"及"国家海洋研究院"，首要任务为赓续执行台湾经济海域的缉私、缉毒、私渡的防范，另为应日常业务增加，未来应朝向运用高科技技术进行更有效率的监测措施，以减少广大海域的工作负荷，并积极与周边国家协商，以维护"我国"海洋权益及确保渔民作业安全。

挑战大陆"海洋强国梦"

正当台湾整合海洋事务管理、成立"海委会"之际，大陆也在进行主管海洋事务单位的大规模组织改造，以"海上维权"和取得"海洋资源"来实现海洋强国的目标。习近平在十九大报告中提出："坚持陆海统筹，加快建设海洋强国。"2017 年大陆海洋生产总值已突破人民币 7.7 万亿元，中国海洋石油在世界各地海域探勘达到 7 万平方公里，2016 年远洋渔业产量将近 200 百万吨。这是实现中华民族伟大复兴事业中的重大成就，是两岸人民的大喜事，但却受到了台湾方面特别是"台独"势力的指责和反对。

蔡英文、赖清德这两个"台独"头面人物，一再借治理海洋之名，行"台独"之实，强调台湾是"独立"的"海洋国家""海岛国家"，台湾海洋事务的治理，要由台湾自行负责，一再把矛头指向祖国大陆。2017 年 6 月 10 日，蔡英文在出席"世界海洋日暨海安九号演习"时，顽固坚持"台独"立场，明目张胆地宣称"台湾是海洋国家"，勇敢走向海洋、迈向国际，不仅存在我们的基因里，也是国家发展必经的途径。2018 年"海委会"刚成立 1 个月，蔡英文在 5 月 31 日接见"福尔摩沙论坛：2018 海事安全对话"外国专家学者时说，各国也应该重视台湾是一个"利害关系国"，让台湾以平等地位，加入多方争端事务的解决机制。6 月 25 日，蔡英文在接受法新社采访时，更是向大陆发起激烈攻击，指责大陆越来越具"侵略性"，呼吁国际社会一起制约、遏制"中国的霸权扩充"，她形容台湾是

"坚韧之岛",虽有挫折感,但没有放弃的理由。

2018 年 3 月下旬出版的台湾《新新闻》周刊 1620 期,发表"台湾国际法学会"副秘书长林廷辉题为《因应中国海洋强国梦　台湾海委会大挑战》文章,指责"中国版'殖民主义'正在进行中",声称台湾从东沙群岛海域到澎湖群岛等海域,也都会受到中国东南沿海海上活动的影响,当超额滥捕渔业资源、破坏海洋环境、军机军舰绕台频率不断增加下的作为,都将影响台湾自身的海洋权益。作者强调"海委会"在面向海洋之际,处处都将遭遇大陆以海洋强国为梦想的竞争对手,应对大陆的海洋政策也成了必要的业务。面对大陆的"霸权思维","海委会"应提出因应对策,"形成蔡英文政府的海洋政策,让陈水扁政府的海洋立国到马英九总统的海洋兴国,不再只是个口号"。

打造台湾"第二海军"

2000 年 1 月台"海巡署"成立后,初期任务着重于查缉走私、私渡、取缔越界渔船,到逐渐强化海上救难、为民服务、维护主权渔权及公海巡护等能量。2016 年,以"守护海洋、永续资源"理念成立"护永项目",包括取缔沿近海拖网、岸际净滩等活动内容。2017 年,台"行政院"推出"新世代反毒政策","防毒、拒毒、缉毒、戒毒"多管齐下。尔后在缉毒、救难、为民服务、护渔,与即将推动的"旋翼型无人飞行载具""红外线热影像系统"与"舰艇发展计划"等重点工作上努力,全力执行"海域治安、维护渔权、救生救难、海洋事务、海洋保育"等 5 大核心任务。

为完成上述任务,台已制定"筹建海巡舰艇发展计划"。据推估,未来 10 年内,现役的 150 艘各式巡防舰艇,将有 130 艘达到使用寿限。台将以"国舰国造"方式,新建 141 艘舰艇予以汰换,预计编列经费 426 亿元(新台币)。"海委会副主委"兼"海巡署长"李仲威表示,新舰艇的造舰原则是,依照现行海军舰艇规格,但不需军事设备,而是加强"救生救难"资源。同时,依舰艇大小、行驶快慢,规划不同规格舰艇,其中 4000 吨的舰艇将具有"野战医院"能力,能快速抵达现场并增加救援率。未来还将运用高科技支援救难工作。今明两年为试办期，尔后将评估成果效益，再大量采购设备。

"海巡署"未来筹建的舰艇大约有 6 种型号：第一型，排水量达 4000 吨的大型巡防舰，是 3000 吨级巡防舰扩充版，具备野战医院能量。第二型，可护卫渔权的 1000 吨巡防舰，此型舰艇目前已有多艘服勤记录，此后将延续制造。第三型，时速可达 35 海里的 600 吨巡防舰，构型脱胎自海军沱江舰，系去除反潜装备与武器的"沱江海巡版"。第四型，100 吨巡防艇，系各地巡防队的主力。第五型，35 吨巡防艇，时速可达 45 海里。第六型，近岸巡防艇。后三型巡防艇均沿用现役船艇构型。

由于上述更新计划和"海巡"任务，有人质疑这是在打造"第二海军"，但李仲威表示，"海巡署"依任务造舰进行海上执法，没有所谓"第二海军"的问题。然而，事实是"第二海军"争议的缘起，来自蔡英文上台后的作为。在台"国安会"高层指导下，当局强化了"海巡署"战时接受"国防部"作战管制的接轨政策。当前则从组织改造、"十年造舰计划""国舰国造"，到太平岛守护，都由"国安会"密切掌控，并且比照日本自卫队与保安厅船体一致的模式办理。由此可见，台湾海巡力量即使不叫"第二海军"，但作为台海军乃至整个台军后备力量建设，则是不容置疑的了！

2018 年 7 月 18 日

（中国社会科学院台湾研究所主办《台湾周刊》2018 年第 29 期）

民进党上台欲弃南海"九段线"

从当前台湾的政治生态变化看，台湾再次出现政党轮替的可能性是存在的。随着 2016 年台湾"大选"的临近，外界开始关心民进党今后的政策走向，其中包括南海问题。台湾媒体爆料，民进党前高官曾表示执政后要废除"九段线"，放弃南海主权。此事在两岸乃至国际社会引起一片哗然。

一、从"南疆史料特展"说起

2014 年 9 月 1 日至 10 月 31 日，台湾当局在台北"国史馆"举办了"中华民国南疆史料特展"，并召开学术研讨会，宣称此举旨在"凝聚岛内学术及行政界的共识，唤起民众对南海事务的重视，厘清南海政略的思维与方向"。特展还将于 10 月 9 日至 11 月 10 日在高雄、11 月 17 日至 12 月 31 日在台中举办。

南疆史料特展以历史溯源的方式，清楚呈现中华民族早年拥有、经营的经过，证明南海主权一脉相承。与特展同步，台湾师范大学政研所举办了"多元视角下的南海议题"学术研讨会。与会者认为，南海议题攸关东亚各国主权扩张，台湾须订定"国家"层级的海洋战略，培养海权巧实力，以坚定立场维护中华民族利益。

在南海局势日趋复杂之际，此次特展为南海主权 U 型线（九段线）提供了更多的历史证据，对于维护中华民族的核心利益具有重要现实意义。马英九在特展开幕词中，强调"在南海议题上，政府会坚定捍卫国家主权，透过搜集及提出相关史料以彰显我主权主张，并找出降低区域紧张的方式，以和平解决争议"。对这次特展，岛内外舆论给予了高度关注，诸多评价是积极的，但美国方面却发出了批评的声音。

二、放弃"九段线"的合唱

在南疆史料特展展出不到半个月，由"台独"大佬、"台湾安保协会"理事长罗福全主持，于 2014 年 9 月 13 日在台北举办"美国重返亚洲与亚太区域安全"国际研讨会。来自美国、日本，以及民进党的诸多政要和各界人士 200 余人与会，共同探讨"中国崛起与美国重返亚洲的亚太安全情势"。

"美国在台协会"台北办事处前处长司徒文在会上说，全世界只有北京和台北主张"可笑又愚蠢"的"九段线"原则，"不符合国际法规"。民进党的一些精英们，与美国一唱一和，叫嚷如再执政将改变南海政策，废置南海 U 形线（九段线）。在司徒文发表上述言论的当天，台民进党籍"立委"、曾任民进党执政时"国安会副秘书长"的张旭成，接受"美国之音"采访时表示，"国民党政府 1947 年提出的南海断续线，与今天的台湾当局无关"，"民进党的人，包括我本人，都已经表示台湾应该调整对南海领土的主张"，"民进党若重新执政，台湾会放弃南海的主权主张"。曾任"国安会副秘书长"和"国防部副部长"的柯承亨透露，"民进党正在思考是否要放弃台湾当局以现有的断续线为界线对南海主权的主张"。

面对美方的施压，一贯亲美、谨言慎行的马英九并未低头，就在 2014 年 9 月 13 日同一天，台"外交部"发言人高安表示，无论从历史、地理还是国际法而言，南沙群岛、西沙群岛、中沙群岛、东沙群岛及周遭水域都属"中华民国固有领土及水域，不容置疑"。

笔者认为，民进党的"放弃说"反映了美国对两岸中国人坚守南海 U 形线（九段线）的无奈，妄图从台湾方面打开缺口，以便在南海问题上推行"以台制陆"的策略，从而达到最终废置南海 U 形线的目的。台湾退役将领、中华战略学会常务理事傅应川 9 月 16 日在《中国时报》发表文章，点出司徒文所言目的，是想断绝在南海主权上的继承性，有"釜底抽薪"

的意味。而民进党人士紧锣密鼓的配合，则是要把自己的政治图谋，纳入美国的重返亚太战略之中，妄图借力使力，达到实现"台湾独立"的目的。

三、拙劣的自我表白

民进党的"放弃说"一经抛出，即引来了外界的强烈抨击，蔡英文在赴美"应试"前不得不作出回应。2015 年 5 月 26 日下午，她在嘉南药理大学进行校园巡回演讲前表示，外传"民进党执政后会放弃太平岛的主权"，她不知道外界怎会有这样的说法。她强调，"民进党不会放弃太平岛的主权"。

蔡英文、郑运鹏表示不知道民进党"放弃说"是"从哪里来的"。这完全是说谎。请看，"美国重返亚洲与亚太区域安全"国际研讨会，蔡英文不但参加了，而且在会上发表了《亚太局势变迁中的台湾定位与未来》演说，强调美国重返亚洲及再平衡政策，台湾在其中应充分掌握，并深化与美、日战略伙伴关系。当时柯承亨接见"美国之音"记者时已经明言，"据我所知，民进党在南海问题上正在做一个内部检讨。至于检讨的方向，我想未来可能会比较清楚。"作为民进党主席的蔡英文怎能说不知"放弃说"是从哪里来的呢！

从各方面披露的信息看，美台之间可能已有默契，民进党 2016 年如上台，将视情宣布放弃体现南海主权的"九段线"；美国则承认"太平岛主权及其周边经济海域属于台湾"；"美台共管"或"台湾委托美国代管太平岛"，共享情资，应对局势变化。这些信息虽然一时难以确认，但从民进党的"台独"本质以及民进党政要的言论看，大概可能性不小。不过，在《反分裂国家法》威力震慑面前，美台的图谋也只能是一厢情愿罢了。

2015 年 6 月 20 日

（中国社会科学院台湾研究所主办《台湾周刊》2015 年第 29 期、
《知识博览报》2015 年 6 月 25 日）

"九合一"选举民进党为何惨败？

2018 年"九合一"选举民进党大败，从 2014 年赢 13 席变成只剩下 6 席，连带有指标性的高雄市也被"翻盘"。蔡英文不得不辞去民进党主席职务。民进党如此惨败是有着深刻的政治、经济和社会原因的。

民心思变

蔡英文上台两年多来，总是变着花样"秀政绩"，然而事实却是乏善可陈。自从她登上"大位"后，两岸关系急剧冻结，大陆游客骤然减少，农渔产品外销不畅，青壮世代就业难觅。经济停滞，民生困顿，事故频仍，民怨沸腾。据台湾政治大学经济系教授林祖嘉 11 月 14 日在国民党中常会报告提供的数据，台湾经济增长率近 3 年平均为 2.33%，是近 30 年来最低，且在持续下降，而民众的实质薪资则无所增加。以观光业为例，马英九主政时，大陆赴台游客 1 年增长 100 万，2015 年外界赴台旅客总数突破 1000 万；但 2017 年大陆赴台游客仅 270 万人，2018 年估计不到 250 万人。台湾当局虽然努力增加日、韩、东南亚观光客，但其消费力远无法与大陆游客相比，观光收入下降了 15%。目前"倒店潮"与夜市招租情况充斥台湾。根据台湾经济部门统计数字，2017 年全台湾公司解散、撤销及废止共 24943 家，2018 年 1 月至 9 月已达到 22276 家，比 2017 年同期增加 26.4%。

高雄的选战之所以打得热火朝天，最后让民进党经营了 20 年之久的根据地"易色"，最根本的原因也在于经济。例如高雄存在的转型困难、人口老化、财政拮据、赤字冲高等诸多问题，无一不与经济有关。据 2017 年的统计数字，高雄除人均收入为台湾"六都"倒数第二外，人口成长率、就业机会、年轻人失业率、中低收入户、暴力犯罪事件等等，都是"六都"倒数第一。正是由于这个根本原因，"空降"而来的国民党高雄市长候选人韩国瑜，开始处于劣势，民进党市长候选人陈其迈漫不经心地以为"躺着选"也能选上。但是，随着韩国瑜的"三山造势"迅即刮起了势不可挡的"韩流"，严重挫败了民进党的气势。

韩国瑜从"又老又穷"的高雄实际出发，主打经济牌。韩国瑜喊出大众化草根式的口号——"东西卖得出去，人进得来，高雄发大财"，受到了高热度的欢迎。一位赔了 4 亿新台币的高雄游览车大腕江其兴说，"货卖得出去是商机""人进得来是钱潮"，高雄才会发大财。过去动员参加造势大会，要派出车辆接送，而此次韩国瑜既没有派车动员，也没有党内大咖站台的政治光环，民众自行前往，地铁"挤破了头"。几次造势大会，商贩一次比一次多，还贩卖印有韩国瑜标志的纪念品。大家说，"跟着韩国瑜赚钱"。

"统'独'牌"不灵验

这次"九合一"选举，选情告急的民进党，又使出惯用伎俩和操作仇恨的恶癖，开始打"统'独'牌"。蔡英文走到哪里，都要不遗余力地宣传她参与炮制的"两国论"。仅以选前蔡英文的最后两次讲话为例，就可看出她的"台独"立场之顽固。

11 月 21 日，蔡英文在民进党中常会发表谈话称，台湾不仅要面对局势变化的挑战，更要力抗大陆对台湾的"打压"。不只是"断交"的压力，以及"国际上封杀台湾的行为"，现在，大陆的压力无所不在，甚至连金马奖颁奖典礼，都出现"矮化"台湾的言论。所以，"我们手中的这一票，要告诉全世界，台湾就是台湾，我们是台湾，从来不是中国台湾"。

11 月 23 日晚 10 时，蔡英文抢在竞选活动落幕的最后一刻，来到民进党籍台北市长候选人姚文智的晚会现场叫嚷，面对境外势力介入，让台湾民主遇到非常大的危机，守护台湾"民主"，守护台湾"主权"，守护台湾"首都"，只有一个办法，就是站出来投票。蔡英文大打"主权牌"，其目的在于调动深绿基本盘出来投票。

台湾的"国安"部门也加大力度，严密监控可能来自"大陆的网军和资金"。日前有网络流言指称，有十亿人民币的"中资"流入台湾，流向韩国瑜阵营，仅高雄检方就接获了二三百件相关检举。更有绿媒指控韩国瑜是"中共栽培的台湾接班人"，刻意将地方选举升级为"统'独'大战"。经过追踪，高雄检察机关近日澄清，并未查获中资介入选举之事。有学者指出，两年多来，两岸和平发展无以为继，台湾民心已历经了很大的转折。当民进党的"中国威胁"牌开始失灵，也就是民主见真章的时刻了。

"奥步"遭唾弃

在台湾的历次选举中，"奥步"（闽南语，"烂招"之意）事例并不乏见。例如，吴敦义的"绯闻录音带"、黄俊英的"走路工"事件、宋楚瑜的"贪腐案"，特别是陈水扁的"三一九枪击案"，无不影响到台湾地方和全岛的选举。历史表明，不少"奥步"是民进党人及其支持者所为。随着时间的推移，无论蓝绿民众，对"奥步"都产生了极大的反感和抵制。

这位政治新秀韩国瑜，对无论来自何方的"奥步"，均不屑一顾。在三立电视台 11 月 19 日晚上主办的"双雄对决，世纪首办"辩论会上，韩国瑜强调要用"包容与爱"选高雄市长，同时呼吁支持者、网军理性，不要抹黑、擦枪走火。他还向绿营支持者喊话，选后不分蓝绿一律照顾，要重建民众对政党、政治人物的信心。对国民党主席吴敦义的失言，说的不适当的话，韩国瑜也明确表示切割，并且强调不希望、不要选举过程有隐藏性的攻击，"我宁可干干净净地输掉，也不会肮脏地赢得选举"。他呼吁，要为他韩国瑜助选，就不要口出恶言、人身攻击，不要贬低台湾民主的价值。韩国瑜的粉丝们还提出，拒绝国民党中央大佬前往高雄为韩国瑜站台，这也是"前无古人"的。

11 月 20 日上午，国民党"立委"黄昭顺等人会同律师在高雄市党部召开记者会，要针对网传不实言论提告，但韩国瑜下午又决定撤销了，表示要"再给对方一次机会，要用爱与拥抱完成这场民主的战役"。

韩国瑜在接受媒体访问时，被问到外界持续的抹黑，未来会采取什么态度？韩国瑜表示，他不在乎这些，他热爱台湾、热爱"中华民国"，他死在台湾也要埋在台湾。所以这些类似的抹黑、谣言、攻击、恶意等等，他不去回应，我们继续让台湾民主走向更成熟、更美好、更包容的角度。他还呼吁所有抹黑的好朋友们，不要再在选举过程中进行那些动作，让大家一起来爱护台湾的民主。韩国瑜的这番言论和作为，赢得了选民广泛认同。

"九二共识"不容否定

蔡英文上台两年多来，始终拒不承认"九二共识"、不承认两岸同属一个中国。在蔡英文上台两周年前夕，台"陆委会主委"陈明通于5月17日和媒体茶叙时，重申蔡英文当局的两岸政策，明确表示不接受"九二共识"，甚至拉出为"九二共识"定名的国民党籍前"主委"苏起当垫背，说连苏起都不谈"九二共识"了，意思是那已经是过时的东西！

在11月19日晚电视辩论会上，陈其迈质疑韩国瑜的政治主张是否就是"九二共识"，并刻意提到韩在大陆读过书，拼观光就是锁定大陆观光客等，扣帽意图很明显。但韩国瑜当场爽快地回答他的两岸政治主张，就是"九二共识，一中各表""中华民国"。在记者会上，韩国瑜进一步表示，他最不想谈政治，可是要把"东西卖出去，人引进来"，他不得不对政治立场做交代，所以才回到这几年来讲的"九二共识"、热爱"中华民国"。只要依"宪法"、依法律（即"两岸人民关系条例"），都有一套标准，这样就够了，就能确保将来有能力推动高雄的经济。韩国瑜当选后的当天晚上接受媒体联访时强调，两岸小组一定会建构起来，既然他在辩论会上谈到"九二共识"，就代表了他现阶段对两岸的看法，也因为有了"九二共识"，高雄未来往海外辐射出去时，心中没有任何围墙，都是道路。高雄未来条条大路通发财、通赚钱。有学者分析称，台湾当前的经济问题，可能会促使选民重新思考"九二共识"，甚至两岸关系未来的发展。

　　"九合一"选举结果揭晓后，国台办发言人马晓光明确表示，我们将继续坚持"九二共识"，坚决反对"台独"分裂势力及其活动，团结广大台湾同胞，走两岸关系和平发展的道路。在对两岸关系性质、两岸城市交流性质有正确认知的基础上，我们欢迎台湾更多县市参与两岸城市交流合作。这就为败选后的民进党和蔡英文的继任者们，指明了一条前进的光明大道。如果民进党的精英们，仍然坚持否定"九二共识"，推行"台独"路线，逆历史潮流而动，那就只能是搬起石头砸自己的脚了。

　　　　（中国社会科学院台湾研究所主办《台湾周刊》2018 年第 46 期）

中国国民党黄复兴党部简介

据报道，2017 年 5 月 20 日，中国国民党将举行党主席选举，目前已有吴敦义、洪秀柱、詹启贤、郝龙斌、韩国瑜等 5 人表态参选。对于这几位候选人的优劣势和选举前景，舆论虽有各种分析，但多认为一时尚难定论。但有一种较为倾向性的看法是：谁能争取到黄复兴党部的支持，谁就能胜出。黄复兴党部为何有如此能量，笔者根据掌握的资料现作如下介绍：

黄复兴党部的由来

在台湾，一般把从大陆退台后的国民党退伍军人称为"荣誉国民"（简称"荣民"）。随着时间推移，台当局已将"荣民"界定为：志愿服役 10 年以上、因战（"公"）致病、伤、身心障碍以及曾参加重要战役的人员。为了安置好老"荣民"，从 20 世纪 50 年代起，台湾当局就建立了退伍除役制度。1954 年 11 月 1 日成立"行政院国军退除役官兵就业辅导委员会"，统筹规划办理退除役官兵就业辅导及安置事宜，嗣后由于服务层面扩大，不再局限于就业辅导，1966 年更名为"行政院国军退除役官兵辅导委员会"（简称"退辅会"），统筹办理辅导老兵就学、就业、就医、就养及一般服务照顾等工作。2013 年 11 月 1 日又更名为"国军退除役官兵辅导委员会"。

为与上述行政机构相对应，协调做好退除役官兵工作，中国国民党亦成立直属中央领导的"国军退除役人员党部"，代名为"中国国民党黄复兴党部"。"退辅会"第一任"主任委员"系由台湾省主席严家淦兼任，蒋经国任"副主任"。严家淦有感辅导就业政策的迫切需要及任务的繁重艰巨，非有强韧的组织力量支持难竟其功，于是建议国民党中央筹组"国军退除役就业人员党部"。1955 年 10 月，蒋经国再次提出筹设服务于"荣民"之专属党部。同年 10 月 12 日，国民党中央指示，为 7 万余退除役"荣民"成立专属党部筹备委员会。1956 年 4 月 28 日，蒋经国就任辅导委员会副主任委员，并兼代主任委员。同年 7 月 1 日，"国军退除役就业人员党部"奉准正式成立，其成员包括退役官兵及其眷属，以及退辅会所属事业机构的成员。代名"黄复兴党部"。"黄复兴"，寓意"炎黄子孙，复兴中华"。下属各地区由退除役官兵组成的党部则以"黄国 × 党部"称呼，如台北市称为"黄国梁党部"，新北市称为"黄国定党部"，基隆市称为"黄国基党部"，等等。

1962 年 12 月 1 日，鉴于党员人数与各县市地区党部的增加，为了落实与行政单位互补互援、相辅相成，更好取得服务"荣民"荣眷的功效，经国民党中央常务委员会第 406 次会议决议核准，将"国军退除役就业人员党部"改名为"国军退除役人员党部"（删除"就业"二字），成为直隶中央的专业党部——省级党部。

半个多世纪以来，不论国民党执政或在野，黄复兴党部以"为本党前锋、作中央后盾"为己任，坚定地支持国民党政策，忠诚地巩固国民党领导。遵循国民党中央指示，该部时刻为争取"荣民"荣眷福祉，有效维护"荣民""荣眷"权益而竭尽心力，同时精诚团结，全力推动辅选工作，对巩固国民党的理念志业作出了贡献，成为国民党最坚实可靠的基本力量，被认为是动员成效最佳的党部，是深蓝色的"铁卫军"。

坚持反"台独"的基本立场

黄复兴党部，始终坚持捍卫"中华民国"、反"台独"的基本立场。自 2000 年国民党败选以来，在国民党十六全、十七全、十八全代表大会中，陆续提出了"'中国国民党'绝对不能改为'台湾国民党'""'台湾独立'绝对不能成为中国国民党主张的选项""建议'团结'为本党生存发展的唯一凭借""消除党内纷争，建议资深同志免缴党费""本党中央党部大楼不宜迁移""尽速恢复'中正纪念堂''大中至正'匾额，以及军中蒋公铜像""合理处理'退役将官年终慰问金'""照顾眷村、荣家、荣民荣眷""推动退休军公教年终慰问金发放标准由2万元提升到2.5万元"等政策性的建议案，特别是在国民党2008年重新执政以后，搜集、整理有关内政政策、"荣民眷"权益等建议案，送交"行政院""国防部""教育部""辅导会"等相关从政主管人员，请其依法协处，以健全政策、维护"荣民"眷权益。

黄复兴党部认为，该党部不只是辅选机器，而是有思想、有精神的严密组织。近年来，黄复兴党部历经多次各项公职人员的辅选，不论辅选目标为何，黄复兴党部所属党员与眷村的投票率及目标人选的得票数均逐年攀升。许多行动不便的老"荣民"都坐着轮椅前往投票，支持国民党提名人士高票当选。

率先转型义工化

2000年国民党丧失执政权后，国民党中央于4月筹组"改造委员会"，推动党的改造。6月18日，国民党第十五次全国代表大会临时会通过"党的改造案"，核定"黄复兴党部保留，并继续经营发展"。7月1日，国民党中央指派备役"上将"王文燮担任黄复兴党部主任委员，并将台军现役官兵党员纳入黄复兴编制。

王文燮随即投入党的改造与党员总登记工作，缜密筹划展开全省基层访问，了解党员心声与建言。经过努力，黄复兴党部计有15万6千多名党员完成登记，登记率高达75%。同时，精简县市支级党部以下的400个区党部为200个，将1万5千多个小组合编为8千多个；召开各级党部委员及党员代表大会，选举各级委员会委员及常委，重新建立新的权力机构；强化小组组织及联络、服务工作；举办"黄复兴干部研讨会"，培养干部对组织工作的执行能力。

据统计，黄复兴党部党员，2002年1月为17万余人，2010年5月达20万1千余人，计21个县市支党部、169个区党部、7813个小组，其动员能量还包括 250 万荣民眷，以及保留党籍免参与活动的现役官兵党员。2016 年 4 月 6 日统计为 18 万 9948 名，计 21 个支级党部、190 个区党部、7521 个小组。2007 年 1 月 13 日公布的最新数据，国民党党员总数为 89 万 192 人，黄复兴党部党员为 18 万 9538 名，已占党员总数 20% 左右。

黄复兴党部为"以最精实的人力，成就最大事功"，持续精简人事，使荣誉职义务干部逐渐成为各级主力，基层则采义工制形态运作。2006 年 2 月 1 日，计有支级干部 96 员，区级干部 200 员。2010 年 5 月 1 日，奉国民党中央命令，在新任金恩庆主任委员领导下，再度精简支、区级党部义务干部 45 员。黄复兴本部仅有专职干部 5 名、义务干部 2 名、支级干部 84 名、区级干部 166 名，以及荣誉干部 24 名。2016 年 5 月 16 日，国民党主席洪秀柱力邀金恩庆再度回任党部主任委员。

据台湾《联合报》2017 年 1 月 10 日报道，关于此次选举，黄复兴党部 1 月 9 日发布新闻稿强调，该会为国民党之黄复兴党部，绝非属于任何个人之党部，一贯秉持党务及选务中立立场。黄复兴党部主委金恩庆受访强调，他从未对党主席选举发表任何意见。尽管如此，黄复兴党部的动向仍受到各参选人阵营的高度关注，并积极争夺黄复兴党部党员的投票。

（中国社科院台湾研究所主办《台湾周刊》2017 年第 5 期）

黄复兴党部：中国国民党的"铁卫军"

2017 年 5 月 20 日，中国国民党将举行党主席选举，目前已有现任国民党主席洪秀柱、副主席郝龙斌、台湾地区前副领导人吴敦义、前"立委"台北农产运销公司总经理韩国瑜、前国民党首席副主席詹启贤、国民党前"立委"潘维刚宣布参选。近传台湾地区前"交通部长"叶匡时亦有意参选，尚未证实。对于几位候选人的优劣势和选举前景，舆论虽有多种分析，但有一种较为倾向性的看法是：谁能争取到黄复兴党部的支持，谁就能胜出。

缘起和现状

半个多世纪以来，不论国民党执政或在野，黄复兴党部以"为本党前锋、作中央后盾"为己任，坚定地支持国民党政策，忠诚地巩固国民党领导，遵循国民党中央指示，做了大量工作。主要是两个方面：一是努力争取"荣民荣眷"福祉，有效维护"荣民荣眷"权益，做好"荣民"各方面的辅导工作；二是精诚团结，坚持反"台独"立场，巩固国民党的理念与志业，全力推动各项公职辅选工作，成为动员成效最佳的党部，被誉为国民党的"铁卫军"，也是蓝营最坚实可靠的基本力量。

做好"五大核心"工作

20 世纪 50 年代，台湾最早退除役的老"荣民"，大多数出身于大陆农民，没有文化，又无一技之长，缺乏谋生的本领。他们只身来台，离开部队之后就成了无家可归的"孤儿"。对此，黄复兴党部和辅导会的历届领导层，在"党政一体"的体制下，相互配合，共同努力，秉持"荣民在哪里，服务到哪里"的理念，以台、澎、金门地区设置的19所"荣民"服务处为"资源整合与服务平台"，开展辅导工作。辅导工作的重心一开始是放在"荣民"的就业训练上，以成立安置就业生产事业机构为主。随着老"荣民"年事增大、新"荣民"不断增加，于是又延伸出新的需求，组织机能也不断改制而日趋完整。经过数十年的经验积累，目前已形成对待"荣民"的就学、就业、就医、就养及一般服务照顾的"五大核心"工作。

良好的开端

退辅会成立初期，由于经费有限，以及荣民文化、技能方面的欠缺，开展工作困难很大。退辅会向台湾银行借款500万元新台币，并争取美援4200万美元，解决了开办经费。1954年接收台"国防部总政治部"所属6所大同农场，又新增6所农场，使6千名退役官兵投入农垦工作。此外，由台湾省建设厅代管的"国军退除役官兵建设工程总队管理处"（"荣工处"前身），设立5个建设工程总队与一个独立工程大队，协助退役官兵学习工程建设。1955年，辅导会又接管台"国防部"10所医疗机构，扩充为竹东、埔里、嘉义、玉里等"荣民"医院，并着手筹设台北"荣民"总医院，以照顾当时19837名退役病患官兵。以上举措，都为辅导会奠定规模、完备制度、迅速成长，带领"荣民"完成多项公共建设，擘画就业、就医、就养等施政方针，打下了较好的基础。

成立"荣民工程事业管理处"

为了扩大"荣民"的就业面，1956年辅导会成立了"荣民工程事业管理处"（简称"荣工处"），组织"荣民"参与各项工程建设。蒋经国正式接任退辅会第二任"主任委员"后，毅然将兴建全长194公里的中横公路，列为辅导会重要施政计划之一。该项工程于1956年7月7日正式开工，1960年4月25日完成，并于5月9日正式通车。共耗资4亿3千万元新台币。施工队伍的主体是老"荣民"。他们出身大陆农民的多，天生能吃苦，生活需求低。正是由于这些筑路人员，秉持不怕苦、不畏难的精神，始终保持着较好的士气，终于完成了打通中央山脉的艰巨任务，先后共有225位"荣民"不幸殉职。期间，蒋介石、宋美龄，以及蒋经国都曾亲到现场视察慰劳。在通车典礼上，蒋介石颁发了书面贺词。蒋经国更是布衣敝履，头戴草帽，乘坐吊篮，翻山越岭进行视察，与工人一起席地就餐，甚至亲自动手做饭菜，先后21次到现场考察，获得了很好的口碑。现在留下的这些活动的照片，充分证明了当年的艰苦。蒋经国曾感叹说，去参观中横公路的人"有几人了解这一条路是由多少荣民流血流汗和牺牲生命才建筑成功的呢"！1979年，台湾当局为纪念奉献一生的"荣民"，特定每年10月31日（蒋介石诞辰日）为"荣民节"。

有了修建中横公路的经验，"荣工处"更加积极承担各项工程建设任务。这既扩大了"荣民"的就业层面，也为"荣民"在台湾经济发展中创建业绩提供了机遇。此后的"曾文水库""十大建设""十二项建设""十四项建设"一直到"六年国建"，"荣工处"都尽可能组织"荣民"参与。从1998年7月起，"荣工处"改制为"荣民"工程股份有限公司，以现代企业化的经营方式，继续组织"荣民"为社会大众服务。

建设农场新家园

辅导会为老"荣民"在荒芜贫瘠的土地上建立农场，是当时简而易行的一条出路。于是，两手空空的"荣民"们，领到一些树苗、种子和工具，开始了开垦荒地，初期能够填饱肚子就算是不错的收获了。经过"荣民"们几十年的艰苦努力，胼手胝足，不仅建立起他们的新家园，而且发展成今天岛内知名的休闲旅游景点。如福寿山农场、清境农场、武陵农场、嘉义农场、高雄休闲农场、东河休闲农场，以及明池森林游乐区、栖兰森林游乐区等游乐园。

在修建中横公路期间，特别是通车以后，辅导会选择较平缓的山坡地或河阶地，组建了多所农场，安排"荣民"进驻。他们辛勤劳作，种植蔬菜水果，除满足自身需要外，并逐渐投入市场销售。参加筑路的"荣民"大多在这里安家落户，娶太鲁阁女子为妻，繁衍后代，成为一批新移民。

具有讽刺意味的是，当时退踞到台湾的国民党统治集团，为了鼓舞士气，还发给这些老"荣民"每人一张"战士授田证"，里面记载着将来"反攻大陆"成功后，会在大陆何地分给他们田地的数量。这张永远不可能兑现的授田证，到了20世纪90年代，台湾当局只好以换发"补偿金"的方法将其收回。依军阶，最低可领5万元，最高可领50万元。台湾《新新闻》周刊曾报道，截至1997年，共有74万5658人登记，其中已有63万4107人领取了"补偿金"，共领走752亿7800多万元新台币。

建立"荣民"医疗照护体系

为落实对"荣民"的医疗照护，提升"荣民"就医质量，辅导会积极规划建立"荣民总医院"（以下简称"荣总"），并得到美国的援助。1956年6月6日，"荣总"举行隆重奠基典礼，由严家淦主持、蒋经国接待，台"行政院长"俞鸿钧、"美驻华大使馆"盖钦进行破土仪式。俞鸿钧强调，"荣总"的兴建，"乃是政府关怀并安置荣民的事业之一"，建成之后，不仅使"荣民"能得到精神上的慰藉，而且台湾官兵和台湾同胞也将得到极大鼓舞。

1959年1月13日，蒋介石亲临视察"荣总"，"退辅会主委"蒋经国、秘书长赵聚钰、"荣总"院长卢致德陪同，向其汇报了医疗设备与现场设施概况。10月12日，在蒋经国陪同下，宋美龄等人访视"荣总"，并慰问病员每人3000元新台币。11月1日，"荣总"举办正式营运开幕典礼，"退辅会主委"蒋经国、"副主委"赵聚钰筹办，台"副总统兼行政院长"陈诚主持，岛内外贵宾300余人应邀出席。根据蒋经国的指示，1959年3月1日，"荣总"开始接收"荣民"病患。

目前退辅会已设有3所"荣民"总医院（台北、台中、高雄）、12所"荣民"总医院分院，除负责"荣民眷"健保医疗照护外，亦提供一般民众医疗服务。另退辅会为照顾需长期照护之"荣民"，于各"荣民"总医院分院设立"护理之家"或"康复之家"的公务预算床，由当局编列预算照顾健保不给付而需长期医疗照护的"荣民"。

"荣民"总医院的落成启用，已成为落实"荣民"医疗照护的最重要基地，不仅透过现代化医学技术和医疗设施，有效解除"荣民"的身心痛楚，而且透过"荣总"医疗团队的精进与成长，逐渐成为台湾现代医学进步的重要推动力。

坚持反"台独"的基本立场

黄复兴党部，始终坚持捍卫"中华民国"、反"台独"的基本立场，与"台独"势力的代表人物李登辉、陈水扁进行了坚决斗争。1988 年蒋经国去世，李登辉被国民党"十三全""十四全"推举为党主席。李登辉上任伊始，即大搞国民党"本土化"，后又推行"两国论"，并丢掉了国民党执政权，引起黄复兴党部党员的不满。2001 年 6 月 17 日，黄复兴党部召开党代表大会，有代表提出开除李登辉党籍的临时议案，并要求党中央誓师"清党"。9 月 21 日，中国国民党考核纪律委员会举行会议，以严重违反国民党党章的有关规定为由，做出决定撤销李登辉的党籍。李登辉被撤销党籍后，大大振奋了国民党员的士气，过去未办理党员重登记的黄复兴党部老党员，纷纷归队达 5 万人之多。

"得黄复兴者，可得天下"

黄复兴党部历经多次各项公职人员的辅选，不论辅选目标为何，黄复兴党部党员与眷村的投票率及目标人选的得票数均逐年攀升。许多行动不便的老"荣民"都坐着轮椅前往投票，支持国民党提名人士高票当选。事实表明，黄复兴党部不只是辅选机器，而是有思想、有精神的严密组织。"投蓝不投绿"，是历来统一的行动。在国民党党内选举中，黄复兴党部则不是铁板一块。今年国民党主席选举已有六七人参选，选战之激烈可想而知。能得到有投票权党员约占二三成的黄复兴党部的支持，仍是不二法门，所谓"得黄复兴者，可得天下"之说，即由此而来。

从 2016 年 3 月国民党主席的补选看，当时总计有 33 万 7 千多名可投票党员，但只投出了约 14 万张有效票，投票率 41.6%。洪秀柱拿下约 7 万 9 千票，得票率 56.48%；黄敏惠获得 4.6 万多票，得票率 32.2%。有分析指出，去年各县市一般党员投票率平均不到三成，而黄复兴党员投票率多在六成以上。洪秀柱至少有 4.5 万票是来自黄复兴党部的党员，在台北、新北、桃园三大都市都是席卷六成以上选票。

从 2017 年即将举行的国民党主席选举看，根据国民党中央公布的党员组成数据，截至 3 月 7 日止，约 95 万 1016 人登记有案的党员中，具投票权的党员为 38 万 4450 人，其中黄复兴党部有 9 万 1583 人，约占可投票党员数的二成三以上。因此，已表态参选的吴敦义、洪秀柱、詹启贤、郝龙斌、韩国瑜等，无不倾力争取黄复兴党部党员的支持。洪秀柱主要是透过黄复兴党部主委金恩庆深入基层固票，再靠曾任"陆军总司令"的副主席陈镇湘，争取退役将领的支持。郝龙斌因有父亲郝柏村在军中的深厚人脉，加上在台北市长任内的多位下属相助，预估将可分食不少黄复兴党部党员的选票。韩国瑜也宣称自己是正统的黄复兴，在"立委"任内曾因眷改问题为"荣民"卖过命，套交情的意味很浓厚。

至于吴敦义，虽有党务经验和行政历练，但与黄复兴党部较无渊源。在其参选记者会上，黄复兴党部前主委王文燮等多位退将曾现身相挺，但有人预估，吴敦义能拿到的黄复兴党员票，不但远低于洪，可能也赢不过郝，"郝至少有两成，吴应不到一成五，有 1 万票就可放鞭炮庆祝了"。但也有熟悉黄复兴党部生态的挺吴人士反驳，洪、郝对自身的黄复兴党部得票数都过度自信。

据台《联合报》报道，关于此次选举，黄复兴党部于 1 月 9 日发布新闻稿指出，该会为国民党之黄复兴党部，绝非属于任何个人之党部，一贯秉持党务及选务中立立场。黄复兴党部主委金恩庆受访强调，他从未对党主席选举发表任何意见。

值得重视的是，对于黄复兴党部在选举中的影响及其存废已出现不同看法。有的提出，在中国国民党内保留一个"黄复兴党部"，是"党内有党"，纯属多余，应予解散，合并到各地方党组织中去。有的认为，黄复兴党部是蓝营的"铁卫军"，在台湾已形成政党轮替的现实中，对于国民党再度执政是不可缺少的，应当保留，更好经营。有的进一步指出，现在更重要的着眼点，不只是在国民党主席选前考虑谁当选的问题，而是他或她当选后，是否能够带领国民党，确立"中心思想与核心价值"，"提出更好的政策"，团结一致，为夺回台湾地区的执政权，最终实现两岸的统一做出应有的努力！有舆论指出：如果只换党主席而不改党文化，国民党也只是在加护病房多喘几口气，早晚要进坟墓的。这是多么值得国民党深刻检讨和高度警惕的啊！

（中央统战部主管、中国和平统一促进会主办

《统一论坛》2017 年第 2 期）

"台湾民政府"反动本质评析

据台湾媒体报道，自称"公民记者"的"台湾民政府"成员洪素珠辱骂老"荣民"事件发酵之后，原来外界知之不多的"台湾民政府"的真面目逐渐暴露。爆料表明，它是一个以"美国军事政府占领"为名、最终要"回归日本祖国"的政治性组织，不仅有鲜明的政治主张而且有实际运作，具有极大的反动性和危险性。舆论认为，如何处置这个非法组织，是摆在蔡英文当局面前是否依法行事、尊重真正民意的试金石。

一、基本情况

（一）"台湾民政府"的成立

据"台湾民政府"官网报道，2008年2月2日，"建国党"、台湾平民民主党、台湾平民共和党、"台湾制宪联盟"、农民党、泛美联盟党、二二八关怀总会，在国际战争法、美最高法院判决规定下，联合成立"台湾民政府"（以下简称"民政府"），并向战争征服者美国军事政府报备。在美国支持下，"民政府"于2010年7月4日在华盛顿DC设立办事处，9月8日在该地四季饭店举行庆祝酒会，11月6日成立"民政府""内阁"和"参议院"。"民政府"宣布："2010年是台湾民政府依照国际法成立的创始年"。

"民政府"成立后，积极招募成员，并通过宣传和欺骗手法，甚至强迫参加者购买"台湾民政府"发行的"身份证"和"护照"等证件。他们宣称，只要拥有这种"身份证"，就可以直接去美国，不需要美国签证。事实上，这种说法早就被"美国在台协会"的官员所否认了。

（二）"台湾民政府"的理念

"民政府"多次宣称：日本政府放弃台湾主权"权利"，但是天皇仍保有台湾主权"义务"。权利可以放弃，义务神圣不可放弃，要永远保有。"民政府"认为：当前台湾仍是"美国军政府"占领，"台湾民政府"受其管辖，但将来美国结束占领后，台湾即回归"日本祖国"。因此，台湾人现在是"美国人"，将来是"日本人"。他们的这种理念，在2015年11月15日台北万人大游行中表达得最为明显。大游行提出了"六大诉求"："一是日本是本土台湾人的祖国；二是被占领地区之人民不应该当兵；三是台湾国际地位正常化才是唯一的出路；四是'旧金山和约'已经确立了台湾地位；五是美国是台湾主要占领权国；六是我们不是中国人，我们是本土台湾人。"他们还大肆叫嚷"中华民国"是"流亡政府"，"中国人滚出台湾去"！

（三）"台湾民政府"的运作

据"民政府"2014年3月发布的组织图，其最高领导人为"行政长官"，下设七人组成的"主席团"，"主席团"下设"国安参谋联席会""内阁""参议院""众议院"与"司法院"。

"民政府"按日本殖民统治时代的行政体系和称谓，把台湾划分为"台北州""新竹州""台中州""台南州""高雄州"和"宜兰州"，并将岛内原有区市镇乡整合为郡，县与州设"知事"一职。近期"民政府""中央组织部"还下令，对原先任命的"知事""州议员"等人事进行了较大调整。"民政府"在台湾各地共设有47个办事处，经常开办讲座、散发传单，甚至办理所谓"郡守考试"等活动。据称目前已有5万人持有"民政府身份证"，官员约有3700人。

值得关注的是，"民政府"有自己的"国歌"，每年元旦自行发布文告，而且还自制专用车牌。不仅如此，他们还于 2013 年组建"黑熊部队"，编制 180 人，分成 3 个中队。训练课程比照军警，配有最先进的防卫性装备。目前已开始动用"私刑"，用橡皮子弹、辣椒水、铁锁链等对付示威群众。据报道，"民政府"要求日本政府将提供给菲律宾的 5 艘巡逻艇转让给他们，以便其支援日本自卫队将来在"钓鱼台"与解放军作战。

二、观察与思考

（一）"台湾民政府"真正的目标是重建"大东亚共荣圈"

据东森新闻对"民政府"领导人林志升的访问，林认为目前台湾人的身份是"美国'军政府'统治下的美国人"，但是最终要"成为日本人"！"台湾岛不属于台湾岛民所有"。因此，他们每年都要组织代表团专程赴日本给天皇祝寿，到靖国神社祭灵，其虔诚之心无以复加。"祭灵文"说："诸位是为母国日本牺牲生命，被有尊严地供奉于靖国神社永祀，视为无尚之幸福与光荣。"这些都表明，"民政府"期盼的是恢复日本在 1945 年以前的政治地位，重建"大东亚共荣圈"。为此，"民政府"在其纲领中公然对美国的台湾政策进行了"规范"，认为华府当局不得在最后作出把台湾"归还"给日本以外的决定。"民政府"还规定，凡申请"身份证"的人，必须拿出日本殖民统治时代的户籍誊本，证明自己没有混杂"支那人"的血统。这反映了他们对伟大的中国人民和中华民族的刻骨仇恨！

（二）"台湾民政府"与"台独"势力有千丝万缕的联系

尽管"民政府"一再表明自己不是"台独"组织，但事实上两者是有内在联系的。蔡英文们和民进党等"台独"组织，长年鼓吹仇视外省族群的错误言行，对"民政府"起了示范作用。民进党上台后，"台湾主体意识"大涨，大搞"去中国化"。在这种氛围下，"民政府"和"台独"势力之间已经形成了"良性互动"。例如，"民政府"认为"中华民国是流亡政府"，蔡英文早在 2010 年"台教会"举行新书发表会时，就已公开表达过这一观点。从人事上说，也有人在"两家"兼职的。例如，"日属美占"理念的重要创始人、"民政府秘书长"林志升，就是"李登辉之友会总会秘书长"。"民政府教育大臣"、成功大学台湾文学系教授蒋为文，也是台湾"独派"社团"南社副社长"。有舆论指出，李登辉也好，"民政府"也罢，说他们统统都属于"倭奴集团"，一点也不为过。

（三）两岸民众要联手共讨之

随着"民政府"的真面目暴露于光天化日之下，越来越多的抗议者到"民政府""台北州板桥办事处"表达抗议，投掷鸡蛋、撒放冥纸者有之，声称要撤掉他们的办公楼者亦有之。2016年6月15日，台湾中华统一促进党高举最能代表全体中国人民的五星红旗，举行"征讨卖台倭奴集团，不灭不休"的游行。该党总裁张安乐表示："如果蔡英文不处理台湾卖台倭奴组织，我们就成立'中国台湾特区政府筹备处'，等着解放军来接收。"我们成立"中国台湾特区政府筹备处"的目的，就是要研究和告诉台湾民众"未来一国两制统一之后的台湾是什么样子"。

世界上只有一个中国，大陆和台湾同属一个中国，中国的主权和领土完整不容分割。我们欣见台湾同胞坚定地坚持一个中国原则，向形形色色的"台独"势力进行坚决斗争。让我们两岸人民携起手来，为维护国家主权和领土完整，为台湾最终回归祖国而努力奋斗。我们的目标一定能达到。

（中国社会科学院台湾研究所主办《台湾周刊》2016年第26期）

军事天地

评蔡英文新军事战略

按照台湾"国防法"第 31 条规定，台防务部门应于每任领导人就职后十个月内，向立法机构提出"四年期国防总检讨"（QDR，以下用此称谓），说明新领导人的战略指导，作为今后四年防务施政的依据，以及未来台军五年兵力整建与十年建军构想的基础。2017 年 3 月 16 日，台防务部门向"立法院外交及国防委员会"提出了 2017 年"四年期国防总检讨"项目报告。这是台湾第 3 次公布 QDR，是蔡英文上台后首份"国防报告"。本次 QDR 提出了"防卫固守、重层吓阻"军事战略、以航天、船舰及资安三大领域为核心的"国防"产业发展策略，以及强化资电作战、精进武获管理（指加强武器购买管理）、提升军人形象、落实军人袍泽照顾等多项防务要务。

一、"两蒋"时期后的台湾军事战略演变

从"两蒋"政权结束过渡到李登辉主政时起，随着国际形势、台湾政局和两岸关系的变化，因应政党轮替和领导人的变换，台湾的军事战略先后进行了几次重大调整。

（一）李登辉把"防卫固守、有效吓阻"守势战略调整为"有效吓阻、防卫固守"攻势战略

1988 年 1 月 13 日，蒋经国去世。李登辉上台之后，逐步修改了蒋经国时代的"攻守一体"战略。1991 年 5 月 1 日，台湾当局宣布终止"动员

戡乱时期"，这表明其大陆政策开始有了重大转变，不再试图以武力"反攻大陆"了，主要是企求配合和平共存和通过谈判达到新的政治目标，为李登辉的分裂路线服务。

与其政治需求相适应，在两年一次的"国防报告书"（简称"报告书"）中，台湾的军事战略开始出现调整为"守势"的意图。1992 年"报告书"第一版，表示要"建立一支高素质、高科技的吓阻武力"，1994 年"报告书"第二版，声称台军战略构想已转变为"守势吓阻"。1995 年 8 月，台防务部门负责人蒋仲苓、"参谋总长"罗本立明确提出"防卫固守、有效吓阻"的战略构想，并在 1996 年"报告书"第三版中予以确认。

"防卫固守、有效吓阻"军事战略的确立，表明台军在继续保持守势战略的同时，已将"吓阻"提升到战略层次。基本立足点是企图通过建立一支强大的军事力量，"吓阻"和"慑止"大陆的进攻，并具有反制作战的战略主动，以利长期维持两岸分离局面、最终实现"台湾独立"的目标。为实行这一战略构想，台军按照"量少、质精、战力强"的总要求，从1993 年开始实施二代兵力整建，全面调整部队编制体制，将基本战略单位由师调整为联兵旅，并更新三军主战武器装备，拟制和修订飞机、舰艇、远程炮兵及特种部队等多种作战手段；同时将抗登陆作战指导由"滩岸决战"调整为"滩岸决胜"。

随着李登辉抛出和推行"两国论"，台湾当局急需从军事上得到配合和支撑，于是军事战略的重新调整又被提到议事日程上来了。到了 90 年代末期，台军"精实案"基本完成。台军总员额由 1997 年的 45 万人，降为2001 年的 38.5 万人；三军比例陆军 51.75%，海军 14.61%，空军 14.33%。新购武器装备已经到位换装，部队作战能力有了大幅提升。台湾当局认为，台军"已具备化'被动'为'主动'之战略条件"，"已有能力遂行反制作战，并可获得一定的吓阻效果"，台湾军事战略的重新调整具有了一定的实力基础。在 1999 年下半年台湾地区领导人的竞选中，国民党候选人连战首先提出：未来可将战略构想修改为"积极防御、有效吓阻"。1999 年 12月，台"国防部长"唐飞正式下令，将战略构想由"防卫固守、有效吓阻"

调整为"有效吓阻、防卫固守",并规定"以此作为未来建军规划依据"。于是,"有效吓阻、防卫固守"的攻势战略开始取代"防卫固守、有效吓阻"的守势战略。不过在战略调整初始,李登辉等人可能是不懂这两种战略表述的区分所在,有时也将它们混用,难免贻笑大方。

"有效吓阻、防卫固守"的军事战略,突出了威慑性、主动性和进攻性,表明台军在防卫作战指导上,提高了"有效吓阻"的地位和作用,更加注重"精实战力,强化火力",强调建立有效的"吓阻实力"。在武器装备建设上,重点发展地地导弹、巡航导弹和反辐射导弹,提高战机对地精确打击能力。在抗登陆作战指导上,更加重视傍岸和近海打击,使敌无法登陆或登陆后迅即被消灭。李登辉等认为,只有这样的军事战略,才能确保"两国论"的推行和台海的和平与稳定。

(二)陈水扁提出"决战境外"战略,把"攻势"矛头直指大陆境内

陈水扁上台以后,为了推行"急独"路线,把"有效吓阻、防卫固守"的"攻势"战略,提升到了"决战境外"的臆想高度。2000 年 6 月 16 日,上台伊始的陈水扁,在主持台"陆军官校"(前身为黄埔军校)校庆典礼上,提出了"决战境外"的作战指导思想。他说:我们必须加强"国防"武力建设,依"有效吓阻、防卫固守"政策,积极筹建"高素质、现代化、专业化"的"国防"劲旅,并依据"制空、制海、反登陆"作战程序,与"精准纵深打击、提升早期预警、争取信息优势"及"决战境外"观念,作为未来建军备战的方向。他还强调,应结合民间科技,提升"国防"工业水平,建立"国防自主"能力,构建吓阻战力,俾得确保台海的和平与稳定。

何谓"决战境外"?从陈水扁上述讲话,不难看出,它实质上是"有效吓阻,防卫固守"战略的发展与延伸。台军方解释称,该战略要求"积极筹建源头打击力量","建构瘫痪敌人发动战争的能力","优先强化海空军力","发展深入敌境的精确打击能力","将防卫纵深前推至敌人领土上",以达成"拒敌彼岸、击敌海上、毁敌水际、歼敌滩头"的用兵目标。

由此可见，无论就其内涵和外延来说，都有着不容置疑的挑衅性和对台海交战双方定位的错置。

陈水扁之所以提出这一战略构想，主要是为了"稳定台湾民心"，给"台独"分子撑腰打气，使之误以为即便打起仗来，战场也不在台湾。然而这也只是一张"空头支票"，因为从军事上讲，无论就台军远程火力打击能力、远距离兵力投送能力和指挥控制能力，台湾都无法实现"决战境外"的战略目的。

（三）马英九以本岛防卫作战为重点，强调"固若磐石"战略

2008 年马英九上台以后，把陈水扁时期的"有效吓阻，防卫固守"的攻势战略，又调整为"防卫固守，有效吓阻"的守势战略，把重点放在本岛防卫作战上，坚持后发制人，不再提主动攻势作战。强调"国军采守势防卫，绝不轻启战端，惟当敌人执意进犯，战争不可避免时，将统合三军联合战力，结合全民总体防卫战力，遂行"国土"防卫作战。

2016 年 4 月 26 日，马英九在卸任前视导"汉光 32 号"演习时，重申了守势战略。他指出，面对当前军事威胁，"国军"应秉持"防卫固守、有效吓阻"的战略指导，以创新思维，持续发展不对称战法，打造"吓不了、咬不住、吞不下、打不碎"的整体防卫战力，使敌人不愿也不敢轻启战端。他强调，建军备战工作不分党派，无论是哪一个政党执政，"国军"的任务始终不会改变，"国军"要成为台海和平与民主宪政发展的坚实后盾。马英九这番言论带有向蔡英文交班的意味，然而蔡英文并未置理。

二、蔡英文复归、微调扁氏"攻势"战略

2016 年蔡英文上台后，首度以"三军统帅"身份于 8 月 25 日视导"汉光 32 号"实兵演练，并指令"国防部长"冯世宽在翌年 1 月之前拟订一套有别于其前任的"确认方向、改变文化"的新军事战略。蔡英文在拒不承认"九二共识"的前提下，如此提出问题，不禁引人深思。明眼人一看

便知，所谓"确认方向"，就是她的新军事战略，必须符合民进党的"台独"党纲和她参与炮制的"两国论"，马英九维护和坚持的"九二共识"是不能成为她制定军事战略的依据的。所谓"改变文化"，就是要借制定和推行新的军事战略之机，改变台军的传统，在军内大搞"去中国化"。有分析指出，蔡英文从"台独"理念出发，很可能要废除马英九时期恢复军队传统政治教育的某些做法，如摘除营区悬挂的"中华民国国旗"和"三民主义统一中国"等标语，取消宣读"中华民国军人训词""国父遗嘱"和唱"黄埔校歌"等仪式。

现在，蔡英文的新军事战略终于出台了。QDR 指出，新军事战略是：防卫固守，确保"国土"安全；重层吓阻，发挥联合战力。简化的提法是："防卫固守，重层吓阻"。这与马英九"防卫固守，有效吓阻"的守势战略提法相比，只改了两个字，即将"有效"改为"重层"。因此，不少评论者说蔡英文在玩"文字"游戏，并无什么新货色。笔者以为这种看法未免过于简单，实际上蔡英文等人是工于心计、用心良苦的。

台湾防务部门负责人冯世宽在受领制定新军事战略任务后，即在制定 QDR 和推行台军战备整备的实务中，悄悄恢复了李登辉、陈水扁的"有效吓阻，防卫固守"战略构想。2016 年 11 月 2 日，他在"立法院外交暨国防委员会"作 2017 年度"施政计划及主管预算案报告"时说：未来台军作战构想，依"国际"关系、"国内"情势，以及军事能力评估，微调现行"有效吓阻，防卫固守"的战略构想，将转成为"多重吓阻"，并纳入明年"汉光"演习验证。2017 年 3 月 15 日台防务部门发布的 QDR 中，蔡氏新军事战略的最后版本是"防卫固守，重层吓阻"，把"防卫固守"又位移到了前面，而把"多重"改成了"重层"。

为什么要做这样的修改呢？ QDR 认为，大陆方面持续加强海军、空军以及火箭军等发展，扩大兵力投送与战略打击范围，军事实力日益提升，迄今未放弃"武力犯台"，攻台作战为其主要备战目标。大陆军队装备现代化进展迅速，并推动军事改革，已具备对台封锁、实施多元作战及夺占外离岛能力。为此，台军的因应之道就必须采取"重层吓阻"战略，以创新不对称作战思维，发挥联合战力，使敌陷入多重困境，吓阻其不致轻启战端；倘敌仍执意进犯，则依"拒敌于彼岸、击敌于海上、毁敌于水际、歼敌于滩岸"之用兵理念，对敌实施重层拦截及联合火力打击，逐次削弱敌作战能力，瓦解其攻势，以阻敌登岛进犯。如果把这些内容与前述陈水扁"决战境外"的叫嚷对比来看，不仅战略构想相同，而且有些文字上的表述都是一样的。

冯世宽声称，台湾一定要建立主动攻击的能力，以增加防卫上的手段及弹性。他表示，台湾军队从空中到水面，甚至水下，一直很努力地研究如何进行不对称的作战，比如智慧型的水雷以及无人载具携带导弹等装备都具有非常好的吓阻效果。"参谋本部作战次长"姜振中更是明确指出，台湾军队有拒敌于彼岸的能力、计划及训练，并且一直在持续强化当中。

为适应新军事战略的需要，让陆海空三军皆具吓阻能力，蔡英文已下令重启马英九搁置的"雄 3 增程型超音速反舰导弹量产计划"，并将原代号"神戈计划"改名为"蟠龙计划"，"全面复活"该型导弹的研发、测评和量产，预计在 2017 年最终测试，2018 年开始量产，初始规划 60 枚。据称，该型导弹射程可达整个大陆东南沿海，半个台湾海峡都在其控制之中。同时，为了强化联合防空作战效能，台军将原属于"参谋本部"的防空导弹指挥部移编"空军司令部"，使其同时辖有"防空导弹指挥部""防空炮兵指挥部"两个防空单位，预计年底完成整并。此外，为因应解放军战略转型，台军"爱国者"PAC–3 型防空导弹连，已分别移防进驻花东地区。

从上所述，不难看出，蔡英文推行的到底是"攻势"战略还是"守势"战略，不在于"防卫固守"四个字的摆位问题，而是要看其真实的作战理念和战争准备。事实表明，"重层吓阻"实质上是蔡英文的"新战略主轴"，是"寓攻于防"，仍然属于"攻势战略"。

新军事战略出台后，能否具体落实呢？台湾"朝野""立委"诸多质疑。不仅军力对比，还是综合实力对比，两岸都不在一个层次上，没有可比性。台湾刚晋升"参谋本部参谋总长"的李喜明，在 2016 年 10 月召开的第十五届"美台国防工业会议"上，谈到两岸军力对比时说："两岸战略情势日益严峻，军力逐次呈现敌大我小的失衡情况，中共若全面发动战争，我以传统之正面抗衡，并非良策。"李喜明还表示，台湾面临艰巨"国防"挑战不仅来自敌人的强大军力，更受制于国际环境孤立，即使拥有美方对台坚定支持，单靠美国仍不足够。这段话倒是说得有点理性。如果蔡英文当局要靠新军事战略，向大陆发起先制反制之战，其结果是不言而喻的。

三、蔡氏军事战略为推行"全面台独"保驾护航

众所周知，政治决定军事，军事服从、服务和受制于政治，军事是达成政治任务的手段。这是毛泽东等老一辈无产阶级革命家反复论述过的，德国军事理论家克劳塞维茨在《战争论》中也有论及。从李登辉、陈水扁到蔡英文为何都热衷于制定和实行"攻势"军事战略呢？这要从他们不遗余力地炮制和推行"两国论"、否定"九二共识"、大搞"台独"分裂活动中寻找答案。

历史告诉我们，在"台独"势力分裂国家的活动中，从理论到实践，从纲领到行动，蔡英文都是立下了"汗马功劳"的。从 20 世纪 90 年代中期开始，蔡英文先后受聘为台陆委会、"国安会咨询委员"和陆委会主任委员，主要任务都是参与制定两岸关系政策。在李登辉的欣赏和拔擢下，蔡英文迅速成为其重要幕僚和制定大陆政策的核心人物。1998 年 8 月，李登辉成立"强化中华民国主权国家地位项目小组"，蔡英文是重要成员。蔡英文积极利用在英国留学时的人脉关系，找到 10 名外国专家学者帮助论证，其中有 7 人认为两岸是"两国"关系。1999 年 5 月，该项目小组向李登辉提出的研究报告指出，自 1991 年"修宪"以来，已将"台湾的主权和治权"限缩在台湾，并且承认中华人民共和国统治大陆的合法性，所以两岸的定位至少应该是"特殊的国与国关系"。1999 年 7 月 9 日，李登辉在接见德国记者时表示："中华民国从 1912 年建立以来，一直都是主权独立的国家，又在 1991 年的修宪后，两岸关系定位在特殊的国与国关系，

所以并没有再宣布台湾独立的必要。"在参与制定"两国论"后，蔡英文欲盖弥彰，千方百计地为之辩护，声称"两国论"只是在描述两岸的现状，未来台湾可以不提"两国论"，但不能否认这个现状的存在。据前台"陆委会主委"苏起说，蔡英文曾强调："今后虽不再提'两国论'，但仍将继续执行'两国论'"，"只做不说"。

陈水扁上台以后，继承李登辉"两国论"的衣钵，于2002年8月2日透过视讯会议，向在日本东京举行的世界台湾同乡会年会叫嚷："台湾不是别人的一部分，不是别人的地方政府、别人的一省，台湾也不能成为第二个香港、澳门，因为台湾是一个主权的国家。简言之，台湾跟对岸中国一边一国，要分清楚。"8月5日，蔡英文迅即代表台湾当局向记者辩称，陈水扁的"一边一国"论，强调台湾"享有主权独立，不属于中华人民共和国"之"事实"，和"两国论""不相干"；陈水扁"只是描述现状，没有政策性的意图"，表达的是台湾当局"在防御性地预防或避免现状被改变"。蔡英文在任"陆委会主委"的几年期间，正是民进党"台独"政策定调、强化和推行的重要时段，其中蔡英文是起了重要推动作用的。

蔡英文不仅是炮制和推行"两国论"的急先锋，而且否定"九二共识"也并非自今日始。陈水扁在2000年上台后，为了稳住阵脚，于6月20日召开的首次记者会上表示，愿意接受两岸两会达成的"一个中国、各自表述"的共识。不到10天，蔡英文于6月29日立即气急败坏地向《中国时报》表示，"所谓的一个中国、各自表述，就是我方形容此一过程（1992年10月至11月初的香港会谈）的用语"，陈水扁"并没有接受一个中国原则"。蔡英文说出了陈水扁想说而暂时没有说的话。从此以后，陈水扁就再也不提"九二共识"，而改提"九二精神"了。更有甚者，在民族认同问题上，蔡英文追随李登辉、陈水扁，拒不承认自己是中国人。她说，是否中国人只是"个人选择问题"，"是不是中国人不重要，最重要的是要对台湾这块土地产生认同"。由此可见，蔡英文的"独"性早已浸入膏育了。

蔡英文的"五二〇"就职演说，应当是她今后的"施政纲领"，但通篇未见"九二共识"四个字，更没有也不可能有一个中国原则这个根本点。在这篇演说中，蔡英文关于"国家认同"的用语，提到"这个国家"13次，"台湾"41次，而她自己就任"总统"的这个"中华民国"则只有5次。这就把蔡英文等人反对以一个中国为核心意涵的"九二共识"的真实原因揭示无遗了！

从蔡英文上台一年多来的实际作为看，她在"转型正义"口号的掩盖下，大搞系列"去中国化"，如"去蒋介石化""去孙中山化""去郑成功化""去孔子化"，甚至还要搞"去妈祖化"。在一些细节上也不放过。如在"双十节"纪念会上，女学生穿了几十年的抢眼"旗袍"被下令改穿"裙服"，她还说"中医"的称谓在台湾应该叫"华医"，等等。蔡英文十分重视"心理台独"，在她看来，台湾人都认同"台湾独立"比什么都重要，"法理台独"不过是迟早的事！

更有甚者，蔡英文还准备在无美军支援下，台湾单独对抗大陆。据《凤凰周刊》报道，有知情人士透露，蔡英文在向防务部门负责人冯世宽布置制定新军事战略时，提出过四个战略原则：一是"国防自主"；二是由以前的"有什么打什么"，改成"打什么有什么"；三是不准美方干扰；四是与各方学者座谈，不能闭门造车。其中，不准美方干扰有两层含义：一是美方认为大陆对台动武，最可能采取封锁方式；二是两岸若爆发军事冲突，防卫作战的准备应是设定美军不会也不可能军事介入，换言之，没有台美联合作战这种事。由此可见，蔡英文的新军事战略是立足于没有美军的支持，也要为"全面台独""保驾护航"的。

蔡英文上台以后，一段时间内，人们常以为蔡英文迫于台湾社会的分裂和民进党内外的压力，会向中间路线靠拢，搞"柔性台独""隐性台独"。事实表明，这种看法不对了，别小看蔡英文，实际上蔡英文是从政治、外交、经济、文化、军事等多方面，无孔不入、无所不用其极地大搞"全面台独"，何来"柔性""隐性"可言！为此，大陆方面应当依据《反分裂国家法》，针对蔡英文当局的"全面台独""全面施压"，使其难以前行；同时要建立强大的高效的大数据平台，牢牢掌控话语权，从历史和现实的结合上，在台湾、两岸和全世界，有针对性地进行解决台湾问题的大宣传、大解读。

2017 年 4 月 27 日

（中共中央统战部主管、中国和平统一促进会主办

《统一论坛》2017 年第 3 期）

蔡英文"防务改革"剖析

在蔡英文第二任期"就职演说"中,提出"国防事务改革",要在过去 4 年的基础上"做得更多",并突出"三个重要的方向":一是"加速发展'不对称战力'",二是"后备动员制度的实质改革",三是"改善部队管理制度"。对此,笔者剖析如下:

一、发展"不对称战力"是蔡氏"军事战略"的阐释和补充

关于"加速发展'不对称战力'"。蔡英文说:在强化防卫固守能力的同时,未来战力的发展,将着重机动、反制、非传统的不对称战力;并且能够有效防卫"网络战""认知战"以及"超限战"的威胁,达成重层吓阻的战略目标。这一段话,实际上是蔡英文对第一任期制定的军事战略的阐释和补充。2017 年 3 月 16 日,根据蔡英文的指示,台防务部门正式向立法机构提交的"四年期国防总检讨"指出,台湾的新军事战略是"防卫固守、重层吓阻"。报告首次解释了"重层吓阻"战略概念是:"发挥联合战力,使敌陷入多重困境,吓阻其不致轻启战端。倘敌仍执意进犯,则依拒敌于彼岸、击敌于海上、毁敌于水际、歼敌于滩岸之用兵理念,对敌实施重层拦截及联合火力打击,逐次削弱敌作战能力,瓦解其攻势,以阻敌登岛进犯。"在两岸总体实力特别是军事实力对比如此悬殊的情况下,蔡英文的这种战略目标当然是不可能实现的。蔡英文过去不敢承认这一点,这一次算是有点开窍,于是才疾呼要"加速发展'不对称战力'",然而这当然也是徒劳的。

二、强调"平战转换""协同作战"

关于"后备动员制度的实质改革"。蔡英文说："我们要提高后备部队的人员素质和武器装备；后备战力提高，才能有效地跟常备军队协同作战。"蔡英文为何如此重视后备部队的建设呢？这是因为从李登辉主政后期，特别是台湾实现政党轮替后，台湾的兵役制度已经发生了重大变化。1949 年，台湾实行的是"义务役征兵"政策，从 2018 年 12 月 19 日起改为"募征并行"。当前台军的主体已是通过募兵而来的志愿役军人。非志愿役而达到役龄的常备役男性，则改服 4 个月军事训练役后，纳入后备军人管理。资料显示，20 年来，台军经过实施"精实案""精进案""精粹案"，大规模裁军，总兵力已由 60 万人精减至 21.5 万人。其中，常备部队 18.8 万人，学生、入伍、受训、住院调疗及留职停薪 1.9 万人，文职、聘雇 0.8 万人。列管的后备军人则有 238 万人。由此可见，一旦发生战事，一支小小的志愿役常备军，如何应对了呢？而那些经过 4 个月军事训练的后备军人，按马英九的说法，也就是个"合格的步枪兵"，一时难以发挥更大的作用。因此，蔡英文强调："平常就要建立跨部会的常设后备动员体制，协调人力物力，平战转换时，动员才会顺利。"蔡英文的这一段话语，也不过只是"纸上谈兵"而已！

三、抓纪律防出事

关于"改善部队管理制度"。蔡英文说："年轻人从军出现适应上的问题，反映出社会转变和军中管理制度的落差。我们必须把落差补起来，不要因为制度的不周全，影响了社会对军队的观感，也造成军人的荣誉和士气，在一个又一个的个案中，被消耗掉。"这一段话，倒是反映了蔡英文对台军中存在的严重军纪和士气问题有所认识了。

众所周知，台军事故频发，纪律败坏，歪风盛行，几乎已成社会共识。诸如训练中装备损坏、人员受伤，机舰发生火警，贪污挪用公款，衍生债务纠纷，营内参与传销，非法私藏毒品，酒醉致死等等，不一而足。蔡英文执政以后，台军就像得了"瘟疫"一样，丑闻接二连三，涉事人员从少将到普通士兵，各级都有，且有日益发展之势。2019 年 8 月 6 日，台"国防部"发布新闻稿称，从 2016 年至 2018 年，台军"性骚扰"实际成立案件，分别为 24 件、29 件、36 件。从 2019 年 2 月至 12 月，台军至少发生 8 起自杀自伤事件，亡 7 人，伤 1 人。更令人感到诧异的是，蔡英文的专机，不仅出现了"走私案"，还暴露出"飞安危机"。据媒体报道，2019 年以来，台军发生各种事故已达 6 起，其中最为严重的是 1 月 2 日晨发生的 UH–60M 黑鹰直升机坠毁事件，导致台军"参谋总长"沈一鸣等 8 人丧生。在台湾当局大肆吹嘘自身的防疫堪称国际"典范"时，又发生了台湾海军"敦睦舰队"严重"染疾"事件，自己打了自己的嘴巴。在"五二〇"前夕的敏感时刻，台军又爆发出"电邮门"事件，号称"第四军种"的资通电军所属单位，遭到台"廉政署"上门搜查。以上所列事故，堪称触目惊心。因此，蔡英文才不得不强调改善部队管理制度，提升各级干部领导统御能力，"在维持战力的团队军纪，以及社会价值对个人的尊重之间，取得包容、取得均衡"。然而谈何容易，台军的肌体已经是病入膏肓，不进行"脱胎换骨"手术，很难见到成效！

四、妄图把台军绑上"台独"战车

其实，蔡英文没有认识到也不可能认识到的是，台军更深层次的问题是不知"为何而战？为谁而战？"。蔡英文在接受英国 BBC 访问谈到两岸关系时说，"任何时候都无法排除战争的可能性……须做好准备，发展自我防卫的能力"。她摆出一副"就算开打也没有关系"的态度，似乎台湾民众和军队都会支持她，然而事实并非如此。据美国杜克大学"亚洲安全研究"的民调显示，一旦两岸爆发战争，只有 23% 的台湾民众愿意"挺身抵抗"（广义的）。如果直接询问被访问者："请问您会采取什么行动？"回答选择投入战场的竟然只有 0.5%，比直接选择投降的 2.1% 还要低。有评论指出，台湾民众对统"独"成本有一定的概念，若是成本太高，就不会选择"独立"。

民进党上台后，在台军中大肆灌输"台独"意识，大搞"去中国化"，造成历史遭否定，传统被破坏，官兵没有了"中心思想"，信仰危机日益加深。像这样的军队又如何去打仗呢？国台办发言人马晓光就蔡英文"五二〇"讲话中有关两岸关系应询时表示："台独"是逆流，是绝路。"台独"死硬分子妄图把台军绑上"台独"战车，这是极其危险的。

（中国社会科学院台湾研究所主办《台湾周刊》2020 年第 22 期）

台军改革后备动员制度评析

蔡英文在 2020 年第二任期"就职演说"中，强调"后备动员制度的实质改革"，是今后防务事务改革的重要方向之一。6 月 29 日，她在一次典礼上提出"常后一体""后备动员合一"和"跨部会合作"三项原则，作为建立有效的后备制度的方针，让后备军人成为台军最强的后盾。10 月 7 日，台湾防务部门宣布四大后备改革，分别是"组织、部队、训练、装备"。10 月 22 日，防务部门负责人严德发和相关主管，在台湾"立法院外交及国防委员会"就台军"提升后备战力"实施项目报告。针对后备动员制度改革、后备战力提升检讨，置重点于如何在整体防卫作战中，有效强化"国土防卫战力"，并依"防卫作战"需求，重新编组各类型后备部队，以支持常备部队，共同担负"本土防卫""守护家园"的任务。从 2022 年起启动后备改革。

一、改革"后备动员制度"的举措

（一）成立"防卫后备动员署"

台湾早就建立有"全民防卫动员机制"，区分为"行政动员"及"军事动员"。"动员准备"阶段，结合施政作为，完成人力、物力、财力、科技、军事等战力综合准备，以积储战时总体战力。"动员实施"阶段，统合运用全民力量，支持军事作战及紧急危难，并维持公务机关紧急应变及国民基本生活需要。"行政动员"由"中央"各机关及"直辖市"、县（市）

政府负责执行。

在上述机制基础上，台湾防务部门"全民防卫动员室主任"韩冈明，于2020年10月22日，在"立法院"的项目报告中表示，为整合动员机制，精进后备组织，防务部门本部、"参谋本部"及后备指挥部动员幕僚人力，编成"防卫后备动员署"。该署属"中央"三级机关，位阶提升，功能增强，具备跨部会协调、动员政策制订及对下指导、督管的能力。这样更有利于推动后备动员制度的改革。

（二）改变"后备部队"隶属关系

台"国防部后备指挥部"原是台湾防务部门的附属部门，任务为策划执行后备军事动员、管理、服务、民防工作，建立后备潜力。战时提供各作战区遂行第一线海岸守备及纵深地区作战所需后备部队，并持续执行军事动员，运用"全民防卫动员"机制，结合后备战力，支援地面作战，维护台岛防卫安全。

根据改革方案，台军防务部门将"后备指挥部"改隶于"陆军司令部"，担任动员兵监，依专业属性指导督管各地区、县、市后备指挥部。北、中、南地区后备指挥部及18个县、市后备指挥部改编配属各作战区，纳入建制单位，以作战导向来编管。地区后备指挥部纳入指挥链后，作战区指挥官平时即可有效指挥、督导及调度辖内人力、物力资源，使常备后备整体一致。

（三）重新编组后备战力

台湾防务部门依据整体防卫作战需求和任务导向，务实检讨后备战力，将原甲、乙、丙、丁种旅及各山地、站台连，区分为三种类型。

第一类型负责"滩岸守备"。原有7个甲种旅，为因应新增"敌情威胁"，增加第一线守备战力，调增5个甲种旅，合计12个旅，战时与常备部队打击旅共同构成"拘打配合、滩岸歼敌"的关键战力。在新增的5个后备旅中，台陆军"北区专长训练中心"和"南区专长训练中心"为首批改制单位，番号分别为台陆军109旅、117旅，于2022年元旦编成。另3个后备旅，将从北、中、南地区各扩编一个，于2023年12月31日前编成。

第二类型负责"纵深及城镇守备"。为提升纵深及城镇守备部队作战能力，规划将4个月军事训练、教育召集训练及后备编管结合一致，使其任务及所受训练缜密结合。

第三类型负责"重要目标防护"。为强化各空军基地、海军要港、高山雷达站台、机动雷达、导弹车组等重要目标防护安全，及确保台湾关键基础设施运作正常，如电力、油料、供水、通信、传播、海空运、金融等，编成专责部队，由各作战区负责整合，与民防团队及保警共同执行重要目标防护任务，确保台湾关键设施安全。

（四）优先选充甫退人员

依据台湾"兵役法"第27条规定，现役人员（含军事训练）退伍后均须接受后备管理，借平时动员编组及教育召集训练，恢复与保持战斗技能，于战时能依令报到，迅速编成动员部队，建构持续战力，与常备部队共同遂行防卫作战任务。

后备军人编管要求，以强化战力为主轴，选充所需后备战力。规定"后退先用、精选适员、固定编组、年年施训"，并依部队所需军种、阶级及遴选所需专长的退员纳编。志愿役及义务役退员以补充军士官干部及高专人力为主，军事训练役退员以补充初中级专长为主。选充后固定于同一编组，并年年施以教召训练，满足后备战力需求。未来随着志愿役列管的退员逐年增加，整体后备战力亦将逐年提升。

台军首名具有博士学位、教授资格的前"空军副司令"张延廷"中将"，建议台湾防务部门应让教育召集科学化，推动"战力数字化"。可将每一名退役人员接受教召后的战力值数据化，包括考核、排名、枪支组合等。评鉴的内容越细越好，未来若有战事发生，便可从中分配兵力执行不同任务。

（五）增加教育召集训练时间

依据台湾"兵役法施行法"第 27 条规定：教育召集或勤务召集的范围、人数、时日，由防务部门按年度计划实施，于退伍后 8 年内，以 4 次为限，但可视军事需要酌增年限、次数及时间。

台湾防务部门日前宣布，为有效提升后备战力，满足改革后各类型部队作战需求，解除原编管 8 年之限制。从以前 2 年教育召集 1 次、1 次最多 6 天，到变成 1 年 1 次、1 次 14 天。召训人数从 12 万人增加至 26 万人。训练机构扩充为 8 个（5 个甲种旅及 3 个后训中心），整体教育召集训练强度、质量大幅提升。完整方案拟区分阶段推动，预计于 2022 年启动。

教育召集分为"战备基础训练"及"战备任务训练"两个阶段施训，置重点于熟练编制专长、加强组合训练、了解作战任务与落实战备演练，并依据各类型部队任务特性，强化"滩岸守备""城镇战""反空机降"、"重要目标防护"等实战训练科目，以提升"国土防卫"持续战力为改革目标。训练内容新增加 20 公里战术行军与宿营等训项，并增加建制武器实弹射击发数，借以熟练射击技能，使召员强化作战能力。从 2021 年起，教育召集训练将结合常备部队基地施行，使用与常备部队一致的装备。

此外，对现行 4 个月军事训练役役期是否延长将进行研议。薪资待遇方面，未来可能考虑给后备军官兵调增 1.5 倍。

二、改革"后备动员制度"的动因

蔡英文如此重视后备动员制度改革，既是疲于应对当前解放军机舰战备巡航和联合演练的需要，更是着眼于继续顽固推行"台独"路线、"以武拒统"的长远筹谋。

（一）台湾"后备力量"简况

当前，台湾只有一支小小的志愿役常备军。从 2018 年 12 月 19 日起，台湾兵役制度已改为"募征并行"。当前台军的主体已是通过募兵而来的志愿役军人。非志愿役而达到役龄的常备役男性，则改服 4 个月军事训练役后，纳入后备军人管理。台湾实现政党轮替以来，台军经过实施"精实案""精进案""精粹案"，大规模裁军，总兵力已由 60 万人精减至 21.5 万人。其中，常备部队 18.8 万人，学生、入伍、受训、住院调疗及留职停薪 1.9 万人，文职、聘雇 0.8 万人。

资料显示，台军列管的后备军人 238 万人。后备军人的情况差异很大，真正素质高、战力强的并不多。那些经过 4 个月军事训练的后备军人，按马英九的说法，也就是个"合格的步枪兵"。美军曾批评台军的后备战力"虚有其表"。英国《金融时报》发布的消息称，台军近年转为完全募兵制，掏空了后备军力。账面上后备军人有 230 多万人，但列管 8 年的退伍精壮兵员只有 78 万人，另有 34 万 9 千人是从前实行征兵制退伍下来的兵员，还有 32 万 6 千人只完成了基本军事训练。三者相加也不过 150 万人左右。如果一旦有战事，台湾目前到底有多大动员能量呢？ 2020 年 10 月 22 日，台湾防务部门负责人严德发在"立法院"回答质询时称，若蔡英文动员令一下，约 26 万名后备军人就要报到，加上 18.5 万名的现役军职人员，约 45 万人将是第一时间防卫作战主力。国民党"立委"江启臣追问，假如明天就要面对战争，当局下令动员后备部队，后备军人能在多短的时间定位、取得装备？严德发似乎少有信心地回答说，此案将在 2022 年才开始执行。其实，台湾不管能动员多大力量，战力有多强，与大陆相比都不在一个层面上，企图内外勾连，"以武谋独"，那是绝无好下场的。

（二）台军疲于应对解放军的常态化演练

据台媒报道，2020 年从年初开始特别是 9 月中旬以来，解放军军机在台湾岛四周，采取多机种、分批次、全空层、长航时的方式，进行大规模军事演习。据台湾防务部门网站公示，截至 12 月 19 日，解放军军机全年绕台共 63 起，机型多半为运输机和反潜机。据台湾《中国时报》12 月 21 日报道，自 6 月以来，解放军军机进入台西南防空识别区近 300 架次。进入 2021 年，从 1 月 1 日至 31 日，解放军军机继续出动达 75 架次之多，在台海周边进行常态化战备巡航。其中 23 日和 24 日，分别派出 13 架次和 15 架次，连续两天创下 2021 年最大规模巡航记录。

对于解放军机舰如此频繁出现在台湾周边空海域，台军总是紧急出动机舰予以应对，疲于奔命，消耗甚大。据中评社报道，台"空军司令部参谋长"黄志伟在台湾"立法院"答复质询称，2020 年到 10 月 21 日止，台军已经出动军机 4596 架次，维护费用以及油料比前一年增加新台币 4.7 亿元，预估全年增加 6.3 亿元。"海军参谋长"敖以智称，截至 10 月底，台海军出动军舰达 1223 艘次，比 2019 年增加 400 多艘次。

在应对解放军机舰活动中，台军不仅需要出动大量的飞机和舰艇，而且在战斗支援和后勤保障方面，已牵扯到后备力量的运用。在"汉光 36 号"演习中，后备兵力的角色与任务也做了大幅度提升。2020 年 7 月 12 日晚，台湾防务部门发布"同心 31 号演习"后备动员令，借由演练达到实时动员、实时作战的训练目标。7 月 16 日，台军在台中甲南海滩举行的反登陆作战演练，后备军人和现役官兵即改变以往作法，合编在一起参加 105 榴弹炮射击，意在以此验证"滩岸歼敌"能量以及"常备打击、后备守土"的作战能力。蔡英文在脸书中表示，后备弟兄姊妹能在联合作战任务中扮演多元的角色，如何透过后备动员的改革，让常备、后备部队一起防卫"国家"，这是现阶段"国防"事务改革的重点之一。

（三）"后备动员制度"改革旨在"以武谋独"

后备力量的动员和运用，一般是一个国家军队建设的重要内容。然而西方一些"挺台"势力，却为不是独立国家的台湾竭力献策称，台湾加强防务的最佳对策是增强后备军力。美国也有人建议，只要台湾后备军人数量大且训练有素，就算解放军设法登陆台湾，也很难完全控制台湾。我们且不说这些论调是否一厢情愿，但必须指出的是，西方政客为台湾后备力量的加强大造舆论，实质上是在支持"台独"分裂势力，大搞"两国论"，妄图把台湾从中国分裂出去。司马昭之心，路人皆知。

军事观察家指出，大陆机舰的战巡活动，实际上已经形成了常态化，这是两岸实力变化的历史必然。台湾当局必须也只能适应和接受这一新常态。1月28日，国防部新闻发言人吴谦指出：在中华民族的历史长河上，一小撮"台独"分裂分子的谋"独"行径，就像是一个泡沫，又能翻得起几朵浪花？我们正告那些"台独"分子：玩火者必自焚，"台独"就意味着战争。中国人民解放军将采取一切必要措施，坚决挫败任何形式的"台独"分裂图谋，坚定捍卫国家主权和领土完整。

（中国社会科学院台湾研究所主办《台湾周刊》2020 年第 9 期）

台湾"政军兵推"述评

在台湾,由防务部门主办的年度"汉光"演习已有 33 次之多,早已为人们所熟知,而对由"总统府"重要幕僚单位"国安会"所主办的"政军兵推"(以下简称"兵推"),则知其详者甚少。据统计,从 2005 年始办以来,台湾年度"政军兵推"已办过 11 次,其中陈水扁主办 4 次,马英九主办 6 次,蔡英文主办 1 次,2012 年、2016 年未举办。

一、陈水扁突出演练"反斩首"

陈水扁在其第一任期(2000—2004 年)内,为了稳住阵脚,在"就职演说"中抛出"四不一没有"承诺:"不会宣布独立,不会更改国号,不会推动'两国论'入宪,不会推动改变现状的'统独公投',也没有废除'国统纲领'与'国统会'的问题。"但是仅仅隔了两年,陈水扁自以为打牢了根基,控制了政权,一反其承诺,公然挑战一个中国原则,于 2002 年 8 月 3 日抛出"一边一国",声称"台湾是主权独立的国家","台湾与大陆,一边一国,要分清楚"。

为了给推行"台独"政治路线"保驾护航",达到"以武谋独"目的,陈水扁当局把加强军事建设摆到了重要日程上,特别是重视采取"反斩首"措施和演练。

(一)增强大台北地区"反斩首"防卫部署

在陈水扁"一边一国"论出台后的第二年即 2003 年,美国国防部向国会提交了一份中国大陆军力评估报告，提出"斩首"行动将是未来解放军武力"犯台"的一大趋势，要求台军针对这一趋势提出新的防御构想。

在美国的提示下，台军开始对"斩首"问题进行研究，得出的结论性看法是：解放军的"斩首"模式，首先以导弹攻击开场，对台湾政治、军事、通信以及交通等重要设施，实施"精确饱和打击"，瘫痪政军决策中心；随后出动战机及军舰控制海空域，建立"空中和海上安全走廊"；同时派出小股精锐特种部队插入台北市博爱特区，包围台湾地区领导人官邸，实施"斩首"攻击，以求最终取得战略性的战役胜利。

为了应对解放军的"斩首"行动，陈水扁指令台湾军方制定多种"反斩首"方案。首先是积极调整和强化大台北地区防卫部署，增调"反斩首"兵力。2005年，台湾陆军模仿美国陆军专司反恐的"三角洲"特种部队，出资6亿多元新台币购买高科技装备，抽调相关特种战部队精锐，组建一支约400人的三栖"反恐"部队，保卫领导人和重要军政"首长"安全，必要时还可用其对祖国大陆沿海实施"反斩首"奇袭。2006年3月，台军第一支"反斩首"陆战旅组建成军，戍守大台北地区，担负"反斩首"和"战略预备队"任务。全旅约4000人，装备新从美国采购的AAV7两栖登陆车。此外，"反斩首"部队还有台湾地区领导人身边的"国安局特勤中心"、"宪兵"部队，以及台军和安全部门下辖的10多支特种部队。与此同时，对领导人官邸进行全面加固，对"逃命工具"做全方位准备，以便在情势危急时，在"反斩首"部队掩护下"成功"脱逃。

（二）推出"反斩首""玉山兵推"

为了提升台湾当局领导人及各部门首长在濒临战争状态下的危机应变能力和台军的"反斩首"战力，从2005年起，由陈水扁亲自主持，"国安会"具体负责，开始实施战略层次的"政军兵推"。通过演练，达到一旦发生军事危机时，台湾当局各部门"能够确保政军首长安全，持续公权力机构核心功能与运作，保护重要关键基础设施"的目的。由于陈水扁的"维安"代号是"玉山"，因而"政军兵推"被称为"玉山兵推"。陈水扁在第二任期内先后主持了 2005 年至 2008 年四次"玉山兵推",主课题都是"反斩首"。

"玉山兵推"通常分两个阶段,第一阶段是演练"国安单位"如何在应急战备发布时,以各种方式保护政军首长进入"政军主指挥所";第二阶段是看统裁官如何下达指令与状况进行不同的演练。例如 2006 年"玉山兵推",首次以"陈水扁被大陆俘获,甚至遭到大陆特种部队或精确制导导弹斩首"为想定,精心构思了 2 个阶段、7 套剧本以及 170 多个状况,演练时间长达 7 天。演练重点是"政府各部在陈水扁身陷险地状况下如何进行危机处理"。又如 2008 年"玉山兵推",是陈水扁任内最后一次"兵推"。演习剧本模拟的是"2020 年台海大战",圆山指挥所被攻陷,陈水扁遭刺杀,"主指挥所转移"。台湾"宪兵"部队派出 20 余辆 V–150 装甲车护送官员撤离,分批经过省道直奔桃园陆军化兵学校的"第二预备指挥所",由备位领导人吕秀莲接替陈水扁,直接指挥"三军"和各"部会"作战。此次演练,与前几次比较,规模更大,强度更强。共有 80 多名政务官进入圆山指挥所参加演习,800 多名事务官在各单位支持,还有 500 多名军宪警特勤,负责演练战时政军首长的安全防护。

(三)圆山指挥所并无多大作用

2005 年陈水扁举办"玉山兵推"后,军方随即将原属于衡山指挥所一部分的圆山指挥所,划给"行政系统"使用。当时圆山指挥所设施极其简陋,难以安身和运作。为此,台湾当局专门拨款,以"圆新项目"为代号,对其进行全新升级,共花费 6.5 亿元新台币,历时 3 年,于 2008 年 4 月 16 日举行竣工揭牌仪式。

事关战时最高指挥中心的"圆新项目",实际上是在原有的衡山指挥所战情中心基础上进行的扩建装修工程。最核心部位是一个能容纳 12 名要人的最高"国安"会议室以及 22 间各部门作业室。圆山指挥所与外界之间加装了厚重的防弹门,据称能抵挡 2 万吨当量核弹。供电、供水、换气、医疗、饮食、卫生等基础设施均进行了增补。台湾政经要人可以通过衡山指挥所的指挥通信系统，实时掌握外界动态，发出指令，甚至召开紧急新闻发布会。台湾《中国时报》曾报道，在圆山指挥所——这座"台军战时最高指挥中心"里，从"偌大的电视屏幕可直接看到解放军兵力部署，以及战机起降和船舰出没的信息……具备防核生化和抗电磁脉冲攻击能力，设施齐备而豪华，堪与美国同类战时指挥中心媲美"。

然而战时转移到圆山指挥所的，是台湾地区领导人、行政部门成员，都是文职，他们虽然平时各自执掌"政府安全""财经""运输"等要害，但由于所属部门缺乏军方那样完备的信息指挥系统和军事制度，自身又不懂军事，很可能封闭在地下茫然无措，发挥不了通报信息和指挥各部门的作用。而台军"参谋总长"率领的职业军人团队，仍在衡山指挥所负责具体的战时指挥，实际担负着台军战时总司令部的职能。因此，无论从历史沿革还是建设规模看，圆山指挥所并不具备"指挥"的真正功能，其象征意义更大。有学者指出，刚上台的陈水扁，当时之所以新建用处不大的圆山指挥所，还有对长期由国民党控制的"国军"不放心的考虑。

二、马英九注重应对"复合型危机"

2008 年 5 月，马英九就任台湾地区领导人以后，以"两岸非国与国关系"界定两岸关系，坚持"九二共识"，反对"台独"，并采取实际措施很快恢复两岸两会谈判协商，积极推动两岸交流旅游，两岸关系很快得到改善，受到两岸民众赞扬。在这样的大背景下，马英九也从军事层面对两岸关系有所思考和调整，并采取了不同于陈水扁主政时的举措。

（一）认为战略上台湾已无"反斩首"问题

马英九上台后，从两岸关系发展的良好势头出发，认为"政军兵推"想定已没有设置"反斩首"问题的需要，以"斩首"为主题的"玉山兵推"可以取消，一切仍回归"汉光"兵推。但"玉山兵推"虽然取消，其政治推演部分仍需保留。由于推演内容未包括经济部分，兵推性质的精确说法不是"政经兵推"，而是"政军兵推"。因此，马英九当局的"政军兵推"

有别于陈水扁时期的"玉山兵推",不再假设有来自对手的"斩首"、导弹袭击、使用生化战剂等行动,而是改以发生重大天灾、疾病感染以及类似金融大海啸等情况的处理为主进行演练。不过,马英九未将其任内的"维安"代号"中兴"予以冠之,没有使用"中兴兵推"的称谓。

(二)六次兵推三种情况

马英九上台后,先后共 6 次参加"政军兵推",其中 2009 年和 2010 年是和"汉光"兵推结合进行的。此后,除 2012 年、2016 年可能是因应大选而停办外,2011 年、2013 年至 2015 年均组织了年度"政军兵推"。就其内容看,主要有三种情况:

一是应对重大天灾与军事危机的"复合型危机"。

随着气候变化、环境恶化,为强化因应天灾效能,2011 年"政军兵推"首度将复合型灾害同传统军事危机纳入推演构想。6 月 22 日,在"中央灾害应变中心"等地,采取"结合实况、异地同步"方式进行。马英九、萧万长及吴敦义等政要亲临参演,检验"政军首长"与"部会幕僚"处理"复合型危机"的应变决策与计划执行能力。在"重大天灾"阶段,主要验证"中央灾害应变中心"开设作业程序、各"部会"灾害应变行动准备与资源分配;在"军事及复合危机"阶段,主要验证危机状况研判与应变决策程序、各"部会"执行应变决策的计划作业与处置,以及灾后重建(复原)与跨"部会"横向联系与协调,等等。

二是应对东海、南海海域发生军事冲突。

马英九当局认为,东海、南海海域是亚洲冲突的热点,近些年来已发生过多次武装对峙事件,未来在本区域内发生军事冲突的可能性正逐渐提升。一旦发生军事冲突,必将对台湾政治、"外交"、经贸、交通及两岸关系等造成冲击,形成安全危机。因此,2013、2014 年的"政军兵推",均以这方面情势为背景。

例如,2014 年"政军兵推",在马英九亲自参与下,于 4 月 15 日下午至 16 日,在圆山指挥所及相关处所实施。参演单位包括"马英九办公室"

及行政部门相关"部会",计 20 个单位 400 余人。美国派代表参与"兵推"。此次"兵推"以本区域近年发生的争议为基础,假想冲突急遽升高,并对台湾安全造成重大影响。演习采取指挥所兵棋推演,配合局部实况,模拟关键基础设施防护,以危机逐次增强方式,进行跨"部会"应变训练。演习想定由参演单位共同规划,共区分为 5 个阶段,状况涵盖岛内外与两岸间可能发生的政治、外事、军事、财经、交通、"内政"等事件,以诱导各"部会"应处。据称,各参演单位均本于职掌,深入研析情势,预判可能发展,并提出因应策略与具体方案,对促进"部会"间相互了解、协调、合作有很大帮助,并可有效提升当局跨"部会"因应安全危机的能力。在"兵推"结束时,马英九表示,唯有事前针对可能之安全危机,研商预应策略,并强化必要之训练与准备,才能在关键时刻,发挥统合力量,有效应付各种挑战。

三是应对网络攻击。

鉴于近年来全球网络恶意攻击技术持续发展,威胁日益加剧,马英九当局在"政军兵推"中注意了增加应对网络攻击的内容。例如,2015 年"政军兵推",于 9 月 7 日在圆山指挥所及相关处所实施,时间两天一夜,马英九亲自视导。参演单位包括"马英九办公室"及行政部门相关"部会"。"兵推"想定设计采用各项仿真的假想状况,演练当局遭遇网络攻击时的各种应变措施,借以检讨强化相关预防作为,加强台湾安全处理机制。

台湾"国安会"称,这次"兵推"能够站在检视台湾整体应变能力的高度,模拟演练当局在因应"多型态"突发状况时的协调运作及团队合作能量,并借由相关事件发展推演,结合及带动年度"汉光""万安"等演习构想实施。

三、蔡英文重拾陈水扁"模式"

由台湾"国安会"主办的 2017 年度"政军兵推",从 8 月 4 日至 6 日举行 3 天。这是蔡英文上台后的首次"政军兵推",先后动员 20 个"部会"、500 多名官员,上千军、"宪"、警参与,其规模、强度远胜于马英九当局时期。

此次"兵推"的展开是：4日主要演练"指挥所开设与进驻"，保障正、副领导人及重要行政首长无论身在何处，都能紧急赶赴指挥所。5日是"国家关键基础设施防护演练"。6日模拟解放军攻台、对台湾发动封锁后，台湾当局各部门的危机研习、处理及建立"国际"对话管道等，包括蔡英文在指挥所内发表告同胞书，军方模拟与美军太平洋司令部对话，争取美、日等国派兵支持"防卫台湾"等部分。

8月9日，蔡英文把"政军兵推"的影片放在脸书（Facebook）上。她吹嘘说：今年的"国家政军演习"，"国安"团队用最严格的想定，用求真求实的验证，检视"政府"面对"国家安全"危机时的应变能力，确保"政府"部门之间最有效率的协调、最专业的决策和执行能量，能够在最短时间内把"国家"团结、动员起来，发挥最大的总和战力，应对任何形态的危机挑战，确保"国家"和"全体国人"的安全。她打着"民主""自由"的旗号，为"台独"障目，声称"没有人可以从我们手里，把台湾人的民主自由抢走。捍卫和平，这是我们的使命"。蔡英文叫嚷，武力不会让"中华民国"屈服，只要台湾人团结起来，自由民主终将战胜一切。

此次"兵推"如何操作，台湾"国安会"讳莫如深，而不是主办单位的防务部门却又一反惯例发表声明称，有关此次演习的详细时间、内容等，因事涉机密，援例不对外公开说明，吁请各界勿做揣测与联想。尽管如此，但从已公开的演练场景来看，社会舆论强烈指出，"兵推"的重要内容是模拟"大陆攻台"时，演练蔡英文等政要如何"大逃亡"。

其实，台湾当局早就有个帮助领导人出逃的"万钧计划"，并做过很多次演练。2017年2月17日清晨，军方又实施此一计划，派遣空军S–70C海鸥直升机、陆军UH–60M黑鹰直升机各一架次，于台湾防务部门的博爱营区进行试降，模拟接送蔡英文执行安全撤离任务。从公布的"兵推"影片看，第一天演练就模拟蔡英文遇到紧急状况撤离"总统府"。她头戴钢盔，身穿迷彩背心，乘车先到邻近的"后备指挥部"，再换搭云豹甲车前往圆山指挥所。有报道说，为了保证安全逃跑，蔡英文频换座驾，近期花

2500万元新台币，购买了防弹车奥迪A8L。该款车能防7.62毫米狙击步枪子弹，还装备有全套紧急供氧系统、防爆油箱、自动灭火器，已达美国科幻片中神盾特工局局长座车的防护水平。

有军事学者感叹说，一个不懂军事，分不清什么叫巡洋舰、驱逐舰、航空母舰，搞不懂陆战队、特种部队之间的区别，看不懂导弹、穿甲弹、火箭之间的差异的人，真的可以指挥三军协同作战吗？还有人讽刺说，每看到蔡英文头戴钢盔，身穿遮蔽红外线防弹衣的模样，既不雄壮也不威武。一搞演习，就练逃跑，这又如何激励士气、勇于牺牲呢？台湾前民意代表邱毅指出，蔡英文深信大陆已有"第五纵队"渗透到台湾，随时随地会将她"斩首"，蔡英文目前已处于杯弓蛇影、极端恐惧焦虑的状态。他讽刺说，东风导弹一来，躲在哪辆车里，都是相同的命运，哪条"逃亡路线"都是死路一条。

四、美国不可能援救台湾

"政军兵推"的重要目的不仅是领导人逃生，更重要的是等待美国乃至日本援助，把希望寄托在他们身上，以便脱离最终被"斩首"的险境。从陈水扁到蔡英文，都是如此。

在陈水扁主政时期的几次"玉山兵推"剧本中，甚至安排有关人员扮演美方人物，积极发声，表示支持台湾当局。例如2006年"兵推"，"国安会"指派英语纯熟的官员扮演美军角色，并在台湾"遭到导弹攻击"后，主动通过模拟的台美军事热线，打电话给当时的台军"参谋总长"李天羽，用英语询问台军的应变状况。又如2007年"兵推"，剧本内容为台湾遭逢"猝然突袭"后，竟荒唐演练美国对此表达关切，并特别选定曾担任过"总统府"英文秘书的民进党民意代表萧美琴，假扮美国国务卿赖斯，发表所谓"谴责"大陆的谈话。本来还安排留美出身的民进党民意代表蔡同荣、庄和子扮演美国亲台强硬派的参众议员，要求美国"出兵保台"，但因这样的剧本已多次被美国否决而未被采用。

从本质上看，美国为了自身的战略利益，是不会轻易放弃打"台湾牌"

的。美国内部有一些人总是不识趣，老抱着遏制、防堵中国的旧思维，甚至是冷战思维，把台湾当"棋子"使。例如近期的美台关系，就充分证明了这一点。2017 年 6 月 29 日，美国国务院决定向台湾出售包括反辐射导弹在内的 12.4 亿美元武器装备；美国参众两院正启动美台军舰互泊对方港口的相关法案；美军宙斯盾驱逐舰进入台湾海峡紧盯辽宁舰；美国众议院外交委员会亚太事务小组通过"台湾旅行法"草案，推动美台高层互访解禁，等等。凡此种种，使得蔡英文当局喜不自禁，真以为美国人会支援，可以高枕无忧了。对此，有台湾民众投书媒体说，"这太不了解美国人的政治思维了"。美国人考虑的是怎么做才符合美国最大利益，中国大陆如果给美国更强更大利益，没人敢担保，美国不会见风转舵，这就是美国政治，别用东方的游戏及诚信去绑他们，绑不住的。《中国时报》称，美国打"台湾牌"，只是想增加与大陆的谈判筹码，民进党当局如果抱着"美国会为台湾而战"的想法，恐怕是拨错了算盘。事实上，蔡英文最巴望的叶望辉 2017 年 8 月 7 日在芝加哥出席"北美洲台湾人教授协会"年会时公开表示，台湾若搞"独立"，美国表示尊重，但若从而引发战争，"美国不可能援救台湾"。叶望辉是美国爱达荷州共和党主席、美国总统特朗普的顾问，曾被认为是特朗普与蔡英文通话的促成者。他的话应该是有分量的，蔡英文当局总该头脑清醒地听听吧！

（中共中央统战部主管、中国和平统一促进会主办

《统一论坛》2017 年第 5 期）

台军"政治作战"工作综述

台军"政治作战"（简称"政战"）工作，是台湾军方用以掌控官兵思想、维系精神战力的重要工具，是"除直接以军事或武力加诸敌人的战斗行动之外的作战方式"，素有除陆、海、空之外的"第四军种"之称。

一、历史沿革

台军政战工作由来已久。早在 1924 年国共合作时期，以苏联红军为榜样，在国民革命军中就建立了政治工作制度。那时派出的"党代表"是代表国民党的，但不少"党代表"是由共产党员担任的。随着时间的推移，历史的变迁，国共两党在各自领导的军队中，虽然都保留了政治工作制度，但由于政治属性和所处境遇不同，从内容、制度到形式都有了很大差异。

国民党统治集团退踞台湾后，1950 年 4 月实施政工改制，将原"国防部政工局"调整为"国防部政治部"，1951 年 5 月更名为"总政治部"，1963 年 8 月改名为"总政治作战部"，增加了"作战"二字。

2000 年前，台军政战系统一直由国民党掌控，以宣扬"反共"为主旨，兼及反"台独"。1988 年 1 月至 2000 年 5 月，是李登辉主政时期。这 12 年，是台湾政坛发生嬗变的 12 年，也是刻下李登辉"渐进式台独"路线烙印的 12 年。台湾实现第一次政党轮替后，陈水扁为肃清国民党在军中的影响，巩固其权力，实现"台独"政治目标，以"国防法""国防部组织法"为依据，制定"国防部总政战作局组织条例"（以下简称"条例"）对政战系统进行较大裁减和改造，"政战工作"的地位和权力有了很大削弱。

2002年1月15日，台湾"立法"机构通过"国防部总政治作战局组织条例"，3月1日开始正式运作。"条例"规定"总政治作战部"由"参谋本部"下辖改为"国防部"属下，并更名为"总政治作战局"，设"局长"1人（二级上将），"副局长"兼执行官1人（"中将"），"副局长"2人（"中将""少将"各1人）。主要职责是：掌理政治作战政策、军事新闻、心理作战、组织训练、政治教育、文化宣传、康乐、监察、保密防谍、民众运动、官兵福利、军眷管理及战地服务等业务。"总政治作战局"下设"政战综合处""文宣政教处""军纪监察处""保防安全处""军眷服务处""军事发言人室""主计室"等单位。总员额从12000人裁减到7000人。

2013年1月1日起，"总政治作战局"更名为"政治作战局"，为"国防部"一级机关，负责台军"政战工作"策划与督导。"局长"由"上将"军阶降编为"中将"，是防务部门负责人的政治幕僚长。"军纪监察处"移编"总督察长室"，"文宣政教处"更名为"文宣心战处"，"军事发言人室"更名为"军事新闻处"。"政战工作"对外以文宣作为、心理作战及为民服务为重点；对内则以强化心理辅导、心战训练、军事新闻处理及官兵精神战力蓄养等为要项，旨在达成"巩固自己、战胜敌人"的目标。

台军在陆、海、空军"总司令部"，后备、"宪兵"、"联勤司令部"，以及军团级、军级、师级（含联兵旅）单位均设政战部。各军种总部政战部下设政战综合处、文宣政教处、军纪监察处、保防安全处、军眷服务处等业务部门，主要职能是保证政战局及其对口处的任务在本军种内的完成。军团级单位（含海军舰队司令部、空军作战司令部）政战部设政战综合组、军纪监察组、保防安全组、军眷服务组。师（陆军联兵旅、海军舰队、飞行联队）级单位政战部，平时只设政战综合科，战时则设政战综合科、军纪监察科、保防安全科。旅级（联兵旅除外）或大队级单位设政战处、政战综合科或政战室。主要职能是：平时提高士气、维护军纪，指导做好人员、门禁管制，强化战备整肃，提高政战有形战力；战时则执行战时政战行为，发挥政战有形战力。

二、主要内容

根据台湾"国防部政治作战局组织法"（2012 年 12 月 12 日发布）、"国防部政治作战局处务规程"（2017 年 11 月 10 日修正）以及相关资料，台军政战工作内容繁多，现择其要者简介如下：

（一）实施政治教育，塑造精神战力

台军十分重视对官兵进行政治教育，旨在"坚定中心思想"，提高政治素养，砥砺军人武德，强化精神武装，以便"化思想为信仰，变信仰为行动"。

长期以来，台军一直把"反共教育"列为政治教育主要内容。民进党上台后，除继续进行"反共教育"外，突出向官兵灌输"台独"理念。宣称"中华民国"是一个"主权独立的国家"，台湾"国防安全最大威胁来自中共"，并且大搞"去蒋化""去中国化"，妄图以"台独"理念取代台军中的一个中国意识。

台军进行政治教育，主要靠平时的"倡导教育"奠定基础。具体做法大多是通过落实政战工作的施政计划，办理各项庆典及宣教活动，利用各项文宣管道，以潜移默化、寓教于乐的方式，逐步提升官兵精神战力。例如，通过办好"莒光园地"电视教学、"一报三刊"（《青年日报》《胜利之光》《奋斗》月刊、《吾爱吾家》）的宣教运用、媒体签订合作传播，以及举办军事院校"爱国教育""军人武德与品格教育"研讨会等方式，建立官兵"恪遵宪法规范、坚定爱国信念、砥砺忠贞志节、落实军队国家化"共识。其中，"莒光园地"电视教学，是台军政治教育的主要作为与重要管道，也是社会教育及公民教育的重要部分与延续，发挥了重大功能。此外，政战工作还借由开展各种艺文活动，办理文艺金像奖作品表扬及颁奖晚会，宣传台军"多元优质形象"，展现台军"文艺工作软实力"。

结合军事训练进行政治教育，是台军的传统做法。例如：每年的"汉光"演习，台军大多要进行"精神战力"教育。这种教育，根据台湾防务

政策和演习训练要求，有针对性地提出若干问题，组织部队进行研讨。例如：2018 年 5 月 8 日至 12 日进行的"精神战力专案教育"，研讨的问题是"正视敌情威胁，坚定爱国信念"，"建立共信共识，凝聚部队向心"，"精实战备整备，强化临战抗压"。教育的目的是使官兵体认建军备战的重要性，积极投入演训任务。

（二）加强心理卫生辅导，建立"三级防处机制"

台军认为，心理卫生（辅导）（简称心理辅导）工作，是台军政战工作中一项"长期性与全面性"的工作，是"良心与功德事业"。其重点在于协助官兵适应部队生活，促进身心健康发展，防范自我伤害案件发生。

由于社会环境的变迁，以及部队实际状况的需要，1989 年台军即着手研究心理卫生（辅导）工作规划。从 1991 年起开始设置"心理卫生中心"，分 2 年 4 阶段完成。1999 年 7 月 1 日，配合台军组织结构调整，完成"国军心理辅导定位编组规划案"，除原有的"心理卫生中心"外，又于北、中、南、花东及金门、马祖、澎湖等地区成立 7 处地区"心理卫生中心"，并积极建构完整心理卫生（辅导）"三级防处体系"及"区域辅导网络"，使台军心理卫生（辅导）体系趋于完整。桃园、台中、高雄及花莲等"心理卫生中心"设于该地"总医院"内，除设专业心辅官外，并招聘民间专业人士担任心辅员。金门、马祖及澎湖"心理卫生中心"则成立于各防区内。各级"心理卫生中心"负责心理卫生工作推广、巡回宣教、专业督导及心理咨询等事项；另针对各类型个案提供专业辅导。具体内容有：新进人员辅导、生活适应辅导、家庭婚姻咨商、人际关系辅导、情感问题辅导、自我探索、自我伤害辅导、生涯规划辅导、成瘾个案辅导与转介、心理卫生书刊影带借阅与咨询及其他心理、压力、情绪问题咨询等。

为提供台军现役官兵及聘雇人员方便性与实时性心理辅导相关服务，"政治作战局"还设立"心辅专线"，由专职心辅官 24 小时专责接听电话；另设立"性别暴力防治专线"，提供遭受"性别暴力"（有关性骚扰、性侵害等）台军人员实时服务咨询管道。

根据传统经验和现实情况，台军建立了"预防、辅导、医疗"的"三级防处机制"。

1. 初级预防处置

由连、营辅导长担任，负责主动掌握心理情绪不稳之官兵，协助纾解心理问题；而连级主官亦需具有指导连队心辅工作推行能力，使基层连队能够发挥"早期发现、迅速疏导"初级防处功能。

2. 次级辅导处理

由具心辅专业素养与技巧的心辅官担任，处理连队辅导后无明显改善的转介个案；并适时策办基层干部辅导知能与技巧训练，协助强化"初级防处"运作功能。

3. 三级医疗处置

凡经连队干部、单位心卫中心辅导无显著改善个案，由单位依程序转介至台军北、中、南、东部及金门、马祖、澎湖等"地区心理卫生中心"，结合医院医疗资源与社会支持网络，进行密集辅导，发挥矫治、医疗与心理重建功能。

面对信息化社会来临，台军利用信息网络化，注意改进心理辅导方式。例如，"心理卫生中心"于2013年3月31日开通"心理健康服务网"，提供"网络心理咨询"服务和心理辅导协助资源，还设置了四大"生活主题馆"和三大"心理活动区"，每月不定期更新相关信息，帮助官兵减轻情绪压力，协助官兵适应部队生活，建立正确人生观。2018年3月，台军心战大队创制的"国军心辅文创贴图"上线，鼓励官兵互相关怀，勇于面对挑战。这种以励志温馨且兼具幽默元素为主轴的设计，深为受众欢迎。

然而由于台军内部问题丛生，因无法适应压力而需要心理辅导的，甚至精神疾病案例的数量也越来越多。据民进党民意代表王定宇指出，军方统计，从2000年到2012年，共有2088名现役军人死亡，其中轻生者332名，占16%。据军方分析，近些年台军肇生的自我伤害案例，主要是情感困扰、工作压力、家庭婚姻、环境适应及精神疾病等方面因素造成的。防务部门常务副负责人柏鸿辉，2016年6月20日在立法机构表示，过去10

年因精神压力、工作情绪等就诊官兵近 5 万人，说明台军心理卫生辅导"三级防处机制"还需要改进，防务部门拟不断从制度面、政策面及人员素质等方向努力精进。

针对上述情况，为了加强心理辅导工作，新上任的台湾防务部门负责人严德发，于 2018 年 4 月 20 日在博爱营区亲自主持召开"国军自我伤害暨性骚扰防治工作讲习"。参加讲习会的有台军联兵旅级以上单位主官、政战主管。讲习会共同探讨了自伤、性骚扰防治议题，期求精进部队心辅与性别平权工作，严肃军纪要求，巩固台军战力。严德发期勉台军干部精进领导统御修为，在戮力战训之余，必须强化军纪要求，避免因少数负面事件，影响台军官兵辛勤努力的成果。严德发提出八项要求：一是"落实知官识兵，绵密家属联系"；二是"善用辅导资源，强化身心照护"；三是"建立法治观念，杜绝骚扰事件"；四是"尊重性别平等，营造友善环境"；五是"贯彻纪律要求，维护部队纯净"；六是"型塑正面形象，提升军人荣誉"；七是"恪遵演习纪律，掌握官兵心绪"；八是"争取官兵认同，优化招募成效"。

（三）发挥对敌心战作用，提升反制祖国大陆"三战"作为

台军认为，由于高新装备的广泛运用，现代战争的突然性、破坏性和残酷性空前增大，参战人员更容易产生恐惧心理，被从心理上征服。因此，发挥对敌心战的作用越来越重要了。事实上，如同台军《青年日报》所指出的："在台海两岸数十年对峙过程中，真正兵戎相见时光虽然有限，但心理战场上的刀光剑影，却从未间断过。"

国民党退踞台湾后，蒋介石集团汲取在大陆失败的教训，逐渐认识到心理战的重要性，将其列为政治作战重要样式之一。20 世纪 60 年代末期，蒋介石制定了"三分军事七分政治，三分敌前七分敌后，三分物理七分心理"的所谓"反共复国最高指导原则"，指导台军政治作战及心战活动。台军成立了心战专业机构，在"总政治作战部"下设心战处、心战研究室，部队旅以上单位政战处设文宣、心战科，还有心战电台、有线喊话站、高

空气球站、渔胞接待站等。

李登辉主政时期,为了推行"两国论",十分重视提高台军心理作战地位。1991 年第一次海湾战争中,美军心理战部队的成功运用,促使台军深入思考其政治作战部队的基本职能与未来走向,围绕新的战争形态与作战样式,对政战部队的功能进行更新与重建。台湾当局不惜投入大量人力、物力和财力,从美国引进心战理论和心战器材,加强心战部队建设,并把心理战从军事领域扩大到政治、经济、外事、文化、宗教等各个领域,把祖国大陆高层首脑机关、要害部门作为打击和影响的主要目标。

1992 年,台军政战部队与心理作战总队合并,工作重心由战地服务转为心战与策反。1997 年"精实案"启动后,台军对政战部队的组织结构进行了再次调整,确定以对祖国大陆官兵进行"心战离间"为中心任务。1999 年 7 月,台军首先对原政战总队进行改组,将所属战地政务第一、二大队合并为心理作战大队。2000 年 1 月,台军对军事体制进行了重新调整和定位,将"政战工作"列入"军事指挥事项",并界定在"心辅""文宣""心战"等方面,也就是构筑心防、对敌宣传和心理作战。从此,台军政战工作主要任务转向心理战部队建设。

陈水扁上台以后,为肃清国民党在台军中的影响,巩固其权力,实现"台独"政治目标,对台军政战编制大加压缩和改造,政战工作方式也有所变化,但却十分重视提高心理作战的地位和作用。台军政战系统在对内加强思想控制的同时,日益突出对外心理作战功能,"提升精神战力",妄图以此达到"以武谋独""以武拒统"的目的。

2002 年以后,台军心理作战由"国防部"直接领导,"总政战局"主任统筹规划,一名副主任担任督导执行官。"总政战局"编有心理战总队、心理战电视台、心理战播音大队、心理战情报大队等专业化心理战机构。心理战总队下辖 3 个心理战大队,每个大队有 3 个中队。大队主要执行战略、战役层次的心理战任务。战时大队可按需要扩编,编成心战先遣部队,配属特种作战部队"渗入敌后",先期开展心理作战任务。

有台军将领认为,解放军目前对台军事行动仍是以"高科技条件下的局部战争"模式进行，主要是以"点穴战"的方式"打瞎、打聋台军的指管通情系统"。如果再配合军事战略对台湾进行各层次、全方位的心理战，这对台湾的防卫作战是十分具有杀伤力的。

针对解放军提出和实施的"三战"（心理战、舆论战和法律战）策略，台军秘密制定了反制作战应对计划。反制心理战工作由台湾"总政战局"牵头，对抗舆论战任务由行政部门新闻局负责，应付法律战责任则由大陆事务主管部门和海基会担当。计划要求台军情报部门对有关单位给予情报资讯方面支持。

为反制大陆对台湾高层实施"资讯斩首"，台军在衡山指挥所设置"元首"直播中心，以便随时通过军方系统向民众进行精神谈话，以现场直播方式证实"元首"安全无虞，破解对手可能散布的各种消息，抢占心理作战制高点。

蔡英文上台后，对心理战的地位和作用十分重视。在"军政兵推"和"汉光"演习中，都要演练在特战部队掩护和接应下，迅速进入台军圆山指挥所"元首"直播中心，以便与外界保持联系，稳定民心士气。在2017年"汉光33号"演习中，还演练了台军"以炽盛火力成功阻歼大部突入之敌"，并模拟最后解放军"在心战喊话下，弃械投降"。这些均表明，台军心战层级向战略层级提升的趋势日益明朗化。

台军认为，心理作战与联合作战融合正趋向一体化。在一体化联合作战新战争形态下，必须加强心理作战与联合作战在战略战术层级的支援与配合研究。台军学者郭静仪、时秋华在《中华战略学刊》2018年春季刊发表的《中共战略资讯心理战之研究》，充分反映了台湾当局对大陆"三战"及应对之策研究的重视。文章认为，随着资讯科技的高度发展，大陆军事作战思维已从"技术决定战术"转向"技术决定战略"，资讯心理战因此被推升至战略高度，以资讯技术为载台，成为贯穿和战时期，为大陆赢得全球竞争优势的支撑力量。作者建议："为避免'国家'安全造成危害，应从战略高度看待资讯心理战，并结合军民力量，以蓄积心战与心防能力，方能在中共的频密攻势中取得先机与主动权。"这篇文章虽然是学者之言，但很可能代表台湾当局提升了对大陆"三战"的战略认识和反制作为。

（四）强化防奸保密，推动保防工作法制化

台军保防工作是指"为保护国家安全及防卫国家利益"，针对可能的安全威胁采取的预防及反制措施。具体内容包括保防教育、保密工作、安全调查、安全部署及预防工作五大项。主要指向针对大陆。

台湾当局认为，中共对台湾情报攻势从未停歇，加以两岸关系调整、亚太周边海域资源与岛屿主权争议不断，未来中共除持续运用人员及科技搜集情报外，更将加速渗入台湾社会各领域，并积极运用网军对台金融、高科技产业，甚至民生重要设施，加强网络进阶攻击。台军高层指出，军中保防工作在巩固台湾整体安全上，扮演着重要角色。强调官兵必须持恒保持安全警觉，尤其针对台军各式武器装备性能提升或研制、友邦军事交流合作或各项操演训练等，务必恪遵各项保密规定，以杜绝泄密与遭敌渗入可能。当发现各类安全状况及征候时，各级官兵应依据"国军安全状况掌握、反映与处理实施规定"，贯彻反情报责任制度，迅即向上级权责长官汇报，以寻求最为周延的处理。

2017年3月2日，台湾防务部门公布所谓"国军人员遭中共情报部门吸收运用案例态样分析"，提出"赴大陆期间须知""赴第三国旅游须知""参加餐叙须知""要求引介军人眷属须知"及"检举反映管道"等项目，提供给台军眷属参考运用。台湾防务部门以"保密防谍做得好，国家安全没烦恼"口号，设立"检举反映专线"，公布安全状况检举反映"管道"，并规定反映"范围"有以下八项：防谍线索情报；泄密违规情事；违法、贪渎问题；危害单位安全事因；官兵负面心理意向；心理或实体破坏；军民纠纷或陈抗事件；其他影响"国军"安全及军誉情事。

台湾当局和防务部门对本土"从事及参与国防安全事务人员"，建立了严格的审查制度。2015年4月2日修订的"从事及参与国防安全事务人员安全调查办法"规定，"安全调查适用对象为国防部与所属机关（构）、部队、学校及所监督行政法人之人员，及其他因业务关系，从事与参与国

防安全事务人员"，要进行"安全调查"。调查内容有六项：对"国家"忠诚度；受外国或敌对势力影响；品德、考绩、惩戒、行政惩罚（处）及犯罪信息；经济状况及财务信息；身体健康状况信息；违反"国防"安全事务信息。为此规定，各保防安全单位得就前项所列事项，搜集被调查人下列信息：国籍、户籍；刑事案件；行政惩戒或惩罚（处）；品德素行及内部考核；财税、信用卡、银行存款、债务、汇款记录及其他经济、财务状况；医疗记录；心理测验、科学仪器检测；其他为确保"国防"安全事务之信息。被调查人为台军人员时，安全调查资料应随其职务移转，退（离）职时，安全调查资料移由权责机关依规定管理。

台湾当局还严格规定，凡犯"国家安全法""国家机密保护法""国家情报工作法"等罪责，经判处死刑、无期徒刑及有期徒刑7年以上者，剥夺其终身俸；有期徒刑3年以上未满7年者，减少应领终身俸50%；有期徒刑2年以上未满3年者，减少30%；有期徒刑1年以上未满2年者，减少20%。

鉴于保防工作长期以来面临法律授权、人力经费不足的窘况，台湾法务部门调查局从2004年起，即持续推动保防工作法制化。2013年7月2日，台湾行政部门即将"国家安全法"部分条文修正草案函请立法机构审议。蔡英文上台后，于2016年7月22日在台湾地区安全情报协调会报中指示推动"保防工作法制化"，并由法务部门调查局负责统筹机关、社会及军中等三大保防体系，共同研订"国家保防工作法（草案）"。为迅速完成"立法"，法务部门调查局除委托"中央警察大学"项目研究外，并在台湾20个地区举办"保防工作法制化"扩大研讨会，强化"立法"论述，争取支持力量。11月29日，台湾防务部门在"国防大学政战学院"举办"保防工作法制化学术研讨会"，广纳各界建言。2017年1月3日，"法案"草案送交行政部门审议，待立法机构三读通过后公布施行。台湾当局认为，"法案"实行后，全台保防事务就具有了统合与督导的主管机关和制度。

（五）实行政战工作"转型"，注意优化官兵照顾

随着时代变迁，特别是实现政党轮替后，台军政战工作在"教育和监控官兵"的同时，开始注意加大"服务官兵"的比重，为官兵解决若干福利问题。

早在 1964 年，根据蒋介石的旨意，成立了"国防部福利总处"，后改名为"国防部福利事业管理处"，专责统筹办理台军福利服务事业。服务对象为现役军人（含军校生）、聘雇人员、后备干部、荣民及眷属、外籍军人，发给"国军福利证"。从 1999 年起，"福利事业管理处"逐步推展自动化与网络化，结合异业服务，办理台军托育儿、行政事务用品采购等。近年来更增加了电子商务宅配，以便利行动不方便的荣民荣眷使用。2012 年以来又积极推动各项创新服务，力求为军荣眷提供"更安心、更实惠、更周到"的商品与服务。

由台湾防务部门主管的还有 1951 年 10 月 31 日成立的"军人之友社"，经内务部门 1974 年 6 月 1 日核准，"属非营利公益性社团法人"。其宗旨是"以号召社会各界，推行敬军劳军运动及国军官兵有关之社会公益活动，促进军民合作，团结军民情感，及协助'国防部'推展全民国防，并增进军人及眷属福利，提高士气，加强精神战力"。"军人之友社"成立 67 年来，注意不断转型，先后经历 7 任理事长、23 任秘书长。目前已被称为"三军将士最坚强的后盾"和"与社会大众联系服务的最佳平台"。

2016 年，"军人之友社"和"福利事业管理处"发起"企业敬军"，响应提供军人消费优惠的厂商超过 4600 多家。2017 年，两单位共同办理的"企业敬军日"优惠活动，台军官兵可持相关证件前往特约 14000 余家厂商消费，享受定价 4.5 至 9.5 折不等优惠。

台军老旧眷村改建、军眷服务与眷村文化保存政策的规划、督导及执行，是"政治作战局"掌理的重要事项，也是服务官兵、协调军民关系的重要任务。为保留台湾特有的眷村文化，防务部门于 2009 年 9 月 9 日发布"国军老旧眷村文化保存选择及审核办法"，由各"直辖市"、县市政府

针对指定眷村文化保存区，区分为北、中、南、东、离（外）岛等 5 区，各地区选 1 至 2 处，完成"眷村文化保存企划案"后，再送防务部门办理评选；凡经选定之眷村文化保存区，由防务部门支应初期软件、硬件设施开办费，后续经营、管理维护，则由申请保存的地方财政负责。至于眷村文化保存所需土地，由防务部门无偿拨用予地方财政，地方财政则以等值容积移转给防务部门。

根据台军"老旧眷村改建计划"统筹规划新建住宅小区 54 处，迁购"国（眷）宅"基地 34 处，合计 88 处，安置 542 村 1064 户，全案改建工程于 2013 年完成。

（六）开展"全民国防教育"，着眼增强"总体战力"

台湾当局和"台独"势力为了"以武拒统""以武谋独"，特别强调"必须有足够的战争准备"，实行"全民国防"。而如何提高民众的危机意识并支持"国防"，"全民国防教育"就显得十分重要了，其意义在于能够"纳动员于施政，寓战备于经建，藏熟练于演训"，使全体民众建立"责任一体、安危一体、祸福一体"的共识，达到"全民关注、全民支持、全民参与、全民国防的最高理想"。

2005 年 2 月 1 日，台湾当局通过"全民国防教育法"。台湾防务部门以此为法源依据，根据对台湾"安全威胁"的分析和提出的"总体战略"，确定以"国际情势""国防政策""全民国防""防卫动员""国防科技"为"全民国防教育"五大主轴。在实施中，着重于规划"完成学校教育规范""推展在职巡回教育宣教""办理暑期战斗营""奖励杰出贡献单位与个人""配合动员演习办理教育训练""推广国防文物倡导与维护""运用传媒推展文宣活动"等工作，以整合全台资源，凝聚"全民国防"共识。

台湾防务部门认为，公务人员是台湾当局政策的制订者和执行者，对其进行"全民国防教育"极其重要。因此，每半年排定一场次，以专班训练、随班训练、专题讲演及数字学习等方式，对公务人员进行教育，增进其"国防知识"及"防卫国家意识"，以便在未来执行"国土防卫"、灾害防救或是民众教育相关工作时，都能将"全民国防理念"融入其中，为"保乡卫国"尽一己之力，提升"总体战力"。

为建立全面性"整体国防安全观"基本概念与共识，台湾防务部门致力于推动"全民国防教育"扎根工作，期盼能整合"国防"与教育资源，将"全民国防"内涵融入中学、小学现行课程中，使学生们都能透过多元、活泼、自然且寓教于乐的学习方式，建立正确的"国家"安全观念，凝聚"爱国爱乡"、守土有责信念，以发挥总体防卫力量。依据"各级学校推动全民国防教育课程内容及实施办法"，高中（职）以上学校在2010学年度以后，一年级必修"全民国防教育"课程两个学分；大专院校则基于"大学法"相关规范，由各校自定义课程名称、内容及实施方式办理。

以台湾防务部门制定的2018年"全民国防教育"为例，计划分为"学校教育""政府机关（构）在职教育""社会教育"与"国防文物保护、倡导及教育"等四项施教范围，整合相关部门、各级政府、"全民防卫动员体系"、学校及社会团体等单位，以"多元教学"与"寓教于乐"方式，结合防务专业与军事特色办理各种活动，引领青年学子体验"国防事务"，强化"国家安全"体认。例如，2018年"国防知性之旅——营区开放"规划，拟开放陆军1场次、海军1场次、空军2场次，让民众参观。由"国防大学"主办"全民国防教育学术研讨会"，拟定相关议题，邀请专家学者发表研究心得和建言。此外，还规划办理寒假战斗营18类营队、21梯次，预计接训1290人；规划办理暑期战斗营18类营队、34梯次，预计接训3170人；通过公开抽签，确定台湾大学等9所参研学校84位师生及4所备取学校，参加"全民国防南沙研习营"，师生们将分4个梯次前往太平岛，探访太平岛五号淡水井景点、举办升旗典礼等活动。台湾防务部门表示，举办这些活动，旨在展现和推动民众"支持国防、参与国防"的热情。

三、观察与思考

（一）台军究竟"为何而战？为谁而战？"

长期以来，"为谁而战、为何而战"问题一直困扰台军。随着政党轮替在台湾的实现，以"台独"为纲领的民进党上台后，在"军队国家化"名义下，在台军中大肆灌输"台独"意识，大搞"去中国化"，造成历史遭否定，传统被破坏，官兵不知"为谁而战""为何而战"，信仰危机日益加深。台军《青年日报》"中缝事件"反映了这种状况。

2007年6月，陈水扁任期最后一年，要求军方更改台军"为谁而战"的标语口号，一定要把"为中华民国而战"改为"为台湾而战"。在强大压力下，台军把《青年日报》中缝原本印制的"为中华民国生存发展而战"，改为"为台湾的国家生存发展而战"。

2008年，马英九大选获胜，情况有了变化。5月12日，离陈水扁下台还有8天，台湾防务部门发言人称，"国军现阶段'为中华民国国家的生存发展而战，为中华民国百姓的安全福祉而战'"的基本信念与立场不变；至于台军报纸《青年日报》"为台湾而战"标语，将改以政策倡导取代。5月19日，《青年日报》"中缝"刊登的还是"为台湾的国家生存发展而战"；5月20日改为"为中华民国生存发展而战，为台澎金马百姓安全福祉而战"。但这种改法与发言人上述表态有差异，特别是将"中华民国百姓"换成了"台澎金马百姓"，其内涵有很大不同。这种变化，实际上反映了台军在台湾政治生态变动中的尴尬处境，以及"不知为谁而战"的混乱。

2010年7月，台湾防务部门编印的"国防100问"中，有一个问题是"国军为何而战？为谁而战？"回答是："依据'宪法'与'国防法'，国军不仅是'中华民国'的军队，也是全体人民的军队。因此，基于'为中华民国生存发展而战、为台澎金马百姓安全福祉而战'的信念，国军勠力于战备整备工作，目的就是要建立一支有效吓阻的战力，达成预防战争与维护和平的目标。"这个提法的实质仍然是"以大陆为敌"。如以之为据，则既可以"拒统",又可以"谋独"。

2018 年 5 月 7 日,台湾新上任的防务部门负责人严德发,接受国民党籍民意代表曾铭宗质询,回答"军人会不会为'台独'而战"时,不假思索地表示"当然不会",但又强调:"台军忠于'国家',也忠于人民,而且始终如一。"祖国大陆一贯表示,无论是谁,只要坚持一个中国原则,反对"台独",都是欢迎的。有鉴于此,人们不禁要问:当前,在不承认"九二共识"的"三军统帅"蔡英文统驭下,台军究竟要"为何而战,为谁而战"呢?这是台军官兵上下必须深刻思考的问题。

(二)台军推行"爱的训练"后果严重

台军现正推行募兵制度,向志愿化转型,但遭遇问题甚多。为此,台军高层从多方面努力,打造"人性化、舒适化、家庭化"条件,以增加招募诱因。例如,生活待遇方面,志愿役士兵基本薪资以高于台湾最低基本工资两倍起薪,并仿照一般公教人员加班费,发放"战斗部队津贴"。士兵住 4 人房,不再睡通铺,配备电视、空调、卫浴设备,还有 DVD、KTV 和健身房,等等。部队管理上,许多"软条件"也追求"人性化"。例如,要求落实休假制度,避免"积假";士兵晚间站哨"站多久补多久",等等。然而有些具体规定又是相互抵触的,满足了这项又违反了那项,弄得基层干部无所适从。有的抱怨说,福利多了,纪律少了,部队训练受影响,事故越来越多。这已是世人皆知的事。台湾 PTT 论坛上有一位士兵大谈当兵真是"爽翻天"。人们不禁要问,像这样一支既不知道"为谁而战、为何而战",又缺乏严格训练、严格要求的军队,怎么能打仗,更不用说打胜仗了。

台军的唯一出路,就是与解放军联手,走和平发展道路,为实现祖国和平统一和中华民族伟大复兴,在历史的丰碑上留下浓墨重彩的光辉。

(中共中央统战部主管、中国和平统一促进会主办

《统一论坛》2018 年第 4、5 期)

台军"政治作战"工作传媒平台盘点

台军建立"政治作战"工作（简称"政战工作"）由来已久，最早可追溯到国民党黄埔建军时期。从 2013 年 1 月 1 日起，主管单位更衔为"政治作战局"，负责台军"政战工作"策划与督导，分为"组训、辅教、监察、保防、服务"五大部分。对外以"文宣作为""心理作战"及"为民服务"为重点；对内则以强化"心理辅导""心战训练""军事新闻处理"及"官兵精神战力蓄养"等为要项，旨在达成"巩固自己、战胜敌人"的目标。为了开展"政战工作"，台军出版和成立了多种传媒平台，现简介如下：

一、"国防部青年日报社"

"青年日报社"成立于 1952 年 10 月 10 日，1997 年扩大纳编"新中国出版社"后，成为具有同时发行报纸及出版刊物能力的台军文宣单位。负责出版"一报三刊"，即《青年日报》、《奋斗》月刊、《胜利之光》画刊和《吾爱吾家》季刊等平面出版品，均为"教育官兵思想、建立共信共识及政令宣教"的重要管道。除《奋斗》月刊外，均向社会公开发行。

（一）《青年日报》

"青年日报社"成立后，为扩大服务社会及学校青年，于 1984 年将原出版的《青年战士报》易名为《青年日报》。自 2007 年元旦起，转型为"国防军事专业报"，担负向官兵实施宣教任务。除报道一般性新闻外，主要宣传当局政令和"国防"施政文宣。该报是台军的"军报",也是台湾当前唯一的官办报纸。从 2014 年 4 月起,开始推展社群网络营运,除"青年日报—军事新闻网"外,成立"青年日报脸书"粉丝专页及"flickr 网络相簿",配合台军战备训练及"全民国防"等活动,提供即时军事新闻。

(二)《胜利之光》

《胜利之光》画刊于 1953 年 7 月 15 日创刊,内容以配合当局政策、宣扬"必胜必成"信念为要旨。除报道"国防施政"建设、建军成效外,同时规划有"优质战士"、旅游新知、军武介绍等单元,以多元化素材、充实内容提供读者另类享受,是集新闻性、艺术性、知识性和教育性于一体的综合杂志。从 1953 年 7 月第 1 期至 1962 年 4 月第 88 期,以军中官兵、"驻华美军顾问团"以及台湾"驻外使节"为主要发行对象。1962 年 5 月第 89 期以后,以军中发行为主,发行至连级以上单位。

(三)《奋斗》

《奋斗》月刊于 1954 年 1 月创刊,"以启发官兵正确思想,坚定中心信仰,砥砺忠贞志节,厚植精神战力为要旨",是台军官兵精神食粮的重要来源。1985 年 7 月,纳入《士官兵双月刊》内容,取材范围扩大,以加强军事学术篇章为主。1988 年 7 月将《革命军》月刊并入发行。2011 年 1 月进行改版,并针对 E 世代青年理念与需求进行编纂。2012 年内容增加诸多柔性、励志及心辅单元专栏,成为一本文精图美的综合性刊物。

《奋斗》现今定位为台军"爱国教育"("莒光日")的辅助教材,台军官兵与聘雇人员人手一册,每月发行量近 30 万册。由于每周"莒光日""莒光夜"教学活动,接触该刊内容的人员,每期达 220 万之众。如此高的到达率与频次在岛内外月刊杂志中并不多见。由此可见,《奋斗》在台军宣教效能上具有极其重大的影响力。

（四）《吾爱吾家》

《吾爱吾家》月刊于 1979 年 1 月 1 日创刊，由台军《福利》月刊与《军眷报道》并刊发行，以"发扬文化、阐释伦理、倡导政令、传播新知"为宗旨，以刚柔并济为经、知识导向为纬，随社会脉动，搜罗各种信息，以轻松活泼、多彩多姿的方式策划编纂。1986 年 7 月增加发行"公教版"，1988 年合并《军民一家》月刊，增刊"征属版"发行。2001 元月扩大成 24 开本杂志，内容包括文学、艺术、知识、政论、医药、科技新知、儿童、青少年教育及家庭妇女生活常识等等。2007 年元月因经费紧缩，由月刊改为季刊，但增加彩色页面和双色印刷。主要发行对象为台军眷属，并接受社会大众订阅。

二、"军事新闻通讯社"

"军事新闻通讯社"（简称"军闻社"）是台军执行军事新闻工作的先锋单位，平时主要以军事新闻采访及报道为主，负责制播"国防在线""莒光日新闻剪影"等节目；战时则负责执行文告、政（军）令宣达及战讯发布，供媒体运用。

1946 年 6 月，"国民政府军事委员会"甫经改组为"国防部"，仿照美军新闻工作作业方式，建立军事新闻报道体系，设置军事新闻通讯社，提供传播媒体军事消息。同年 7 月 7 日起正式发稿，即为社庆日。1949 年国民党统治集团退踞台湾后，该社发稿工作从未中断。

1971 年，"军事新闻通讯社"开始增设电视业务，提供电视新闻及制作电视节目；其组织架构在总社设社长室及编采组、综合组等部门，并于台中、高雄等地区设分社，以报道军事新闻为主要任务。随着时代的转变，该社目前除透过影音、文字与图像发布重要军闻外，并运用网络、卫星传讯等管道，服务媒体，成为台湾唯一具有多领域提供信息的通讯社。

因应 e 化趋势，该社持续完成"数字影音片库系统"建置，永久保存与纪录台军影音数据。从 2007 年 2 月起制播网络影音新闻，报道台军实时动态。2008 年 2 月起开始发行网络电子报，提供网络读者更多元、精辟的军闻信息。同年 10 月 10 日起正式跨足 3G 行动领域，民众可透过 3G 手机随时收视该社新闻内容；同年 12 月，该社更建成"新闻卫星传送系统"，以数字信息科技建立具备不受时空限制的卫星传输作业能量，实时发布军闻讯息，有效发挥新闻文宣作战机动与独立效能，达到提升台湾整体战力目标。

三　"莒光园地"电视教学

"莒光园地"电视教学，是台军政治教育的主要作为与重要管道。1952 年 1 月，蒋介石视察金门题词："勿忘在莒"，意在借历史典故鼓励守军卧薪尝胆，实现"反攻大陆"的梦想。"莒光园地"即因此而得名。

1974 年 6 月 13 日，台军成立"电视政治教学指导委员会"，开始筹划电视教学事宜，7 月 1 日首次试播，由"国防部"负责制作，再透过"华视"频道播出。从 1975 年 1 月起，由"华视"公司设专任制播人，延聘专家学者策划节目制播。从 1978 年起，为使教育方向与宣教要点更能契合当局政策及掌握时效，特将有关教育政策、课程内容进度管制、延聘专家学者、稿件征集审定及执行成效等节目企划事宜，统由"国防部"负责，"华视"公司则专责节目录制、播出等专业执行层面。1999 年起，因应"采购法"颁布施行，电视教学节目制播依法办理公开招标采购作业，自此"华视"公司每年均以得标厂商资格，承揽该节目制播工作至今。

从 2002 年起，"莒光园地"电视教学节目，每集时长调整为 70 分钟。从 2006 年 10 月起，为求"节目规划求新、内容质量求精、作业时效求速、教育效果求实"的原则，结合最新传播科技，发挥多元创意，制播 3 D 动画、热门影集、时尚综艺、偶像剧、逗趣短剧及舞台剧等寓教于乐的节目，获得好评。自 2007 年 5 月起，配合每周战训，设置"莒光日网络教学"，全岛台军在规定的时间内统一实施。

四、汉声广播电台

汉声原名"军中广播电台",成立于1942年。时值对日抗战最艰苦阶段,即以"军中之声"对全国播音。当时隶属于"国防部政治作战总队播音大队",后于1949年初随国民党统治集团迁台。1988年更名为"汉声广播电台",发射涵盖范围更加宽广,是岛内唯一同时对两岸人民实施文宣与心战广播的专业电台。对岛内的广播内容,以阐明台当局政策及台军建军动向为主;对大陆的广播内容,以争取民心为主,主要包括:宣扬台湾民主人权建设成就,鼓吹台湾经验。

五、观察与思考

台"国军政治作战要纲"(2007)指出,精神战力为台军政治作战之第一要务,透过文宣政教工作的执行,强化官兵正确认知,以提振士气凝聚向心,坚定"为何而战、为谁而战"之中心信念。从上述传媒平台看,台军对政治作战工作,不可谓不重视,然而效果有限,关键是没有解决好这个"中心信念"问题。

长期以来,"为何而战、为谁而战"的问题,一直困扰台军。随着政党轮替的实现,以"台独"为纲领的民进党上台后,在"军队国家化"的名义下,在台军中大肆灌输"台独"意识,大搞"去中国化",造成历史遭否定,传统被破坏,官兵不知"为何而战""为谁而战",信仰危机日益加深。台军《青年日报》"中缝事件"反映了这种状况。

2019年6月,蔡英文在嘉义"说明政策"时则表示,台军过去都和国民党在一起,和民进党不亲,而自己执政后用两三年和军方沟通、合作,现在军队已经"和我们一样同心"。蔡英文这段话是很值得警惕的,固然其现实需要是要挑起统"独"之争,争取在2020"选举"中胜出,但更深刻的含义则是在分化台军,要把台军绑在"台独"战车上,达到"以武拒统"的目的。

(中国社会科学院台湾研究所主办《台湾周刊》2019年第29期)

近期蔡英文当局军事动向

　　近期来，蔡英文当局继续推行"台独"路线和"以武谋独"政策。2021年2月9日，蔡英文在"国安"高层会议上的讲话便是明证。她在讲到两岸关系时，不但拒不承认"九二共识"是两岸关系的政治基础，反而倒打一耙，说什么"两岸的和平，不是台湾单方面的事情，关键的钥匙也在中国手上"，"只要北京当局有心化解对立，我们也愿意在符合对等尊严的原则下，共同促成有意义的对话"。蔡英文"独"性大发，一方面以一个"国家领导人"自居，声称"台海的和平稳定，已经从两岸关系的范畴，提升到印太区域，甚至是全球的焦点"；另一方面又叫嚷"台湾一贯的立场，就是遇到压力不屈服"，"我们会持续提升自身防卫战力，来因应各种新型态军事作为的挑战"。

一、"国安团队"人事大调整

　　2月19日傍晚，蔡英文办公室公布两岸及"安全团队"人员调整名单，台"陆委会主委"由台法务部门前主管邱太三接任，现任"陆委会主委"陈明通将转任台安全部门主管；现任台安全部门主管邱国正将接任台防务部门主管；而现任台防务部门主管严德发将转任台安全会议"咨询委员"。

　　蔡英文通过平台表示，针对新一阶段的区域及国际情势对中美台海关系的冲击与可能的影响，以及后疫情时代下所牵动的全球政经变局，所以"国安"团队必须进行任务与队形的再部署。

　　蔡英文说，这4位"国安"团队的重要成员都有高度的专业素养和丰富经验，不用摸索就可以立刻上手，符合新一阶段的任务需求。蔡英文希望在她与"国安会秘书长"顾立雄的领导下，持续落实防务改革并强化战力，还有持续深化与理念相近国家的友好合作，维持台海及区域的和平稳定与繁荣发展，借由统筹整体"国安"战略规划以发挥三个"铁三角"的最大战力。

蔡英文任命学者出身的纯文人陈明通为"国安局长"，引起了各方争议，其背后目的备受瞩目。"国安局"是负责规范、监督、综合信息工作和有关人员管理和管理措施的主管机关。以前的"国安局"是由军事长官控制的。2007年第一次出现了"文人局长"许惠佑，陈明通是第二位"文人局长"。陈明通是学者出身，精通两岸关系，掌握"国安局"，显示出台湾地区安全情报工作更重视突破现在的既有框架，加强大陆对于两岸关系政治意图的分析和预警，所以蔡英文希望借助陈明通丰富的经验来主导"国安局"对两岸情形研析与判读。

2月23日上午，台湾"国防部部长交接典礼"在博爱营区举行，"行政院政务委员"罗秉成代表"行政院院长"苏贞昌主持，首先布达新任部长任职命令，随即监交印信。罗秉成肯定前"部长"严德发任内的卓越表现，并期许台军在新任"部长"邱国正的领导下，精益求精，传承保卫人民生命财产安全之使命。罗秉成指出，严前"部长"在2018年2月26日就任后，带领台军顺利执行各项演训任务，积极推动"国防自主"，参与防疫消毒及各项救灾，"捍卫台澎金马领空与海疆"，实现有了台军保护，"民众一定平安"的信念。他特别提到，面对解放军军机"骚扰"，航空母舰海训及各邻海层出不穷的演训活动，台军官兵处置得宜，务实的行动与不卑不亢的态度，不仅维护"国家"安全，也保障民众安居乐业生活。

罗秉成介绍了新任"部长"邱国正的履历后，说邱国正"是学养丰厚，术德兼备，是不可多得的高阶将领及政务人才"；邱"卓越的建军规划、领导统御与国安历练"，衔命接任"部长"一职，相信对台军"接续推动国防改革，定能一展所长，并在既有坚实的基础上，创造更辉煌的施政成果"。

二、发布"四年期国防总检讨"

3月25日，台"国防部长"邱国正赴"立法院"报告"四年期国防总检讨"（英文缩写为QDR），并备质询。"四年期国防总检讨"是台湾从美国搬来的。由台湾防务部门每4年根据台湾地区领导人的防务理念与政策指导，并因应区域情势变化，以前瞻思维，擘划"国防"愿景，对军事工作进行一次全面性的检讨与前瞻，并向立法机构报告军事战略规划与兵力结构调整，被认为是最高级别、最具指导意义的军事报告，是一个战略性指导文件。

"四年期国防总检讨"自2009年首次公布以来，本版为第4次编纂。内容区分"区域情势：掌握新兴安全挑战""战略指导：坚实国防确保安全""淬砺军武：打造坚强钢铁劲旅""强韧国防：务实推动国防事务""永续布局：稳健发展国防自主""巩固安全：应对灰色地带威胁"及"战略合作：创造台湾战略价值"等7章。

报告提到：强化应对大陆的"灰色地带威胁"增加。认知战、资讯战、机舰"侵扰"是台湾面临的3大新兴安全挑战，认为大陆以"灰色地带威胁"企图影响"民心士气"，冲击"国家安全"。

报告指出，"国军"反制"中共灰色地带威胁"，因应当前大陆之挑战，"国军"即时掌握各类型"威胁态样"，妥慎采取相应对策，不受中共"文攻武吓"影响，坚定展现"不挑衅、不怯敌"立场，达成防卫固守的任务。

报告还称，需要创造台湾战略价值，台湾位处第一岛链，为对抗"中共势力扩张"的最前线，具无可取代的重要地位，将持续与理念相近的伙伴国家和地区，拓展与深化军事交流合作，共同维护区域和平稳定。

台"国防部长"邱国正强调，"国军"面对日益严峻的大陆军事威慑，必须积极从事关键的"国防"改革，勠力战训本务，落实各项建军备战工作。未来将在既有"国防"施政基础上，赓续改革后备动员制度、发展不对称作战、强化联合战力及有效应对非传统威胁，打造能赢得未来战争的精锐部队，以确保"国家安全"。

三、邱国正强调持续强化"建军备战"

台湾防务部门领导人邱国正刚一上台，就高调大唱台军要强化建军备战。3月9日，他在"立法院"受访时表示，中共的武统从没有停止过，不放弃武力犯台口号也没停过，所以台军持续强化建军备战，尽早做因应，这是台军要一直注意且强化的，他会带领台军官兵持续朝强化战训本务努力。邱国正还解释说，不对称作战简单讲就是强点、弱点、时间、地点这些地方的着墨和掌握，如何形成不对称，以目前台军整备概况，兵力少就强化火力，火力强就看兵力要如何运用，两者是交互的，台军在这一方面不会停顿，这是一个持恒的工作。

3月12日，邱国正出席"立法院"会议时，针对媒体提问有关"美印太司令示警中共6年内恐攻打台湾"时表示，台军在情搜工作上不曾间断，无论时间长短，都会纳入敌可能行动分析当中，并按步就班做应处。此外，在战术战法及作战指导上，会因应敌情威胁不同及台军建军备战成果有所调整，以确保台湾安全，吁请"国人"放心。

3月17日，邱国正在"立法院"接受一些"立委"有关解放军攻台问题的质询时表示，解放军"有能力攻台不代表有能力占台"，说这是两回事。不要讲6个月还是6年，台湾的防卫准备是以小时算，目标是随时要做反应。他大言不惭地声称，不要问台军能撑多久，而是要问大陆能打多少天，"打多久陪多久，没有天数的问题"。

针对邱国正的说法，国台办发言人朱凤莲曾回应称，民进党当局有些人口出狂言，再次暴露了"台独"势力无底线的挑衅。他们以为勾连外部势力就可以"以武谋独"，与中华民族根本利益和整体利益作对，完全是利令智昏。这种挟洋自重、吹哨壮胆的言行无异于饮鸩止渴。民进党当局若胆敢铤而走险，必将招致毁灭性失败。

四、密集展开多项军事演练

为强化战力并反制解放军，台军从2019年起就恢复每季实施一次战备月，并将战备周纳入战备月中，依部队属性实施训练，并加强联合战斗思维、通信指管等能力，摆脱过往"各做各的"训练方式。今年第一季战备月已于3月1日在全台登场。为期4周的训练，依序于各周进行"现地侦查""图上兵推""现地战术"及"实兵演练"等程序。通过这些程序，使官兵确实了解作战环境，并落实作战计划演练、战力经营，提升台军整体战力。今年的战备月重点在"整体防空作战"，有别于去年最后一季的"战力保存"。

不仅如此，在战备月前后，台军还密集进行了多项演练。例如，2月22日，台海军所属舰艇在巴士海峡与"西南空域"实施"周边海域专案操演"。3月22日下午，台"海军司令部"又在台湾上空及周边"海空域"进行了"专案空层空域操演。"

据台湾媒体报道，3月13日，台湾军方进行城市战演练，全副武装的士兵出现在新北市街头。这支部队进行了长达21天的行军训练，共行军505公里。3月，台军在马祖、金门、澎湖、屏东等地，都有例行实弹射击操演。

此外，3月1日、23日，台军和海巡部门在南海东沙岛、太平岛进行2021年度第一季全岛防卫火炮武器对海实弹射击。这项实弹射击每季度一次，属于例行性操演，由台防务部门派员登岛辅训。但东沙岛目前仍驻有因应区域情势而"移训"的海军陆战队等部队，外界认为台军、海巡有共同操演的可能性。

五、增添新式武器装备

（一）增程型"雄风二 E"导弹已列装

据台湾"中央社"1月11日报道，台军人士表示，由台湾"中科院"研制的增程型"雄风二 E"巡航导弹已经小批量交付"空军防空暨导弹指挥部"，指挥部下辖有"天弓"、"鹰"式以及"爱国者"等中、高空防空导弹部队，负责压制作战、导弹防御与联合防空任务。据称，"雄风二 E"

巡航导弹的射程可达1200公里，具备"源头打击能力"，能有效打击大陆的非沿岸军事设施。另有消息称，"中科院"还在研制射程可达2000公里的巡航导弹。

（二）"金门防卫指挥部"接装M41D战车

据台军"军闻社"2月24日台北报道，台军"陆军金门防卫指挥部"因应"敌情威胁"及外岛幅员、地形、地貌等特性，日前执行M41D战车接装作业，接替原M41A3战车，强化机动、打击能力，提升外岛地区防卫作战力量。

（三）"勇鹰"高教机进行作战测评

据"中央社"报道，3月2日，台湾"汉翔航空工业股份有限公司"，举行"新式高教机研发试飞测试同乘记者会"，由"汉翔"研制的两架台湾自造的"勇鹰"高教机，在台中清泉岗基地升空试飞，进行性能测试。台军前"副参谋总长"、"汉翔"董事长胡开宏同乘首架出厂的"勇鹰"机，并与出厂的第2架机一起升空，进行空军作战课目演练，后续将由台空军测试评估队进驻进行作战测评。台湾防务部门表示，预定的66架"勇鹰"高教机将于2026年全部完成。

（四）采购新型"心战喊话作业车"

据台媒3月11日报道，台防务部门"心理作战大队"计划采购6辆新式"心战喊话作业车"。报道称，台军"心理作战大队"三中队的主要任务是遂行战场"心战"、文宣作业及协助战区执行反敌"心战"任务，现有的6辆"心战喊话车"，接收至今已超过25年，装备老旧，有效喊话距离仅1500米。新型"心战喊话车"随车增建音效后制设备，可假冒各类声源，通过声量可达3500米的新式扬声器播送，以混淆"敌军"情报判断，造成"敌军"畏战、惧战、反战情绪，动摇"敌军"作战意志。

六、台美签署海巡合作备忘录

3月25日，台"驻美代表处"发布新闻稿指出，"驻美代表"萧美琴已与"美国在台协会"（AIT）执行理事蓝莺（Ingrid Larson）签署"设立海巡工作小组了解备忘录"。据AIT新闻稿表示，此一新架构将促进双边沟通、建立合作，以及共享讯息。备忘录确认保护海洋资源的共同目标；确认双边致力减少非法、未通报且不受管制的捕捞；以及参与联合海上搜索与救援等行动。这是拜登任内美台签署的首份备忘录。

3月26日上午，台湾"外交部长"吴钊燮受邀出席中兴大学法政学院演讲时表示，该备忘录代表台美关系紧密更进一步，是台美合作面向更趋广泛的象征。他非常乐见，该备忘录代表，台美未来在海上执法或者是海上救援，将有一个共同合作的制度基础，这是过去没有的，以前在海上执法救援，台美之间只能寻求临时性的合作，缺乏制度与效率，现在有一个机制性的合作基础，是很大的进展。对于外界认为台美海巡合作有军事意义象征，吴钊燮表示，由于海巡是第二海军，有些人认为有军事的意义，但其实海上执法与巡守，跟军事活动还是有层次的区别，虽然有相关的说法，但我们不会朝这个方向去推敲，这里可以看到台湾海巡跟美国海巡产生一个合作的基础，这才是最重要的。

民进党"立委"赵天麟认为，大陆的《海警法》通过后有严重后果，有争议领土附近可能会有武力冲突。他说，已经从"灰色地带冲突"可能性，急遽拉高可能有武力冲突，台美之间才会有海巡合作签署备忘录。

对于台湾当局近期开展的种种军事行动，国台办发言人马晓光曾指出，造成当前两岸关系复杂严峻的原因众所周知。民进党当局不思悔改，反而企图加剧对抗，这种做法既不明智，也不自量力。

（中国社会科学院台湾研究所主办《台湾周刊》2021年第14期）

台军"汉光演习"的历史考察

台军"汉光"演习是台军层级最高、规模最大、合成度最高、实战性最强的三军联合作战战役系列演习。自从 1984 年"汉光 1 号"演习举办以来，台湾的政治局势和两岸关系，以及台湾当局与美国、日本等国家的关系都发生了深刻的变化。

一、依据军事战略，制订演习想定

台军"汉光"演习想定，是以台军军事战略为依据制订的。军事战略有所变化，演习内容也就随之调整。

台湾当局的军事战略，从历史发展的脉络来看，笔者以为总体上可以分为两大阶段：第一阶段是 1949 年国民党军退踞台湾到实行政党轮替时，在国民党主政下，其军事战略演变可分为"攻势作战""攻守一体"和"守势防卫"三个时期。第二阶段是台湾实行政党轮替以后，台湾的军事战略有了不同于第一阶段的变化。陈水扁上台后，推行"有效吓阻、防卫固守"（即"攻势作战"）战略。马英九主政后，推行"防卫固守、有效吓阻"（即"守势作战"）战略。蔡英文上台后，继承陈水扁衣钵，仍坚持"攻势作战"战略，但提法有所变化，称之为"防卫固守，重层吓阻"，实质是"攻守兼备"，"寓攻于守"。台军的"汉光"演习产生于上述第一阶段末期，演变于第二阶段过程中，有着深刻的历史背景。

1971 年台湾当局的代表被驱逐出联合国，中华人民共和国政府恢复了在联合国的一切合法权利。1972 年美国总统尼克松访华，中美关系开始走向正常化。1979年1月1日，中美两国正式建立外交关系，美国与台湾当局"断交、废约、撤军"。与此同时，全国人大常委会发表《告台湾同胞书》，郑重宣布和平统一祖国的大政方针。

随着上述局势的变化，台湾当局感到安全压力剧增，意识到依赖美军"防卫台湾"和武力"反攻大陆"已不切实际，于是被迫改行"守势防卫"战略。1979年8月，因应台美"断交"，台湾军方首次进行全岛性实兵防卫作战演习，代号为"汉阳演习"。后经"参谋总长"郝柏村调整与准备，于1984年6月23日在澎湖举行"汉光1号"演习。此后每年一次（1996年因台海危机未举行）。20世纪80年代，台军将反封锁作战列为"汉光"演习的重点课目，其基本目的是验证防卫作战战略构想、战备整备，全面检验和提高三军联合防御登陆作战能力。

1991年5月1日，时任台湾地区领导人李登辉，宣布中止"动员戡乱时期"，表明台湾不再试图以武力"收复"大陆。台湾防务政策的战略构想，从"攻守一体"转向"守势防卫"，提出了"防卫固守、有效吓阻"的守势战略。1999年，为适应推行"两国论"分裂路线的需要，李登辉又将这一守势战略调整为"有效吓阻、防卫固守"的攻势战略。

在李登辉主政时期举行的军事演习中，注重强化反封锁作战能力，设置的是反登陆、反封锁、反突袭等课目。1992年6月"汉光8号"演习，首度将反封锁作战列为演习课目。1994年9月"汉光11号"三军联合作战演习，动用兵力达13936人，武器装备计有飞机91架、舰艇41艘、坦克30辆、火炮36门，以及天剑、天弓、雄风等多型导弹，堪称历史上少见规模。1996年李登辉访问美国康乃尔大学，为配合"台独"分裂活动，更加注重军事演习，并不断展示新式武器装备，以求达成"威慑大陆"和"安定民心"的目的。

20世纪90年代末，台当局在"汉光"演习中增加了运用计算机进行兵棋推演。台军认为，"兵棋推演"具有全面了解作战进程、磨炼战术素养、精进指挥作业等特点，对提升各级军官和参谋人员前瞻敌情研究，前置作战指导，将兵力"火力聚焦于敌人最脆弱之处，发挥部队最大战斗力，具有极其重要意义。

2000 年，台湾实现了政党轮替。陈水扁上台后，更是奉行"台独"路线，企图"以武拒统"，坚持实行"有效吓阻、防卫固守"军事战略，并进一步提出所谓"决战境外"，积极争取战略主动权，避免将战争带入本土，以达成"拒敌彼岸、击敌海上、毁敌水陆、歼敌滩头"的战略目标。

陈水扁时期，"汉光"演习奉行的基本上都是攻防一体、以攻为主的思路。从陈水扁第一次组织 2000 年"汉光 16 号"演习，到 2007 年的"汉光 23 号"演习，规模是越来越大，几乎每一次都创下有历史"最高"记录，从而成为"汉光"纵向脉路上突出的特点。例如，在"汉光 23 号"演习中，陈水扁"先制反制""决战境外"的作战理念表演得非常充分，竟将三峡大坝等大陆纵深目标列为打击范围，并主要演练试射"射程 600 至 1000 千米""可以威胁上海、香港、深圳等华中、华南沿海经济中心"的"雄风–2E"巡航导弹。此外，陈水扁时期的"汉光"演习还无一例外地全部进行实弹射击，旨在导扬和壮大声势，展示对大陆咄咄逼人的姿态，慑止大陆"犯台"作为。当然，陈水扁的这一套只不过是"纸上谈兵"的游戏而已！

2008 年，台湾再度实行政党轮替，国民党重新执政，马英九当局承认"九二共识"，推动和扩大两岸事务性交流，两岸关系和平发展不断巩固深化。在军事战略上重新回归理性，再次转为"守势防卫"。马英九强调要以"守势战略"为指导，"止战而不惧战、备战而不求战"。2008 年的"汉光 24 号"演习，重新明确"战略守势及海岛防卫作战"的总思路，重点验证"台湾本岛的'国土'防卫能力"，特别将海空作战与陆上作战的时间比例由以往的 4∶1 改为 1∶4，明显弱化"先制反制"作战，突显本岛地面防卫作战。为契合两岸关系和平发展的良好局面，马英九当局又逐渐降低"汉光"演习的规模和敏感程度，大幅减少实弹射击，基本取消公开火力展示。2009 年的"汉光 25 号"演习没有进行实兵验证，这是"汉光"演习史上没有过的。同时，减少了"汉光"演习的频率，从过去一年一次改为一年半一次，但由于岛内政治势力的争斗和其他方面的原因，

2011 年台防务部门又把演习恢复到一年一次。

2016 年蔡英文上台后，一反马英九作为，制定了"防卫固守，重层吓阻"的新军事战略。其"主轴"是"重层吓阻"，实质是"寓攻于防"，"以攻为守"。尽管在提法上蔡英文与陈水扁有差异，但究其本质而言不过是扁氏"攻势战略"的复归和微调罢了！蔡英文信心满满地以她的新军事战略指导"汉光"演习。从 2016 年的"汉光 32 号"实兵演练，模拟胜利击退解放军进攻台湾重要军政据点，到 2017 的"汉光 33 号"兵棋推演，以 2025 年两岸态势为立案背景，台军仅用"20 架 F–35 就击溃解放军三个航母战斗群"。退役台军中将帅化民评说："我干了 40 年军人，兵推搞了几百次，都不敢这样吹牛啊！"由于"汉光"演习"乌龙"事件层出不穷，诟病之声不绝于耳，蔡英文在 2018 年"汉光 34 号"演习中才不得不有所收敛。"汉光 34 号"演习中的最大变化是，不再以验证既定作战计划适切性为主轴，不将胜负成败作为演习执行成效，只是依临机战况召开作战会议，落实指参作业程序演练，增进各级指挥官因应突发状况处置及参谋计划作业能力。蔡英文、严德发都强调，台军的战力要建立在"实"字上，包括务实的演训。台防务部门称，为避免与解放军形成全面消耗战，"国军"已经重新定义"胜仗"，从过去以歼灭敌人有生力量为主，改以攻击敌人任务，让其无法登陆和立足，迫使其夺台失败。重新定义"胜仗"是"汉光 –34 号"演习最大的"看点"。有军事评论员指出，重新定义"胜仗"，就是变相承认现在台军无法拒止解放军登陆台湾，承认台军无法歼灭"敌有生力量"。其实，"战胜"一词，"军语"词典都未收入，《现代汉语词典》的解释是"打赢了的战役或战斗"，内涵十分清晰，何来"重新定义"之有！

二、以小搏大，演练"非对称作战"能力

"非对称作战"概念，是 20 世纪 90 年代海湾战争后美国等西方军事理论界提出的。对于非对称作战的运用，一般强调的是作战力量、作战技术以及作战手段的非对称，力求超越常规，出奇制胜。既可以以强凌弱，

取得战场上的"零伤亡",也可以以小搏大,战胜"不可一世"的强敌。

随着两岸实力对比越来越悬殊的实际情况,台湾当局提出了"非对称作战"概念,并运用于指导台军建设、训练和演习中。一方面强调不与大陆开展军事竞赛,一方面又提出在对抗上要讲求"创新思维"。在未来作战中,要将战力进行灵活组合,使自身的相对优势发挥到最大程度,从而实现"全局以低抗高、局部扬长击短",最终达成"积小胜为大胜",形成有利于己方的作战态势。为提升非对抗作战能力,台军积极借鉴美军,加强对非对称作战理论研究,重点加强信息战优势,提高信息攻防能力和指挥自动化能力。

陈水扁上台后,在训练和演习中,突出新武器的实验和夺取"制信息权"新战法等内容的研究。2000 年的"汉光 16 号"演习,是陈水扁上台后的第一次三军联合作战演习。演习以"非对称作战""反制和后制"为指导思想,以反登陆、机动联合作战为主要课目,对从美国购进的新武器进行全面的性能试验,并首次将"电磁脉冲"引入想定之中。通过模拟近似实战的"电磁脉冲"袭击,检验其各级信息网络系统软硬件的抵抗能力。在 2001 的"汉光 17 号"演习中,又首次使用新组建的信息战部队,单独实施"信息反制"课目,第一次由"红军"和"蓝军"实际运用电脑病毒进行相互攻防演练,使用病毒达 1000 多种。

马英九主政时提出要建立一支"吓不了(战斗意志高昂)、咬不住(不被封锁岛内)、吞不下(不被整体围歼)、打不碎(能够持久作战)"的军事力量,试图通过精锐力量建设,以小搏大,不落下风,以弱胜强,歼灭对手。在 2009 年版的台军"四年防务总检讨"中,对"非对称作战"概念进行了进一步解读。

为提升"非对称作战"能力,马英九强调要积极借鉴美军,重点加强信息战优势的建设,提高信息攻防和指挥自动化的能力。在 2010 年的"汉光 26 号"演习中,台军首次将"非对称作战"列为演练重点。2011 年的"汉光 27 号"演习,台军也将"非对称作战"作为演练主轴。2013 年的"汉光 29 号"演习,台军设置的"提升信息战攻防作业能力""发挥全民防卫动员能力",以及"网络战攻防"等内容,也都是致力于提升非对称作战能力的重要体现。

对于不懂军事、不知非对称作战为何物的蔡英文,在军事幕僚的参与下,也十分强调"非对称作战"思想。在民进党提出的"国防政策蓝皮书"中,蔡英文们提出要充分借助台湾在信息技术,尤其是网络技术处于亚洲领先地位的优势,提升信息战作战能力。2017年6月29日,蔡英文出席"国防部参谋本部资通电军指挥部编成典礼"时表示:"面对新的挑战,要有新的观念和新的做法。"资通电军指挥部的编成,代表"国军"会坚定保卫数字"国土",全面进入信息作战的时代。她强调,资通电军要超越传统的空中、海域及地面的防卫概念,"成为重层吓阻战略下的第一层吓阻兵力",并超越各军种的藩篱,作为"国军"联合作战的典范。

2016年"汉光32号"实兵演习,台防务部门还征召民间科技高手,具体提升网络攻防能量,并验证新兴兵力如阿帕奇直升机和黑鹰直升机的作战效能。

随着信息化战争的发展,集侦察监视、情报传输和火力打击于一身的无人机,已实现从辅助作战手段向基本作战手段的跨越,一些国家和地区无不想凭借无人机争夺信息化战场的制高点。台军认为,无人机已成为美军未来发展的主流,亦将成为大陆对台作战的利器。为此,2012年"汉光28号"演习,特别规划"复杂电磁环境的电子信息攻防"作为演练重点,其中又以无人机攻防演练最为引人注目。台军分析,解放军发动对台第一波攻击时,除发射大量导弹外,还将同步以歼-6、歼-7改装的大型无人机,伪装成攻台空中主力大举渡海,以此混淆、迷惑台军雷达识别系统,并且诱使台军消耗价格昂贵的防空导弹。在此次演习中,台军首度仿效伊朗以电子干扰"软杀击落"美军无人机的方式,在各型直升机和自制无人机上挂载电子干扰器,对假想敌无人机进行联合电子作战反制演练。

三、演习事故频仍,台军战斗力倍受质疑

从1984年以来,截至2018年,台军"汉光"演习已举办34次。在

台湾当局和防务部门大肆吹嘘演习取得可喜成就时，掩盖不了"作秀"之处，特别是重大伤亡事故的不断发生，难以向社会大众交代。这不仅使台湾当局颜面尽失，也令人怀疑台军作战能力值几何。

综合各方面的资料统计，1994年至2018年，仅在"汉光"演习中，就发生重大事故7起，亡12人，伤11人。例如，2006年7月"汉光22号"演习发射拖式导弹，2枚导弹严重脱靶，落在距离陈水扁约200公尺的海面爆炸。2007年5月"汉光23号"演习，空军F-5F战机坠毁在湖口营区，波及在台进行秘密训练的新加坡"星光部队"，造成4死9伤。2016年8月"汉光32号"演习时，一辆"勇虎"坦克不慎翻入网纱溪，车上5人中3名官兵不幸身亡。2018年"汉光34号"演习，5月17日伞兵秦良丰跳伞演训意外受伤，6月4日空军少校飞行员吴彦霆驾驶F-16战机不慎撞山殉职。

据《环球时报》2018年6月7日报道，根据统计，"汉光"演习自1984年举行以来，已发生9起战机意外事故，造成12人死亡，其中F-16战机共发生8次坠机事故，造成8名飞行员殉职。

除上述"汉光"演习中发生的事故外，台军在其他演习和平时部队管理中出现的事故也是惊人的。有批评称，台军违反军纪事件按"箩筐"计。有关新闻，不是出现在媒体社会花边版，就是法治教育版。最典型的严重事件莫过于2016年7月1日发生的"台军误射雄风-3导弹"事件。

四、挟美抗陆，强化美台军事合作

无论蓝营还是绿营执政，台湾方面都十分看重美国这个强大的后盾。自从美台"断交"后，从表面上看，双方在政治上似乎没有"官方"来往了。然而美台军事交流事实上并未中断，随着时间的推移反而有日益强化的趋势。美方对台军售从未停止过，从"系统验证"和"战力整合"两方面观察"汉光"演习也未中断过。

陈水扁上台以后，为了推行"一边一国"政治路线和"攻势作战"军事战略的需要，更加积极乞求美国的帮助和支援。2002年美军人员应邀以非军职身份赴台"观察""汉光18号"演习。2003年的"汉光19号"演习，美军则以"撤侨小组"名义，派出"相当规模"的人员，进驻台"国防部"战情中心"衡山指挥所"，向台湾提供解放军军力参数，并替台军设计一套"合理参数"。美军"撤侨小组"不是临时任务编组，而是一个常设编制，隶属于美军太平洋司令部。台军"衡山指挥所"也替"撤侨小组"保留有未来指挥管制的席位。这是美军从台撤军后首次正式介入"汉光"演习。后来，在2004年"汉光20号"兵棋推演中，美军前太平洋舰队司令布莱尔亲率60多名美国军事问题专家与官员，全程监督。美军顾问对台军使用的"联合战区阶层仿真系统"（JTLS）进行了技术指导，这就为此后的台美军事合作打下了基础。

值得警惕的是，在台军2005年的"汉光21号"演习中，美日首度与台军进行联机兵棋推演，使用的"联合战区阶层仿真系统"（JTLS）是美军现役系统，其架构是以美军太平洋司令部为主机，可与日本、中国台湾、韩国以及美国各地驻军等分机同时联机。这表明在兵棋推演中，驻日美军和日本自卫队，完全可以利用该系统，会同台军一起与美军太平洋司令部联结，进行"司令部指挥所演习"。据报道，JTLS软件版本可以进行更新，不仅小至连级兵力可以推演，大至各型航母战斗群的攻防也有参数。这套系统对舰艇战损的计算，除可推算导弹命中概率，甚至航母被击中后舱间的损害率都能推估。军事专家表示，此次军演可能对未来美日台三方互动以及亚太安全环境产生较为深远的影响，为台湾问题制造更大的麻烦。

在2005年的"汉光21号"演习中，美国国防部于4月18日派出约20名美军军官，以观察员身份参加兵棋推演，希望强化与台湾军方的合作。这是美国国防部第一次正式承认派美军参加台湾演习。赴台的美军顾问团的规格和头一年一样，担任团长的仍是前美军太平洋舰队司令布莱尔上将。除文职和退役人员外，还有数十名美军太平洋总部现役军官赴台，对兵棋推演进行技术指导。清泉岗空军基地进行反特攻、反空降作战演习时，参加观摩的美方国防情报局（DIA）的官员，包括"美国在台协会"（AIT）编制内的技术联络组组长米切尔和二号人物葛第斯，以及组内其他人员，都身着便服，坐在观礼台上。从 2006 年起，每年"汉光"兵棋推演，台军都会邀请美国退役将领赴台观摩，直接参与演习。据台军公布，2016 年台美军事交流互访人数，美方访台 1000 余人次，台方赴美有 900 余人次。从 2017 年"汉光 33 号"演习起，美军更是直接派出太平洋司令部现役将官，率领军事顾问团观摩"汉光"兵棋推演。

必须重视的是，美国近些年来一系列涉台言论及行动，频频挑战"一中"红线。美国会分别在 2016、2017 年推出的"国防授权法"中，都存在涉台内容，后来再度"加码"。2018 年 5 月 24 日，美国参议院军事委员会表决通过参院版 2019 财政年度国防授权法草案，其中含有多项支持强化美台安全合作及军事交流条文，主要有：一是美军参与台湾军事演习，例如年度"汉光"演习；二是要求台湾参与美国军事演习；三是依据"台湾旅行法"展开美台高级防务官员及军事将领交流。

对于美国的挑衅以及蔡英文当局全面倒向美国的做法，中国外交部、国台办一再发表声明，表明了我们的严正立场和维护核心利益的坚定决心。2018 年 5 月 31 日下午国防部召开例行记者会，新闻发言人任国强警告美方，台湾问题事关中国国家主权和领土完整，美国会有关法案涉华内容充满冷战零和思维，干涉中国内政，损害中方核心利益，中国军队对此表示强烈不满和坚决反对。

其实，美国人考虑的是怎么做才符合美国的最大利益，美国打"台湾牌"，只是想增加与大陆谈判的筹码，蔡英文当局如果抱着"美国会为台湾而战"的想法，那是拨错了算盘。过去已有相当多的实例可以证明这一点。据台湾《中国时报》2 月 13 日报道，美国前"AIT"主席、知名台海问题专家卜睿哲在一封信中明确表示，美国对台防卫承诺"从来都不是绝对的"，美国当然有些人认为，在抵制大陆时台湾是"一个有用的资产"，但这不等于给台湾或台方政治势力片面采取行动改变现状开绿灯。这无异于给蔡英文当局和深绿势力敲了当头一棒！

（中共中央统战部主管、中国和平统一促进会主办

《统一论坛》2019 年第 2 期）

"汉光 33 号"演习揭示 蔡英文当局新军事战略特点

2017 年初，蔡当局在抛出"防卫固守、重层吓阻"新军事战略后曾表示，要在"汉光 33 号"演习中进行验证。5 月下旬，台军"汉光 33 号演习"电脑兵棋推演和实兵演练均告结束。"汉光 33 号"演习验证了蔡当局怎样的新军事战略特点呢?

一、"寓攻于防"的新军事战略

台湾进入政党轮替以来，台军的军事战略一直用"防卫固守"和"有效吓阻"八个字的不同摆法来表述。陈水扁提出的军事战略是"有效吓阻，防卫固守"，即所谓"攻势"战略，强调"决战境外，将防卫纵深前推至敌人领土上"。马英九上台后，将军事战略改为"防卫固守，有效吓阻"，即所谓"守势"战略，把重点放在本岛防卫作战的"固若磐石"上。蔡英文提出的军事战略是"防卫固守，重层吓阻"，与前述两种情况相比，其"守势"更趋积极，是"寓攻于防"。

台"国防部长"冯世宽在受领炮制新军事战略任务后，可以看到其沿着陈水扁"有效吓阻，防卫固守"战略进行构想的逻辑。2016 年 11 月 2 日，冯在"立法院外交暨国防委员会"作新年度"施政计划及主管预算案报告"时表示，未来台军作战构想，依国际关系、岛内情势以及军事能力评估，微调现行"有效吓阻，防卫固守"的战略构想，将转成为"多重吓阻"并纳入明年"汉光演习"验证。

台军方在 2017 年 3 月 15 日发布的 "四年期国防总检讨" 中，新军事战略的最后版本是 "防卫固守，重层吓阻"，把 "防卫固守" 又位移到了前面，而把 "多重" 改成了 "重层"。台军方认为，这是因为作为假想敌的大陆军队装备现代化进展迅速，并推动军事改革，已具备对台封锁、实施多元作战及夺占外岛能力。为此，台军必须采取 "重层吓阻" 战略，以创新不对称作战思维，发挥联合战力，使敌陷入多重困境，"吓阻" 其不致轻启战端；倘敌仍执意进犯，则依 "拒敌于彼岸、击敌于海上、毁敌于水际、歼敌于滩岸" 之用兵理念，对敌实施重层拦截及联合火力打击，逐次削弱敌作战能力，瓦解其攻势，以阻敌登岛进犯。冯世宽还声称，台湾一定要建立主动攻击能力，以增加防卫上的手段及弹性。台军 "参谋本部作战次长" 姜振中更是明确指出，台湾军队有拒敌于彼岸的能力、计划及训练，并且一直在持续强化当中。

为适应新军事战略的需要，让陆海空三军皆具所谓 "吓阻" 能力，蔡英文已下令重启马英九搁置的 "雄 3 增程型超音速反舰导弹量产计划"，"全面复活" 该型导弹的研发、测评和量产，预计在 2017 年最终测试，2018 年开始量产，初始规划 60 枚。据称该型导弹射程可覆盖大陆东南沿海，半个台湾海峡都在其控制之中。同时，为了强化联合防空作战效能，台军将原属于 "参谋本部" 的防空导弹指挥部移编 "空军司令部"，使其同时辖有防空导弹指挥部、防空炮兵指挥部两个防空单位，预计年底完成整并。此外，为因应解放军战略转型，台军 "爱国者" PAC–3 型防空导弹连已分别移防进驻花东地区。综上所述不难看出，"重层吓阻" 实质上是 "寓攻于防"。

二、"汉光 33 号" 演习的实施

2017 年的 "汉光 33 号" 演习分为两个阶段，第一阶段是 5 月 1 日至 5 日实施的 "联战电脑兵棋推演"。兵棋推演以大陆 2025 年 "武力攻台" 为假想背景，模拟解放军以航母战斗群、隐形战机及新型导弹发动进攻。兵棋推演由 "国防大学" 教官扮演攻击军（红军），依作战进程，诱导 "参

谋本部"扮演的防卫军（蓝军）按联合防空、联合截击、联合地面防卫等接战程序，采取 24 小时连续推演方式实施，重点是战力保存、联合情监侦运用、联合反封锁及联合反登陆作战等科目。兵棋推演结束后，双方检讨模拟对抗结果，进而在实兵科目中加以验证。

第二阶段是 5 月 22 日至 26 日进行的实兵演练。实兵演练仍模拟解放军以海、陆、空三栖"进犯"台湾，台军在截获相关情报资料后，依据制空、制海及反登陆三个面向进行防卫作战，出动 F–16 及 IDF 战机进行空中拦截。5 月 22 日至 26 日，实兵演习分别在澎湖与屏东两地实施。26日，台军还演练了以"作战区"为防卫演练主体的"清泉岗基地保卫战"。与"汉光演习"同时期，驻守南沙太平岛的"海巡署"官兵在 24 至 26日进行了防护射击。此次参演官兵共计 3900 余人，各类操演装备有陆航 AH–64E 阿帕奇攻击直升机、UH–60M 黑鹰通用直升机等各类旋翼机，雷霆 2000 多管火箭、155 榴炮等地面火炮，以及 M60A3 战车等战甲车，空军 F–16、IDF 等主力战机，共计 17 类 130 件主战装备。

三、"汉光演习"为新军事战略作秀

总的看来，"汉光 33 号"演习的阶段划分和科目设置，与历年演习大同小异。所不同的是，在演习指导上强调要验证蔡当局新军事战略，并在演习实践中有所体现。

被台军吹嘘为蔡当局新军事战略"成功验证"者之一，是在兵棋推演中，以 2025 年解放军登陆台湾为作战背景，设定面对解放军的歼–20、歼–31 战机，台湾空军以 22 架 F–35、F–16V 和 IDF 改进版战机的组合相对抗，使解放军在争夺制空权中并无优势。最终台湾"自造舰艇"突破重围，配合美日舰队击退解放军 3 个航母战斗群获得胜利。然而稍有军事常识的人都可看出其中破绽。台军到 2025 年能够买到 22 架 F–35 战机吗？台湾的"自造潜艇"能够造出成军吗？大陆的军事情势又会有何变化？更不用说双方各自战略战术的运用和人心士气的对比了。难怪台军退役中将帅化民说，不管"汉光"演习怎么兵推"顽强抵抗"解放军登陆，大家心

里都明白这无非是吹。他还说：我干了40年军人！兵推搞了几百次！都不敢这样吹牛，"国防部长"冯世宽真是天兵啊。

所谓"成功验证"者之二，是在实兵演练第3天，台军第6军团关渡指挥部以"模拟真实战场"方式，结合操演想定，组织部队对从河道突入、突占大台北地区重要设施的解放军实施反突击、反渗透演练。台军沿岸编成多层火力网，"以炽盛火力成功阻歼大部突入之敌"，最后解放军"在心战喊话下，弃械投降"，确保了"中枢"安全。其实在10年前，陈水扁"主政"最后一年的"汉光23号"演习中，就曾经上演过一出"歼敌15万，血战救台北"的闹剧。在当年4月19日电脑兵推的"国土"防卫阶段，想定设计"攻击军"出动31万，分两波展开对台登陆作战。经血战后，"防卫军"共"歼敌"15万余人，"攻击军"因后援不足败退。当时的舆论一片哗然，有台军退役将领感叹："真是一堆白痴在作秀！"

四、新军事战略为推行"台独"路线"保驾护航"

20多年来，虽然"汉光"演习在兵力规模、科目设置等方面发生很大变化，但演习背景始终与台海形势紧密相关。陈水扁上台后，"汉光"演习始终没有脱离"以武谋独"的主线，总是以宣布"台独"作为立案背景，将其设定为台海战争的主要导火索。

2016年蔡英文上台后，首度以"三军统帅"身份，于当年8月25日视导"汉光32号"实兵演练，指令"国防部长"冯世宽于翌年1月前拟订一套有别于其前任马英九的"确认方向、改变文化"的新军事战略。什么是"确认方向"呢？就是她的新军事战略必须符合民进党的"台独党纲"和她参与炮制的"两国论"，马英九维护和坚持的"九二共识"不能成为她制定军事战略的依据。什么是"改变文化"呢？就是要借制定和推行新军事战略之机，改变台军的传统文化，在军内大搞"去中国化"。

此次"汉光33号"演习，不是如往常那样，以"第二年两岸情势"为背景，而是假想2025年大陆完成3艘航母建置"攻台"作战为想定；另外，以往"汉光"演习两阶段间隔多在两月之久，以便研究"兵推"中发现的问题,而此次则安排在同一月进行。舆论认为,这种变化,前者彰显了民进党"以武拒统"的顽固态度,后者则是为蔡英文上台一周年"业绩"做秀,烘托"台独"气氛。

五、新军事战略将台湾的"安全"寄托在美国身上

蔡英文上台以来,在政治、"外交"上推行"亲美日、抗大陆"的路线,反映在军事上就是将台湾的"安全"寄托在美国身上,企求借美国之力强化台湾的"防卫能力"。一段时间以来,美台军事话题接二连三,从去年底美国前总统奥巴马签署"2017 会计年度国防授权法案"为台美高阶军事人员交流开路后,又传出"美国在台协会"(AIT)新址完工要派海军陆战队驻守,后又传出美国将打破惯例派出现役将官率团进入台军"衡山指挥所"观摩演习。凡此种种,曾一度让岛内个别"台独"分子欢呼雀跃,兴奋不已。但此次观摩演习,美国仍是按照往年惯例,派退役空军上将小爱德华·赖斯(Ceneral Edward Rice.Jr)率团赴台,进驻"衡山指挥中心"观摩指导演习,向蔡当局释放了何种信号,已相当清楚。

更让蔡当局备受打击的是,"汉光"演习刚结束,美国白宫即传出对台军售暂停的消息。虽说目前尚无直接证据证明与演习有关,但事实足以打击某些人士的"痴人梦幻"。面对岛内各界的种种质疑,蔡当局高层纷纷出面表示"没有得到消息"。台湾"驻美代表"高硕泰 5 月 31 日赴台"立法院"汇报时吹嘘,台美军事合作仍持续维持紧密沟通,目前双方都按照既定时程来推动。然而奉行实用主义的美国、讲究"生意经"的特朗普,能够遂蔡英文之愿吗?

(中国社会科学院台湾研究所主办《台湾周刊》2017 年第 22 期)

从"汉光演习"看台军建军备战走向

2018 年，台军"汉光 34 号"演习已经结束，有关报道和评论甚多，笔者拟从演习看台军建军备战走向谈点看法。

一、重新定义"胜仗"

重新定义"胜仗"是"汉光 34 号"演习最大的"看点"。据《新新闻》报道，台防务部门称，台军从过去以歼灭敌人有生力量为主，改以攻击敌人任务，让其无法登陆和立足，迫使其夺台失败，重点就在港口与滩岸，包括武器、编装、战术运用都要随之改变。此番论说表明，台军开始扬弃过去"对抗的消耗战思维"，改而采取"创新、不对称"思维，将过去"攻击敌有生战力"改为"打击敌人任务目标"。

为此，台军重新调查全台适合登陆的地点，将战力重点部署于滩岸，集中在"滨海""海滩"，敌人攻台最为不利区域。台军防卫作战构想的改变，在"汉光 34 号"演习中已有所体现。

台军为何要做如是"转变"呢？在这次"汉光"演习中，蔡英文、严德发都强调，台军的战力要建立在"实"字上。对这样的要求，从字面上看当然无可非议，然而深究一下不然看出，今日要求"实"，不啻承认过去玩的是"虚"。那么这次演习是否就"实"了呢？答案是否定的。6 月 8 日，正当"国防部长"严德发充分肯定演习时，各方批评纷至沓来。

有军事评论员指出，台军重新定义"胜仗"就是变相承认无法拒止解放军登陆台湾，承认无法歼灭"敌有生力量"，只能寄希望于"友邦"支持。国民党前"立委"林郁方认为，以"无法登陆"作为"战胜"定义是消极的做法，战争不是静止的时间，这一刻无法登陆怎能保证不会用其他方式？或是下一刻用强大武力和兵力登陆呢！《中国时报》称，美军观摩团中曾在伊拉克服役的退役美军士官批评说，整场演习设定"逻辑不通"，根本"缺乏战术验证价值，而且了无新意"。还有的批评说，演习"如此不堪又毫无验证价值"，"是一种渎职，也是对军人专业的污辱"。

二、确保"中枢"安全

岛内电子媒体《风传媒》报道，近年来"斩首"与"反斩首"行动备受关注，主要在于攻击方可以利用少量兵力攻击敌人领导中心。"汉光34号"十分重视"反斩首"的演练。

在整个大台北地区，有多条可能对台"中枢"实施"斩首"行动的路线，包括松山机场、雪山隧道、淡水河等。其中"淡水河河防"又是台军"中枢防卫的关键"。如果"来犯解放军"未能在水上被歼灭，台"总统府"就近在咫尺。所以从淡水河口到关渡大桥前这一段的防卫成效，直接影响到台北的安危。关于"淡水河河防"，过去台军从未对外开放，今年"汉光"演习首次有限度的供媒体采访。台湾"中央社"6月5日报道，负责淡水河守备任务的台军第三作战区关渡指挥部指挥官赖荣杰少将透露，淡水河具有相当重要的战略地位，从淡水河口至关渡大桥仅8公里，到台湾"政经中枢"只有22公里，若未能坚守这道防线，将直接危害"国家安全"，"关渡大桥是我们死守的最后一道防线"。

6月5日，演习进入第2天，关渡地区指挥部针对淡水河防守备任务，实施反突击、反渗透演练。有报道称，台军首先透过河防指挥管制中心获取"敌情"，由河防部队进驻阵地，完成射击前准备，对河警戒搜索，再加上河上设置有拦截网、废弃空船身、拦油索等方式，破坏了河面畅通。当模拟解放军的"假想敌"部队搭乘气垫艇，从淡水河口发动奇袭时，台军动用CM22迫击炮车、CM-11坦克、"标枪"反坦克导弹车等形成多层火网，一举成功"歼灭沿淡水河进犯台北的解放军斩首部队"。对此"成功之举"批评之声亦不甚少，有分析指出，台军不但暴露了装备维修和训练不足带来的恶劣影响，更体现了台军防御思路的落伍。在淡水河防卫作战演练中，单纯依靠薄弱的地面火力"封锁淡水河"，根本是不可能成功的，而且各式车辆大摇大摆地停在河岸上，正好成为解放军从空中打击的活靶子。有军事学者指出，台军正在加强对解放军"体系对体系"作战理念的研究，然而在实际演练中却将此忘得一干二净。也许淡水河反突击、反渗透演练还未开始前，台军两岸的防卫力量就早已被解放军来自空中的火力摧毁殆尽。

台湾的"中枢"安全是否保守得住，台湾当局是没有信心的。从陈水扁到蔡英文，都十分重视采取增调部队、改进装备、规划路线等措施，苦练"大逃亡"。

三、期盼美国出兵

大量事实表明，美国正在越来越多地打"台湾牌"，甚至不断放出挑战台海底线的风声。尤其是近年来美国通过了一些法案，包括宣布新一批对台军售案、重申"与台湾关系法"的安全承诺，还有批准美国防厂商对台湾"潜舰国造"的"营销许可"，要求美台互停军舰、互参军演等等。这些条文和法案，都为以后美国干涉台湾事务提供了法律依据，这是很危险的。

对美方的"挺台"动作，蔡英文当局称谢不已，"重申未来将与美国政府保持密切沟通，一起扩大台美互惠双赢的合作"。部分"台独"分子更是得意忘形，嚣张宣称美参院鼓动美军参加台军演习"是美军为台出兵的先兆"。台湾防务部门的亲绿智库更是出卖国家和民族利益，提出以人道主义救援名义将太平岛租给美国，作为对大陆舰机绕岛的反击手段。

2018 年 6 月 12 日，"美国在台协会（AIT）"台北新址举行落成典礼，台美双方以最新实例说明了美台之间非同寻常的"伙伴"关系。台方出席的有蔡英文、"行政院长"赖清德、"外交部长"吴钊燮，以及马英九等政要。美方则派出国务院主管教育文化事务的助理国务卿罗伊斯、众议员哈珀、"AIT 主席"莫健出席。蔡英文用英语致辞称,"AIT"新址启用是"庆祝台美关系数十年来所谱成故事中的一篇崭新篇章","再次坚定彼此在实践台美共同目标的信念","台美间的情谊前景似锦"。罗伊斯则致辞说,"AIT"新址"更象征着 21 世纪美台伙伴关系的稳固和活力"。

对于美国的挑衅以及民进党当局全面倒向美国的做法,中国外交部、国台办一再发表声明,表明了我们的严正立场和维护核心利益的坚定决心。中国驻美公使李克新说的"美国军舰抵达高雄之日,就是我解放军武力统一台湾之时"这句话,把问题点透了。有台湾民众投书媒体说,一些人士"太不了解美国人的政治思维",美国人考虑的是怎么做才符合美国最大利益,别用东方的游戏及诚信去绑他们。《中国时报》称,美国打"台湾牌"只是想增加与大陆的谈判筹码,民进党当局如果抱着"美国会为台湾而战"的想法,恐怕是拨错了算盘。还有民众注意到,"AIT"新址是一座规模庞大的"碉堡式"建筑,内部有最尖端的军事化电子侦防设施,不但能抵抗火箭和导弹攻击,还备有直升机起降场,可作为战争时"撤侨"用。有网友戏谑曰,两岸一旦有事,恐怕美国人比蔡英文们逃跑得还快呢!

（中国社会科学院台湾研究所主办《台湾周刊》2018 年第 24 期）

台军"汉光 36 号"实兵实弹演习述评

"汉光"演习是台军验收战力发展的年度重头戏。2020 年的"汉光 36 号"演习，是为了验证台湾"重层吓阻、防卫固守"的军事战略，以及"战力防护、滨海决胜、滩岸歼敌"的防卫构想。演习的实兵实弹阶段，已于 7 月 13 日至 17 日实施；电脑兵棋推演阶段，将于 9 月 14 日至 18 日通过连续 24 小时的对抗演练进行。

一、演习基本情况及若干看点

台军"汉光 36 号"实兵实弹演习，共 5 天 4 夜。7 月 13 日第一天模拟解放军来袭，台军着重"战力防护与战力保存"。驻守台湾西部的各式战机转场至台湾东部花莲佳山基地及台东志航基地，军舰也紧急出港到指定的地点集结备战。14 日实施防空拦截演练、淡水河反恐攻操演、台湾三大"特勤队"首度联手反特攻演练。15 日验证"滨海决胜"能量。16、17 日则是"迎头痛击来犯敌军"的"滩岸歼敌"，取得"完满的胜利"。据台军方统计，仅 16 日的演练就动员 8000 名官兵，陆海空军共 48 项、1100 件装备参训。

此次"汉光"实兵实弹演习，较之过去的"汉光"演习，就其奉行的军事战略和作战对象来看，并无根本改变，但还是有一些值得关注的不同之处：

（一）首次投入"联合兵种营"演练

2019 年刚成立的台军"联合兵种营"（简称"联兵营"），7 月 16 日首次投入演练。过去台军各军种、兵种都是各自演练，但为达成"一个营就能出去战斗"的目标，台军推动成立"联兵营"，认为此举不仅能缩短决策时间，更能满足现代战争快节奏。有军方人士称，过去一个营编制为一名营长、一名副营长，但"联兵营"采取"双副营长制度"，即一名营长、两名副营长，涵盖不同专业，达到互补功效。第五作战区在台中甲南海滩实施的"联合反登陆"作战操演，新编成的"联兵营"，模拟对抗解放军"合成旅"对台实施的多维立体登陆战法，展现出可独立进行联合作战指管，以及兵力、火力整合的战力组建效能，演习中台湾海空军的打击火力均由该营自行呼叫申请而来。

从去年起，台陆军陆续编成"联兵营"，在 500 人编成营级单位中，同时设置各军兵种的联络官，及 UAV 无人机操作手、刺针导弹、狙击组等不同专长官兵。"联兵营"最大特点是将战场数位化。台军"联兵营"先由陆军 586 旅做实验编装，随后陆军 7 个打击旅，包括装甲 542、564、584、586 旅、机步 269、234、333 旅及关渡指挥部均改编成"联兵营"。"联兵营"的组建，被认为台陆军的合成作战单元层级下移，具有更强的灵活反应能力。

（二）三大"特勤队"执行"反特攻作战"演练

7 月 14 日，"汉光"演习第二天，操演科目很多，主要包括俗称"联翔操演"的"联合防空作战训练"（西部地区）、"淡水河反恐攻战"（新北市）、陆战队登陆操演整备（屏东地区）、"万安演习"（全岛）、战术机动（花东地区）等。另有一个重头戏，就是台"宪兵指挥部"执行的"卫成区重要目标反特攻演练"（即"反斩首"演练）同时登场。与过去不同的是这次演练是"宪兵特勤队"首度与"海巡特勤队""维安特勤队"合作，模拟战时重要目标，特别是台湾地区正副领导人遭攻击劫持的协同作战，验证"反特攻作战"的整合作为。

对于"反特攻作战",蔡英文是是十分重视的,因为这关系到她个人的身家性命。据报道,蔡英文上台以来,已多次演练战时避险和逃跑课目,军方共设计了7套以上剧本。

(三)后备军人参与"反登陆演练"

台军的后备战力,曾传出被美军评为"虚有其表"。为挽回这种不良影响,在此次"汉光"演习中,后备兵力的角色与任务都做了大幅度提升。7月12日晚,台防务部门发布"同心31号演习"后备动员令,借由演练达到实时动员、实时作战的训练目标。7月15日下午蔡英文在脸书中发文,针对"汉光"演习表示,后备弟兄姊妹能在联合作战任务中扮演多元的角色,如何透过后备动员的改革,让常备、后备部队一起防卫"国家",这是现阶段"国防"事务改革的重点之一。她强调,我们的原则很明确,"仗要怎么打,部队就怎么练;作战任务在哪里,部队就在哪里训练"。当后备军人和全民力量共同支援"国军",台湾一定会更安全。7月16日,在台中甲南海滩举行的"反登陆作战"演练,后备军人和现役官兵一起参加了105榴弹炮射击,以此验证"滩岸歼敌"能量以及"常备打击、后备守土"的作战能力。

(四)实施"生物疫病暨军民医疗能量整合"演练

鉴于新冠肺炎在全球蔓延,台军将生物战与疾病防范纳入"汉光"演习中。7月13日10时30分,台军在高雄首次实施了"生物疫病暨军民医疗能量整合"演练。模拟陆军装甲564旅联兵3营侦搜部队遭敌生物战剂攻击,第一线官兵遭受污染及外伤。情况报告给作战区,申请化学兵部队及地支部卫生营支持。应变单位接到通报后,针对污染官兵采取生物防护,并进行侦检、消除、隔离及送医等措施。为防范疫病扩大,由化学兵开始针对人车与环境进行消毒,并由救护组将人员送到义大医院及高雄"荣总"隔离和治疗。过去台军每年的"汉光"演习,也有"军民医疗能力整合"

的演习科目,但那是启动民间医疗机制,参与处置战争造成的大量伤员,而此次则是模拟遭受"生物战剂袭击",把"疾病防治"纳入演练。

(五)严重事故造成演练科目改变

众所周知,台军平时事故就多,而且"军演一直是台军伤亡率最高的活动"。历年的"汉光"演习没有不出事故的,今年的"汉光"演习,更是被视为"伤亡最惨重的一年"。在 7 月 3 日的预演中,台海军陆战队发生覆艇意外,造成两人死亡,导致 7 月 16 日在屏东举行的"联合登陆作战"操演,不得不取消突击艇向陆登岸科目,改由 AAV7 两栖突击车演练。7 月 16 日下午 3 时 28 分,一架参与"汉光 36 号"演习的台陆军 OH–58D 型战斗侦察直升机,在新竹机场坠毁,两名飞行员死亡。

令蔡英文尴尬的是,"汉光"演习刚开始,7 月 14 日台军还曝出一宗重大贪腐渎职案。"军备局"少将处长张大伟涉嫌在一项重要工程中受贿 3000 万新台币(约合人民币 712.5 万元),目前已遭检方调查。此事虽与"汉光"演习并无直接关联,但反映出一支军纪涣散、伦理道德荡然无存、缺少正确中心思想的部队,再怎么训练和演习,也生长不出强大的战斗力来!

二、蔡英文频下指导棋及其政治图谋

2020 年 5 月 20 日,蔡英文在"就职演说"中,提出了"国防事务改革"的"三个重要方向":一是"加速发展'不对称战力'";二是"后备动员制度的实质改革";三是"改善部队管理制度"。可以这样说,这是蔡英文指导今后台军整备战备工作的"抓手"。

7 月 16 日上午,蔡英文前往台中视导"汉光 36 号"演习"三军联合反登陆作战"操演。在抵达清泉岗基地后,首先听取行程规划暨当前作战概况简报,随后视导"后备教召临战训练""联合兵种营指挥所"开设,以及"三军联合反登陆作战"实弹射击操演,包括"联合泊地攻击""舟波射击""滩岸火歼暨反击作战"等课目。蔡英文向所有参与演习的士兵发表了"精神喊话"。她强调"国家安全，从来就不是靠卑躬屈膝，而是要仰赖最坚实的国防，而我们所有国军官兵，就是国防的核心"。通过"汉光"演习，"要让国际间看见，我们守护国土的决心与努力"。这一番话充分地表达了蔡英文"以武谋独"的强烈政治野心。

蔡英文在视导中对台军"联兵营"的演练特别看重。她在7月13日的脸书中表示，这样一个营就有全方位战力，也能随时因应战况变化，协同其他部队，互相支援火力，打击共同的目标。她高调宣称，这次最关键的是"联合兵种营"首度投入演习，是"国防"改革的大突破。台陆军10军团指挥官王兴礼甚至扬言，"联兵营就是对应解放军的合成营"。

其实，这种"联兵营"编组并非蔡英文的倡导，在大陆解放军和美军中早已组建，大陆称为"合成营"。现在不少国家军队都取消了团、师两级编组，在"合成营"上面组建了"合成旅"，这已是国际性的军事发展趋势。至于台军组建"联兵营"后，是否就能达到蔡英文所期盼的"重层吓阻、防卫固守"的战略目的呢？据凤凰资讯报道，美军对台军组建"联兵营"后的战斗力评估是十分悲观的，认为台军的"联兵营"缺乏必要的机械化作战装备，打击火力也十分羸弱。如果进行防御作战，台军的一个军团（通常为5—6个旅），大概能够抵挡住解放军的一个合成旅的攻击。在2019年的"汉光"演习中，根据美军的指导意见，台军在最后的台北作战演习中调集了多达4个军团的兵力，才勉强抵挡住解放军3个合成旅的进攻。如此算来，同等规模的台军战斗力大概只相当于解放军的15%。

连续5天的"汉光36号"演习于7月17日结束了，但引来的话题不断。岛内媒体分析指出，此次"汉光"演习以甲南"反登陆"为重头戏，是因为军方判断这里可能是解放军的重要登陆点，特意在此向大陆"亮剑"，"吓阻对方"。曾在陆军"特战部"服役的"民进党智库副执行长"吴怡农，在脸书中则质疑"汉光"演习多是为了"表演需求"，"与防卫作战可能面临的真实情境有很大的落差"。

针对民进党当局企图"以武获独""以武拒统"的政治图谋，国台办发言人马晓光曾表示：以武拒统，死路一条。国防部新闻发言人吴谦也曾明确强调，任何煽动两岸敌意、渲染两岸对抗的行径，都只会给台湾同胞带来灾难。解放军有坚定的意志、充分的信心和足够的能力维护国家主权和领土完整。这些表态蔡英文当局都需要好好掂量！

（中国社会科学院台湾研究所主办《台湾周刊》2020 年第 28 期）

台防务部门"博爱营区"建成启用

据台湾"军闻社"报道，为强化战时指挥管制机制，提升整体防务战力，台防务部门新居"博爱营区"于 2014 年 12 月 27 日举行正式启用典礼。在典礼上，台防务部门领导人严明高调宣称，博爱营区的规划涵盖历史传承、科技管控、人文艺术和公共空间等设计，营区启用代表"国防部"迈向新的里程碑。

"博爱营区"历时 18 年完成

1949 年国民党统治集团退踞台湾后，其防务部门一直没有完整的专属办公厅舍，或附属于"总统府"，或借用军种营区，分散在台北 13 处地点。为解决所属单位集中办公问题，满足平时业务运作与战时指挥管制的需求，1993 年军方推出"博爱专案"，计划在台北大直地区，围绕衡山地堡，将台军最重要的军事指挥部门联成一体，以便战时最大限度地提高指挥效率。这一方案的主体工程是在衡山指挥所东南面原三军大学用地上，兴建一座"安全、坚固、实用"的防务部门现代化办公大楼，供台"国防部""参谋本部"和相关单位的五六千人使用。

1996 年，时任防务部门负责人蒋仲苓完成专案初步构想，同年 11 月经"军事会谈专报"，由时任"总统"李登辉裁示同意，"博爱专案"正式列入预算。2003 年 12 月 18 日，时任防务部门负责人汤曜明主持动工典礼，正式展开兴建。

由于施工期间物价上涨、地质下陷、法令调整、组织精简,空间需求改变,以及机电厂商终止契约和重新招标等状况频生,该工程从擘画、奠基、兴建至落成启用一再延期,历经十一届防务部门负责人,前后达 18 年之久,到 2014 年底始完成。共耗资 180 亿元新台币。

"博爱专案"工程建造标准高,与核电厂建设同等级,具有防震、抗震、抗炸、防电磁脉冲攻击等多方面功能。工程面积达 19.5 公顷。主体大楼共 4 栋,正中间是气势磅礴的"博爱楼",分立左右两旁的为"勇固楼"与"武德楼",另有兵棋楼一座。"博爱营区"提供防务部门所属各单位、勤务部队,以及对外采购、开标及新闻联系等单位使用。营区具有办公、医疗、休闲和住宿的功能。福利站、邮局、体适能训练中心,完备生活的"后勤支持",为官兵提供了完善的工作环境与民生需求的便捷服务。年底,经半月近千车次的搬运,已有约近百个处级单位、近 3000 名官兵正式进驻。

以美国五角大楼为模板

据报道,台防务部门新居以美国五角大楼为模板,参考欧美各国的安检模式设计而成。整个"博爱营区"维安控管措施极为严格。大楼内外设有近百个摄像头,全天候监控无死角。所有车辆、人员均事先建档,进出必须通过影像辨识系统确认。人员进出必须持有防务部门核发的感应卡。新楼内依不同安全层级,凡机密区域设置指纹扫描、瞳孔辨识等先进警监系统。各哨口地面上设有可监控车底有无爆裂物的监控影像系统,地面下还装设预埋式动态感应器和升降地柱,以阻绝非法车辆入侵。营区内的隐藏式监视系统及预埋感应设施,使监控中心能在第一时间掌握非法入侵者的信息,无论是人、车的动向,均能紧急应变处置。即使对猫、狗的活动也能鉴别一清二楚,不会误判。

报道称,大楼的监视系统、人员辨识、电子门禁以及预埋式感应器,均由台湾中山科学研究院研发,而这些"装备甚至比五角大楼先进"。军方宣称,"博爱营区"的落成启用,象征军事基地迈向现代化、自动化、信息化、网络化、电子化与数字化的新境界。

指挥作战方向直面大陆

据报道，台防务部门新居，从勘察、设计、施工到竣工，台当局和军方高层都不忘所谓"大陆威胁"和以解放军为"假想敌"。无论是陈水扁主政时推行的"有效吓阻、防卫固守"攻势战略，还是马英九接任后修改的"防卫固守、有效吓阻"守势战略，都是坚持这样的理念的。

例如，在选址上，台防务部门新居倚剑潭山反斜面兴建，背对大陆战机和导弹来袭方向。据称，这样可以具有"很佳的战略掩蔽效果"，能够减少对方"第一击"造成的伤害，争取"喘息"时间，确保有效促进防务事务的协调功能，强化战时指挥管制机制，提升整体防务战力。同时，以新建大楼为枢纽，与相邻的衡山指挥所有密道相通，并一直延伸到"空军司令部""海军司令部"及"宪兵"福西营区一线，形成绵密的台湾最高战情指挥链。一旦遭遇战争，台军高阶长官"即使跑步也可以跑到衡山指挥所"。

据民进党籍"立委"薛凌披露，新防务大楼基桩深入地下35米、入岩盘2米，总共37米。隐藏设在地下三楼的有独立的战情中心，设有三军统帅办公室，还有独立的变电所。防爆墙壁厚达1米，也能防毒气。该战情中心早已开始运作，战情屏幕上清楚地标示东海、"台海中线"，可有效监控海、空动态。同时还能监控各新闻频道，随时掌握舆情。蓝绿"立委"在视察战情中心后都表示，这种状况"令人欣慰"。

不仅如此，台军分析大陆可能已装备了先进的电磁脉冲炸弹，因此专门为新防务大楼和兵棋大楼架设了防电磁脉冲攻击的电磁屏蔽设备。在大楼周围还部署了高射炮以及"天弓"导弹等防空武器，形成了对空火力网。台防务部门得意地表示："可以说，整个大楼该加强的地方都加强了。"

由于历史的原因，台湾当局暂时保留点军队，似乎还是可以"理解"的。大陆对台政策中也曾表示过这方面的善意。但是，台湾政坛的某些精英们，切莫以为这样就可以搞"以武谋独"或"以武拒统"了。须知：打错了算盘是会搬起石头砸自己的脚的。

（中国社会科学院台湾研究所主办《台湾周刊》2015 年第 10 期、

《知识博览报》2015 年 3 月 29 日）

台湾筹建新"军事博物馆"述评

在纪念抗日战争胜利七十周年之际，台湾官方从 2014 年开始即计划新建一座"国家军事博物馆"。2015 年 10 月 24 日，台湾军方举办新馆动工典礼。舆论认为，建立军事博物馆，是马英九当局纪念台湾光复最重要的手笔之一。然而，需要警惕"台独"势力借建馆搞"去中国化"。

一、执干戈卫社稷的人都纳入馆藏

日本在台湾实行殖民统治、残酷镇压台湾人民的英勇斗争达 50 年，台湾光复回归祖国已 70 年，但在台湾却没有一座反映这段抗战历史的博物馆，而日据时期的许多遗址却被保留下来，有的甚至作为"文物"加以修缮。近些年来，台湾的一些抗战老兵和民众，强烈要求在台湾建立一座抗战博物馆。台湾原有一座只有三层楼的"军史馆"，规模太小，地域受限，难以改造成为大型博物馆，因此必须另行新建。

台湾地区领导人马英九，对新建抗战博物馆十分关注。2015 年，他表示："我期盼了很久，今年正是抗战胜利和台湾光复 70 周年。在这之前，不知道有多少退休的老将和许多过去跟抗战有关联的民众一直和我说，怎么不赶快建一个抗战纪念馆？后来我们开会研究，发现不能只纯粹地建一个'国军'的博物馆，应该把范围扩大。"马英九宣示将兴建一座"国家军事博物馆"，除展出"国军"抗战相关文物及慰安妇历史外，还将陈列台湾先民在国民党统治集团退踞台以前的反抗殖民武装行动文物。马英九近些时日提出了新的抗日史观，认为 1895 年台湾民众抵抗日本统治的斗争，才是"抗日战争的真正开端"。

马英九对建立军事博物馆有他自己的视角。2001年他在台北市长任内，曾去参访美国亚特兰大南北战争博物馆，该馆以圆形剧场呈现南北战争油画，改变了马英九对军事博物馆的刻板印象。他说：任何执干戈以卫社稷的故事都应纳入军事博物馆。因此，他在任台北市长时，就将中法战争沪尾大捷中牺牲者的灵位入祀"忠烈祠"与南港军人公墓，而这些人十个里面，有九个不是军人，其中还包括歌仔戏武旦。

二、打造多元功能的军事博物馆

根据马英九的指示，2014年11月，台防务部门将筹建抗战博物馆规划案报"行政院"审核，2015年4月，台"总统府"又召开会议研究，建议定名为"国家军事博物馆"，拟把国民党统治集团撤退来台前，台湾民众对荷兰、法国、日本等殖民国家的武装抵抗，均纳入博物馆馆藏内容。马英九表示，他对于军事博物馆企盼已久，希望对于慰安妇历史也要有陈列空间。台湾人对荷兰、法国、日本等殖民国家的武装抵抗，也纳入博物馆馆藏内容。

军事博物馆的预算经费，台防务部门初步匡列为32亿元新台币，总建筑面积约5万平方米，预计以8年时间于2023年完工。为发挥博物馆多元功能，主展馆高十层，一楼为入口意向，二楼到六楼全方位展示明末迄今的军事文物史料，分别为1912年前、民国初年、对日抗战、台海战役、现代化"国军"与"全民国防"，七楼是灾害防救与眷村陈列室，八楼以上为展演空间等。另建别馆一座，高六层，贩售周边文创商品。马英九表示："我们希望和规划在这个高十层的大楼里，能够尽量容纳包括我们的抗战，台湾的一些保卫战等，让大家对台湾抗战历史有更多的了解。在设计上做到更亲民、更亲切，让它能够真正与生活结合在一起。"

台湾军事博物馆完工后，和附近景点"忠烈祠"、圆山饭店、七海文化园区以及台北故宫博物院等设施，构连成历史文化观光带，为台湾带来更多文化和经济各方面的正面效应。

三、警惕"台独"势力借建馆搞"去中国化"

笔者以为，在台湾兴建一座展现台湾民众抵抗外敌入侵史实的博物馆，是十分必要的。但建成这样的博物馆需时 8 年，在此期间的政党轮替中，未来执政者是在"九二共识"、反对"台独"的政治基础上布置展馆，还是抱着媚日、亲日情结大搞"去中国化"呢？值得人们高度关注。

在最近纪念台湾光复 70 周年的活动中，民进党默默无声，蔡英文又拒绝相关邀请，联系到李登辉视日本为"祖国"何来"抗战"之说，将台湾光复节改称"终战纪念日"，一些绿营人士坚持"台湾地位未定论"，质疑台湾光复的历史事实等动向来看，今后这座博物馆的谋划布局，与台湾走向必然是紧密相连的。善良的两岸民众，对"台独"势力篡改历史的阴谋活动，应当拭目以待，做好应对准备。我们必须正告"台独"势力，大陆有决心、有信心，也有能力解决台湾问题。你们切莫玩火，如果玩过了头，碰撞了"底线"，是会搬起石头砸自己的脚的。

2015 年 11 月 1 日

（中国社会科学院台湾研究所主办《台湾周刊》2015 年第 44 期、《知识博览报》2015 年 11 月 16 日）

蔡英文打造"第二海军"观察

2016 年蔡英文上台以后，在抓紧对台军"战备整备"和"独化"教育的同时，也加快了对台湾海巡部门的整治和更新。重新成立领导机构、体制编制调整，到建造各式新吨位舰艇，无不"实作实为"。舆论认为，蔡英文当局是要打造"第二海军"，为其推行"台独"路线保驾护航。

一、海巡部门的基本职责

2000 年 1 月 28 日，台湾"行政院"成立"海岸巡防署"（简称"海巡署"），把原由多个部门管理的海洋事务统一管理起来。人员身份是执法与巡防救难工作的司法警察，主要由警察、军人、海关人员或其他公务人员组成。基本职责是巡防海岸、领海、邻接区及专属经济海域等，并执行查缉走私货物和毒品、犯罪逃亡等治安事务。现编制员额 13476 人，预算员额为 6510 人，实际编制员额为 11677 人。据 2019 年 9 月资料，"海巡署"服役中的舰艇 1000 吨级以上巡防舰共 10 艘，100 吨级以上 1000 吨级以下巡防舰共 10 艘，1000 吨级以上巡护船共 3 艘，100 吨级以上 1000 吨级以下巡护船共 2 艘，100 吨级以下巡防艇共 131 艘（含 20 吨以下小艇 14 艘），并拥有 3 艘搜救艇及 4 艘除污船，总服役船舰共 156 艘。

2018 年 4 月 28 日，台"行政院"成立"海洋委员会"（简称"海委会"），将"海岸巡防署"降编置于其下，另新设"海洋保育署"和"国家海洋研究院"。基本职责是负责台湾地区总体海洋政策、海域安全、海岸管理、海洋保育及永续发展、海洋科技研究与海洋文教政策。办公地点在高雄，这是第一个设立在台湾南部的"中央"部会单位。

二、蔡英文当局的新部署

（一）大力扩充舰艇吨位

马英九主政时，曾提出"蓝色革命、海洋兴国"的理念，并主张成立"海洋委员会"。当时"海巡署"曾制定"强化海巡编装方案"，期程 2010 至 2023 年，新建造 3000 吨级巡防舰 2 艘、2000 吨级巡防舰 1 艘、1000 吨级巡防舰 4 艘、1000 吨级巡护船 2 艘，以及 100 吨级巡防艇 28 艘。以上共计 37 艘，16800 吨位。

蔡英文上台后，积极主导成立"海洋委员会"，对海巡单位的组织架构进行了若干改变，各项装备也持续更新。由"海巡署舰队分署"制定了"海巡舰艇发展计划"，自 2018 至 2027 年筹建、新建 6 种船型，包括 4000 吨级巡防舰 4 艘、1000 吨级巡防舰 6 艘、600 吨级巡防舰 12 艘、100 吨级巡防救难艇 17 艘、35 吨级巡防艇 52 艘，共计 91 艘，32720 吨位。另建沿岸多功能艇 50 艘（各 10 吨），未计入其中。

从上述两种计划方案相比，蔡英文时期较之马英九时期舰艇增加了 54 艘、15920 吨位，幅度可谓大矣！

（二）建立"海巡航空机队"

据台《自由时报》报道，今年 4 月，"海委会"向"立法院"报告称，为满足未来台湾海域全方位勤务部署，应研议争取"行政院"调整现行"公务航空器一元化"政策，建立"海巡航空机队"。

"海巡署"原本有一个"空中侦巡队"，2005 年 11 月 9 日，"内政部空中勤务总队"成立时将其整并。此后，凡执行陆上及海上空中救灾、救难、救护、观测侦巡、运输等任务时，则由该总队实行"一元化"，统筹调度处置。这对"海巡署"处理紧急情况时有诸多不便。"海委会"报告表示，考量台湾周遭海域情势及"海巡署"亟须具备多元"即时监控及迅速应处"

的能量，才能更有效执行各项法定职掌。因此，请求"立法院"同意"海巡署"纳编"产官学研"各类专业人员，并建立"海巡航空机队专案研议编组"，以推动修正"海委会海巡署组织法"，提出中长程计划来建立"海巡专属航空机队"。

"海委会"的报告还列举包括美国、日本、韩国、菲律宾、越南及马来西亚等国家的现况，指出世界主要国家海巡机关均有专属空中能量，且普遍搭配不同机型的旋翼机与定翼机，以执行多元海空联合勤务，这表明海巡机关自行运用空中能量已成世界趋势。

报告认为，整体而言，"海委会海巡署"自建空中能量应有必要性，参考台湾相关产业及经济发展均已成熟，朝此方向前行也具有可行性，实应据以积极推动，以加强因应周遭海域威胁及协助准军事行动等任务。

三、观察与思考

（一）突显台湾"海洋国家"的"主权独立"地位

2018 年 4 月 28 日上午，台湾当局的"台独"三头目蔡英文、赖清德及陈菊出席"海洋委员会"揭牌典礼。蔡英文表示，我们有多重视"海洋委员会"，看看今天，我、赖"院长"和陈菊"秘书长"，都一起来到这里，见证"海洋委员会"的成立，这就代表"政府"对海洋事务最高程度的重视。蔡英文强调，"我们是海洋国家，海洋就写在台湾人的 DNA 里面"，"立足台湾，航向海洋"，祝福"海洋委员会"的工作顺利推动，台湾的海洋事务蒸蒸日上。8 月 6 日，蔡英文在为"新海军启航"纪念碑揭牌时再次声称，"我们是一个海洋国家，海权就是台湾的命脉"。蔡英文的"海洋国家"说，和民进党当局高层一直宣称的"台湾是主权独立国家，它的名字叫中华民国"，并没有什么实质的不同，只不过给"台独"加上了一个给人以美好念想的"海洋"二字包装而已。

（二）从军事上为"台独"路线"保驾护航"作准备

"海巡署"的工作虽然行使的是司法警察职权，但战时根据"行政院"命令纳入军事作战体系，受"国防部"作战指挥，遂行作战任务。即使平时，"海巡署"与台军"战情中心"也保持着密切联系；其岸际部队及舰艇，已分别由台军作战区及海军总部纳入战时运用计划；太平岛、东沙岛的防务也由海巡部队取代了原海军陆战队。

蔡英文上台后，加大了推动"国舰国造"政策，2019年1月4日，"海巡署"与台湾中信造船公司签订了"600吨级巡防舰12艘统包采购案"，首舰"CG-137"在高鼎船厂正式开工。2020年4月27日，已经提前两月建成下水。该型舰艇实际上是海军"沱江"级双体导弹艇的巡逻用版本。针对"海巡署"的勤务性质、任务特性及使用需求，进行了一定改良，增设了高压水炮、增强船体结构强度及稳定性，但预留了各类武器管线，可随时换转成正规作战武器，能发射16发反舰导弹。有专家学者指出，从台湾的政治现实出发，平时为战时做准备，实质上是为在需要时为"台独"政权提供支撑。如同"海巡署舰队分署长"谢庆钦所表示，这是为了"厚植海上巡防能力，捍卫我国主权及渔权"。

（三）提升应对重大海事和渔业纠纷的需要

多年来，台湾与其周边国家常发生多种海事纠纷。例如，2008年6月10日台湾"联合号"海钓船遭日本海上保安厅巡视船撞沉事件，2013年5月9日台湾渔船"广大兴28号"遭菲律宾军舰射击死伤船员事件，就是两起典型事例。台湾"立法院"预算中心认为，台湾"海巡署"不论在设备或是人员教育训练上都有所不足，应予充实和加强，提升执行效能。

必须指出的是，台湾海巡部门往往以"越过"实际并不存在的所谓"海峡中线"为名，把矛头指向大陆渔民和其他海上作业人员，进行粗暴干涉和驱离。据凤凰网报道，从1989年至2014年，台湾当局在台湾海峡大陆一侧强行拦截抓扣大陆作业渔船达223艘、渔民3160人，有20艘作业渔船及生产设备被扣留，直接经济损失达 1000 万元以上。更有甚者，2019 年 10 月 24 日，台"海巡署"首度引用所谓的"中华民国专属经济海域及大陆礁层法"，将大陆"长鑫 36"号运砂船（27000 吨）和"丰溢 9969"号抽砂船（4226 吨）扣留，27 名船员被判处有期徒刑，船上 16500 吨海砂被没收。今年 2 月 12 日，台"海巡署舰队分署"又派出 2 舰 4 艇，将大陆 2 艘船只押至兴达港、高雄港，由检方依法公告拍卖。台湾当局的种种恶劣做法，令两岸人民惊诧、愤恨不已。逆历史潮流而动的"台独"势力，必将搬起石头砸自己的脚！

（中国社会科学院台湾研究所主办《台湾周刊》2020 年第 30 期）

台湾海军"敦睦舰队"染疾事件观察

台湾"海军敦睦远航训练支队"（简称"敦睦舰队"或"敦睦支队"），是台湾海军每年度例行性的任务性编组支队。其任务是为各军校正期班学生四年级下学期的实习课程，开设远洋航行训练。同时代表台湾当局首脑开展"军事外交"，访问各"邦交国"正副元首，模拟于这些国家战争时期协助撤离当地侨民。

海军"敦睦舰队"的历史

台湾组建海军"敦睦舰队"，首航始于1953年，由时任台"海军总司令"的马纪壮上将，率丹阳、太湖及太昭等3舰访问菲律宾。自1965年起，每年由台湾军方与外事部门共同商定，派出舰队远航，亲善"友邦"，慰问华侨，并进行海上训练。至今年已经达57次。

纵观历史上的"敦睦舰队"，先后对亚洲、非洲、大洋洲和拉丁美洲等国家和地区的近40个港口进行了访问。那时，中华人民共和国尚未恢复联合国代表权，台湾剩下的"邦交国"还较多，"敦睦舰队"远航，还能起到某些作用。2005年3月，"94敦睦远航舰队"（94指所谓"中华民国九十四年"），由"武夷"号补给舰、"康定号"护卫舰和"继光号"护卫舰组成，在海军少将范宝华指挥下，首次进行了台湾海军历史上的环球远航，横跨印度洋、大西洋和太平洋，总航程超过3万海里，历时101天。随着时间的推移，特别是"断交潮"袭击台湾后，现在只剩下15个"邦交国"了，且多为小国，"敦睦"访问的范围越来越小，"敦睦外交"已无多少实际意义。今年的"敦睦舰队"只是访问了一个两万人口的小国帕劳。

参加"敦睦舰队"远航训练的学员，主要是海军军官学校的应届毕业生。远航的目的在于验证他们在学校所学理论与舰艇实务经验结合。训练的内容，包括通信作业程序、天文航海、轮机操作、救火堵漏及海上加油操演观摩等，借此使学员认识舰艇装备、性能、人员与技术，并熟悉各港口的地理环境及历史背景。通过远航训练，使学员增加航海经验，提高海上应变能力和实战水平，以便在未来能快速、有效地衔接基层战力，为日后担任海军军官奠定良好基础。可以说，远航训练是海军官校的一种另类毕业旅行。此外，参加远航训练的还有政治作战学校等学校的应届毕业生。这些学员总共约 200 人，编为一个总队，设少将总队长一人。此外，还有教官、军医、海军乐队、仪仗队和海军陆战队的莒拳队等随行。每次组编的"敦睦舰队"，一般为 3 艘舰艇，总人数 800 人左右。

每年的"敦睦舰队"还要安排台湾本岛环岛游，由高雄港启航，造访安平、马公、台中、基隆、苏澳、花莲等港口。在每处安排鼓号乐队、陆战仪队及莒拳队演出，同时开放民众登舰参观现役武器装备及军舰文宣馆，使民众了解先进科技、台湾精品、"国防自主"、人文艺术及观光等发展成果，进而争取全民支持"国防"。开放参观期间还设有人才招募专区，有专业与热情的官兵为民众详尽解说，供青年生涯规划时有不同选择，期能吸引优秀的年轻学子一同加入海军的行列。

台湾目前最大新冠肺炎群聚染疫案

2020 年的"敦睦舰队"由磐石号补给舰、岳飞号护卫舰和康定号护卫舰组成，由陈道辉少将指挥。台湾和帕劳相距 2321 公里。2 月 21 日集结人员，3 月 5 日出发，于 3 月 12 日至 15 日停靠帕劳，历时 7 天。3 月 15 日从帕劳返程，4 月 9 日抵达左营军港，用了 25 天。返程比去程多了 19 天。蔡英文亲自主持舰队返台欢迎仪式。据民进党"立法委员"王定宇称，这个"额外航程"是执行机密任务，其间没靠港靠岸。

据"中央社"报道，4 月 22 日，在回应"敦睦舰队"有没有去除帕劳以外的"其他地方"时，蔡英文与严德发却上演了一出"迷惑行为大赏"。蔡英文说，这次是有一些比较特殊任务，不方便在公开场合说，"但是，你问我除了帕劳之外，有没有去到别的地方，我的答案是没有"。然而严德发在回答国民党"立委"吕玉玲询问时则称，其他的地方当然有去，但去哪里不方便公开，愿配合"立法院""机密报告"。

4月27日，台湾流行疫情指挥中心宣布，截至目前累计通报60956例（含59269例排除），其中429例确诊，分别为343例境外移入，55例本土病例，31例"敦睦舰队"。确诊个案中6人死亡，290人解除隔离，其余持续住院隔离中。有关"敦睦舰队"（磐石舰）群聚事件，截至目前掌握接触者共1916人，其中585人为居家隔离对象，已采检262人，254人为阴性，其余检验中；1331人为自主健康管理对象。4月21日早间，联合新闻网报道称，根据各县市公布情况估计，确诊者曾造访90多处车站、超市、餐厅、百货等公共场所，分布超过10县市。据高雄市卫生局公布，截至4月24日，高雄市敦睦舰队确诊个案总计13例，居家隔离251人，自主健康管理3876人，出现疑似症状19人，5人检验中。据媒体报道，舰队人员有300余人设籍高雄市，涉及人员可能更多。

4月21日晚间，台防务部门召开临时记者会，对"敦睦舰队"成员染疫的初步调查结果进行说明。防务部门负责人严德发，对于"敦睦舰队"染疫事件承认有4大疏失，包括官兵发烧支队长没有通报、联检小组没落实、舰上官兵防疫没做好、海军事前没做好规划。严德发和海军司令刘志彬均向蔡英文"自请处分"。海军舰指部指挥官高嘉宾与海军敦睦支队长陈道辉调职，接受调查。4月22日，蔡英文就此事件向台湾民众致歉，表示已经要求民进党当局防务主管部门，不仅要在最短时间内厘清真相、改正错误，这次过失造成的防疫漏洞，也要快速补上，让民众安心。

"敦睦舰队"群聚染疫事件，为台湾目前最大新冠肺炎群聚染疫案，引发媒体和民众关注。舆论给予抨击，纷纷质疑，要求讲清。为何在全球疫情日益严重之际，台湾的许多重要活动都推迟了，为何舰队还要远航，而且在航行过程和返回以后，发生的疫情，各级报告的口径不一，信息混乱，相互遮掩，如一头雾水，似在为高层大掩护。

"以疫谋独"只能是痴心妄想

在面对一场全球新冠肺炎漫延之际，台湾当局与美国桴鼓相应，紧密配合，大搞政治操作。蔡英文自以为台湾是全球的"防疫模范生"，在美国《时代》杂志上大谈防疫经验，妄言"人类共同克服挑战的潜能是无限的"，"台湾能帮忙"。而美国国务院近日在一个美台网络会议上，亦吹捧台湾抗疫成效突出，誉其为"台湾模式"。3月18日，台美签署"防疫伙伴关系联合声明"，4月24日，双方又举行记者会，宣称首次进行科技防疫合作，并希望透过数位平台，让台美防疫专家学者一起集思广益、交流，找出科技对抗疫情的新方法。特朗普应对疫情不力，频遭舆论挞伐，一再甩锅中国和世卫组织，转移视线。蔡英文亦步亦趋，不仅攻击大陆，甚至污蔑世卫组织总干事谭德塞。正在台美相互吹捧、欲脱困境之时，台海军"敦睦舰队"暴发了疫情严重的事件，这无异于狠狠地打了美台各一记巴掌。

尽管台当局动作频频，但美国并没有满足台湾"以疫谋独"的迫切愿望。这只要看看美国刚刚通过的"台北法案"就可以明白了。原来该法案一方面指出美国不容许台湾的"友邦"与台湾"断交"，但另一方面又表明美国支持台湾参与的是"非主权独立国家"所能参与的国际组织。由此可见，在美国眼中，台湾不是一个"主权独立的国家"，这个立场在美国的许多法案中都有表露。近些年来美国挺台调门越来越高，然而却都是口惠而实不至。蔡英文当局和一些"台独"顽固势力，大打"以疫谋独"的如意算盘，逆势蠢动，求助美国，然而这只不过是如台媒所指出的："请错了菩萨，拜错了庙门"，痴心妄想而已。

（中国社会科学院台湾研究所主办《台湾周刊》2020年第18期）

台"民安7号演习"遇上疫情大暴发

3月2日，台湾防务部门以"行政院全民防卫动员准备业务会报秘书单位"名义，召开2021年"全民防卫动员暨灾害防救（民安7号）演习说明记者会"，说明"民安7号演习"期程与实施方式，借以强化地方政府灾防应变作为，保障民众生命财产安全。就在"民安7号"演习接近完成之时，台湾新冠肺炎疫情突然大幅飙升，引发岛内社会的强烈反响。

组织实施"民安7号演习"

台湾防务部门表示，今年"民安7号演习"援例结合"行政院""灾害防救演习"合并举办，演习旨在强化各地方机关面对各类灾害整备作业，并检视灾防工作能量整合及应变效率，考虑今年仍受疫情影响，演习实施方式为遵循"中央流行疫情指挥中心"防疫规范，邀集"行政院灾害防救办公室""内政部""卫福部"等相关部会、各"直辖市"、县（市）政府共同研议，调整演习执行方式，并持续落实推动各项原有灾害防救整备及因应作为。

演习区分"书面审查"（原兵棋推演）及"综合实作"两阶段，针对辖区潜势灾害特性，实施防（救）灾演练，并置重点于"综合实作"演练。"书面审查"由"直辖市"、县（市）政府依地区潜势灾害特性，模拟地震、风、水灾及疫病等复合式灾害想定，依状况议题研拟应处作为，并对照现行应变计划，验证其可行性，所获成果纳入各项计划修订的参考依据。"综合实作"由"直辖市"、县（市）首长担任指挥官，统筹所辖"动员、战综、灾防"三会报，公、民营事业单位，民防团队，救难、志工团体，台军及后备军人辅导组织等单位，依演习想定状况，采"实物、实地、实作"方式，验证防（救）灾及应变计划的可行性。

在"民安七号"演习中，各地区大多模拟地震、风、水灾及疫病等复合式灾害制定想定，根据不同状况进行演练。例如：3 月 11 日在嘉义市进行的首场演习想定，就是仿真发生规模 7.0 的极浅层地震，造成瓦斯与毒性化学物质外泄复合式灾害，演练小区组织自救，验证整体灾害防救机制运作及救灾资源整合效能。又如，4 月 22 日花莲县的演习想定，模拟东部地区强台风来袭，造成土石流及多处民房倒塌，大众交通运输损毁等复合式灾害，先后演练"水利设施抢救""建筑物倒塌抢救""紧急通讯应处""民众疏散及收容所""电力修复""油气管线灾害抢救""毒化灾抢救""大量伤员后送"及"灾区防疫消毒"等 17 项课目。

按照统一部署和要求，台湾各地"民安七号演习"于 3 月 11 日至 5 月 20 日组织实施完成。其中，嘉义市 3 月 11 日，台北市 3 月 18 日，高雄市 3 月 25 日，台东县 4 月 1 日，桃园市 4 月 8 日，台南市 4 月 15 日，花莲县 4 月 22 日，基隆市 5 月 5 日，台中市 5 月 7 日，新竹市 5 月 13 日，新北市 5 月 20 日。

演习遇上岛内新冠疫情大暴发

正当台湾各地组织实施"民安七号"演习即将结束之际，全台新冠肺炎疫情突然多点暴发，且呈日益增长之势。这不是拟制演习用的想定作业，而是活生生的严峻现实。从 5 月 15 日起，台湾的疫情曲线图画出了一条接近 90 度的增长线条，并连续 12 天，每天新增 100 人以上。5 月 19 日，台湾地区流行疫情指挥中心宣布，全台一律升至三级警戒。截至 5 月 27 日，台湾地区流行疫情指挥中心公布，新增 405 例确定病例，分别为 401 例本土个案及 4 例境外移入个案；另有"校正回归"本土个案 266 例，总计 671 例。确诊个案中新增 13 例死亡。鉴于岛内本土病例连续飙升，累计已超千例。台湾民众忧心离四级警戒封城不远了。台湾自我吹嘘的"防疫模范生",在这一轮疫情暴发中,已被现实彻底击碎。

疫情发烧,台湾民众渴望有一剂疫苗护身。据媒体报道,当今台湾的疫苗注射率不到1%,和很多非洲国家一样处于全球接种比例最低的水平。超低的疫苗接种率,必然会让病毒的入侵畅通无阻。

鉴于台湾急需疫苗,大陆多次向台湾伸出援助之手,表示可以向台湾供应疫苗,上海、江苏也宣布,愿意向台胞捐赠一批新冠肺炎疫苗,协助他们加强防疫。国台办发言人朱凤莲应询表示,我们的态度非常明确,愿意迅速做出安排,让广大台湾同胞尽快有大陆疫苗可用。现在的关键是台湾主事者愿不愿意以民生为中心。

然而民进党当局仍不放弃"抗中"思路,只要与大陆沾点关系的疫苗都拒之门外。台湾"陆委会"居然指责:"对岸不必假好心。"民进党当局的恶劣态度引起了大陆广大网民的愤慨。

据"中央社"等台媒5月27日报道,日前传出鸿海集团创办人郭台铭欲通过鸿海公司及永龄基金会,购买1000万剂上海复星BNT疫苗,捐赠给民进党当局使用。金门、南投及彰化县府呼吁民进党当局放宽规定,让县市、民间得以购买疫苗。前高雄市长韩国瑜高喊"人命关天、疫苗优先"的口号,呼吁民进党当局松手放开权力,让县市政府能自行向国际药厂采购疫苗,并喊话国民党14位县市首长团结争取疫苗。5月26日,蔡英文明确表示,疫苗采购需由民进党当局统筹,因而上述建议均未得到批准。蔡英文表示,台湾"8月底将会有累计1千万剂疫苗"注射。媒体指出,即使如此,但到9月仍无法实现群体免疫。蔡英文当局购买疫苗的观念和策略如不改变,从现在至8月不再另辟管道,台湾没有足够疫苗护身的命运几乎已经底定。

民进党当局一向以为靠山的美国,在关键时刻原形毕露,并不愿卖疫苗给台湾。"美国在台协会"(AIT)处长郦英杰发表离任演说时表示,"台湾的疫情还不算严重,美国的疫苗会不会供应,还在评估中"。有学者指出,换作是未来台湾面临大陆武力攻击时,郦英杰的讲话是否会变成"台湾的战情还不算严重,美国是否出兵,还在评估中"呢?美国的表现,难道不值得台湾人民深思啊！

令人愤慨的是，民进党当局置岛内疫情日益恶化和民众生命健康权于不顾，不断进行政治操弄。在第 74 届世卫大会举行前，民进党当局勾连西方国家发起舆论攻势，递交抗议信抗议"中国打压"，安排小"邦交国"提案"让台湾参与世卫大会"，甚至在会场外竖起一个"台湾能帮忙"的大宣传框，大肆宣传"台湾可以帮助世界抗疫"，"没有邀请台湾是世界的损失"，等等。当然这一切都是枉费心机。5 月 24 日，第 74 届世界卫生大会总务委员会和全会分别通过决定，拒绝将个别国家提出的"邀请台湾以观察员身份参加世卫大会"的提案纳入大会议程。中国外交部发言人表示，这充分说明，一个中国原则是国际社会人心所向、大势所趋，不容任何挑战。我们再次奉劝民进党当局，"借疫谋独"绝无出路。中方也敦促个别国家，停止将卫生问题政治化，停止借台湾问题干涉中国内政，否则只会搬起石头砸自己的脚，注定以失败告终。

蔡英文指令台军"防疫不忘战备"

在新的疫情来袭之际，台军防务部门表示，台军除了遵从当局各项防疫指引外，并全力协助地方政府的因应措施，执行防疫作为。三军总医院松山分院已于 5 月 19 日转型为"中央"防疫专责医院，给予患者最佳医疗照护。台军化学兵配合地方政府，执行长时间大面积消毒，提供多处营区供检疫所使用。5 月 25 日，台防务部门表示，因应全岛第三级疫情警戒规定，台军官兵暂停返台休假，各军事学校基础教育与硕、博士班，采居家在线学习，均延长至 6 月 14 日。

然而蔡英文却利用台军参与防疫机会，念念不忘以武谋"独"。5 月 20 日上午，蔡英文在"国安会秘书长"顾立雄、"副秘书长"陈文政陪同下，前往台湾防务部门视导台军疫情指挥中心，要求台军在配合防疫时不要忘记战备。蔡英文别有用心地说：在台湾专注防疫的同时，共机共舰依旧不时侵扰，台军要密切监侦周边海空域并妥为处置，更要提高警觉，维持战备，坚守岗位，保护台湾安全。5 月 21 日，蔡英文在脸书中再次强调，在打这场防疫战的同时，台军必须维护"国家"安全，战备绝对不能废弛，"国土"也同样需要台军捍卫。

蔡英文是这样说的，也是这样干的。5 月 25 日凌晨，台军 4 架 F–16 战机秘密飞往美国执行替代训练任务。这是台军飞行员首度自台湾飞往美国，是美台军事合作领域的一项所谓"新突破"，也是民进党当局以武谋"独"的表现。对此，国台办发言人朱凤莲表示，祖国必须统一，也必然统一。民进党当局和"台独"势力不接受一个中国原则，执意搞军事对抗，以武谋"独"，没有出路，只会给台湾民众带来灾难。

（中国社会科学院台湾研究所主办《台湾周刊》2021 年第 22 期）

蔡英文当局贩卖"认知作战"的
本质是"反中谋独"

一度自我吹嘘为世界防疫"模范生"的台湾，新冠疫情突然多点暴发，且呈日益增长之势。从 2021 年 5 月 15 日起，台湾的疫情曲线图画出了一条接近 90 度的增长线条，并连续 12 天每天新增 100 人以上。5 月 19 日，台湾地区"中央流行疫情指挥中心"宣布，全台一律升至"三级警戒"。截至 6 月 11 日，累计已有 260 例确诊病例死亡，死亡率达 2.4%，高于全球 2.16% 的平均值，凸显台湾当局防疫不力、重症医疗资源不足。正是在这样的背景下，大陆方面从多个渠道表示愿意向台湾人民伸出援助之手，特别是提供台湾急需的疫苗。然而台湾当局不是以岛内民众福祉为依归，却大搞政治操作，把矛头指向大陆，说大陆对台进行"认知作战"，在两岸之间制造紧张气氛。

蔡英文矛头直指大陆的"四个认知"

何谓"认知"？何谓"认知作战"？我们不妨先从理论上搞个明白，再来看看蔡英文当局为何抛出大陆对台"认知作战"的诬陷？《现代汉语词典》（第 5 版）解释，"认知"，是通过思维活动认识、了解。有学者指出，作为科学术语释义，认知也可以称为认识，是指人认识外界事物的过程，或者说是对作用于人的感觉器官的外界事物进行信息加工的过程。战略定位专家谈云海所著《认知战》一书，讲的是商战，要义是：商战不是产品之战，不是渠道之战，而是认知之战。顾客认知决定了选择，选择强化了顾客认知。唯有"先入为主"的认知不可复制，才能成为企业的终极战略。

蔡英文们是否读过谈云海的《认知战》一书不得而知。但他们懂得，在海量信息铺天盖地而来时，"认知"及"认知作战"对影响人们认识外界事物的重要性。因而他们首先向大陆、向台湾民众发起了"认知作战"。

2019年12月18日，蔡英文在首场"政见发表会"上就两岸关系提出了"四个认知"。2020年"元旦谈话"中提到两岸关系时，蔡英文又强调台湾不可能接受"一国两制"，再次高调提出了"四个共同认知"：一是"迫害台海现状是中共不是台湾，大陆逼迫我们，我们要一致对外"；二是"大陆利用'九二共识'，掏空'中华民国'，我们要更坚定捍卫'国家主权'"；三是"不能以'主权'交换短期经济利益"，"我们要有一条底线，确保'主权'不受侵犯"；四是"要警觉大陆正在全面性渗透台湾社会，必须要把民主机制建立起来"。蔡英文强调，"如果全体台湾民众、政党在四个认知下有共识，将形成无比的团结力量屹立在世界"。

毫无疑义，蔡英文这"四个认知"是赤裸裸地以大陆为敌的，是要强加于台湾民众的错误"认知"，究其实质还是蔡英文矢志不改、顽固推行"台独"路线的另一种表述。2019年12月25日，国台办发言人朱凤莲表示：蔡英文提出的所谓"四个认知"在我们看来完全是颠倒黑白、混淆是非。建议大家要反过来解读：单方面否认"九二共识"，破坏两岸关系的，是民进党当局；钳制两岸经贸合作，损害台胞台企切身利益和台湾经济发展空间的，是民进党当局；挟洋自重，用台湾民众的血汗钱乞求反华势力所谓"保护"的，是民进党当局；煽动两岸对抗、升高两岸敌意、制造"绿色恐怖"、企图全面控制台湾社会的，还是民进党当局。朱凤莲强调指出：近期，民进党当局和"台独"势力不断借两岸同胞交往中的一些事情制造事端，以"碰瓷"方式刺激岛内情绪，煽动两岸敌意，捞取选举私利，两岸同胞要高度警惕，不要上当。

QDR 报告首度声称所谓大陆对台"灰色地带威胁"

蔡英文为了一党一己之私利，在对大陆和台湾民众进行"认知作战"的同时，反诬大陆发布"假信息"、对台进行"认知作战"。蔡英文在第二任"就职演说"中提出了一系列防务改革的打算，推出了"认知战"概念，强调"未来战力的发展，将着重机动、反制、非传统的不对称战力"；并且能够有效防卫"网络战""认知战"以及"超限战"的威胁，达成"重层吓阻"的战略目标。蔡英文还亲自在脸书上渲染，说她有个"重要任务"要交付给大家，就是"一起对抗'认知作战'"。这表明，蔡英文在政治上推行"台独"路线之时，仍然念念不忘"以武谋独""以武护独"的军事作为。

蔡英文推出的"认知战"概念，据称是台湾防务部门及"国防安全研究院"的献策。2021年1月17日，台防务主管部门的汇报材料中提到何谓"认知作战"，从四个方面下了定义：一是"认知战"属于影响力攻势，是"没有硝烟的战争""灰色地带冲突"；二是借捏造、散播虚假与争议讯息，促使接受者对其所处体制产生怀疑、不满，扩大社会分化对立，达到改变思维和行为；三是以官方与非官方、军方与民间协同推进，不受限于平时与战时；四是善于利用各方新媒体平台，不断消耗台湾地区的"民主社会资源"。台"国安局"还就所谓"对岸假讯息心战之因应对策"向"立法院"提出报告，称"中共正复制俄罗斯吞并克里米亚岛模式"，对台湾进行"认知作战"。

3月25日，台湾防务部门领导前往"立法院外交及国防委员会"进行任内首度"四年期'国防'总检讨"（QDR）报告，首度提出大陆对台"灰色地带威胁"项目，并将"认知作战"纳入其中。所谓大陆对台"灰色地带威胁"，是"在和、战的模糊区间，混合运用非直接动用武力、准军事或低强度手段，进行袭扰、胁迫与企图引发冲突事件，对台湾安全及区域稳定造成危害"。报告指出，"近年来大陆频繁对台运用灰色地带策略，包括操作认知战、信息战及机舰侵扰等方式，以动摇民心士气，消耗台军战备，侵蚀台湾安全"。报告将"认知战"定义为"以影响对方心理意志及改变思维为目标，作战场域不受时空限制"。其实"认知战"与过去台湾"国安"单位定义的"心理战"相似，以散播不易分辨的讯息，借由全面"文攻武吓"手段，企图造成台湾内部矛盾。

报告提出反制"认知战"的策略，包括运用大数据系统等新科技工具，分析大陆威胁样态以及可能操作手段，过滤及筛选争议讯息，进行查证搜报、澄清评估等作为，以多元化方式反制；加强运用网络及社群平台等各类媒体，依民众使用偏好及阅听习惯，主动展开文宣作为，发挥宣传加乘效果，使民众获得正确防务资讯。

有了这套理论，台当局不管遇到任何麻烦，无论出了多大纰漏，不必有任何证据，无须任何逻辑，解决方案就是，这都属于大陆对台的"认知作战"。当"太鲁阁号事件"一发生，就说"我们要警惕大陆的'认知作战'"；当台湾疫情越来越严重时，还是说"我们要高度防止大陆的'认知作战'"等。民进党当局甚至将淘宝、爱奇艺、小红书 APP、《等爸爸回家》绘本、抖音"神曲"等大陆平台、资讯乃至文化产品等皆视为"认知作战"。总之，抹黑大陆是蔡英文当局渲染大陆对台"认知作战"的初衷，旨在把台湾对民进党执政不力的民怨都引向大陆这边来。对此，国台办发言人朱凤莲 5 月 20 日答记者问时表示，这些说法再次验证民进党当局这种子虚乌有、蓄意捏造、转移焦点、嫁祸于人的惯用伎俩。

林玮丰事件：民进党自掌嘴巴

据台湾《联合报》5 月 25 日报道，为了抗疫，台"中央流行疫情指挥中心"建立了"疾管家"LINE 账号，呼吁民众下载，宣称这个账号可提供第一手防疫信息。不过民众发现，近来"疫管家"的信息大多集中在"打假信息"上，至于防疫信息反而成为次要。5 月 24 日下午，民进党"立委"王定宇一则"PTT 鼓吹移除或封锁疾管家是大陆认知作战"的脸书文章，在 PTT 引发高度讨论。他的措辞非常强硬，除了声称 PTT 这些发文是大陆"认知作战"外，还威胁说此举已经违反"国安法"，最重可判 7

年以上有期徒刑,并科罚金最高 1 亿元新台币。蔡英文也一再提醒民众要警惕"认知作战"。

但有台湾网友揭露民进党媒体社群中心副主任杨敏的丈夫林玮丰,长期在"眼球中央电视台"上担任写手,经常发文反串"亲中",接着透过脸书指控该论坛"亲中卖台"。所谓的"台湾论坛协助大陆打认知战",实际上是他一手策划的"自导自演"。5 月 24 日晚间林玮丰发表声明表示,那是"自以为有趣的反串留言",除了致歉,也将暂停在"眼球中央电视台"职务。林玮丰还声明,他的行为与作为绿营网军负责人的妻子杨敏无关,"两人在工作和网络社群使用上始终为独立个体"。但随后网民发现,杨敏也曾在脸书反串发文攻击蔡英文的生育政策,还留言"通篇干话,去死吧"。有网民嘲讽说,林玮丰妻子才是主谋,是"正规军"。

对林玮丰事件,"中广"董事长赵少康表示,民进党"一条龙式"的网军操作,赤裸裸地呈现在民众眼前:自己杜撰假消息,自己回头骂给大家看,最后结论"一切都是大陆的阴谋",手法之肮脏、用心之恶毒令人气愤。《联合报》指出,检视林玮丰的学历、媒体经历,分析他与妻子的"人脉图",不禁让人质疑这是否就是整个民进党进行"系统性反串认知作战"的脉络图。联合新闻网称,民进党一手"打假",一手"造假",大打"恐中牌",民众已对这种带风向手法厌恶不已。

(中国社会科学院台湾研究所主办《台湾周刊》2021 年第 24 期)

台军"黑鹰"坠毁事件的前前后后

新年伊始，2021年1月2日晨，台湾一架UH–60M黑鹰直升机，载有台军"参谋总长"、空军"上将"沈一鸣等13名军事人员，前往宜兰军事基地，对官兵进行春节慰问，不幸坠毁于新北市乌来区、宜兰县交界山区，8人罹难，5人获救。这是台军有史以来最高层级将领因公殉职的严重事件。目前黑匣子已找到，初步判断是飞机直接撞山造成的，相关飞安调查作业尚在进行中。笔者现对台军黑鹰直升机从购买到成军的若干情况做些简介，供大家分享。

一、黑鹰直升机入台前后

UH–60M黑鹰直升机是冷战时期美国发明的一款多功能运输直升机，由UH–60L型改良而成，1979年正式服役。该款直升机空重5675公斤，最大起飞重9979公斤，驾驶舱采用整合数字化座舱，共配置4具彩色多功能显示器，并装有飞行管理系统、主动抑制震动系统、整合机况管理系统等。机上配备2具T700–GE–701D型涡轮轴发动机，搭配新型复合材料4叶片主旋翼，发动机改装向上排气系统。巡航速率为279.65公里／时，最大航程511公里。能够适应各种恶劣气候，在6000米以上高空执行任务。机尾的尾轮可以解锁，在地面能配合飞行员的操纵、控制直升机转向。总的看来，UH–60M黑鹰直升机的可靠性和耐用性比较强，其性能和各项数据在越南战场上得到了验证。因此，有20多个国家和地区向美国购买了该款直升机。

在代号"天鸢计划"下，台陆军于 2010 年向美国洛马塞考斯基公司（现并入洛克希德马丁集团），采购 60 架 UH–60M 型黑鹰直升机，以替代服役的 UH–1H 休伊直升机。每台单价约 2000 多万美元（6 亿多台币），连同后勤维修、人员训练、零附件、随机武器等，总经费约 846.73 亿元新台币，约 31 亿美元。

台陆军采购的 60 架黑鹰直升机，在分配中情况有所变化。因抢险救灾和其他方面的需要，经时任台湾地区领导人马英九批准，先后拨给"空军救护队"和"内政部空勤总队"各 15 架。剩下的 30 架，分别于 2014 年12 月 3 日（4 架）、2016 年 7 月 6 日（4 架）、2017 年 12 月（9 架）、2018 年（13 架），运抵台湾，交付陆军使用。

目前台陆军航空特战指挥部下辖的航空部队，除了设在台南归仁基地、负责训练任务的飞行训练指挥部之外，主要包括驻防桃园龙潭基地（龙城）的第 601 航空旅、驻防台中新社基地（龙翔）的第 602 航空旅，每个旅各编制 2 个攻击直升机作战队，以及突击、战搜直升机作战队各 1 个，其中突击直升机作战队即配备 UH–60M 型直升机，主要担负任务包括空中突击、伤员后送、机降、绳降、吊挂。黑鹰直升机到位后，不仅缓解台军航空旅通用直升机数量不足，而且可以一次运送一个加强营的步兵，作战能力要比原来装备的 UH–1H 型直升机大大增强。

2019 年 10 月 30 日，在台中新社基地举行 UH–60M 型直升机全作战能力成军典礼。台"国防部"宣布 UH–60M 直升机成军令及 UH–1H 直升机除役令，宣告黑鹰直升机正式加入台陆军，服役多年的 UH–1H 型休伊直升机走入历史，台军陆航也由休伊时代正式进入黑鹰式直升机的新时代。

为了顺利完成黑鹰式直升机的接装及成军，台军拟定了完善的训练规划，分为接装人员的语文能力及飞行维保技能提升训练。先后分 2 批次派出飞行与保修种能教官赴美接受训练，然后由赴美种子教官在台湾实施培训换装训练。同时，由美方技协小组协助建立飞行、补保教学自训能量，最后达成初始作战能力与全作战能力目标。

陆军 UH–60M 黑鹰型直升机飞行员的换训过程，可分为美国技协人员、陆军种能教官带飞两种。训练时间为期半年，训练总飞行时数约 30 至 40 小时。内容包括教室学科、仿真机、术科。模式分为基本／紧急飞行、仪器飞行、战术飞行及夜视镜飞行 4 项。其中在实际进行夜视镜飞行训练前，要先飞目视夜航，也就是飞行员不戴夜视镜，以肉眼方式、利用灯光操控直升机。

每个项目到最后都会有学科考试，而在术科考试前的任务提示、分组提示时，教官还可能实施口试，接着隔天才实施术科考试。飞行员在换训结束回到原驻地后，还需接受所属单位的考核，通过后才能成为合格的副驾驶。副驾驶在累积 UH–60M 型机飞行时数约 100 小时、总飞行时数 500 小时之后，经过教官认为适合升等，便可配合训练流路报训正驾驶，而成为正驾驶之后，再升等则是成为教官。

由合格班进入教官班的训练，最大不同之处是要把先前在合格班学到的东西，转换成自己的知识、再教导模拟的学员。此时教官便会与受训学员互换角色，扮演接受换训的学员，并观察真正学员在教学过程中是否注意到各方面细节，最后做出成果评定。

二、蔡英文当局借机大肆炒作

"黑鹰"坠毁事件发生后，蔡英文当局和军方按常理紧急处理了若干后事。1 月 3 日，蔡英文等前往台北宾馆出席殉职将士追思活动；慰问罹难军官家属，承诺将尽最大力量予以抚恤；追晋或颁勋奖章给 8 名罹难者。

为查清事故的真实原因，台军方下令所属 44 架 UH–60M 黑鹰直升机全面停飞，并就操控、雷达、动力、结构等进行全面检查。黑鹰直升机的制造商美国西科斯基公司也表示愿向台湾调查人员提供协助。事实表明，再好的武器装备，有时也会出现缺失。台湾"防务安全研究院"学者苏紫云表示，黑鹰直升机问世以来，全球已有 332 架失事记录。其中台军共坠毁 2 架。舆论认为，蔡英文对黑鹰直升机的检修特别关注，因为台"空军救护队"接收的 15 架黑鹰直升机中，有两架是在松山机场待命的蔡英文逃跑专用机——"万钧机"。

　　值得重视的是，蔡英文借坠机事件，在两岸关系上大做文章，就所谓台湾"国家安全"说事，把矛头指向大陆。她表示这次事件是"国家"重大的损失，但"国家安全"一日不可懈怠。1月3日上午，蔡英文在"总统府"召开"国防军事会谈"，提出了"三个务必"："务必确保军心民心的稳定"，"务必确保台海周边安全"，"务必确保装备检整完善"。强调要"共同守护国家安全"。3日下午，蔡英文又专程到"国防部"和"衡山指挥所"视导，进行"精神喊话"，重申了上述"三个务必"。不难看出，蔡英文上述言行是一种坐实"两国论"的表演。

　　无独有偶，就在这同一天，《德国之声》发表一篇对蔡英文连任竞选办公室发言人林静仪的专访报道。林静仪竟然发出了"主张统一构成'叛国'"的言论，从而引起了台湾社会的强烈反响，以致林静仪翌日上午不得不赶紧在脸书上发文解释和"道歉"，并宣布辞去蔡英文竞选办发言人的职务。蔡英文也在脸书上发文，强调林静仪接受外媒专访"因为错误的表达引起误会"，声称"不会把不同的政治主张视为叛国"。其实，林静仪的言论，绝非她个人的观点，因为她不仅是蔡竞选办发言人，而且还是民进党中央国际部的主任以及台湾"立法院"中民进党不分区"立委"。林静仪的观点实际上是对民进党"台独"党纲的诠释，彻底撕开了民进党最后的遮羞布，把蔡英文和一些民进党人想说又不敢说的话说出来了而已。

　　在黑鹰直升机坠毁事件发生后，美国方面表示了"挺台"的高声调。1月2日，美国参谋长联席会议主席、陆军上将马克·米利发表声明，对台军"参谋总长"沈一鸣上将等8人丧生表示哀悼，赞扬"沈将军是其麾下将士的杰出领袖和台湾防务与地区安全的倡导者"，表示"要珍惜我们的友谊以及与台湾牢固的防务关系"。美国国防产业和智库界人士亦纷纷称赞沈一鸣等遇难军人是所谓"台湾自由的捍卫者"。负责亚太事务的美国两党参议员还宣称美国"与台湾人民站在一起"。一位熟悉美台军事关系的不具名人士对"美国之音"说，米利将军的声明显示"美国现在是尽可能地用各种非官方形式力挺台湾"。

　　舆论指出，台湾依靠美国，美国"力挺台湾"，这是个假议题。2019年

12 月 2 日，美国务院负责亚太事务的助理国务卿史迪威（David Stilwell）在出席布鲁金斯学会研讨会上表示，美方信守中美三个联合公报，"不称台湾为国家"。美国的这种表态，过去也曾有过。蔡英文当局和"台独"势力，应当清醒地看到，美国既不承认台湾是"国家"，如若台海真的发生冲突，美国岂能真心实意地来帮助台湾处理"牢固的防务"？！

（中国社会科学院台湾研究所主办《台湾周刊》2020 年第 3 期）

蔡英文当局强化解放军研究述评

蔡英文上台以来，强化对解放军的研究，从政策指导到具体作为，从机构设置到经费保障，都给予特别关注。显然，这是以大陆为敌、推行"台独"路线的重大举措，值得关注和警惕。

一、台军新设两大专门研究机构

由于两岸长期武装对峙，台湾当局早就建立不少研究大陆的智库，蒋经国还长期担任情报部门的头子。1979 年台美"断交"后，由国民党当局捐助和工商界共同出资成立的"中华经济研究院"，就是 20 世纪 80 年代台湾最完备的大陆出版品搜集机构。2005 年，陈水扁第二任期，由一群曾参与重大危机处理或担任幕僚作业的人士发起，成立"台湾战略模拟学会"，其宗旨是促进战略模拟相关理论与实务研究，特别是对两岸关系、国际交流等重大问题的关注。此外，台湾一些政党社团和大专院校，也都设有相应的大陆研究机构，每年都有大量著述发表。

蔡英文上台后，为强化对大陆特别是对解放军的研究，在很短时间就建立了两家新的专门机构。

2016 年 11 月 15 日，台军"国防大学"成立了"中共军事事务研究所"。台湾"国防部副部长"李喜明主持揭牌仪式，"立法委员"王定宇、"国防大学"校长吴万教及所长马振坤教授共同揭牌，台湾大学教授陈世民等多位学者出席观礼。李喜明致辞时表示，"知己知彼，百战不殆"，台湾是世界上与大陆在地理位置、语言、文化等方面最接近的地区；因此，更有利于贴近了解中共军事的发展现况与未来趋势。

成立这样机构的提案，是民进党"立委"王定宇和陈亭妃等人2006年6月15日在"立法院"提出的。该提案称，现今台湾"国防大学"只有政治系研究所硕士班，仅设有"中共解放军研究"和"政治研究"两个组，不管是教学、研究、师资，还是国际交流都严重不足，因此希望"国防部"能尽快规划，在该校设置"解放军研究所"或"中国军事事务研究所"。提案还说，目前台湾面临的最大威胁仍是大陆对台军事行动，可见"中国军事事务研究"对"国军"战备事关重大。王定宇声称，台湾要成为面对解放军时最勇敢、最精实、最了解的对手，"不管是作为世界的伙伴，或者我们自己的防卫"。人们没有忘记，这个王定宇，就是2008年海协会副会长张铭清在台南受到"台独"分子暴力袭击的"最勇敢"的参与者。

"中共军事事务研究所"成立之后一年多时间，又由台湾防务部门于2018年5月1日成立智库"国防安全研究院"。由刚卸任的"国防部长"冯世宽担任董事长，"国安会副秘书长"蔡明彦、"陆委会副主委"邱垂正、"外交部次长"吴志中以及"国安局副局长"柯承亨等担任董事。蔡英文在致辞时，要求"国防安全研究院"要达成三个目标：一是协助当局掌握战略情势变化；二是广纳战略研究人才；三是成为对外交流、互动、合作的平台。今年由台"国防部"为其编列预算1.2亿元（新台币，下同），未来每年运作费为7000多万元。"中央社"称，该院是台湾唯一的"国家级国防智库"，专责中共政军、区域情势、"国安"及国际智库交流等工作，设有"国防政策"等七个研究所、一个中心，每年出版"国防安全情势评估报告""解放军研究年度报告"及"先进国防科技展望报告"等。该院因受到蔡英文当局倚重，研究范围广泛，董事成员又大多是"国安会""国安局""国防部""外交部"和"陆委会"等单位副职领导，犹如智库中的"小国安会"，因而往往成为外来到访者急欲造访和交流的目标。

二、"台湾问题是中共最迫切的主权议题"

在上述等众多研究机构的运作下，台湾对大陆特别是对解放军的研究，确有强化趋势。

研究认为，两岸实力对比发生了重大变化。较为普遍的看法是，进入21世纪后，大陆的综合实力将跃升为世界前三名，目前大陆已发射载人太空飞行载具；拥有大量近乎最先进的空中武力；拥有强大的核打击和弹道导弹能力，包括各节弹体分离技术和多弹头独立目标重返大气层载具技术，以及反卫星能力与日益增强的太空作战能力，大陆的潜舰和战机数量均在增长，并正计划建造多艘航空母舰。

研究认为，解放军空军的职责和任务，已从过去"国土防空"转为"攻防兼备"与"空天一体"，新的空军思想除重申"防御"的必要性外，更强调"攻击"的重要性。解放军海军的战略目标是，维护国家统一和领土完整以及海洋权益，海军作战区域主要在第一岛链和沿该岛链的外延海域，以及以内的东海、黄海及南海海区。随着海军力量的壮大，作战海区亦应相对向外扩张，主要立基于战役上"敌进我进"的指导思想，即敌人向其沿海区进攻，其海军也向敌后方发起进攻。在解放军研究中，台军高层和学者，更多的是关注当前解放军机舰绕台常态化训练以及应对之策。

在研究中，台军学者特别重视"解放军拟运用体系对抗"瘫痪对手的战法。他们认为：在过去20年，解放军针对现代战争的训练、组织和装备的做法，已经受到系统思维的彻底影响。然而，到目前为止，这议题在西方的中国大陆观察界受到的关注相当贫乏。大陆许多军事文献刊物指出，解放军已经认识到，战争不再是竞争对手之间特定单位、武器、军种，甚至是特定武器平台的较量，而在于与敌人不同作战体系的对抗。这种战斗模式在现代战争中是独一无二的，发生冲突的战场也是一样。这被称为体系对抗（Systems Confrontation）。体系对抗不仅发生在陆地、海上和空中等传统物理领域，且在外层空间、非物质空间、电磁甚至心理层面。解放军目前的胜战理论是建立在成功发动体系破击战的基础上，瘫痪甚至摧毁敌方作战体系的关键功能。

研究认为，在上述情况下，大陆已经能够掌控处理两岸关系的主导权，能够运用各种方式应对风险和危机，从而推动两岸和平发展、祖国统一进程。台湾问题是两岸最迫切的主权议题，没有任何妥协的余地。大陆坚定地认为，海峡两岸必将完成统一。

三、蔡英文坚持走"军事对抗"道路

在事实和真理面前，蔡英文当局又是如何对待的呢？这些"台独"精英们，仍然顽固不化，"独"性不改，坚持走"以武拒统"、和大陆进行军事较量这条路。其表现是多方面的，现择其要者列举如下：

（一）强调提升台湾"国防与吓阻力量"

近些年来，蔡英文在许多场合从"两国论"的立场出发，强调台湾在全球的地位和作用，要捍卫"国际秩序"，保卫"台湾安全"。2018 年 7 月 24 日，蔡英文在"凯达格兰论坛：2018 亚太安全对话开幕式"的讲话，表明了这种"台独"的鲜明立场。她表示，台湾身处于捍卫民主共享价值的前线，完全了解自身的安定繁荣，与全球及区域安全息息相关。因此，台湾当局致力于提升"国防与吓阻力量"，未来也将持续依据实际需求及 GDP 成长，调增"国防"支出，永远为捍卫以规则为基础的国际秩序、自由及安定而努力。

根据蔡英文"两国论"的需求，依据美国 2018 年中国军力报告，台"国防部"表示，面对区域情势及敌情变化，军方将依据"防卫固守、重层吓阻"的军事战略及"战力防护、滨海决胜、滩岸歼敌"的防卫构想，持续创新及不对称作战思维以强化联合战力，继续推动"国防"自主并整合资源以建立精准打击战力。

为此，台湾防务部门负责人严德发于 2018 年 8 月 17 日主持"国防大学深造教育 2018 年班"联合毕业典礼时表示，"国军"盱衡当前敌情威胁，首要之务就是快速提升战力，一切战训整备都要聚焦"实战化"主轴，以

"防卫作战"为中心，以"超敌胜敌"为目标，勤训精练，展现自我防卫决心。毫无疑义，严德发这里讲的"敌情威胁"，当然就是指的来自解放军的威慑了。

（二）增加台湾"国防预算"

为了提升"国防与吓阻力量"，蔡英文当局决意提升"国防预算"。8月6日，蔡英文在去"海军司令部"为"新海军启航"举行揭牌典礼时，宣布2019年台湾"国防预算"编列3460亿元新台币，增加183亿元（约合41亿人民币），并且表示要推动"国防自主计划"，其中"领航"的是"潜舰（潜艇）国造"。

8月16日，台湾"行政院"拍板通过2019年度总预算案编制，岁出（指一年财政支出的总和）总预算首度突破2万亿元（新台币，下同；1元新台币约合0.22元人民币），其中"国防"预算3460亿元，是近年最高。据台湾联合新闻网10月16日报道，当局2019年度总预算案支出中，以社会福利支出最高，其次是教科文支出，"国防"支出以3460亿元排在第三，如果加上基金预算395亿元，整体"国防"预算为3855亿元，占GDP的2.16%。台"国防部"表示，"国防预算"的增加，是"强化自我防卫决心的表征"。

（三）落实"国防自主"政策

台湾防务部门透露，2019年预算重点是落实"国防自主"政策，扩大内需，发展不对称战力，筹获先进武器系统，维持主战装备妥善，等等。《自由电子报》称，其中包括新式高级教练机、高效能舰艇量产、新型两栖船坞运输舰、快速布雷艇、新一代导弹护卫舰、微型导弹突击舰及新型救难舰等。

据台湾《新新闻》周刊1644期披露，台"国舰国造"自2019年起开始出现多项突破百亿元的建案，包括：潜舰首艘原型舰，编列7年共493.6亿元，微型飞弹突击艇11年编列316.3亿元，新一代巡防舰6年编列 245.4 亿元，再加上 2016 年已执行高效能舰艇 9 年计划，海巡舰艇发展 10 年计划，总计约 1650 亿元。据报道，台"国舰国造"大菜还没正式上桌，已引发岛内外军火商、船厂和各方势力积极介入。

（四）频频推出军事演习

2018 年"汉光 34 号"演习时，蔡英文于 6 月 7 日视导台中清泉岗基地举行的联合反空降操演后说：演习视同作战，今年"汉光 34 号"演习不仅验证军队的作战构想，更透过从严、从难的演习强度来测试战力，并落实"全民国防"的概念。继此次"汉光"演习后，台军又举行过多次引人注目的演习。

为应对解放军"舰机绕台"，台军近日大举出动，接连举行针对性对抗演习。10 月 15 日凌晨，台"国防部"启动了各空军基地同步进行的"联翔操演"实兵演习，它将台军陆海空三军防空部队悉数纳入，并依据战备计划及历年来"汉光"演习经验，执行联合防空、制空等战备演练。10 月 16 日、17 日，台空军、海军、资通电军联手展开"联电 107–2 操演"，模拟台湾东部海域遇到解放军战斗机群袭击后的攻防作战。值得注意的是，台军这一系列演习，特别突出联合作战特色，几大军种悉数参加，并试图通过增加演习频次提升台军官兵对战争的熟悉度。

"美国之音"网站 10 月 16 日披露，此前台军以"汉光"演习为最重要的年度军演，从 2019 年开始，台军将推动每季一次的"战备月"，让台军官兵增加演习训练的次数，强化对战争训练的熟悉度，而且演习将更趋于实战场景。

（五）"向外输出"解放军研究成果

台官员宣称："台湾是全球研究解放军的重镇。"因此，除积极推动与美国、日本、韩国"区域联防"合作态势外，要"另辟蹊径，广结善缘"。2018 年 7 月 24 日至 25 日，台湾防务部门于"国防大学"八德校区举办一场不公开的"国际"研讨会，邀请横跨五大洲 29 国、38 位国安官员、将领、学者赴台交流和取经，议题以军事教育为主，同步"向外输出"台湾对解放军研究的部分成果，进行"军事外交"。与会者多是无"邦交国"派出的人员，有"邦交国"的"驻台北大使"及代表也受邀出席。此一平台是冯世宽任"部长"期间开始规划，2017年7月曾小规模举办首届国际性会议。严德发接任后积极推动，2018年6月曾派员拜访英国、德国、瑞典以及北约防卫学院、军事院校、智库等单位，进行前期作业准备。此次研讨会，由"国安会秘书长"李大维致开幕词，"国防安全研究院执行长"林正义发表专题演讲。除正式会议外，场外交流议题也十分广泛。研讨会有不少现役准将、少将、中将、政策主管官员及全球重要智库成员参加，层级相当高。蔡英文接见了与会人员。

为什么要召开这样的研讨会呢？台"外交部长"吴钊燮2018年7月23日授受CNN访问时说得十分清楚。他说："我们正在尽可能与志同道合的国家合作，努力跟美国进行安全合作，防止中国以为能在一夜之间占领台湾。"蔡英文在同一天也表示："自我防御能力确实是我们的责任。"看来台湾除了仰仗美国、不激怒大陆，也努力建立平台、寻求与各"志同道合"的国家进行各种军事合作可能，增加自保能力。

三、美台的合唱表演

正当蔡英文当局强化对解放军研究之际，美国国防部于2018年8月16日向国会提交了炒作中国军事威胁的《中共军力报告》，并于8月18日公开发布。报告针对中共的战略、在区域与全球的力量成长、管理区域争议、建立更具能力的军队、对台政治与安全的准备工作，以及美中双边"国防关系"，分析了中共的军事与安全发展。

报告涉台部分，包括了美方对大陆特别是对解放军的研究。报告总结了大陆对台政策、可能对台采取的军事手段和双方的能力与部署。报告认为，大陆并未完全放弃对台动武，而对台动武的条件具有一定模糊性，正是这种模糊性，保留了大陆的灵活性。基于解放军在多个领域不断增强的能力，大陆拥有一系列选择。同时，中国将试图阻止美国的潜在干预。如果做不到这一点，中国将试图迟滞美国干预，并在短期的非对称有限战争中寻求胜利。如果发生旷日持久的冲突，中国可能会寻求政治解决。

报告第五章对解放军针对台湾的假想行动和军力发展做了详细的说明。报告认为，解放军可以单独或联合发起四类军事行动：一是空中和海上封锁；二是"受限的力量或强力选择"；三是"空袭和导弹战役"；四是全面"占领"。报告认为，解放军已经有能力完成除了对台大规模占领以外的各种两栖行动。

通观美国的"国家安全战略""国防授权法案""中国军力报告"等信息资料，可以发现，当今华盛顿的对华战略与奥巴马时期相比，对抗的意味更加明显。需要指出的是，美国的最新报告、台湾的解放军研究，都低估了中国解决台湾问题的决心和能力，过高地估计了美台"军事合作"的效用。

奉劝台湾当局，切不可幻想美国有更多的介入和改变台海地区形势的决心和行动。美国不是"低能儿"，它是留了一手的。据台湾联合新闻网8月17日报道，美国国防部重申，美国坚持基于《中美联合公报》、"与台湾关系法"的"一中政策"，反对任何一方片面改变台海现状，且不支持"台湾独立"；美国持续支持以两岸人民可接受的方式、范围和步骤，和平解决两岸问题。报道指出，这并非美方首次表态不支持"台湾独立"，美国防部2016年、2017年发布的报告都指出美国不支持台湾地区"独立"。这是因为台湾不是美国的核心利益，美方向台海投入资源会很算计，它不会真的为"保卫台湾"不惜代价，大陆如今在两岸博弈中的主导能力已经不可逆转。

台湾《中国时报》报道，2018年10月19日外媒刊出台北市长柯文哲专访文章，柯文哲强调，民进党当局不应高估美国"保卫"台湾的意愿。台湾不过就是特朗普货架上的商品，对自己要有清楚的认识，千万不能高估自己。当被问及他认为特朗普会不会出卖台湾时，柯文哲毫不迟疑地回答，"Of course！（当然）"。这一点，蔡英文当局也不是不明白，不过为了顽固坚持"台独"路线，蛊惑民心和士气，蔡英文们只好昧着良心唱高调而已。

四、承认"九二共识"是唯一出路

"九二共识"的核心是一个中国原则，这是当年两岸双方共同确定的，"九二共识"的概括，是台湾方面首先提出而为大陆确认的。"九二共识"早已成为两岸的共同政治基础，并在这一政治基础上取得了和平发展的可喜局面。但是从 2016 年"5·20"以来，蔡英文当局拒不承认"九二共识"的共同政治基础，放任纵容"去中国化""渐进台独"，阻挠限制两岸的交流合作，造成当前两岸关系的紧张对立，责任在台湾方面，两岸同胞对此都是坚决反对的。

目前陷入僵局的两岸关系如何解决呢，2018 年 8 月 8 日，台湾前"国防部长"伍世文接受中评社访问时表示，问题很简单，关键就是那"四个字"，如果蔡当局也讲"九二共识"，甚至再加上"一中各表"，那就可以维持两岸和平状态，大家相互交往，这样对台湾的经济是好事。

台湾中华战略学会理事兼研究员施泽渊，在台湾《中华战略学刊》2018 年夏季刊发表长文，对解放军新型"合成旅"的编制体制及其战略意涵，进行了详尽研究。文章最后提出了重启"九二共识"的问题。他指出：21 世纪以来，随着时空环境的蜕变，两岸在"九二共识"之下，一度呈现出和平发展的前景，实乃国家称幸，民众称幸。然自 2016 年以来，两岸再次因"九二共识"陷入囚徒困境的泥淖，原已解冻的两岸关系又再次降温，官方的交流几乎为之冻结，颇令朝野有识之士为之忧心。他呼吁，重启"九二共识"，共同缔造两岸和平发展的新契机，实乃中华民族称幸、两岸民众称幸之所系。应当看到，作者的呼吁，反映了台湾的众多军事学者的理性思考和广大民众的强烈呼声。

（中共中央统战部主管、中国和平统一促进会主办

《统一论坛》2018 年第 6 期）

台军作战体系重大调整评析

据台湾《军事家》国际版 2021 年第 6 期报道，台湾防务部门主管邱国正于 5 月 10 日在"立法院"表示，未来台军将废止各"军团""防卫指挥部"等衔称，保留"作战区"以作为今后部队编制。军事观察家认为，这是作战体系的重大调整，对今后台军整建和备战将产生诸多影响，但无法改变两岸军事实力对比的差距，以及"以武谋独"死路一条的结局。

"军团"改衔"作战区"

按照台军防务部门的规划，从 2022 年 1 月 1 日起，陆军各军团全部衔称将正式废止。陆军"澎湖防卫指挥部""花东指挥部"及第 6、8、10 军团，将分别改称为第一至第五"作战区"。这一做法将改变台湾一直由陆军将领担任战区指挥官的现状。

20 世纪 50 年代国民党统治集团溃台后，为应对所谓"台澎防卫作战"需要，曾将澎湖与本岛北、中、南、东分为 5 个作战区，以陆军为主。即："第一作战区"陆军澎湖防卫指挥部（称"镇疆部队"）；"第二作战区"陆军花东防卫指挥部（称"正义部队"）；"第三作战区"桃园陆军第 6 军团指挥部（称"前锋部队"）；"第四作战区"高雄旗山陆军第 8 军团指挥部（称"干城部队"）；"第五作战区"台中陆军第 10 军团指挥部（称"昆仑部队"）。此外，还有"作战分区"，如台北关渡指挥部称之为"台北作战分区"；兰阳指挥部则称为"兰阳作战分区"。各作战区司令以军团司令充任，后军团司令改为指挥官编制后，战时依旧出任作战区指挥官，负责战区作战成败。他们均为陆军中将编制，平时以军团或防卫指挥部的任务为主要职责，当需要救灾或作战时，会以"作战区"相称，但依然是单一陆军的活动。在以往"汉光"演习中演练过的"跨区支援"也只是陆军的动作。

此次改制后的"作战区"，是从体制编制上定位的，情况则不一样。出任指挥官者，陆、海、空军将领均可担任。他们将如同"联参小总长"，能够有效地整合陆、海、空军兵力，用于联合作战之中。

有分析指出，台军实行平战结合的战区制，是参考美国军方体制的经验，并对应于大陆的五个战区，以凸显台军的唯一作战任务及假想敌，就是大陆解放军。这种思考真是大谬不然，既是在政治上搞"台独"意味的暴露，也是在军事上对大陆战区无知的表现。

强化联合作战能力的需求

军事专家认为，调整作战体系、使用作战区编制，是强化联合作战能力、顺应当前全球趋势的做法。未来台海战事极有可能是台湾各作战区独自接战，因此战区指挥官的权限与历练就相当重要，应能于战时有效统合区域内海、空军与其他单位的作战能量。对此，邱国正5月10日在"立法会"表示，考虑到联合作战，需要根据不同战区担负的主要任务调派指挥官，目前虽尚未有定论，但未来会朝此方向逐步规划。此次作战体系改制后，意味着台军作战方式由以陆军为主向三军联合作战转变，陆军将领垄断战区指挥官的现状将被打破，以后会有更多的海军及空军将领担任战区指挥官，如同美军和大陆解放军一样。这将是一个重大的转变。

台湾军事学者向英国BBC介绍，台湾的防务改革一直在进行，作战层级的变化只是其中的一环。它凸显出在"北京威胁日益增加"之际，台湾防务部署升级的必要性，改革的脚步必须"加速"。近年来，解放军在台湾海峡动作不断，从频频军演到军机、军舰活动日益常态化，为此台湾方面也必须加快军事防卫部署。从力量对比来看，大陆规模较强大，台湾规模较小，但台湾希望能通过升级自己的军事力量与结构，显示出"认真自卫"的意愿，并给台湾制造一个"战略性的不对称杠杆"，"就像车子要换轮胎，是要由一个小的点把很重的车子举起来"。他解释说，"这种不对称策略使得小规模的力量可以反抗大规模力量"。作战体系的调整，联合作战能力的提升，就是"台湾强化自我防卫能力的一部分"。

期盼战时与"潜在盟友"配合

台湾防务部门智库"国防安全研究院国防战略与资源研究所所长"苏紫云博士认为，战区架构象征着台湾的战地防卫策略发生了转变，"这不再是一个内陆的考量，而是把思考范围扩大到了近海"。他表示，"这符合全世界国家的国防趋势"，也将有利于台湾在未来战时与"潜在盟友"的配合。

谁是台湾未来战时的"潜在盟友"？其实说得不必那么隐晦。首先当然是美国，其次为日本，还有几个可能"跟班"的。近年来，美国、日本违背一个中国原则，高调"挺台"，动作不断，而台湾数典忘祖，挟洋自重，主动勾连美、日。这方面的事例已不胜枚举。

拜登上台以后，在政治、经济、军事、外交等多方面对中国进行围堵，但并没有产生多大的实际效益，没能阻止中国迅速发展的脚步，但美国对此并不甘心，进而不断炒作台湾议题，挑起事端。今年六七两个月，美国就已 3 次派出军用运输机赴台，送人运物，上演"快闪"闹剧，直逼中国大陆"红线"，意在不断推进试探"可接受的界限"。这是相当危险的。

除军机入台事件之外，美国串通他国拿台湾说事，也越来越频繁。美日"2+2"会议和领导人共同声明都触及台湾问题，"强调台湾海峡和平稳定的重要性，鼓励和平解决两岸问题"。这是美日两国领导人 52 年来首次在联合声明中提及台湾问题。两国还共同推动七国集团外长会也涉及台湾问题。

日本新政府上台后，在台海问题上与美国联动频繁，插手台海事务。日本副首相麻生太郎扬言"美日要一同防卫台湾"。2021 年度日本《防卫白皮书》说，"台湾海峡的稳定比以往任何时候都重要，台海地区正受到中国日益加大的军事压力威胁"。台湾问题事关中日关系政治基础，日方所作所为，严重违背中日四个政治文件精神和日方所作承诺，严重违背一个中国原则和国际关系基本准则，已严重损坏中日关系。中国驻日本使馆发言人强调，日美固守冷战思维，在地区拉帮结派搞"小圈子"，甚至制造政治对立和军事对抗，完全是逆时代潮流而动，只会带来混乱、分裂与冲突。有学者指出，日本渲染周边安全威胁、抹黑中国维护国家主权利益的正当行动，根本目的是在为自身军事扩张松绑、摆脱战后束缚制造借口，这是很危险的。

对于相关议题，中国外交部发言人曾多次表示："中国必须统一，也必然统一。"我们愿尽最大努力争取和平统一的前景，但绝不会为任何形式的"台独"分裂活动留下任何空间。希望各方充分认清台湾问题的高度敏感性，恪守一个中国原则，切实谨言慎行，不向"台独"分裂势力发出任何错误信号，多做有利于台海和平稳定的事。

值得警惕的是，美、日、台都有一些"反华挺独"势力，竟敢冒天下之大不韪，幻想以战争手段解决台湾问题。有分析称，阻止大陆"武统"台湾是美国遏制中国的"最后底牌"。据美媒透露，五角大楼正在秘密制定一份关于未来可能发生台海冲突的作战计划。如果美国政府的口头警告和武力威慑都无法阻止大陆"武统"台湾，那么美国将与中国政府进行一场战争。美国将会投入三分之二的军事力量，时间定在 2030 年左右，而地点则在台海周边。此前有消息称，美日正在就台海战争进行高级别的兵棋推演。日本高官还扬言，一旦台海冲突发生，日本将与美国一同"守护"台湾。

《联合报》7 月 12 日报道称，台"前参谋总长"李喜明与美国智库"2049 计划研究所"专家艾瑞克·李（Eric Lee）7 月 9 日在美国国家广播公司新闻网（NBC）发文建议，"美国应在台设立军品储备库，并贮存关键国防设备，直接加强台湾的战争准备。"台所谓"驻日代表"谢长廷 4 月 18 日也曾提出，"美日台三方"有必要尽快实施联合演习，以应对"大陆方面制造的威胁"。这些都是置台湾人民福祉和安全于不顾的战争叫嚣！

如果两岸一旦不幸发生战事，美国和日本是否会直接出兵参与呢？众多的政治家和专家学者压倒性的看法是否定的。从美国来讲，美国不断地"打台湾牌"，是为了美国自身的战略利益，并不是真的"挺台独""护台湾"。7月6日，白宫印太事务协调官坎贝尔参加美国智库亚洲协会（Asia Society）视讯座谈会上的表态，充分说明了这一点。他直言不讳地表示，美国在维持台海和平稳定上拥有重要利益，"我们支持与台湾坚实的非官方关系，我们不支持台独。我们充分了解这议题极具敏感性。"日本也一样，首相菅义伟和拜登会谈，发布了涉台联合声明，回国后态度马上就"变了"。4月20日，菅义伟就访美行程向国会做报告。一名议员质问："日本会跟随美国的对华军事战略，在台湾问题上进行军事干预吗？"菅义伟回应说，尽管联合声明提及台湾，但日本不会有军事介入台湾冲突的考虑。上述情况表明，美日对台海情势尤其是两岸问题依旧维持"战略模糊的可调性"，对台湾安全不打算给予正面承诺，当然也就不可能把军事合作台面化，把出不出兵的问题说得那么明确了。

对于美国在台海问题上的挑衅，中国该如何反制？美智库兰德公司直接指出，经济实力就是中国目前的王牌，中美之间发生直接军事冲突的可能性很小。中国仅凭经济一招，就可以对付美方的战争威胁和警告。台军苏紫云博士之所以提出"潜在盟友"这个概念，大概也是对美国、日本在未来两岸可能的战事中，是否会"军事介入"或者"军事介入"到多大强度，持怀疑或否定态度的缘故吧！

"改变不了台军战力低落的现实"

对于台军将"军团""指挥部"改衔"作战区"等改革，岛内网友质疑："这样打仗就能赢？"有的直言，"再怎么改，也改变不了台军战力低落的现实"，"没战力就是没战力！"台陆军前"总司令"陈廷宠退役"上将"一针见血指出，目前岛内部队受训只有4个月，战力基本上为零，挡不住大陆的攻势。一旦爆发战争，解放军就会在最短时间内拿下台湾，让台湾没有机会等美军驰援，而且现在美军根本不可能来。目前台湾和大陆之间的军事差距相当之大，即使美军向台军提供帮助也无法弥补这个差距。

据台媒爆料，从台军的训练情况看，严寒酷暑不训练，气温超过 32℃不出操，这样的军队很难有战斗力。有网友比较说，台湾新兵男兵徒手跑3000 米 19 分钟合格，而大陆女兵在高原地区徒手跑 3000 米的合格线是18 分 42 秒。有人在网上晒出一组台军的训练照片，只见台军练习打靶时地上铺有软垫，头上有超大遮阳伞遮阴，仿佛是在海边沙滩悠闲度假。网友在粉丝专页发文称："草莓兵团待遇真好！实弹射击打靶训练，制作铁架，软垫，栈板，大型遮阳伞！……雨大不打，太热不打，太冷不打。"这种情况真令人难以相信。但经台防务部门查证，确有其事。这是台南后备指挥部举行的例行射击训练时拍摄的，打靶的都是该单位尉级以下军职人员，靶场是在官田区的 203 新训旅靶场。具有讽刺意味的是，号称台军"最精锐特战部队"的两栖侦察营，竟然也是在基地游泳池里完成初期技能培训和日常训练的。难怪台湾网友要嘲讽台军为"草莓兵"了。

对于若有战事台军能撑多久，台防务部门前负责人冯世宽曾宣称，台军实力比以往大，可撑不止两周。另一位前负责人严德发也曾夸口称，从来没撑多久的问题，心中只有一个信念，就是任何时候，绝不让对手得逞。现任负责人邱国正更是口出狂言，不要问大陆攻台台军能扛几天，而是大陆"要打多少天，我们就奉陪多少天"。有台湾网友打脸说："只能打一天，因为一天就结束了。"

众所周知，海峡两岸的经济力量对比日益悬殊，军事力量的优势也早已向大陆方面倾斜。如今无论是质量还是数量，台湾三军装备均远落后于解放军。这还没有计算解放军火箭军的各种"快递"和战略支援部队的有力支撑。台军作战体系即使调整后，五个"作战区"最多也只能和大陆的一个战区相对应。至于未来，恐怕真如网友所言，只能"和一个省军区比较了"。还有网友调侃说，小小台湾哪来这么多"战区"，两艘航母就锁死了。

习近平总书记在庆祝中国共产党成立 100 周年大会上的讲话，发出了对一切企图阻碍祖国统一势力的严正警告："坚决粉碎任何'台独'图谋，共创民族复兴美好未来"，强调"任何人都不要低估中国人民捍卫国家主权和领土完整的坚强决心、坚定意志、强大能力"！两岸同胞应当积极响应号召，把握大势，携手粉碎"台独"，为实现祖国完全统一而奋斗！

2021 年 7 月 22 日

台军导弹部队的演变综述

在台湾"两蒋"（蒋介石、蒋经国）时期，为适应"攻守一体"战略和"防卫台澎金马地区"的需要，从二十世纪五六十年代开始，台军就谋划组建导弹部队（台军称导弹为"飞弹"），至今已有60多年的历史。舆论认为，这是一支规模不大、战斗力也不强的部队。

台军导弹部队的沿革

1959年在北部编成"陆军力士导弹第1营"，担任地区防空任务。部署的是美援胜利女神力士导弹，原型编号为SAM–A–25，后型号改为MIM–14，是当时台陆军空防主力。据称，该型导弹还具备地对地攻击的能力，并可换上小型核子弹头。1960年底编成"陆军导弹第2营"，部署的鹰式导弹，属于中低空防空导弹。1962年成立陆军防空导弹第605群，下辖导弹第661、662营、群部连、防空管制队第1队。1976年又增编综合保修第一（泰山）、二厂（六甲），提供导弹系统装备三级补给保修支援。1978年开始配合空军联合指管，编成导弹作战管制组。1979年陆军防空导弹第605群提升为"陆军防空导弹指挥部"，编制二位少将缺（指挥官/副指挥官），下辖本部连、电子训练中心、导弹作战管制组、靶勤队，并奉令成立2个导弹群（第606、608群）。1994年台湾向美国采购200枚爱国者导弹，编成3个导弹连，1996年10月成军，全部部署在大台北地区。

2000年台湾实现"政党轮替"，陈水扁上台后，为推行"决胜境外"的军事战略，拟模仿解放军的第二炮兵组建"导弹部队"（舆论讥之为"导弹军"），将包括"雄风–2E"对地攻击巡航导弹在内的所有陆基导弹，收归"国防部"统一指挥。2004年4月"精进案"组织调整，在当时"国防部长"汤曜明任内，纳编海军"海锋大队"，编成"导弹司令部"，直属"国防部参谋本部"，担任制海、防空作战任务。认为这样可缩短指挥链，增加反应速度及决策时间，确保空域安全。

稍有军事常识的人都懂得，将海军岸基反舰导弹、岸基巡航导弹、弹道导弹和防空导弹这些性能和战术要求差异很大的导弹，归入统一指挥，其实是非常不合理的。因此，2006年1月，时任"国防部长"李杰，又将"导弹司令部"所属制海导弹部队移回海军，防空导弹部队移转空军。剩下的"防炮部队"编为"空军防空炮兵司令部"，驻地台南仁德。

2012年2月，在高华柱任"国防部长"时，台军开始"精粹案"改革，重新提高"导弹指挥部"的地位，将原本已经移交空军的陆基中、高空防空导弹部队重新收回，并编成防空导弹指挥部，直接隶属"国防部"参谋本部。而"空军防空炮兵司令部"则只剩下双35高射炮、"麻雀""捷羚"等短程防空导弹等武器。

几经折腾，蔡英文上台后，台军又于2017年3月1日举行仪式，宣告导弹部队并制压部队，再次从参谋本部移编空军司令部，更衔为"空军防空导弹指挥部"，原陆军导弹体系消失。台军"空军司令"沈一鸣上将说，"导弹"部队是"国军"整体战力中，高科技、高战备部队，更是联合防空作战最重要的防空战力，他期勉台军弟兄发挥"神箭贯长空、决战胜千里"的精神。9月"空军防空导弹指挥部"更衔为"空军防空暨导弹指挥部"，在台南机场举行了编成典礼。沈一鸣颁发印信给新任指挥官范大维中将，原"防炮指挥部"指挥官刘孝堂少将与"导弹指挥部"指挥官游仁明少将，分别担任新指挥部的副指挥官。沈一鸣说，"防空导弹指挥部"是在"防卫固守、重层吓阻"的战略指导下成立，以达到指挥管制一元化的目的。

据报道，新的"防空暨导弹指挥部"也将原本两个指挥部下的各防空导弹和火炮单位重新整并，依据不同作战区改编为5个防空旅。会场上，台空军除了派出所有战斗机联队（台南443、新竹499、清泉岗427、嘉义455、花莲401、台东737）编队冲场，地面也展出所属各式防空兵器。不过隶属防空指挥部，实际上担任战略打击兵力的雄风–2E巡航导弹，仍然一秉神秘惯例，没有对外曝光。

组建导弹部队中的"疏失"

部队管辖指挥权的频繁变更，不仅弱化了陆军导弹部队的作战定位，也使之深受军种文化摩擦之苦。据披露，导弹部队刚从陆军并入空军时，空军认为许多陆军主官学资不足，将他们调出"进修"，选调学历、经历齐全的空军防炮军官接任主官。同时也曾出现过陆军出身的"国防部"高层巡视导弹部队时，以不适任为由，当场换掉来自空军的营长，改由陆军出身的担任。显然这都属于不当作为，使得军种心结日益加深。按照台军的战略设定，战时的第一波攻击，一定是高科技电子资讯战及导弹的攻击，传统的陆海空接触已属第二波或第三波的战事。然而台军唯一具备战略攻势的导弹部队，由于上述编配和矛盾，实际战力已大受影响。在马英九任内最大规模的一次公开导弹演习中，17枚各型导弹竟然有6枚出现过靶未爆、飞行轨迹异常等故障，数月后补考的4枚中又有2枚朝下飞行或过靶未爆，战训水平由此可见一斑。

更有如同蔡英文所说"绝对不可原谅"的事，是发生了海军雄风–3型导弹"误射"事件。2016年7月1日上午，海军131舰队所属锦江级金江号巡逻舰，计划实施甲类操演验收。8时15分，在实施雄风–3型导弹系统检查测试时发生"误射"。 8时40分导弹坠落于澎湖外海，造成渔民1死3伤。雄风–3型导弹系超音速反舰导弹，射程达300公里以上，被认为是"航母杀手"，具有威胁大陆辽宁号航空母舰的能力。

当天下午，时任国台办主任张志军在北京出席活动时，就台湾军方导弹"误射"事件受访回应指出，在大陆方面再三强调要在"九二共识"的政治基础上维护两岸关系和平发展、维护台海和平稳定的时候，发生这样的事态，影响是非常严重的，需要台湾方面做出负责任说明。

7月2日，刚上台不久的蔡英文，在听取汇报后不得不表示，这个事件的发生，不只是个人操作失误，而是代表台军运作存在严重的问题。部队纪律松散，从管理到训练，许多环节都出了问题，而毫无警觉。因此海军要立即完成整顿，最短时间内就要看到成果。同时，蔡英文指示相关部门，要针对这次事件，向周边国家以及大陆做出完整的说明。她重申，在台湾地区维持台海及区域和平稳定的决心，没有任何改变。台"陆委会"表示，"误射"导弹，"纯属意外事件"。台军高层此前已经表示，整起事件是"多重错误下的产品"。台军"海军司令"黄曙光在记者会上强调指出，"雄三""误射"跟中共党庆毫无关系，这点我们一定要清楚澄清。台军海军司令部还一再表示，此次"误射"导弹并未飞过"海峡中线"，言外之意这不是针对大陆的。

"误射"事件发生后，舆论一片哗然。究竟是"误射"还是"阴谋"，也有不同看法。有学者认为，不论事件本身真相如何，在当前两岸官方联系渠道"停摆"的情况下，其影响是非常严重的。有的"立委"在"立法院"指出，如果此次"误射"导弹打到了厦门，解放军一定会立即给予大规模还击，我们今天可能都不知身在何处了。

7月1日当晚，台军海军于高雄左营四海一家召开记者会说明案情，并公布7名首波惩处名单。海军司令黄曙光上将自请处分记过一次，舰指部指挥官萧维民中将记过两次，131舰队长胡志政少将记过两次，金江舰舰长林柏泽少校记大过一次，金江舰兵器长许博为中尉记大过一次，金江舰射控士官长陈明修记大过两次，金江舰飞弹中士高嘉骏记大过两次。

"防空暨导弹指挥部"的重要课题

据媒体报道，现今的"防空暨导弹指挥部"，编制系统与人数众多。系统有中长程导弹系统与防炮系统，以及制压导弹系统，加上指挥管制人力与修护人力，人数恐达上万人，比陆军军团级编制还要大，管制幅员更是遍布台湾本岛与外岛。这种情况表明，未来在经管人力运用方式方面，要求是很高的。有台军学者提出，应该妥为规划，加强培养，熟悉专业，丰富历练。"训练配套要多元，交职历练是关键"，特别要组织好"空对地与地对空的联战训练"。

台军认为，担任领导职务的干部应当具备相当高水平的专业知识。专长转换不是短期可以完成的。中高阶干部若不是从连级开始历练，系统能力与限制因素不会清楚，到高司单位历练就会有许多问题，这还只是从操作等技术层面来讲的。

空军纳编后，相关战术战法的训练应该同步，更应该在联合指管的作为下妥善运用机、弹、炮系统的各种优势，这三种不同的战具都应该交互使用，截长补短，但操作阶层多为初级（基层）军士官。若要成长为中高阶干部，还必须取得系统操作上的常数经验，如系统死角、射程限制、频率优势、拦截率概算、干扰排除作为等，否则未来将面临指管作为时出现的窘境，从而可能使战况不利于己而衍生诸多问题。

在台军导弹部队组建和发展过程中，一直不遗余力地扩充导弹武器库，叫嚷要使整个台岛变成一只蜷曲成团的"刺猬"，使彼岸来犯之敌"动弹不得"。但是由于在指挥体制上变动频繁，在军种关系、部队指挥、人员素质方面出现了不少矛盾，发生的事故也是严重的。舆论认为，像这样一支夸大战力的部队，要发挥所谓"刺猬"战术的效能，为"台独"势力保驾护航，只不过是纸上谈兵而已。

2021 年 7 月 15 日

（中国社会科学院台湾研究所主办《台湾周刊》2021 年第 30 期）

台湾"灰色地带威胁"说评析

台湾"国防法"第 31 条规定，台军须在每任领导人就职后 10 个月内提出"四年期国防总检讨"（简称 QDR）。3 月 25 日，台湾防务部门负责人邱国正在立法机构作《四年期国防总检讨》（2021 年版）报告，这是台湾自 2009 年以来第四次发布该报告，也是蔡英文执政后发布的第二份防务政策文件。报告强调应对"灰色地带威胁"，继续以发展不对称战力为核心，在军事防御能力方面做到自力更生。报告首度设置大陆"灰色地带威胁"对台湾安全影响的专章，指责近年来中共频繁运用"灰色地带"策略，包括操作认知战、信息战及机舰侵扰等方式，动摇台湾民心士气，消耗台军战备，侵蚀台湾安全，"亟须加强防范应处"。

"灰色地带"——战略博弈的新空间

在谈到"灰色地带威胁"之前，先探讨一下何谓"灰色地带"？当今之世正经历着百年未遇之大变局，国际局势的不确定性、不稳定性在增加，各大国乃至一些中小国家，为了自身的利益，都在对"灰色地带"这个课题进行深入研究，并寻求利用这个"和平"和"战争"状态之间的"混合空间"，进行战略博弈，这是目前国际形势中的重要特点。

"灰色地带"的战略博弈，不论采取什么形式，其最主要的特点是，模糊战争与和平边界，突出平战交织，强调全频谱作为，综合运用军事、政治、经济、外交、舆论等工具，通过长期、渐进的模式改变现状或制造紧张局面，蚕食、规制、消耗对手，塑造有利于己方的环境态势。

按照西方学界的定义，"灰色地带"战争的特点是混杂多重非暴力的军事、民事手段，依靠剑拔弩张的声势和胁迫力单方面改变现状，而非直接的军事对抗。2015 年美国特种作战司令部发布的《灰色地带》白皮书，将其定义为发生在"国家或非国家行为体之间和内部的、处于战争与和平传统二元对立之间的竞争性互动"。这是一种极具胁迫性和诱导性的战略手段。

台湾今年的 QDR 对"灰色地带威胁"的界定是：在和、战的模糊区间，混合运用非直接动用武力、准军事或低强度军事手段，进行袭扰、胁迫与企图引发冲突事件，对"国家安全及区域稳定"造成危害。台湾学者将"灰色地带冲突"称之为"武力的非实战运用"。[①]"灰色地带"战争的很多手段与大陆学者最近提出的"智统""逼统"以及"冷武统"等策略有很多相似之处。

对于这种"灰色地带威胁"可能带来的后果，美国的中国问题专家葛来仪这样认为：中国国内有其他当务之急，有各种理由不急于冒险对台动武；外界真正应该担心的是已经在发生的"灰色地带"战略，中国大陆可以剥夺台湾岛内的经济繁荣、抵制台湾商品、阻止游客赴台、阻止飞机降落台湾，如果他们愿意，可以继续加大压力；他们希望有一天，台湾大多数人说"统一是我们唯一的选择"。葛来仪强调，这才是真正的"威胁"，逼使台湾最终不得不（重新）统一到整个中国，而届时美国已无法改变现实。[②]

解放军台海大练兵震慑"台独"

为了遏制"台独"分裂势力的图谋，力争实现祖国的和平统一，从 2016 年蔡英文上台时起，解放军在台海地区开展了持续大练兵，不定期地组织实施飞行、航行活动。2018 年 4 月，国防部发言人吴谦在例行记者会上表示，解放军进行绕岛巡航训练，"采取的一系列行动，针对的是岛内

---

① 台湾《军事家》国际版 2021 年第 1 期。
② 德国之声电台网站，2021 年 3 月 24 日。

'台独'势力及其活动，为的是防止台湾民众福祉因'台独'图谋而受损害。"国台办新闻发言人马晓光在例行记者会上表示，"'台独'分裂活动是台海和平稳定的最大现实威胁"。

据各方报道，从 2016 年 8 月 18 日至 2017 年 8 月 9 日，解放军军机绕台训练 16 次，航线 9 种，被台军视为是对台湾的"战略包围"。[1] 十九大以后，解放军更加频繁出动多型机舰，前出西太平洋，持续进行跨岛链远海长航训练。在新冠疫情期间，解放军军机也未停止绕岛巡航。据台湾防务部门公布，2021 年前 6 个半月（截至 7 月 14 日）解放军军机累计进入台湾空域已达 119 天，361 架次。[2] 现在虽未见几年来解放军台海地区大练兵总的统计数据，但由上述不同时段的数据，亦可看出解放军威震乾坤的磅礴气势，是谁也阻挡不了的。

根据岛内外报道和各方反映，解放军的台海大演练至少有以下几个看点：

（一）绕岛巡航

解放军的绕岛巡航，既是从顺时针绕岛到逆时针绕岛，也是从单机单方向绕岛到多机多方向绕岛，可以说已经达到了"历史的巅峰"。2017 年12 月 12 日，空军发言人申进科表示，中国空军前一天出动轰 –6K、苏 –30、歼 –11 和侦察机、预警机、加油机等绕岛巡航，锤炼提升了维护国家主权和领土完整的能力。这是空军自 2015 年 3 月 30 日首次赴西太平洋进行远海训练至今，988 天后首次使用绕岛巡航一词。[3] 2018 年 4 月，国防部发言人吴谦首次承认解放军进行绕岛巡航训练。空军方面还优雅地表示，绕岛巡航是在"用战机航迹丈量祖国的大好河山"，空军决心飞越岛链、管控东海、战斗巡逻南海，加快发展配套的高新武器装备，推进空军战略转型由量变向质变的跨越。舆论认为，绕岛巡航是解放军表达强大能力与捍卫主权的"有力手段"，"是需要让对手看得见并且相信的威慑"力量。美

---

① 参考消息网，2017 年 9 月 1 日。
② 台湾三立网站。
③ 《北京青年报》，2018 年 5 月 12 日。

国兰德公司专家蔡斯似乎看得更远,他从中国领导人要求中国空军抓紧向"空天一体、攻防兼备"的转型中,找到了绕岛巡航的答案,那就是增强中国空军的战略威慑力和远程打击能力,大体能完成"绕岛"的轰–6K还只是一个起步,而"中国对未来的战略轰炸机有更雄心勃勃的计划"。

(二)体系编队

解放军空军在开展例行性常态化远洋训练时,一般都有歼击机、轰炸机、侦察机、预警机等机型参加,组成多机种体系编队进行绕岛巡航。有学者认为,在这个体系编队中,苏–30进行空中遮断,打击地面及海上目标,歼–11负责夺取制空权。这意味着解放军空军远海攻防兼备的作战能力已经有大幅度提升。解放军成体系编队的频繁演练,使台军疲于奔命,不堪重负。据台湾"中央社"报道,2020年10月5日,台湾防务部门透过书面报告表示,因应敌情变化,当年前10个月,台军派遣空中战巡兵力4132架次(2019年为1798架次)、海上侦巡兵力7531艘次(2019年为5927艘次),执行联合情监侦、战备、常态性联合护渔及操演等任务,较之头一年大幅度增加了。10月7日,台湾防务部门负责人严德发又在"立法院"声称,到目前为止,台"空军"战机当年共出动2972架次,耗费成本约255亿元。

(三)警告域外势力

解放军在台海大练兵中,凡遇域外势力的"挺台"行径,特别是"台美勾连"的阴谋,解放军必定出动大批量、多机种战机予以震慑。几年来,这种情况已经出现过很多次。以今年6月15日为例,据台湾防务部门公布的动态称,计有解放军1架运–8反潜机、2架空警–500、4架轰–6、1架运–8远干机、14架歼–16、6架歼–11等机种,共计28架次赴台海地区进行演练。部分军机穿越巴士海峡后演训,规模之大为历年之最。有评论指出,解放军军机大规模进入台海地区,主要是针对美军里根号航舰打击群而来。大批战机在空警–500预警机遂行空域管制后,模拟以反舰导弹攻击美军航舰。还有评论指出，由于欧洲各国 G7 峰会提及台海议题以及对中国的可能作战言论，激起中国派出军机"扰台"对其反制。① 另据报道，今年 7 月，解放军还在闽南海域展开两栖装甲部队实战演练，包括远距离渡航、海上射击、火力打击、抢滩登陆等。解放军在台海周边以半包围形式展开的一系列军事动作，被视为是对近期美国军机连续降落台湾的回应。②

有学者指出，在解放军强大的实力和意志面前，美国不可能不掂量一下得失。美国全国广播公司（NBC）3 月 27 日披露，兵棋推演显示，如果台海两岸爆发战争，美军可能难以救援台湾，台湾空军几分钟内就被消灭，西太平洋的美国空军基地受到攻击，驰援的美军舰队和战斗机则被远程导弹拦截，使得驰援时间拉长，美军进入台湾周边变得越来越难，即使美国全力应对，也可能败北。

（四）军事舆论战

2017 年 12 月 17 日下午，官博"空军发布"公布名为绕岛巡航的视频，伴随着配乐"我和我的祖国"，成群战机起飞，展开空中巡航，一幕画面中远方出现了山头，被网友推估可能是台湾山脉。而台湾岛内舆论场却因这样的视频弄出一片涟漪，声称解放军空军绕岛巡航就是指向台湾。解放军空军官微还曾发布一条微博，"常态化！常态化！常态化！"，并配上两张轰 -6K 的照片。在央视曝光的军机图像中，大陆对台湾军机用"不明机"称呼，刻意矮化台湾。因为军机有国家象征意味，中国大陆从来不承认"两个中国"或"一中一台"，因此予以模糊称谓。台湾中正大学战略所助理教授林颖佑承认，这是数字时代舆论战的一环，大陆丢出一张过时照片就让台湾正反两边激化，算是最廉价的心理战。他认为，大陆对台军事舆论战的运用手法已相当熟练，"是一位老辣的高手"。

鉴于以上所述，台湾负责大陆情报的高级安全官员指出，北京的态势

---

① 台湾《军事家》国际版 2021 年第 7 期。

② 央视军事 2021 年 7 月 17 日。

发生明显转变，将数十年来"武统台湾"的"理论性演讲"转变为实际"辩论"，并制定可能的军事计划。路透社曾发布特别报道称：两岸发生冲突的风险正处于数十年来最高点，大陆军机几乎每天都朝台湾空域飞行，200万解放军已经发起"灰色地带"战争，透过不规则的战略欲让台湾筋疲力尽加以制服。有台美军官表示，北京掀起空袭威胁的同时，也运用压力策略削弱台湾的抵抗意愿，军机绕台的做法是作为演习、网络攻击、"外交隔离"政策的补充。①

蔡英文当局强化"防范应处"

台湾《四年期国防总检讨》（2021年版）认为，中共近年整体国力提升，军力快速增长，对台策略与手段愈趋多元，除认知战、信息战外，并以各种军事侵扰行动试探台湾预警能力与应处作为，持续对台湾进行军事威慑与施压。大陆透过派遣各型机进入"台湾防空识别区"强化监侦力度、海空军远海长航进行联战训练、海军航舰跨区航训建立区域拒止战力、情报海调船舰于台周边海域活动，以及实施模拟攻台演练等具威慑意涵的军事作为，不断对台湾进行"灰色地带侵扰与威慑"。

蔡英文当局否定一个中国原则和"九二共识"的政治基础，煽动两岸对立情绪，顽固推行"台独"路线，坚持"以武谋独"的立场，强调台军要以坚实的战备整备，整合整体战力，保持全时警戒，审慎因应各种可能的突发状况。为此提出了"强化应处作为"的四条举措：一是严密掌握台海周边敌情动态，确保早期预警，争取先期应处。二是秉持"不怯敌、不挑衅"立场、"不引发事端、不升高冲突"及"愈接近本岛，愈积极处置"指导，妥慎应处突发状况。三是海军与海巡平时建立作战默契，战时将海巡舰艇纳入台军作战序列，依令执行联合作战任务。四是研修规定肆应敌情，持续滚动修正《国军经常战备时期突发状况处置规定》之状况想定及应处作为，以有效预应中共各种挑衅行为。

---

① 《海峡导报》2020年12月11日。

蔡英文当局勾结美国不断挑衅大陆两岸政策的底线，两岸战争风险处于十几年来的最高点。祖国大陆之所以没有急于对民进党当局采取断然措施，不是没有能力拿下台湾岛，而是考虑到岛内 2300 万同胞的切身利益，不愿看到因为战争带来生灵涂炭。

台美签订"海巡合作备忘录"

面对"灰色地带"博弈的增加，美国国务院声称，大陆日益威胁台湾，美方对台湾的防务支持并不仅限于销售军火，而是透过更多方面予以支持，特别鼓励采取不对称的战争方式。

3 月 25 日，美国在台协会（AIT）与台湾驻美代表处签署"台美海巡合作了解备忘录"，这是拜登任内美台签署的首份备忘录。在台湾外事部门举行的宣布茶会上，"AIT"台北办事处处长郦英杰声称，这份"备忘录"的目的，是要强化美国海岸防卫队和台湾"海巡署"的合作，且将双方长期密切合作的关系"正式化"。有分析指出，很明显，美台签署"备忘录"，是冲着全国人大常委会今年 1 月通过的《海警法》而来的，有美台联手反制中国大陆"灰色地带冲突"的意义。

事实上，美国海岸警卫队一直在西太平洋和中国海岸附近稳步加强活动。2019 年美国海岸警卫队伯索夫号巡逻舰（USCGC Bertholf），就曾与美国海军 DDG–54 威尔伯号导弹驱逐舰穿越台湾海峡。2020 年 12 月初，美国海岸警卫队莫特尔 - 哈泽德号（USCGC Myrtle Hazard，WPC-1139）巡逻艇，在太平洋岛国帕劳附近，登上一批中国船只，扣押了价值数万美元的据称是非法捕捞的海参。据报道，美国海岸警卫队将其最先进的新型巡逻艇中的两艘部署在关岛，距上海的距离比距旧金山的距离近了将近 4000 英里（约合 6437 公里）。还有一艘巡逻艇定于未来数月抵达。美国海岸警卫队正投入超过 190 亿美元，用于购置至少 8 艘国家安全巡逻艇、25 艘近海巡逻艇以及 58 艘快速反应巡逻艇。如果今年一切按计划进行，其中将有至少 8 艘部署用于"抗衡中国"。美海岸警卫队还首次在美国驻澳大利亚使馆派驻一名武官，而另一名海警武官将在明年调往新加坡，了解和处置"海警"事宜。台湾"海巡署"近年来也在强化舰艇装备，设计战时启用作战效能的模块，着力于"平战转换机制"的建立。

当前台海形势复杂严峻，但时与势始终在主张国家统一的力量这一边，解决台湾问题的主导权、主动权始终掌握在祖国大陆这一边。世界上只有一个中国，台湾是中国的一部分。这是任何人、任何势力都无法改变的铁的事实。如果民进党当局和"台独"分裂势力胆敢挑衅，就只有彻底失败的下场。正如习近平总书记在庆祝中国共产党成立 100 周年大会上的讲话中所指出的：任何人都不要低估中国人民捍卫国家主权和领土完整的坚强决心、坚定意志、强大能力！

（中国社会科学院台湾研究所主办《台湾周刊》2021 年第 33 期）

美台炒作"大陆突袭东沙岛"

最近以来，关于大陆将攻打东沙岛的传言甚嚣尘上，继 2020 年 5 月日本共同社公布有关报道后，再度引起台湾社会的不安和"台独"分子的恐慌。舆论分析，其信息源大多来自美国等西方"挺台"势力和台湾民进党当局的"台独"炒作。一方面，美国总统拜登宣称，如果"台湾受到中国的攻击"，美国将"保护台湾"。另一方面，台湾地区领导人蔡英文表示，对"美国保卫台湾"完全有信心，并首度证实美军"驻台"的存在。有学者指出，美台之间的种种勾连，已令台海局势陷入"兵凶战危"的地步。绿营人士也称，现在是"准第四次台海危机"。历史必将证明，这种状况的结局只能有一个，那就是两岸的必然统一。

兵推："大陆攻占东沙岛"

东沙岛虽然很小，但地理位置突出，处于中国广东省、海南岛、台湾岛及菲律宾吕宋岛的中间位置，是国际航海三条"海上通道"的重要交通枢纽。往北是台湾海峡的南面出口，朝东是巴士海峡的西面出口，向南直通西沙和中沙群岛。军事学者指出，谁占有东沙岛，谁就掌握关键节点，来往飞机与船只，尽在眼底。

11 月 2 日，美国智库卡托研究所国防外交政策高级研究员卡彭特，在《国家利益》杂志上发表文章称，大陆突袭东沙岛，打响"台海第一枪"的概率最高，因为这是一个"测试美国保护台湾决心和可靠性的有效且低风险方法"。

据央视网报道，10月26日，美国智库"新美国安全中心"发布的《毒蛙战略》兵推报告，针对中国大陆进攻东沙岛的设想进行兵推，却发现美台双方"几乎找不到可靠的手段，能在不让冲突进一步升级下，迫使中国大陆撤出该岛"。台湾世新大学教授游梓翔介绍，该报告设定的情节是2025年解放军用演习作为掩护，发动奇袭攻占东沙岛，岛上的500名台湾陆战队官兵被俘虏到大陆。大陆另派500位军民到东沙岛，准备把该岛当作军事基地。兵推结果发现，大陆一旦占领东沙，美方几乎没有可靠的选项可以让大陆放弃东沙。如果用更大规模的军事手段的话，美方和台方又怕升级战争，变成全面冲突。所以报告认为，最好的方案就是事前"吓阻"。当然这只能是空口说白话。不过值得警惕的是，此次兵推得出的所谓"最重要的教训"，就是"台美应立即展开合作，针对此类状况提前协调并制定计划，建立联合响应及防御能力"，"以免如这次兵推一般手忙脚乱，让中国大陆有机可乘"，如此等等。

"阻吓"：战略上的大败笔

台湾当局认为，未来台海一旦爆发战事，台湾在南海将依托东沙岛和太平岛对大陆的海上油路航线构成威胁。东沙岛与太平岛之间的海域，是理想的"潜艇伏击区"，而且与大陆运送石油的航道非常接近，可以在战前发挥"战略阻吓"的作用。11月9日，台防务部门发布所谓"2021年防务白皮书"，披露了为整修、巡航南海的东沙岛和太平岛，台湾当局不仅派遣"海巡署"的舰只定期前往，台海军的"海龙"号潜艇也曾执行"海空军导弹射击训练""南沙定期侦巡战术对抗演练""战备侦巡任务暨海强反潜对抗演练"等任务。

为了应对当前解放军所谓"攻占东沙岛"战事，发挥"战略阻吓"作用，台湾当局紧急采取了若干措施：

首先，台湾防务部门负责人邱国正10月28日出面给台军"打气"，提出"精神要求"，呼吁东沙岛官兵要"矢志与岛共存亡"。为了安抚台湾社会出现的紧张心理，台安全部门负责人陈明通在接受质询时又表示，"蔡英文任内，中国大陆不会用拿下东沙的方式'以战逼谈'"，但又妄称，台不可能在所谓"武力胁迫"下谈判，因为"鸡屎落地也有三寸烟"。邱国正的言论激起岛内网友的反弹，有网友调侃称让邱国正去"驻守东沙岛"吧！

其次，台防务部门宣称，"台军持续强化东沙防务"，对东沙岛进行"整建"。以"移地训练"名义，派遣海军陆战队一个加强连进驻东沙岛，可能携带有刺针防空导弹进驻。另外，还将支持百吨炮艇并更新雷达。据媒体报道，台军还将支援"海巡署"6门重炮，部署到东沙岛和太平岛。

再次，修改有关条例，赋予现场指挥官"用炮"之权。为使东沙、太平岛指挥官以及海巡舰艇，面临紧急状况时的防卫处置有所依据，台湾"海洋委员会"在"海岸巡防机关器械使用条例"修法预告中称，东沙、太平岛及海巡舰艇若遭武力危害或攻击时，"海委会主委"得于必要限度内"用炮"，"若情况急迫或无法有效通联时，得由现场指挥官认定之"。

从军事上说，像东沙岛这样的岛屿，都具有"易攻难守"的特点，有时一架轰炸机、一艘舰艇、一支特战分队，就可以轻而易举地拿下。二战时期，美军攻克东沙岛，歼灭岛上日军，最后使用的兵力就是一艘潜艇和一支小特战队。目前东沙岛的台军，只有空军一个班守卫机场，海军一个气象班留守观测，"海巡署东沙巡防指挥部"两个中队驻守，总计约200人。武器装备除了最基本的 5.56mm 口径 T–86 步枪以外，另有 120mm 迫击炮、40mm 高炮、40mm 榴弹发射器，以及 84 具 80mm "红隼"反装甲火箭筒等传统火力。这样区区一点兵力火力，在具有绝对优势的强大的人民解放军面前，无异于螳臂当车、自取灭亡！

结局："台独"的宿命是灭亡

针对台湾军方的动作，台《中国时报》称，东沙岛已成"两岸军事对峙的温度计，任何风吹草动，都很敏感"。有台媒猜测解放军是否真要"拿下东沙"？一些"台独"顽固分子，数典忘祖，甚至提出"将东沙、太平岛租给美国"或由"美台共管"！台师大政研所教授王冠雄对上述情势，从军事上、政治上作了细致分析后认为,"这对面对当前急需解决或平缓新冠肺炎流行所带来负面影响的中共来说,此时以军事夺取东沙岛并不是一个好时机,更不是一个适当的政策选择"。海外网的文章更是指出,这显然是无端炒作。因为解决台湾问题,说到底是实力的较量。随着大陆综合实力的强势增长,台海局势的主动权已经牢牢掌控在大陆手中。正如党的十九届六中全会《决议》所指出,祖国完全统一的时和势始终在我们这一边。应当清醒地看到,美台勾连挑衅的背后,包藏的是"以台制华"的祸心,打的是"倚美谋独"的算盘。有智者指出,这是美台的一种"战略忽悠",大陆自应以坚定的"战略定力"应对之。

对于解放军是否计划拿下东沙岛的问题,2020 年 10 月 28 日,国台办发言人朱凤莲回答:"作出的推论是一个假设性问题,我可以不回答,但是我愿意再重申一下我们的基本立场。我们有决心、有能力挫败一切'台独'挑衅行径,坚决维护国家主权和领土完整,维护中华民族的整体利益和两岸同胞的根本利益。"2021 年 11 月 24 日,朱凤莲在例行新闻发布会上又指出,祖国统一的必然和"台独"覆灭的宿命,是两岸关系发展大势和民族复兴历史进程所决定的,是不可逆转的历史潮流。此前,国台办发言人马晓光曾坚定地表示,我们"对'台独'零容忍","打击'台独'分裂行径不计成本"。必须指出,世界上没有任何反华"挺台"势力的意志,会比中国反分裂和实现统一的意志更加强大。

(《知识博览报》2021 年 12 月 2 日)

台湾当局演练"反斩首"面面观

21 世纪初，在陈水扁抛出"一边一国"论后不久，美国国防部向国会提交了一份"大陆军力评估"报告，提出"斩首"行动将是未来解放军武力"犯台"的一大趋势，要求台军针对这一趋势提出新的防御构想。在美国的提示下，经过研究，台湾军方认为，解放军的"斩首模式"是，首先以导弹攻击开场，对台湾政治、军事、通信以及交通等重要设施，实施"精确饱和打击"，瘫痪政军决策中心；随后出动战机及军舰控制海空域，建立"空中和海上安全走廊"；同时派出小股精锐特种部队插入台北市博爱特区，包围"总统"官邸，实施"斩首"攻击，以求最终取得战略性的战役胜利。于是，台湾当局和军方在此后的各种演习中纳入了相关内容，特别是战败后的"逃亡"课目，以此提升高层及各部门领导人在濒临战争状态下的危机应变能力和台军的"反斩首"战力。

"万钧计划"的逃跑密道

早在二十世纪七八十年代，台湾当局就制定了领导人在危急时刻逃亡的"万钧计划"。该计划不断调整和充实，高度保密。资深媒体人黄暐瀚披露，从李登辉到马英九，"万钧计划"年年都有。到蔡英文上台以后，"万钧计划"至少有 7 套剧本，还分为 ABC 三个应对等级。

随着时代变迁，众多在蒋介石时期所建造的逃跑密道逐渐曝光。据陈水扁 2009 年 10 月 8 日在台湾"高院"开庭审理时爆料，"万钧计划"有两条逃亡密道：一是从蒋介石住所——士林官邸通往"衡山指挥所"的通道上，有个直升机坪，可供逃跑；二是台湾"总统府"内有条密道直通"国防部"，从"国防部"顶层乘直升机逃走。两架供逃亡的直升机每天都停在台北空军松山基地内。

另外，台北圆山饭店被称为"世界最长溜滑梯"的地下密道，也鲜为人知。据台湾《时报周刊》报道，圆山饭店主体建筑 14 层楼于 1970 年动工，1973 年落成，其间增加了两条逃生密道的设计和建设。圆山饭店虽为国际观光旅馆，但部分楼层除了党政要员外不对外开放。饭店四周军警密布，戒备森严，呈现出一丝神秘色彩。圆山饭店有两条密道，一条往东可达北安公园，全长 78 米，沿线装有照明设备，共有 45 个灯座，86 个阶梯；一条往西可抵圆山联谊会剑潭公园，全长 80 米，75 个阶梯，内部蜿蜒曲折，一直到出口处可见两扇长期深锁的金属门，打开后还可见到两座高约 5 米的石墙遮蔽，外界根本看不出这是坑道出口。据曾参与兴建的老一辈员工回忆，当时密道是为常来圆山饭店用餐的蒋介石专门设计的，预防遇到空袭或是暗杀等危险状况时，能从饭店内密道逃离。当时只要蒋前往饭店，两个出入口处都准备有车辆供他使用。

为保证"万钧计划"的落实，台湾当局常将其纳入"汉光"演习、"政军兵推"等演练中，或单独组织实施，以验证种种演习"逃跑"的效率。

"政军兵推"突出"反斩首"

从 2005 年起，台湾当局设置了由陈水扁主持、"国安会"负责的"政军兵推"。因陈水扁的"维安"代号是"玉山"，所以陈水扁主持的"兵推"，又被称为"玉山兵推"（为叙述方便，本文一律使用"政军兵推"）。这是一种高于"汉光"演习层级的战略性演习。据统计，从 2005 年至 2018 年，"政军兵推"已举办 12 次，其中陈水扁 4 次，马英九 6 次（有 2 次是结合"汉光"兵推实施的），蔡英文 2 次。2012 年、2016 年未举办。

"政军兵推"由台湾安全部门主导，目的在于危机期间"确保首长安全、持续核心功能与运作、保护重要关键基础设施"。一般分为三个项目：第一是指挥所的紧急开设与正副领导人及重要官员的安全转移；第二是关键基础设施的防护演练；第三是由各重要部会首长参与，对各项危机状况进行研析和处理，并依惯例邀请"立委"及学者，分别模拟扮演"友邦"官员，进行角色推演。

从陈水扁到蔡英文，在"政军兵推"中，都十分重视通过"反斩首"演习，苦练自身的"大逃亡"。从2005年至2008年，陈水扁先后主持4次"政军兵推"，主题都是"反斩首"。

例如，2007年4月的"政军兵推"，"三军统帅"陈水扁、"备位元首、副总统"吕秀莲、"行政院长"苏贞昌等都参与了演习。演习模拟的是"2012年解放军攻击台湾"的情形。陈水扁与苏贞昌等进驻台北的"衡山指挥所"下达作战指令，但战争一开始台军的形势就变得极为不利，解放军对台军实施电子战，瘫痪了台军的指挥及通信系统，使"衡山指挥所"无法顺利指挥台军。解放军采取"斩首"战术，持续对"衡山指挥所"进行饱和式的导弹攻击。陈水扁"下落不明"，于是"万钧二号"计划启动，"副总统"吕秀莲登场，首次以"三军统帅权"第一代理人的身份，在兵棋推演中"实际督导台军兵力运用"。她搭乘空军的直升机直接飞到位于台湾桃园县台陆军司令部的"大汉战情室"，下达台军反击等攻击指令。

陈水扁在任期间，指示"国安"部门和台湾军方，先后制订了12项"反斩首"方案，其中最核心的是"新汉阳计划""万钧计划""祥泰专案"和"敦邦计划"，还制订了"万全计划""猎鹰专案"等"防斩首"子方案，从逃跑到保命，陈水扁考虑得十分周到。"新汉阳计划"，即陈水扁乘直升机从衡山指挥所205高地飞到杨梅战备道，再搭乘固定翼军用飞机，在战斗机保护下转至花莲佳山基地或美军航空母舰；"万钧计划"，即当陈水扁等台湾军政要员遭遇危险时，由宪兵第221营组成的"万钧部队"立即出动，甚至动用装甲车实施突围；"祥泰专案"，即一旦陈水扁遭遇突袭，"国安局特勤中心"按事先设计的撤离路线，就近抢救受伤领导人或用直升机快速撤离现场；"敦邦计划"，即战时陈水扁等人可以搭乘飞机，直接前往花莲外海的接应舰艇，在军舰护卫下逃往海外。

蔡英文时刻准备"大逃亡"

蔡英文 2016 年上台后，继承陈水扁的"衣钵"，继续大搞"反斩首"演练。特别是面对近年来解放军接连放出的"大招"，以及当下阿富汗政权一夕"变天"的现实，蔡英文目前已处于杯弓蛇影、恐惧焦虑的状态。她甚至深信大陆已有"第五纵队"渗透到台湾，随时随地会将她"斩首"，所以时刻想着、练着"撤离"，实为"大逃亡"作准备。

关于解放军"第五纵队"在台湾的活动和人数，台湾当局从未公开宣布过。但曾有台湾"安全人士"评估，大陆渗透在台的"第五纵队"可能有五千人之多。马英九时期的前"国安局局长"蔡得胜，曾在立法机构这样表示，"到处都有很多不该来的人"。蔡英文上台后，认为绝不能漠视这股隐藏在台湾的潜在威胁，必须加强"反斩首"演练，做好"撤离"准备。

多年来，台军的"汉光"首日演练，想定设置均以台湾遭到解放军导弹攻击为"第一击"，台军防卫作战演练也惯于以防空、疏散等战力保存相应对。蔡英文上台以后，其防卫构想有了变化，认为解放军一旦对台动武，发动的"第一击"可能已不再是用千枚东风导弹和巡航导弹攻台，而是透过潜藏在岛内的"第五纵队"，先行袭扰破坏台军基地，并由网军同步发动攻击，瘫痪台湾关键设施，尔后再发射导弹攻击。因此，台军应对解放军的防卫作战计划，不能老是演练先由"爱国者"导弹部队进行反导弹作战，空军各式战机飞往佳山基地进洞隐蔽，以及海军舰艇疏泊东岸待机，进行战力保存等老戏码，应当有新的作为。为此，2016 年的"汉光 32 号"演习想定，即"模拟共军攻台作战"，首度设置解放军"第五纵队"和网军同步发动对台作战的"第一击"。具体做法是，在本、外岛各作战区及训练海、空域，以"全员实兵、局部实弹"方式，针对基地防卫作战、资电网络攻防、空勤海巡纳编作战、关键基础设施防护、快反制变、反封锁护航、联合泊滩布雷、空地整体作战，及新兴兵力运用等验证项目，实施攻防对抗演练，以此验证台军的"应急作战"能力。

在"汉光 32 号"演习结束不到半年，蔡英文又忙着演练"万钧计划"。

2017 年 2 月 17 日清晨，台军派遣空军 S–70C 海鸥直升机、陆军 UH–60M
黑鹰直升机各一架，于台湾防务部门的博爱营区进行试降，模拟接送蔡英
文执行安全撤离任务。蔡英文煞有介事地头戴钢盔，身穿迷彩背心，从
"总统府"乘车先到邻近的"后备指挥部"，再换搭"云豹"装甲车前往
"圆山指挥所"。为保证安全逃跑，蔡英文所乘座驾，早已换成价值 2500
万元新台币、能防狙击步枪子弹的防弹车奥迪 A8L，并装备有全套紧急供
氧系统、防爆油箱、自动灭火器，堪称已达美国科幻片中神盾特工局局长
座车的防护水平。她换乘的"云豹"装甲车，武器装备多样化，机动性能
好。最大公路时速 100 公里，最大公路行程 800 公里，最大越野行程 450
公里。加速能力从 0 速到 32 公里 / 小时只需 8 秒钟，在实战中有很大意义。
因此"云豹"装甲车被民众称之为蔡英文的"逃亡车"。据报道，为了具
有更好的机动性，蔡英文最近又准备放弃"云豹"装甲车，而改用重型摩
托车逃亡。

再来看看蔡英文上台后 2017 年 8 月主办的首个"政军兵推"吧！此
次"兵推"先后动员 20 个"部会"、500 多名官员，上千军、"宪"、警参
与。演练主要内容有："指挥所开设与进驻"，保障正、副领导人及重要行
政官员，无论身在何处都能紧急赶赴指挥所，蔡英文在指挥所内发表告同
胞书；当局各部门的危机研习、处理及建立国际对话管道；军方模拟与美
军太平洋司令部对话，争取美、日等国派兵支援等。"兵推"还模拟蔡英
文在紧急撤离过程中，遭遇潜伏的"第五纵队"袭击围困，台军派出驻守
北投复兴岗的台海军陆战队 66 旅前往救援。8 月 9 日，蔡英文把"政军兵
推"的影片放在脸书（Facebook）上，吹嘘说：今年的"国家政军演习"，
"国安"团队用最严格的"想定"，用求真求实的验证，检视"政府"面对
"国家安全"危机时的应变能力，确保"政府"部门之间最有效率的协调、
最专业的决策和执行能量，能够在最短时间内团结、动员起来，发挥最大
的总和战力，应对任何形态的危机挑战，确保台湾的安全。舆论强烈指出，
"兵推"的重要内容是模拟"大陆攻台"时，演练蔡英文等政要如何"大
逃亡"。

据报道，蔡英文不仅要防备所谓大陆"第五纵队"的"斩首"进攻，而且要应对岛内因政策不得人心而出现的"陈情抗议"。这些"滋扰"活动，往往出现在台当局办公地点及蔡英文寓所周边，也使台湾维安单位深感困扰。据台媒报道，为强化"卫戍作战能量"，今年7月27日至28日深夜，台军"宪兵202指挥部"进行"反斩首"演练，3辆"云豹"装甲车出现在台当局领导人住所前，还有几辆"宪兵快反连"的重型摩托车在前头开路，车上的士兵背着"红隼"反装甲火箭弹，"展现保卫中枢的坚实战力与决心"。

有网民讽刺说，每看到蔡英文头戴钢盔，身穿遮蔽红外线防弹衣的模样，既不雄壮也不威武。一搞演习，就练逃跑，这又如何激励士气、勇于牺牲呢？东风导弹一来，躲在哪辆车里，都是相同的命运，哪条"逃亡路线"都是死路一条。

美国对台承诺不可靠

阿富汗局势发生剧变之后，"今日阿富汗，明日台湾"话题，一时在岛内热烧。面对阿富汗惨况，美国的保护是否可靠，台湾很多人心有戚戚，尤其是做贼心虚的"台独"分子，更加忧虑被美国抛弃惶惶不安。

蔡英文如何应对阿富汗事件带来的冲击呢？8月18日，蔡英文在民进党中常会上首次发表与阿富汗形势有关评论表示："台湾唯一的选项就是让自己更强大、更团结、更坚定保护自己"，"自己不作为，只依赖别人的保护，不是我们的选项"。她话锋一转又强调："台湾要与具有共同价值和利益的伙伴一起努力与合作"，这无疑指的是美国等西方国家。

至于两岸关系，蔡英文则耍弄花招，来了个"变中有不变"。

她在8月31日"凯达格兰论坛—2021亚太安全对话"录像致辞中强调，"台湾不走向军事对抗，盼与邻国在和平、稳定且互惠的原则下共存，并坚持捍卫台湾的民主和生活方式"。明眼人不难看出，蔡英文在不搞"军事对抗"的烟幕下，抛出"邻国论"（实为"两国论"）来搞"政治对抗"，顽固推行"台独"路线。真可谓阴险至极。国台办发言人朱凤莲对此回击称,"民进党当局抛出夹带'两国论'的言论,不断进行谋'独'挑衅,只会进一步破坏台海和平稳定,给广大台湾同胞带来深重灾难"。她正告民进党当局,"肆意的挑衅,邪恶的行径,必将招致正义的行动"。

前些时日,蔡英文当局,利用拜登的口误,大肆喧嚷美国对台政策已从"战略模糊"变为"战略清晰"。美国务院和白宫很快就收回拜登的话,澄清"坚持一个中国政策"。9月10日上午,国家主席习近平应约同美国总统拜登通电话,拜登明确表示,"美方从无意改变一个中国政策"。台湾学者指出:"无论谁当美国总统,包括拜登在内,绝不可能做这种危险的改变,不会对台战略清晰,否则只会加速中国统一。"

我们必须清醒地认识,美国总统拜登尽管在对台政策上仍然保持了"战略模糊",但美国和台湾民进党当局,为了"共同应对一个在国际舞台上越来越强势的中国",双方在包括"防务和安全领域"内的"非官方关系"不会停止,可能还会强化,阿富汗事件后仍然会如此。白宫国家安全顾问杰克·苏利文(Jake Sullivan)8月17日在一场记者会上强调,阿富汗和台湾的情况不一样,"我们对盟友和伙伴的承诺神圣不可侵犯,过去一直如此","美国对台湾、对以色列的承诺一如既往地坚实。"8月18日,台湾的外事部门也明确表示,拜登政府上任以来,已多次强调对台湾的支持坚若磐石,并以实际行动续挺台湾。据台湾"ETtoday新闻云"等媒体9月1日报道,台湾防务部门8月31日送交立法机构的"2022年度防务预算书"提到要成立所谓"台防务部门全民防卫动员署",并称正在规划"台美军事交流",双方互访及小部队"驻训"等等事项。

不过美台关系的这种走向,并不表明,台海一旦有事美军会驰援台湾。台湾理智的舆论认为,美国对台承诺不可靠,台海爆发战事美国不会"介入",只会"抛弃"台湾。中评社台北8月17日报道,台湾海军陆战队退役高阶军官、"中央军事院校校友总会理事长"季麟连表示,昨天的越南,今天的阿富汗,明天的台湾,我们真的还能靠美国外援吗?他强调,美国从1776年到现在245年,只有16年不打仗,其他时间天天都在外面打仗,所以这么一个国家,真是不应该对它有任何的期望。

　　分析人士指出，不知为何而战的"台军"官兵，当解放军兵临城下时，到底会有如何的反应？战事一开，台北或许再现"西贡时刻"和"喀布尔时刻"，叫嚣"台独"最凶者，最可能如同阿富汗总统加尼等一样，早已溜之大吉。要战斗到底的蔡英文和苏贞昌肯定也是跑得最快者之一。

　　台湾教授邱毅曾发文指出，最好笑的话是：蔡英文说解放军兵临城下，她绝对不逃。苏贞昌说他不怕解放军兵临城下。其实他们的真正意思是：解放军兵临城下之前，他们都已经先逃到美国航母上，所以蔡英文不需再逃，苏贞昌也不会害怕。如果真不想逃，成天做逃亡演练干嘛？

　　　　　　　　（中国社会科学院台湾研究所主办《台湾周刊》2021 年第 38 期）

台湾防务部门"特别预算"述评

　　蔡英文上台以来，台湾防务预算年年增长，已从 2017 年度的 3192 亿元（新台币，下同）增加到 2021 年的 3617 亿元，2022 年还将增长 3%，达到 3726 亿元。不仅如此，根据蔡英文的指令，台湾防务部门还另行编制一项巨额"特别预算"，用以研制和购买新型武器装备。这个预算从酝酿时提出的 2000 亿元，到初步定案时各个项目的总金额，已达 3339 亿余元，几乎相当于台湾一年的防务预算水平。

"以武谋独"的自我展示

　　据台湾媒体报道，2021 年初，台湾防务部门负责人邱国正上任之后，根据蔡英文的指令，立即展开一项重要任务，就是"精进中科院研发能量"，解决导弹量产等"国防自主"经费，并全盘规划下阶段建军事宜。经过数月运筹，在蔡英文"首肯"下，台湾防务部门推出 2000 亿元特别预算案，用于加速提前量产各型导弹，尤其是对大陆具有所谓"源头打击"能力的导弹。目前"中科院"研发的这类导弹已有多种，有的已小批量生产。有媒体将特别预算称之为蔡英文即将端出的"导弹大菜"。后来又传出特别预算还要包括制造舰艇等项目。

　　据台湾"中央社"报道，9 月 22 日，台"行政院"通过"海空战力提升计划采购特别条例"草案，从 2022 年至 2026 年，分 5 年编列 2400 亿元预算，采购 8 个项目，包括海军高效能舰艇、岸基反舰导弹系统、海巡舰艇加装战时武器系统和"万剑"导弹系统等，均由台湾自己制造。《中国时报》称，"条例草案"已送"立法院"待审，台防务部门的"说帖"随之曝光，"说帖"引用前美国印太司令戴维森3月在国会军事委员会报告时的话称，大陆可能在未来6年内以武力解决台湾。继任的美印太司令阿基里诺也称，"大陆对台威胁，比大多数人的想象更严重、更逼近"。"说帖"还称，解放军的军力快速崛起，每年仍持续量产上百架战机，恐加速对台动用武力。因此必须编列特别预算，"才能在最短期程内快速获得自制各式精准导弹、海军高效能舰艇及海巡舰艇加装战时武器系统"。9月22日，台防务部门负责人邱国正声称，编列特别预算是考虑到敌情威胁，台军备战不求战、应战不避战，"敌要来就奉陪，要多久就多久，但不挑衅"。

11月23日，台湾"立法院"经表决三读通过"海空战力提升计划采购特别条例"，明定所需经费上限为2400亿元，以特别预算方式编列，自公布尔日施行至2026年12月31日止。"条例"明定8项采购项目，分别是：海军高效能舰艇（沱江级舰）、岸置反舰导弹系统（雄2、雄3及增程型雄3）、海巡舰艇加装战时武器系统、陆基防空系统（天弓3型）、无人攻击载具系统（剑翔无人机）、雄升导弹系统（雄2E）、万剑导弹系统及野战防空系统（陆射剑2）。

11月25日，台"行政院"通过"海空战力提升计划采购特别预算案"，编列2373亿元，用于采购反舰、防空、反制三大面向军购计划。预算案包括8项、10类武器。若不计算台军沱江级舰、海巡舰平战转换套件，2026年以前将投入1649亿元特别预算，采购8款自造精准弹药。另根据台防务部门公开预算书显示，台军自2020年至2030年，10年间共投入1690亿余元预算，对美采购陆射鱼叉导弹、海马斯多管火箭等精准武器，若加上自造导弹的预算，总金额高达3339亿余元。

如何读懂这个"特别预算"呢？还是看看蔡英文怎么说的？据台湾"军闻社"报道，11月24日，蔡英文透过脸书等社群平台表示，这项"条例"有"三个重点"：一是编列预算建购军备武器，可以快速提升海空战力；二是优先采购岛内自制武器，有助于"国防自主"的能力发展；三是大幅提升台军防卫能量，向国际展现自我防卫决心。她语气强硬地说：立场很清楚，遇到压力不屈服，得到支持不冒进，但是若遭受威胁，我们必将竭尽全力捍卫"国家安全"。她还感谢"行政院"与"朝野立委"合力推动法案，为台军"建军计划立下重要里程碑"，"未来会持续强化自我防卫能力，发展不对称战力，守卫家园我们寸步不让"。从这"三个重点"看，蔡英文是用了一番心机的。笔者也用"三点"对其脸书言论予以评析：一是突出以进攻性武器为重点，中远程反舰对地导弹占预算金额一半，妄图以攻助防；二是将本土供应商作为主渠道，意在完善军工体系，获得持久战力；三是绑定美国，增购鱼叉导弹、升级 F-16 飞机，虽然这些都不是先进装备，但可挟美自重，以壮胆气。由此可见，蔡英文的说辞，充分暴露了民进党当局是要以不断提升的"战力"，为"台独"路线"保驾护航"的。

导弹再多救不了"台独"

民进党"立委"赵天麟在立法机构会上表示，台湾建军的三大支柱是"潜舰国造"，添购和升级 F-16 等二代机，以及发展导弹系统。其中，导弹系统是台湾防卫上"最大的吓阻力"，能让解放军"出不了海，登不了陆"。

从台湾防空导弹的密度来说，堪称世界排名第二，仅次于以色列。中评社台北 8 月 17 日报道，台军"爱国者"导弹共有 9 个连，部署于台北、台中和高雄 3 个都会区，作为反导弹之用。据中时新闻网报道，"爱国者"导弹阵地在北部有 3 个，分别设于南港、林口与新店；中部则设于坪林营区；南部是高雄考潭营区，以及屏东大圣营区。"爱国者"导弹还设有多处预备阵地与野战阵地，并以北部居多。"爱国者"导弹阵地的部署，除了参照美方顾问的意见外，都依据台军方兵棋推演的计算机数据结果而设，并从"解放军导弹来袭方向、防护目标及效益"等项目进行了评估验证。台军官员表示，"爱国者"导弹部署采取固定与机动编配相结合，因为固定阵地必是敌人首要攻击目标，所以导弹连官兵平时训练，都是开着导弹车到处跑，在预备与野战阵地演练。

据岛内外媒体报道，台湾当局出于"以武谋独"的需要，特别注重加速研制和量产具有所谓"源头打击"能力的远程导弹，"用于打击大陆沿海目标"。台湾正在生产和研制的导弹，主要有以下型号：1."天弓–3型"地空导弹，射程200公里，是台湾能够自行生产的最为先进的防空导弹，据称量产后将编12个连，主要担负台湾东部的防空；2."雄风–3型"中程超音速反舰导弹，有"航母杀手"之称，可以"射天、射地、射一切"，已成为台军的"精神护身符"。3."雄风–2E型"地对地巡航导弹，射程600公里。增程发展型可达1000公里，可以威胁大陆东南沿海省份。设想未来增程达到两三千公里，命中误差在10米以内，以达到对大陆整个战略腹地进行威慑的目的。4."万剑弹"，全称是"万剑机场联合遥攻武器"，是一款搭载集束弹头的巡航导弹，可对大陆的机场发起远距离打击。自21世纪初开始研发，2015年正式服役，2019年经过完善之后，已成为一款台军少数可用的空中进攻性武器。5."云峰"导弹，据传这是一款超音速，射程在1200—2000公里的巡航导弹，是台湾版的"决战兵器"，自1996年台海危机开始便被台湾秘密立项，历经李登辉、陈水扁、马英九、蔡英文四届，台湾当局仍在研发当中，一旦服役将对位于大陆中部、北部的重要目标产生威胁。其他还有几种正在研制的导弹，但尚无更多信息曝光。

从防空导弹的密度来说，台湾已居世界第二，再加上蔡英文的"导弹大餐"，密度还可大大增加，然而密度再大，在两岸军事实力数质量巨大差距面前，也是难以有所作为的。更何况统一与分裂之争斗，是正义与邪恶的对抗，"台独"势力在历史的大潮中，岂能不被洪流所淹没。马英九主政时曾表示，台湾防空导弹的最大拦截率可达70%。当时就有网民调侃，大陆对台的一千多枚导弹遭拦截后，来袭的还有三四百枚，那也是铺天盖地啊！近些年来，随着军事科技的发展，更有网民出点子，杀鸡焉用牛刀，大陆只要用远程火箭炮和无人机袭击，就够台湾当局受得了！

预算举债"债留子孙"

庞大的"特别预算"，使台湾的财政状况出现警讯。11月25日，台"行政院会"通过"海空战力提升计划采购特别预算案"后，"主计总处"

发布新闻稿指出，用于采购反舰、防空、反制三大面向军购计划，所需财源 2373 亿元，"全数以举借债务支应"。

高额的防务预算，特别是"债留子孙"的做法，引发岛内各方的强烈反映。8 月 22 日，国民党"立委"陈以信在立法机构就批评指出，6 月中旬台当局通过的 2600 亿元"纾困 4.0"特别预算案，已等于欠全台湾每人 26 万元。如果实行导弹计划，又等于向全台每人再借 1 万元。"请问蔡英文，你以为借这些钱都不用还吗？还是你向子孙借钱不会痛？"他严厉质问："明明疫苗不够用，导弹还买一大堆，这样台湾人会比较安全吗？"

"特别预算"的实施，因缺乏监督，在岛内也被广为诟病。国民党"立委"江启臣批评称，"朝野"协商过程中，"内容不能谈、项目不能改"，其中有太多猫腻，民进党在护航什么？2400 亿元要花在哪？他点名"中科院"历史黑纪录一堆，去年"审计部"才把其所有瑕疵列出，"特别预算"不能空白授权，爱怎么花就怎么花。陈以信指出，全案中有 1800 余亿元将由"中科院"发包给民间企业参与，而"中科院"转型为行政法人后，内部发包程序不受当局采购规范，很容易舞弊。联合新闻网称，"特别预算条例"规定，排除"政府采购法"等诸多限制。如此一来，形同让当局手握特大号的空白支票，可以在监督极少的情况下就决定交付给自己属意的厂商。

针对民进党当局企图以武获"独"、以武拒统，国台办多次表示，这是死路一条。国防部新闻发言人也曾明确强调，任何煽动两岸敌意、渲染两岸对抗的行径，都只会给台湾同胞带来灾难。

2020 年 8 月 13 日，外交部发言人赵立坚就曾对台湾提高"防务预算"一事坚定地表示："台独"是一条走不通的绝路，中国国家统一和民族复兴的历史大势是任何人、任何势力都无法阻挡的，台湾是把纳税人的钱花在防务上，不管花多少钱，台湾是个弹丸之地，对抗大陆如同蚍蜉撼树。

（中国社会科学院台湾研究所主办《台湾周刊》2021 年第 49 期）

台湾公路"战备道"设置观察

　　"战备道"的设置，源于冷战时期的北约，几乎整个欧洲大陆平原各国都建有"战备道"，其中落实得最完善的国家当推瑞典和瑞士。国民党统治集团退踞台湾后，为了对抗祖国大陆，延续空军有生战力，在构建现代化公路网时，即仿照北约组织做法，在邻近各空军基地的适当路段筑设战备跑道，即所谓的"战备道"。

台湾的5条"战备道"

　　台湾岛内公路十分发达，公路网遍布全省，线路稠密，纵横交织，四通八达，行车方便。依照地理形势和道路功能，分为高速公路、环岛公路、横贯公路、纵贯公路、滨海公路、联络公路6个系统。其中最重要的高速公路是中山高速公路（"国道"一号），从基隆至高雄。1971年8月14日正式动工，1974年第一阶段三重—中坜（内坜）通车，1978年10月全线通车。全长374.3公里。途经台北县、台北市、桃园县、新竹市、台中县与台中市、云林县、嘉义县、台南县、高雄县等15个县市，并连接基隆、台中、高雄3个国际港口和桃园、高雄2个国际机场，是台湾陆上交通和西部走廊最重要的大动脉。其路面为沥青混凝土，道路中央设分隔带，行车分向，沿线采用立体交叉和交流道形式与其他公路相连。该公路是蒋经国推动的"十大建设"之一，以纪念孙中山而命名。

　　台军设置的公路战备跑道，大都位于中山高速公路上。标准为长度不短于2000米，宽度不窄于50米，载荷不小于100吨，铺设给配达40厘米以上的水泥或柏油路面。路面都装有特殊灯光标志，公路中间分隔带底部插座盖弹起就是跑道灯，道边没有障碍物。还附设有与空军基地相连的地下油管，通信、指挥、后勤补给设施等，可起降包括战斗机、运输机在内的各型军用飞机。目前台湾共有这样的"战备道"5处，包括位于"国道一号线"的彰化花坛、嘉义民雄、台南麻豆、台南仁德4处，以及省道"台一线"的屏东佳冬段1处（见表1）。

表1　台湾"战备道"

名称	公里数	坐标	时间
中坜"战备道"	一号"国道"58.00—60.00K	N24.58.27 E121.13.16	"国道"启用前 1975年11月
花坛"战备道"	一号"国道"204.30—207.05K	N24.00.17 E120.30.44	"汉光23号"演习：2007年5月15日 "汉光35号"演习：2019年5月27日
民雄"战备道"	一号"国道"256.88—259.60K	N23.32.44 E120.24.46	"汉光30号"演习 2014年9月16日
麻豆"战备道"	一号"国道"295.40—298.10K	N23.14.35 E120.15.02	"汉光27号"演习 2011年4月12日
仁德"战备道"	一号"国道"331.25—334.10K	N22.55.37 E120.15.23	"汉光20号"演习 2004年7月21日
佳冬"战备道"	一号省道428—433K		"长青12号"演习 2011年11月17日

数据来源：台湾《军事家》国际版2021年7月号。

"战备道"起降科目演练程序

1974年台湾高速公路第一阶段（三重到中坜）通车后，空军于1975到1978年间就陆续以各机型进行实机落地验证。参加验证的军机有C–119运输机、F–100F、F–104D、F–5B/E战机及T–33A教练机。此后20余年未再进行封路与实机落地验证。直到2004年"汉光20号"演习（仁德段）时才予以恢复。

从2007年的"汉光"演习起，台军又先后举办过5次"战备道"落地验证。参加验证的机种较之以往有所变化，除装备的三型主力战机外，还有 E-2K 预警机。这 5 次演习分别是 2007 年"汉光 23 号"（彰化段）、2011 年"汉光 27 号"（麻豆段）、2014 年"汉光 30 号"（民雄段）；2019 年"汉光 35 号"演习期间，彰化"战备道"又进行了一次验证；省道佳冬段于 2011 年的"长青 12 号"预备执行，因当天大雨造成路面湿滑，战机改低空掠过作结。由于"战备道"处于大众可见之处，实机落地验证又是演习中的稀有科目，因而往往吸引众多群众驻足围观，于是台湾当局又将其列入所谓"全民国防教育"的内容予以导扬，以"激励民心士气，行销台军形象"。

"战备道起降"科目演练，按照台军"使用高速公路（公路）战备作业程序"办理。主要参演单位有空军（所属联队、空作部、导弹、防炮）、陆军（作战区、航特部、后勤部、工兵）、通资电、"宪兵"、后备等。台"空军作战指挥部"负责对各指挥所开设运作、机动战术空中导航台的架设、协调民航局划定演练管制空域、演练前完成飞航公告的发布等事项。"防空暨导弹指挥部"负责与作战区协调，完成周边（防炮、导弹）兵力、火力部署。除军事单位外，演练还涉及台湾"内政部警政署国道警局"、县市警局与消防局，"交通部高公局、公路总局、民航局"等部门。

操演项目主要是先期整备、协调、战情传递、通资电整备与前进支持点验证，最后才是"战备道"的起用与解除。担任起降的各联队战机所属飞行员要先行完成模拟机的热飞，在类似完整场景的状况下以近乎实况的方式训练，置重点于模拟各项紧急状况的处置，例如低云幕、低能见度、顺风或侧风落地、落地后刹车失效等状况。在近几年的"战备道"起降中，通常会由 F-16 战机担任领队机降落。

"战备道"挽救不了"台独"的覆灭

台湾地区历任领导人，怀着异样的心情，十分重视"战备道"的建设和使用。1978 年蒋经国在中坜，2007 年陈水扁在花坛，2014 年马英九在民雄等地的"战备道"，都观摩过战机起降演练。中坜"战备道"后因周遭建筑物影响不得不于 2006 年废除。

2016 年蔡英文上台以后，连续两次举办"战备道"战机起降演练。一次是 2019 年 5 月 28 日"汉光 35 号"实兵演练阶段，在彰化"战备道"举办。这是蔡英文首次视导"战备道"的使用。另一次是 2021 年 9 月 15 日"汉光 37 号"实兵演练阶段，在佳冬"战备道"举办。这是该"战备道"启用 41 年来首度完成战机起降演练。这两次拟制的想定，都是模拟台海发生战争时，岛内各机场跑道遭解放军导弹损毁，台军在高速公路开起临时跑道，给各式战机进行加油挂弹演练。演练时，台军空军 F–16V、IDF、幻影 –2000 和 E2–K 预警机各 1 架依序落地待命整补。后勤部队立即为"空战"后的战机"疗伤"和补充。空中和周边还部署有直升机、导弹和防空火炮担任警戒。通过以上战术作为，验证战机降落"战备道"实施油弹整补再战的"应变能量"。

蔡英文两次观摩演习后都发表了谈话。2019 年那一次演练后，她俨然以"三军统帅"的身份声称："战备跑道"起降演练就是要验证，在基地跑道受损时，仍然能够运用动员机制，立即将高速公路转换为战备跑道，来执行空军战机起降任务，确保制空战力，"这就是全民国防真正的意义"，"这是我们国军可恃的战力，这是我们可以信赖的国防"。她别有用心地说，国际情势急遽变化，台湾的"国家安全"也面临更复杂的挑战，不论是大陆的远海长航训练，或是解放军军机绕台，都对区域和平及稳定造成了一定程度的"威胁"，台军"更应该保持高度的警戒"。这充分暴露了蔡英文"独"心不死，妄图"以武谋'独'"的政治图谋。

军事观察家指出，战机在高速公路起降，虽然在一定程度上有助于作战，但这种操作需要配合复杂的维修保障和后勤支援，而通常都是临时训练而不是常规操作，如果将这种应急训练当作战力的提升，那是夸大其词。台湾地幅狭小，战略纵深不足，从福建平潭到新竹海边仅 68 海里，超音速战机用不了 7 分钟即可抵达。特别是台湾现有机场全在大陆导弹以及远程火箭弹的打击范围之内，在战时都会遭到大陆的火力覆盖，短时间之内就会被压制、破坏、摧毁，不足以支撑台湾战机的使用。至于这些本来就暴露的公路战备跑道，因其附近防空能力较为薄弱，更易受到打击，生存能力比机场差得更多，也不可能挽救台湾空军被歼灭的命运。

特别需要指出的是，台军事故频仍是出了名的，蔡英文上台以后也是有增无减。"汉光"演习是台军作战层次最高、演习战情最复杂、参演人员最多、课目设置最齐全、规模最大的三军联合攻防作战系列演习，而演习中发生的事故也是突出的。统计显示，从 1984 年到 2020 年 7 月初，"汉光"演习总计已发生 12 起重大事故，共造成 12 人死亡、23 人受伤、1 人失踪。即使此次"汉光 37 号""战备道"战机起降预演时，一架 F-16 战机滑出跑道，机头插入跑道口的土里。事故如此之多，不仅暴露出武器装备性能和管理上的诸多问题，也反映了在民进党当局操纵下的台军军心涣散、战斗力下降的现实。岛内资深媒体人徐宗懋曾著文认为，民进党当局权力体系下的台军官兵正是"权力食物链"最底层的牺牲者，却要在前线拼死保护一堆刻意煽动对立以获利的投机者，"如此权力表面上坚如磐石，其实是海市蜃楼的幻影，结局必将是在大陆重击之下瞬间瓦解"。

（中国社会科学院台湾研究所主办《台湾周刊》2021 年第 39 期）

武器装备

新世纪以来台湾当局武器装备政策分析

武器装备是"自造"还是对外特别是对美国军购，一直是台湾各界争论不休的议题。2000 年以来，历经陈水扁、马英九、蔡英文三任领导人，台湾当局在武器装备政策方面不断进行了调整。

一、推行"国防自主"，自制重型装备

台湾"国防法"第 22 条指出："行政院所属各机关应依国防政策，结合民间力量，发展国防科技工业，获得武器装备，以自制为优先，向外采购时，落实技术移转，达成独立自主之国防建设。"台湾防务部门提出"确立核心、整合能量、策略联盟、分工合作"原则，运用外部资源，整合民间技术，扩大防务工业产制规模，加速武器装备生产与部署，积极建立防务自主能量，厚植部队战力发展基础。

（一）陈水扁强调"要大力发展自制武器"

陈水扁上台之初，台军外购与自制的矛盾相当突出。2002 年 7 月，亲民党"立法委员"公布的研究显示，以往 10 年台军购清单中外购占 92%，自制仅 8%。有鉴于此，陈水扁推出了"自主国防"计划，意在通过"自造武器"，打造台湾的"'国防'工业体系"。为加强研发，台湾成立了专司武器开发、制造、提供的"国防部军备局"。同年 10 月，台湾当局宣称，"今后台湾要大力发展自制武器"，"要在未来三四年内，斥资上千亿元（新台币），全力落实潜艇自制计划"。

2002 年 5 月 7 日，亲民党、民进党、国民党朝野三党"立委"发起组成"潜舰国造推动联盟"，提案要求美国售台的 8 艘潜艇中，有 6 艘必须在台制造，否则不得动支预算。他们指出，该项军售案涉及 2000 亿元商机，在台湾制造不仅可以提升景气及就业率，还可借技术转移发展台湾的防务工业。

面对来自民间企业和本土派研发机构的压力，台湾当局不得不有所表现。2002 年 8 月，台湾行政部门负责人游锡堃称，未来 10 年将有 7000 亿元用于军事投资。同年 10 月，由游锡堃和防务部门负责人汤曜明主持，在高雄举行"国防资源释商政策说明会"，展示了台湾自制的武器组件、火箭、"天隼二型"无人飞机、导弹、成功级导弹巡防舰、油弹补给舰与锦江级导弹巡逻舰等装备。会议提出，台军应结合民间力量，鼓励民间厂商投入防务产业领域，为台湾创造更多商机，同时运用既有的防务科技研发能量，协助传统产业升级，促进军民科技交流互补。

（二）马英九着力推动"军舰自造"

马英九执政以后，在"国防自主"方面，充分利用台湾的军事科技与研发能量，大力研制部署各型舰艇、导弹、甲车、飞行载具，并进行 IDF 经国号战机的性能提升，积极规划"潜舰国造"等项目，力求通过发挥台湾自身的能量，提升防卫战力。至 2012 年马英九第一任期结束之际，台军已陆续完成"光华 6 号导弹快艇""雷霆 2000 多管火箭""云豹甲车量产"及"IDF 战机性能提升"等计划，展现出台湾致力于"国防自主"研发的丰硕成果。

2015 年 3 月 31 日，马英九在左营潜艇基地亲自主持"磐石舰""沱江舰"成军典礼，颁发新舰成军命令、舰旗及印信，并检阅了现场停泊的"光华六号"导弹快艇、"沱江舰""磐石舰"，以及隶属"海巡署"的"台南舰"、"巡护 9 号舰"。马英九致辞称，7 年前他上任后着力推动"军舰自造"，如今成军的"沱江舰"与"磐石舰"，从构想、设计到建造，都由台湾自力完成，正是这一理念的具体实践，是"象征海军战力跃升重要里程"。7 年来台当局总共投入新台币 560 亿元，建造"光华 6 号"等 36 艘舰艇，"海巡署"也新建 6 艘巡防舰与 7 艘巡防艇。

8 月 13 日，台防务部门在台北世贸中心举办"2015 年台北国际航天暨国防工业展"盛大开幕，以"国防自主，军民双赢"为参展主轴，展示"中科院""国防大学"及"军备局"等单位，投注在国防科技自主研发的成果。

（三）蔡英文强调推进"国防产业"发展

蔡英文上台后，更是积极推动"国防自主"政策，强调其"核心概念"是建立自主的"国防科技能力"，推进"国防产业"的发展。台湾防务部门结合民间产、学、研技术能力，积极建立武器研发、生产与全周期支持能量，增进"国防自主"科技能力，并借助向外国采购，进行工业合作及技术移转，以达成振兴"国防产业"及"国防自主"目标。蔡英文叫得最响，并开始实际作为的是"国机国造、国舰国造"！

1. "国机国造"正式启动

为筹建符合联合防空作战需求的未来战力，台湾防务部门规划由"中科院"在 IDF 研发基础上，执行现有战机性能提升，并整合岛内外系统供货商参与，以凝聚研制能量。

2017 年 2 月 7 日，台湾防务部门在"中山科学研究院"航空研究所举行"新式高教机委制协议书暨合作备忘录签署启动典礼"，宣示"国机国造"正式启动。典礼由蔡英文主持，空军司令沈一鸣与"中山科学研究院"院长张冠群签署备忘录。台湾防务部门决定采用汉翔航空工业公司"XT–5 型蓝鹊"高教机设计构型，编列预算 686 亿元新台币。4 月 26 日，由台中市政府举办中部场招商说明会，邀集岛内 104 家机械厂商 150 多人，加入"国机国造"供应链。依照协议，量产构型确认后，逐年提高产能，2026 年完成 66 架高教机生产任务。

蔡英文说，台湾自 1990 年停止生产"经国号"自制防御战机后，"国机国造"已经原地踏步 30 年。她期盼"国机国造"启动后能协助台湾航太工业厚植人才链，加强产业联结，"重新发展我们的国防产业"。

2. "国舰国造"签署合作备忘录

观察家认为，台湾造船业陆续参与多项水面舰艇建造，造舰质量已逐渐成熟，岛内已具备水面舰艇自制能量。台湾防务部门依作战需求规划未来新兴兵力，采取批量、循环及长期方式自制，以满足建军备战需求。2017 年，新增加了新型两栖船坞运输舰、高效能舰艇后续舰、快速布雷艇建造案，以及潜舰、新一代导弹巡防舰合约设计案。3 月 21 日，"潜舰国造"设计启动及合作备忘签署仪式，在左营海军军港举行。在蔡英文主持下，台湾防务部门负责人冯世宽、台湾国际造船公司董事长郑文隆以及"中山科学研究院"院长张冠群，共同宣布"潜舰国造"启动命令和签署合作备忘录。郑文隆表示，2018 年 3 月提出潜舰初步设计方案，预计 8 年下水测试、10 年成军。合约设计全案预算 29 亿元新台币，目前已完成重要工作管制节点并全力推动。在启动仪式上，蔡英文高调表示："潜舰国造"是"国防自主"政策中最具挑战性的一环，也是"三军统帅"对"国家"的责任；目标不仅是打造出鱼雷潜舰，而是要完成代表台湾"国家安全"、产业发展和社会团结的"潜舰国造"任务。

3. "国防自主"规划难以实现

2018 新年伊始，在蔡英文的领军下，台湾当局正致力于研拟至 2025 年的详尽预算规划，增加长期防务开支，投资先进武器系统。优先项目包括新型导弹、无人驾驶飞机、电子战系统、战斗机和弹道导弹防御系统，企求打造更强大的威慑力量，以对抗大陆攻击。2025 年前，台湾年度防务开支预计至少增加 20% 或 624 亿元新台币，达到 3817 亿元新台币。这样大一笔开支，能否落实，尚待观察。应当说，台湾在军事科技发展方面还是有一定进展的，然而把它上升到"国防自主"的高度却是勉为其难。美国"全球台湾研究中心"资深研究员安大维表示，台湾自制柴油潜舰平台不是问题，但武器和电子战系统需要外援。

二、美国对台军售常态化，军事合作内涵扩大

2000 年以来，美台出于各自的战略利益，积极推动和深化双方多元军事交流管道。美国把台湾看成是其推行国家战略的重要棋子，纳入"事实上的主要非北约盟友"圈内，不断强化向台湾提供所谓"防卫性武器"。而台湾不管蓝绿哪家执政，为了达到或"以武拒统"或"以武谋独"的目的，也都积极迎合美国意愿，大力购买美国武器装备。在 2008 年 3 月 9 日的"大选"电视辩论会上，政见迥异的蓝绿两位候选人马英九、谢长廷，对军购问题却做出了颇为一致的表态：支持继续采购"防卫性武器"。台美之间，有时由于在政治策略或军售环节上产生某些矛盾，但经过很快调整后，美国照样售给台湾武器装备，而且数额越来越大，价格越来越贵，"进攻性武器"也越来越多。据报道，台湾购入的各种武器装备 95% 以上来自美国。

据百度百科、维基百科最新修订的词条，以及有关方面的资料综合统计，从 1979 年 7 月至 2020 年 5 月，美国对台军售总计 609.027 亿美元，其中台湾实现政党轮替以后，从 2000 年 3 月至 2020 年 5 月，美国对台军售为 445.037 亿美元。

（一）陈水扁主政时期：美国开始向台提供进攻性武器

民进党的陈水扁上台以后，美国在对台军售问题上屡次以各种借口突破中美"八一七公报"限制，向台湾地区出售大批先进武器。资料显示，在陈水扁 8 年的任期内，美国向台军售达 113.077 亿美元。

2001 年，小布什刚上台就替台湾提出了一个预算为 180 亿美元的大清单，用于购买 8 艘柴电潜艇、12 架 P–3C"猎户星"反潜巡逻机及 6 枚 PAC–3"爱国者"导弹的电池。但此案在蓝营民意代表占多数的情况下，台湾立法机构数十次将其挡掉，直到 2006 年 12 月 29 日才予以批准。不过有意思的是除后 2 项预算通过外，前一项拟购的"8 艘柴电潜艇"改成了"潜艇设计方案"，主要是美国二战后再无柴电潜艇建造，寻求西方盟

友支持对台军售又无人响应，这样就使得预算从 160 亿美元一下子减少到 1.92 亿美元，着实令美国难堪了一番。此项计划迄今也未能全部兑现。

陈水扁任期内，美国向台湾销售的装备性能有显著提高，主要标志就是由防御性向进攻性发展。这正好适应了陈水扁提出的"决战境外"攻势战略的需求。2004 年以后，美国突破美台军购"红线"，答应向台出售 AGM–88"哈姆"高速反辐射导弹，帮助台军对 F–16、经国号战机进行设备升级和改造，并为其配备"铺路爪"远程预警雷达，再加上台军装备的"小牛"导弹，从而使台军具备了攻击大陆内地重要战略目标的能力。美国对台军售十分重视软件支持和系统构建。2005 年 6 月 23 日，美国宣布，将为台军制造远程预警雷达，使其预警能力达到 3000 公里以上。美国在售台的"Link–16"战术数据链中预留了与美军对接的接口，为未来台美联合作战预做准备。台学者指出，由于 Link–16 不仅为美军现役主战战术数据链，而且日本自卫队和北约盟国也都采用，因此当台湾"三军联合作战指管通情系统"建构完成后，台军不仅可以完成内部指管机制的整合，同时也在技术上建立了与美日军队的资讯交流。未来台海一旦有战事，美日的侦监设施都可成为台军的耳目，这就等于为美日台军事合作预留了伏笔。

值得注意的是，在陈水扁任内，美国售台的"铺路爪"远程预警雷达、Link–16 战术数据链等资讯装备，虽不属进攻性武器，貌似敏感程度低，但部署后却起到了将美对我早期战略预警能力提高、并将台军整体纳入对我"介入／拒止"作战力量的作用。

（二）马英九主政时期：美台军售额大幅增加

马英九在两届任期间一直奉行"和陆、友日、亲美"路线。美国售台武器表现积极，先后于 2008、2010、2011、2015 年共 4 次宣布对台军售。资料显示，在马英九任职期间，美国政府宣布的对台军售总额达 205.22 亿美元，平均每年军购金额达到 25 亿多美元，远超过陈水扁任内的 10.1 亿美元、李登辉任内的 13.5 亿美元。

2014 年 12 月 26 日，马英九在"陆海空军将官晋任布达暨授阶典礼"

上说，他上任后，美国曾分别宣布三批总金额高达 183 亿美元的对台军售案，缔造了 20 年来金额最高的纪录，包括 P–3C 反潜巡逻机、AH–64E 及 UH–60M 直升机等，均已陆续到位，完成训练即可加入战备。2015 年 12 月 16 日，美国政府又宣布将总金额 18.31 亿美元的 10 项对台武器输出案，送交国会审查。这是马英九上任后美方第四度宣布对台军售，其中包括佩里级护卫舰 2 艘、密集阵近防系统、MIDS 终端机增购、猎雷舰战系（商售）、AAV7 两栖突击车 36 辆、单兵毒针防空导弹 250 枚、陶式反坦克导弹 769 枚、标枪导弹及迅安系统（Link–16 战术数据链）后续支援等项。

马英九在《八年执政回忆录》中提到的相关数据，与本文前引数据有差异，特录于此存查。马英九说，在 8 年任期内，美国有 4 次对台军售，总额达 201.3 亿美元（约新台币 6491 亿元），超过李登辉（任期 12 年）的 162 亿美元，以及陈水扁（任期 8 年）的 84 亿美元。马英九解释，他主政后第一笔 68 亿美元的美台军售案，其中有许多建案是陈水扁任内提出的。由于当时美台关系有所抵牾，互信不足，直到马英九上任后美方才予以同意。

（三）蔡英文主政时期：美国实行"常态化对台军售"

蔡英文上台后，对美更是亦步亦趋，紧抱美国大腿。特朗普上台后，打"台湾牌"的频率也越来越高。2017 年 11 月，特朗普表明美国会继续提供防卫性武器给台湾，没有考虑终止对台军售。美国国会 2018 年 3 月通过"台湾旅行法"，8 月通过《2019 财政年度国防授权法》，12 月通过"2018 年亚洲再保证倡议法"这个"再保证法"的第 209 条款"对台湾之承诺"，重申支持美国与台湾间政治、经济及安全的合作，规定"美国总统应依来自中国之威胁而定期对台军售"。从 2018 年底起，为"因应台湾的防卫需求"，美国将对台湾的"包裹军售"改为更常态化的"逐案处理"，以便更能"因应台湾的防卫需求"。

2019 年，适值"与台湾关系法"立法 40 周年，美国国会参、众两院表现出对"台湾安全"以及双方"安全合作"的重视。2019 年 5 月，美国国会提出"2019 年台湾保证法案"及重新确认美国对台湾及对执行"台湾关系法"的承诺决议案，再次表达了对于"常态化对台军售"以及协助台湾提升"自我防卫能力"的坚定支持。值得重视的是，仅 2019 年一年就 4 次批准对台军售，较以往有所突破。8 月 20 日，美国更是直接推出 80 亿美元 F–16V 新型战机计划，成为继 1992 年老布什政府之后再次大规模的出售战机。蔡英文当局赶紧制定"新式战机采购特别条例"，于 10 月 29 日完成立法机构三读程序，做好了充分法制准备。10 月 31 日，台湾行政部门火速通过特别预算案，从 2020 年至 2026 年，共编列 2472 亿元新台币，用于购买美 F–16V 战机。今年 5 月 20 日，美国国务院发布新闻稿，又声称已批准向台湾地区出售 18 枚 MK–48AT 重型鱼雷以及相关的设备和技术，总金额达 1.8 亿美元。

美国国务院官员表示，美国与台湾的合作已超过军售范畴，包括训练、交流与准则发展等。据台湾防务部门统计，美台在"政策对话""军（商）售管理""军备科研""防卫评估""专业国防""教育训练""情报交换""战训整备""后勤维保"及"通资指管"等领域，日益拓展交流合作的深度与广度。从 2018 年至 2019 年 8 月，台湾出访计 380 余案，邀（赴）访计 250 余案，交流逾 2700 余人次。

二、台军作战能力分析

20 年来，无论是依靠"自造"还是对美军购，台军的硬实力和软实力都有所提升。当前，应该怎样认识这支军队的作战能力呢？

（一）全球军力排名靠前，两岸力量对比悬殊

20 年来，经过一系列军力调整，台军的作战能力有了一定程度的提升，但还存在诸多"短板"和"缺项"。有学者提出可以这样认为：台军已初步形成多种手段相结合的侦察预警体系，但由于防御纵深短浅，预警时间有限，反应能力不足；防空导弹在数量和性能上均已接近世界先进水平，但自身技术保障能力有限，系统暴露在外易被摧毁；作战飞机技术水平较

高，但持续作战能力不足；水面作战能力有所提升，但水下作战能力仍然欠缺；网络战能力建设资金逐年递增，但在实施网络战的情报收集密码破译和数据处理等关键环节上，存在着效率低下的"瓶颈"；等等。

据台湾"东森新闻"2018年6月1日报道，近日"全球火力指数"（Global Firepower，简称GFP）网站公布了全球军力排名，在136个国家和地区军队中，前3名分别是美国、俄罗斯和中国，邻近的韩国、日本分为第7第8名，台湾地区则从2017的全球第19名，跌到第24名。"全球火力指数"，是世界最著名最权威的军事排行榜之一。它使用了复杂的评估方法，考虑50多种不同因素，根据相关计算结果，得到一个大致反映某国和地区军队实力的评分（火力指数）。

"全球火力指数"网站对两岸军力分别做了评估。中国大陆，现役兵力218万人，空军战力包括1125架战斗机，陆军战力包括7716辆坦克，海军战力包括1艘航空母舰（现为2艘），50艘护卫舰，29艘驱逐舰，73艘潜艇。中国台湾地区，现役兵力25万7千人，空军战力包括286架战斗机，陆军战力包括2005辆坦克，海军战力包括20艘护卫舰、4艘驱逐舰、4艘潜艇。由此可见，两岸军力对比，大陆在数量上占绝对优势。其实，在质量上大陆也是占相当优势的，这已为许多国家和国际社会所认定，许多学者特别是军事专家的著述也浩如烟海。

凤凰资讯报道，美军对台军战斗力的评估是十分悲观的，认为台军的"联兵旅"缺乏必要的机械化作战装备，打击火力也十分羸弱。如果进行防御作战，台军的一个军团（通常为5—6个旅）大概能够抵挡住解放军的一个合成旅。在2019年的"汉光"演习中，根据美军的指导意见，台军在最后的台北作战演习中调集了多达4个军团的兵力，才勉强抵挡住解放军3个旅的进攻。如此算来，同等规模的台军战斗力大概只相当于解放军的15%。台湾的《军事家》报道，有专家估算，若2025年台湾建造的8艘潜舰完全到位，以10艘潜舰对抗大陆水面舰艇战斗群，其最大攻击成效也只有30%至34%，但台湾相对可能会失去50%至60%潜舰。就连对台湾反导能力很有信心的马英九，也表示对大陆来袭导弹的拦截率只能达到 70%。由此可见，如果两岸一旦有战事，台军必败无疑，至于能顶多久？几天？几周？并无多大实际意义！

（二）事故频发军纪败坏已成痼疾

众所周知，台军事故频发，纪律败坏，歪风盛行，几乎已成社会共识。诸如训练中装备损坏人员受伤，机舰发生火警，贪污挪用公款，非法私藏毒品，酒驾出事，自杀自伤，性骚扰等等，不一而足。据《中国时报》报道，台军资料显示，从 2002 年到 2011 年，至少有 1345 名官兵因军纪事件意外身亡，伤残官兵也超过 2000 人。蔡英文上台以后，台军就像得了"瘟疫"一样，丑闻接二连三，涉事人员从少将到普通士兵，各级都有。2019 年 8 月 6 日，台军发布新闻稿称，从 2016 年至 2018 年，台军"性骚扰"实际成立案件，分别为 24 件、29 件、36 件。从 2019 年 2 月至 12 月，台军至少发生 8 起自杀自伤事件，亡 7 人，伤 1 人。更令人诧异的是，蔡英文的专机，不仅出现了"走私案"，还暴露出"飞安危机"。据媒体报道，今年以来台军发生重大事故已有多起，其中最为严重的是 1 月 2 日晨发生的 UH–60M 黑鹰直升机坠毁事件，导致台军"参谋总长"沈一鸣等 8 人丧生。在台湾当局大肆吹嘘自身的防疫堪称国际"典范"时，又发生了台湾海军"敦睦舰队"严重"染疾"事件。在"五二〇"前夕的敏感时刻，台军又爆发出"电邮门"事件，号称"第四军种"的资通电军所属单位，遭到台"廉政署"上门搜查。以上所列事故，堪称触目惊心。

具有讽刺意味的是，有着"网络百科全书"之称的"维基百科"，有一个词目竟然是"中华民国国军的丑闻与争议"。该词目依序从"两蒋"时期、李登辉时期、陈水扁时期、马英九时期，到蔡英文时期，对若干重要典型事例，均分别列出。能够因"丑闻"而享受"维基百科"榜上有名的，恐怕也就只有台军这一家了。

为此，蔡英文才不得不强调改善部队管理制度，提升各级干部领导统御能力，要"在维持战力的团队军纪，以及社会价值对个人的尊重之间，取得包容取得均衡"。然而谈何容易，台军已经病入膏肓，不进行"脱胎换骨"手术，哪来的战斗力！

（三）"为谁为何而战"陷入迷茫

随着民进党上台，陈水扁、蔡英文等顽固"台独"势力，以"军队国家化"为名，对台军进行全方位多层次的改造，在台军中大肆灌输"台独"意识，大搞"去中国化"，造成历史遭否定，传统被破坏，官兵没有了"中心思想"，信仰危机日益加深，台军已被消费得失了"魂"、落了"魄"。台前"国安会处长"退役将领刘湘滨表示，现在是台军有史以来"最脆弱战力最低"的时刻。

陈水扁上台后，抛出"一边一国"论，制定"中华民国第二共和"方案，宣称大陆不是"祖国"，并将台军《青年日报》"中缝"行之有年的"为中华民国而战"的口号，改成"为台湾而战"。2004年，当局首次对6000余名官兵（含高级将领50名），以心理测试为名，搞"台独"理念政审，以便摸清官兵"统独意识政党倾向"的底数，更好地从思想上控制军队。陈水扁当局还在台军中实施一系列"去中国化"措施，取消长期坚持的"反独促统"教育，拆除军营内有关"统一""中国"等字眼的标语。2004年9月又决定停止呼喊带有"奉行三民主义""完成统一大业"等内容的口号，取消朗读"中华民国军人读训"的仪式，并将使用大陆地名的台军总机代号和以大陆地名命名的舰艇改换名称。由此造成民众思想混乱，青年从军意愿下降。资料显示，当时有40%的民众希望不当兵，对台军作战有信心的只有18%，完全没有信心的却占38%。

陈水扁在组织上大力培植"扁"系人马，推动台军"本土化"，特别注意笼络高阶将领。陈水扁在第一任期内10次晋升台军将官473名，占将官总数的80%。2005年元旦前后又有近百名将领大调整，占了当时台军将领总数的1/4。获得升迁的，不是台湾省籍出生，就是亲扁亲美派。到其第二任期开始时，台湾省籍将官已由20%上升到30%，台湾省籍校官由40%上升到60%以上。陈水扁在任8年内共晋升732位将官，远远超过同期退伍将官数。

　　蔡英文上台后，没有认识到也不可能认识到的是，台军更深层次的问题是不知"为何而战、为谁而战"！她在接受英国 BBC 访问谈到两岸关系时说："任何时候都无法排除战争的可能性……须做好准备，发展自我防卫的能力。"她摆出一副"就算开打也没有关系"的态度，似乎台湾民众和军队都会支持她，然而事实并非如此。据美国杜克大学"亚洲安全研究"的民调显示，一旦两岸爆发战争，只有 23% 的台湾民众愿意"挺身抵抗"（广义的）。如果直接询问被访问者："请问您会采取什么行动？"回答选择投入战场的竟然只有 0.5%，比直接选择投降的 2.1% 还要低。有评论指出，台湾民众对"统独成本"有一定的概念，若是成本太高，就不会选择"独立"。

　　台湾实现政党轮替以后，"为谁为何而战"问题，一直困扰台军。2018 年 5 月 7 日，台湾防务部门严德发，在回答国民党"立委"曾铭宗询问"军人会不会为'台独'而战"时，立即表示："当然不会"；但是他似乎觉得这样回答也不完备，于是接着补充说："国军忠于国家，也忠于人民，国军为中华民国而战，且是始终如一"。严德发的回答并没有解决未来将要遇到的问题。试问：当以"台独"为党纲的民进党主席兼台湾地区领导人，并且戴着"三军统帅"桂冠的蔡英文，以"国家"名义向"国家化"的军队发出战争命令时，严德发们将作何表现呢，台军广大官士兵又将如何行动呢？这是一个值得关注警惕和应对的严肃问题！

（中共中央统战部主管、中国和平统一促进会主办

《统一论坛》2020 年第 6 期）

蔡英文当局推行"国防自主"政策述评

2017 年，台湾防务部门发布两份重要施政指导文件：一是 3 月 16 日的"四年期国防总检讨"，二是 12 月 26 日的"国防报告书"，都是蔡英文上台后发布的第一本该类文件。从文件可以看出，为推动"国防自主"政策，台湾防务部门首次制定了"国防产业"发展策略和落实路径，推动科技创新，扩大科研设置，以"国机国造国舰国造"挹注产业发展动能，振兴"国防产业"，促进经济增长。从广义上讲，"国防自主"的内涵既包括建军"自主"，也包括作战"自主"。但蔡英文当局更多强调的是，建军方面的发展"国防科技"，推进"国防产业"，自研自制武器。为加强针对性，本文也主要从这一方面进行评述。

一、台湾"国防自主"政策的历史演变

台湾的"国防自主"政策，并非自今日始，早在"两蒋"时期就已实行。1949 年国民党统治集团退踞台湾，半个多世纪以来，无论是蓝营掌权，还是绿营执政，从当时的国际形势和两岸关系出发，着眼于各自制定的军事战略的需要，都强调武器装备研制要自力更生，实行"国防自主"政策。

从历史上来看，蓝绿执政时各自推行的"国防自主"政策，是有着共同点的。这就是他们都大肆叫嚷大陆对台湾的"军事威胁"，在演习中均以解放军为"假想敌"。令人感慨的是，在许多军事活动中，无论是陈水扁还是马英九，都爱引用中国兵圣孙子的话："无恃其不来，恃吾有以待也。"他们的共同立场是要误导台军和台湾民众，与大陆抗衡。

在推行"国防自主"政策中，蓝绿最大的区别是，政治基础不同。绿营推行"国防自主"政策，是为大搞"两国论""一边一国"论等"台独"分裂势力"保驾护航"。蔡英文至今仍不承认"九二共识"，实际上也就是否定了一个中国原则，支持和导扬了"台独"气焰。蓝营则不同，基本上坚持了一个中国原则，但国民党的不同执政者也有某些差异。有学者评说，蒋介石坚持一个中国原则是"主动型"（"反攻大陆"），蒋经国是"被动型"（"不妥协、不接触、不谈判"），马英九是"不动性"（"不统、不独、不武"）。这种说法难免有打趣之嫌，但也可以帮助人们认清客观事物的复杂性。为避免烦琐，下面仅以台湾研制战机和导弹的部分项目为例，看看台湾武器装备发展是如何走"国防自主"道路的。

（一）战机研制

1967 年，蒋介石在一次军事会议上指出："美援将逐年降低至 1975 年归零，我国防武器应即规划采自力更生原则，过去我们曾有自制飞机能力，现已历 20 年了，速检讨人才人力机具，早日恢复飞机自制能力。"1968 年 10 月 31 日，台湾空军技术局航空研究院在多年研制的基础上，依据美国设计蓝图，制造的轻型教练机试飞完成，命名为"介寿号"，纳入生产交付空军官校使用。1969 年，空军技术局改制为空军航空工业发展中心，台湾航空工业被誉为进入了"复兴期"。由台湾自行研究发展和与美国公司合作相结合，生产了多种型号的教练机、直升机和战斗机。蒋经国执政后，于 20 世纪 70 年代末期，欲采购 F-16、F-18 等先进战机计划受挫，遂决心实行"国机国造"政策。于是，加紧整合航空结构、动力、航电及武器系统发展能量，启动高性能战机自制计划。1988 年 12 月 10 日，首架台湾自制的高性能防御战机"IDF"出厂，命名为"经国号"，翌年 5 月 28 日首飞成功。经多次反复飞测，证明性能优异，共生产 130 架，成为台湾空军主力战机之一。

（二）导弹研制

早在 20 世纪 60 年代，为改变武器装备来源少的状况，台湾当局决定自行研制一些"有威胁性"的打击武器。1970 年开始研制"雄风–1 型"导弹，在 1973 年得到以色列支持后，于 1975 年仿制成功。从 80 年代初起，台湾前后共生产了 438 枚"雄风–1 型"导弹，主要装备于"锦江级"巡逻舰，以及"海鸥"和"毒蜂"导弹快艇上，1987 年又装备于海岸导弹部队。

从 1988 年起，"中山科学研究院"着手研制"雄风–2 型"舰舰导弹，1990 年获得成功。该型导弹是以美国 RGM–84"鱼叉"舰舰导弹为蓝本研制的，较之"雄风–1 型"，具有较好的抗干扰能力和较强的远距离掠海突防能力，战术技术性能都有很大提高。到 1993 年底，共生产该型导弹 642 枚，装备到"成功级"导弹护卫舰、"康定级"导弹护卫舰和"阳字号"驱逐舰等战舰上。嗣后又将其开发为岸舰导弹和空舰导弹，使之成为台军中唯一的陆海空三军通用导弹。

自 1996 年大陆对台军事演习发射"东风"系列导弹后，"中山科学研究院"又开始研发"雄风–3 型"舰舰导弹，先后得到李登辉、陈水扁、马英九三任领导人的积极支持。研制工作开始时并不顺畅，直到美国宣布单方面退出"反弹道导弹条约"后，始有机会从美国以色列获得一些关键技术，加快了"雄风–3 型"舰舰导弹的研制进程。1998 年，"雄风–3 型"试验弹首次试飞成功。2001 年 4 月，台军"汉光 17 号"演习时，在屏东九鹏导弹试射场进行首次实战试射；11 月和 12 月，又先后两次进行包括飞行控制、超音速自由飞行、轨迹俯冲、仿真攻舰和掠海飞行等课目训练，并在东部海域实施"绕圈飞行"，在海平面上模拟攻击目标的地貌和障碍物进行攻击，命中目标。"雄风–3 型"导弹射程在 500 千米以上，性能良好，机动性强，隐蔽性佳，具有对一定战略纵深目标的打击能力，可给对方造成心理压力和震慑作用。据称，其威慑范围可达浙江、福建以及广东一带。2012 年，台军计划在未来 5 年内生产 500 枚"雄风–2E"巡航导弹和 120 枚"雄风-3 型"超声速反舰导弹。在此基础上，台湾还将研制一款射程更远的地地导弹，以增强其"决战境外"和"先发制人"的反击作战能力。

蔡英文上台以后，认为"国防自主"的核心概念是建立自主的"国防科技能力"，也就是必须掌握研发设计制造测试及后勤支持，才能达成实质的"国防自主"，并在实践中加大推行这一政策的力度。

二、"国防产业"纳入"五大创新研发计划"

蔡英文上台后，即宣示台湾走向"国防自主"的决心，将"振兴国防产业"纳入未来"五大创新研发计划"，并认为这是台湾产业政策的新主轴。

遵循蔡英文的指令，依据台湾"国防法"相关条款，台湾防务部门规范结合民间产学研技术能力，积极建立武器研发生产与全周期支持能量，增进"国防自主"科技能力，并借助向外国采购，进行工业合作及技术移转，以达成振兴"国防产业"及"国防自主"目标。

事实上，从 2013 年至 2015 年，在苏贞昌、蔡英文主持下，民进党就炮制了"国防政策蓝皮书"系列，为上台执政做准备。第七号"蓝皮书""振兴台湾核心国防产业"，提出以"国防产业"为"国防转型"切入点，让"国防改革"从"国防产业"起头。在愿景与策略上，民进党将在自行研制潜舰、下一代战机和营造开放竞争产业环境、推动"国防产业"升级两项决心下，做好法规基础、对外说明、国际联结、政策研究、走向产业五项准备。民进党表示，2016 年重返执政后将立即恢复"国防预算"至地区生产总值 GDP）3% 的水准，启动"潜舰国造"。

2015 年 9 月 18 日，作为民进党候选人的蔡英文，在其首场产业政策——绿能科技创新产业政策发布会上，明确提出民进党未来产业发展策略，在"连结未来、连结全球、连结在地"的基础上，推动包括绿能科技、物联网、生技医药、精密机械、防务航太等策略性产业在内的"五大创新研发计划"。

2017 年 3 月 16 日，在台湾"立法"机构"外交及国防委员会"，台湾防务部门"战略规划司司长"吴宝琨表示，为落实"国防自主"，将结合各"部会"资源与民间产业能量，强化"国防科技"发展与应用，自力研制武器装备，带动"国防产业"发展；同时前瞻武器研制整体规划，引导厂商投入"国防产业"，并以"国机国造""国舰国造"等项目，带动产业发展与整合，逐步落实武器系统之自研自制。

三、聚焦航天、船舰及资安三大领域

台湾防务部门依据蔡英文的政见和防务科技规划研发期程，积极建立武器系统研发、设计、制造、测试及全周期支持的全程自研自制能量，决定现阶段优先聚焦航天、船舰及资安三大领域。尤其是"国舰国造""国机国造"更是蔡英文当局力推的重中之重。

（一）"国机国造"正式启动

台湾防务部门为筹建符合联合防空作战需求的未来战力，规划由"中山科学院"在 IDF 研发基础上，执行现有战机性能提升，并整合岛内外系统供货商参与，以凝聚研制能量。

2017 年 2 月 7 日，台湾防务部门在台中"中山科学院"航空研究所举行"新式高教机委制协议书暨合作备忘录签署启动典礼"，宣示"国机国造"正式启动。典礼由蔡英文主持，空军司令沈一鸣上将与"中山科学院院长"张冠群中将签署备忘录。台湾防务部门决定采用汉翔航空工业公司"XT–5 型蓝鹊"高教机设计构型，编列预算 686 亿元新台币。4 月 26 日，由台中市政府举办中部场招商说明会，邀集岛内 104 家机械厂商 150 多人加入"国机国造"供应链。依照协议，"中山科学院"预定 2019 年 9 月完成原型机出厂，2020 年 6 月首飞。量产构型确认后，逐年提高产能，于 2026 年完成 66 架高教机生产任务。台湾空军现役"F–5 型"战机、汉翔"AT–3 自强号"教练机，机龄都已经超过 30 年，均将以"XT–5 型蓝鹊"高教机换装。

蔡英文说，台湾自1990年停止生产"经国号"自制防御战机后，"国机国造"已经原地踏步30年。她期盼"国机国造"启动后能协助台湾航天工业厚植人才链，加强产业联结。她说："我们没有另外的30年可以浪费。现在，'政府'一定要坚定地带领'国'人，重新发展我们的'国防产业'。"

（二）"国舰国造"签署合作备忘录

军事观察家认为，台湾造船业陆续参与多项水面舰艇建造，造舰质量已逐渐成熟，岛内已具备水面舰艇自制能量。台湾防务部门依作战需求规划未来新兴兵力，采取批量循环及长期方式自制，以满足建军备战需求。2017年，新增加了新型两栖船坞运输舰、高效能舰艇后续舰、快速布雷艇建造案，以及潜舰、新一代导弹巡防舰合约设计案。

3月21日，台湾海军2017年"敦睦远航训练支队启航欢送暨潜舰国造设计启动及合作备忘签署仪式"，在左营海军军港水星码头举行。在蔡英文主持下，台湾防务部门负责人冯世宽、台湾国际造船公司董事长郑文隆以及"中山科学院院长"张冠群，共同宣布"潜舰国造"启动命令和签署合作备忘录。郑文隆表示，2018年3月提出潜舰初步设计方案，预计8年下水测试，10年成军。合约设计全案预算29亿元新台币，目前已完成重要工作管制节点并全力推动。在启动仪式上，蔡英文高调表示："潜舰国造"是"国防自主"政策中最具挑战性的一环，也是"三军统帅"对"国家"的责任；目标不仅是打造出鱼雷潜舰，而是要完成代表台湾"国家安全"产业发展和社会团结的"潜舰国造"任务。由此可见，蔡英文和民进党当局"以武谋独"的决心是何等张狂。

（三）维持最高标准的资安规格

台湾防务部门认为，网络安全已成为台湾重要战略目标，为因应日趋严峻的挑战，台军必须维持最高标准的资安规格。规划以军民通用产品、链接产学研发能量及培育资安专业人才等面向，布局近、中、远程发展。

鉴于台湾大专院校在资安研发上已具备"国际水平",台湾防务部门确定未来将持续通过合作交流、举办学术研究、资安论坛、实务训练及座谈研讨等,引领更多青年学子对防务资安产生兴趣,借此招揽优秀青年,储备防务资安人才,厚植资安能量。2017 年,台军举办了"国防"资电优势论坛 20 场次资安讲座,台湾信息安全大会 14 场大型资安研讨会,以及防护解决方案 24 场次资安技术研讨;另与台湾大学、交通大学及台湾科技大学,签订建立策略联盟伙伴关系,委托进行研究,掌握先进资安技术,强化台军资通电能量。

台湾防务部门还依战备整备需求,挹注相关预算,释出可由岛内资安产业参与合作的项目,增加岛内厂商参与防务研制产品的机会。

(四)台北航展秀成绩

在 8 月 17 日至 19 日举办的台北"国际航天暨国防工业展"中,台湾防务部门设有自己的独立展区。为凸显"国防自主"最新成果,拓展对外合作空间,共展出台湾研制的武器装备 114 项。获得独立法人地位的台湾"中山科学院"汉翔公司,作为岛内军工科研、航空航天领域的两大龙头,各自重点推介了新研制的产品。

在"国机国造"方面,有新式高教机模型、AESA 雷达、SAR 合成孔径雷达等研发成果;在"国舰国造"方面,有潜舰、高效能舰艇后续舰等模型及海射"天剑-2 型"导弹等装备。"中山科学院"航空研究所还展出了"虚拟现实联合作战系统",将 VR 技术运用于 F-16 战机飞行与单兵作战等训练中,借由战场信息图台与 3D 战场系统,整合所有仿真系统的空间与兵力信息,在系统上实时显示战场信息,提供指挥体系掌握情资并下达作战命令。

四、"国防自主"规划难以实现

应当说,台湾在军事科技发展方面还是有一定成绩的,然而把它上升到"国防自主"的高度却是名不正、言不顺。台湾是中国的一部分,何来自己的"国防"？即使单纯从武器装备的研制生产角度讲，既不像蔡英文、冯世宽等想象的那么简单，也不像美国人对台湾所估价的那么乐观。

对于台湾自制武器装备的能力，美国"全球台湾研究中心"资深研究员安大维表示，若以台湾公布的 2017 年"四年期国防总检讨"所列举的武器需求来说，大约有 3/4 是台湾可以自制的，另有 1/4 需要外来协助；台湾自制柴油潜舰载台不是问题，但武器和电战系统需要外援，过去台湾自制的"经国号"战机即是如此。

蔡英文的机舰自制计划抛出后，遭到了各方质疑和抨击，特别是庆富造船公司衍生的"猎雷舰案"暴露后，更是引起台湾政坛震撼，舆论一片哗然！有学者指出，台湾毫无军武重工业基础，在短时间内要造潜舰、造神盾舰、造高教机、造两栖船坞登陆舰等重型装备，但连最简单的"猎雷舰案"都搞得鸡飞狗跳，遑论其他计划的能力？台湾前"国安局"官员李天铎表示，台湾造游艇"世界第一"，但绝对没有造潜艇、造战舰的能力和条件，蔡英文听不下，仍参观庆富集团，煞有其事地听听简报，上媒体，博版面。新党新媒体工作群召集人苏恒在 2017 年 11 月 26 日《旺报》刊文尖锐指出："国舰国造"？"国家"是哪个？是哪个"国家"在造？造出的是一个什么东西？要干什么？能干什么？想干什么？都不知道。"国家"认同没有了，不知道为何而战，那当然只剩商业集团的个人"庆富"了。

从"国机国造"来讲，有军事观察家认为，自 1990 年停止自制"经国号"战机后，台湾航天工业的技术实力已经原地踏步 30 年，现在蔡英文当局力推"国机国造"，过于理想化，因此不看好承造商能如期交货，未来战机的建造计划也可能胎死腹中。

更让台湾难堪的是，尽管"国防自主"口号喊了多年，但只要岛内某项装备研发取得突破，美国立马就采取倾销方式，夺走台湾有限的军费，使其无从发展。美军退役二手武器装备以台湾为优先推销对象，这样既能卖出好价钱，又能截杀初出茅庐的台湾自制军品，使之完全被绑在美国的战车上，为美国的战略利益服务。

然而蔡英文置事实于不顾，仍然坚持继续推行自不量力的"国防自主"

政策。2017 年 12 月 1 日，蔡英文在参加"P–3C"固定翼反潜机成军典礼时，不得不承认这段时间"猎雷舰案"的发展，确实让"国舰国造"工作出现短暂波折，不过，个案的挫折不会改变"国防自主"方向，一定会为"国防自主"建立更好的制度与环境。据台湾"中央社"2018 年 1 月 11 日报道，新年伊始，在蔡英文的领军下，民进党正致力于研拟至 2025 年的详尽预算规划，增加长期"国防开支"，投资先进武器系统。优先项目包括新型导弹、无人驾驶飞机、电子战系统、战斗机和弹道导弹防御系统，企求"打造更强大的威慑力量，以对抗大陆攻击"。若"立法"机构通过预算案，2025 年前，台湾年度"国防开支"预计至少增加 20% 或 624 亿元新台币，达到 3817 亿元新台币。由此不难看出，蔡英文是一个碰了南墙也不回头的"台独"死硬分子。

（中共中央统战部主管、中国和平统一促进会主办
《统一论坛》2018 年第 2 期）

台军潜舰购建史及未来观察

最近 20 多年来，台湾当局特别是民进党上台后，出于推行"台独"政治路线的需要，一直把潜舰作为向美国军购的优先项目，并开始启动"潜舰台造"计划，妄图达到以武"拒统""谋独"的目的。

一、台军潜舰的过去和现在

台海军潜舰的购建，起步于 20 世纪 60 年代，并将拥有 10 艘以上现代化潜舰、组建潜艇舰队司令部作为目标。

（一）潜舰部队的初始

1960 年 7 月，台防务部门驻意大利武官汪希苓，与该国 CosmosSpa，Livorno 公司洽谈，采购 4 艘小型突击潜艇，并自行仿制 3 艘。1965 年 7 艘小型突击潜艇在左营成军，命名为"武昌艇队"。由于效用有限，1973 年全部除役。

鉴于上列小型突击潜艇作战性能不足，还在 1963 年 12 月，台防务部门又与该公司洽谈，购得 2 艘 SX–404 型小型潜舰，命名为海蛟号（S1）海龙号（S2），代号"武昌计划"。1969 年 10 月 8 日，台海军总司令冯启聪上将，在左营南码头主持 SX–404 型小型潜舰成军典礼。这种潜舰是二战时期的产品，不能发射鱼雷。进攻武器为 6—8 枚水雷，速度很慢，只能攻击港口中停泊的舰船。二舰于 1973 年 1 月 1 日全部除役。

（二）现役潜舰部队的建立

台海军现役潜舰有 4 艘，2 艘是茄比级潜舰"海狮"号和"海豹"号，20 世纪 70 年代由美军移交而来，目前主要用于侦察和反潜训练；另 2 艘"海龙"号和"海虎"号，是 1988 年从荷兰引进的旗鱼级潜艇，是台军反潜反舰主力。

1971 年 4 月，美国同意以有偿方式向台湾提供 2 艘柴电动力潜舰，代号为"水星计划"。台选派官兵赴美接受为期 1 年接舰训练。1974 年 1 月 10 日，"海豹"号（792）潜舰返抵左营成军，其前身为美国海军 Tusk 号（426）。4 月 18 日，"海狮"号（791）潜舰返抵左营成军，其前身为美国海军 Cutlass 号（478）。台湾第一次拥有了"远海潜舰"。但合同明确规定，二舰只能作为"反潜训练"使用，不能用于攻击作战，为此美国还封堵了鱼雷发射管。这种"超祖父"级潜艇，因为技术过于落后，航行安全无保证，没有实际作战能力，早已为他国所废弃。台军不断为两舰装备升级，以致创下世界潜舰服役最久的纪录，许多设备已老到无法再修理了。

1979 年，台军"参谋总长"宋长志上将指令，海军以"剑龙计划"为代号向荷兰采购潜舰。1981 年 3 月 6 日，荷兰国会通过潜舰售台案。9 月 3 日，台海军与荷兰 RSV 集团在阿姆斯特丹签订造舰计划书合约规范。命名为"海龙"号（793）"海虎"号（794）的两艘潜舰，先后于 1982 年 1 月 11 日、4 月 15 日在 WF 造船厂起造，并分别于 1987 年 12 月 28 日 1988 年 7 月 4 日由荷兰返台成军。至今已逾 30 年。这两艘台军称之为剑龙级的潜舰，虽经多次升级改造，但战力提高仍有限。

（三）美国售台潜舰计划难以兑现

为筹获海军潜舰，台湾地区领导人李登辉 1995 年 1 月指示，海军成立潜舰发展办公室，启动"光华八号计划"。2001 年 4 月，美国小布什总统宣布对台军售案，同意助台筹获 8 艘柴电潜舰。为此，2002 年 11 月，"光华八号计划"中止，"海星计划"启动。然而，由于美国已不生产柴电潜舰，欧洲国家又担心中国外交压力不愿销售，加上台"立法院"不同意拨款给美国从头开始设计新潜舰，因而美售台柴电潜舰案停摆几达 20 年之久而无结果。

马英九执政期间，2010 年台军提出启动第一次"潜舰台造"计划，希望从欧美引进技术咨询服务，在台湾自主建造一种 1500 吨级新潜舰。2014 年，在确认美国方面搁置了 8 艘柴电潜舰的出售案后，台当局下决心"自行研发建造潜舰"。同年 4 月，台湾启动新的潜舰筹获案"海昌计划"，拟改以化整为零方式，从其他国家取得设计技术和关键零组件。

2014 年，台湾举行第一次多方参加的"潜舰台造"技术研讨会，具体提出将在未来 20 年内，编列 1500 亿新台币，建造 4 艘 1500 至 2000 吨级的柴电潜艇。潜舰舰体、整合、推进系统在台湾进行，武器系统和指挥系统仍向美国求购。会上还邀请了德国、法国、瑞典、荷兰和日本等具备先进潜舰建造能力国家的相关人员参加。

（四）蔡英文上台"潜舰台造"正式启动

民进党二次执政后，蔡英文当局积极主张台湾实现"防务自主"，加速推行"潜舰台造"的"海昌计划"。2016 年 7 月，台防务部门公布了"未来 15 年台湾兵力整建和国舰国造展望"，宣称将投入 5000 亿元新台币支持"潜舰台造"。计划制造"台湾自制防御潜艇"（Indigenous Defence Submarine，IDS）6 艘，民进党智库估计约需 4000 亿元，但军方认为还需增加 1000 亿元。据东森新闻报道，"海昌计划"打算建造 8 艘潜艇，估算约需 4000 亿元，若分 25 年完成，平均每年需 160 亿元。

"海昌计划"分为两个阶段：首先，通过现役剑龙级的延寿案与战斗系统提升案，积累"自造"的技术和经验。其次，争取"潜舰台造"所需载台技术协助与"红区装备"（完全依赖外援）输入，包括指控系统、声呐帆罩、潜望镜等。

2016 年 2 月，台湾"中科院"承接"剑扬计划"，负责剑龙级潜舰的作战系统性能提升工作，以累积潜舰台造作战系统研发经验。同年 9 月高雄海事展，台船公司表示已具备"潜舰台造"所需的船壳或船体制造工艺，并于 10 月开始执行海狮号潜舰大修工程，借由实际维修潜舰，以累积造舰技术经验，培养造舰人才。2017 年 1 月，"海狮"号进入船坞进行"性能重建"。2018 年 7 月 20 日，"海狮"号驶出船坞进行海试。

2016 年 11 月，台湾"潜舰台造"的前期设计工作正式开始招标。台湾船舶暨海洋产业研发中心（简称船舶中心）台湾国际造船、庆富造船等三家公司机构参与投标。其中舰船研发设计能力最强的船舶中心却未通过资格审查，理由是缺乏必要文件。最终，台湾国际造船公司赢得竞标。12 月，该公司与台海军签约，获得价值 8000 万美元的潜舰设计合同，执行"潜舰台造"第一阶段任务。

2017 年 3 月 21 日，台海军"敦睦远航训练支队启航欢送暨潜舰国造设计启动及合作备忘签署"仪式，在左营海军军港举行。蔡英文宣布"自制潜舰"正式启动，台防务部门领导人冯世宽、海军司令黄曙光、台船公司董事长郑文隆及中科院长张冠群，共同完成合作备忘录的签署。合约内容为 4 年设计经费 20 余亿元，预估 8 年内自造潜舰下水，10 年内成军。蔡英文在仪式上称：潜舰"国造"是"国防自主"政策中最具挑战性的一环，也是她这个"三军统帅"对"国家"的责任；目标不仅是打造出鱼雷潜舰，而是要完成代表台湾"国家"安全产业发展和社会团结的潜舰"国造"任务。此后，台"潜舰台造"开始有了若干进展。

2018 年 3 月，台湾造船业的旗舰企业台湾国际造船公司，进入细节设计阶段，向国外厂商发出了细节设计协助招标。7 月，在获得美国政府许可后，欧洲等国厂商也跟进，最终共有三组美国、两组欧洲和一组印度团队参与了竞标。其中的一组美国团队实际上是日本团队，使用美国的名义组织日本三菱和川崎重工的退休工程师组成，以便和日本官方撇清关系。印度团队则由马扎冈造船和船坞公司（MDL）的参加过印度海军德国 209 型潜艇、俄罗斯"基洛"级潜艇、法国"鲉鱼"级潜艇的设计与建造工作的工程师组成。台湾国际造船将选择其中得标者，进行细节设计工作。

8 月 6 日，蔡英文主持"新海军启航"揭牌仪式，宣布"海军进入新时代"，由"潜舰台造"来领航，意味着"台舰台造"计划正式启航。8 月

6日，是解放军海军重创台海军"八六海战"53周年。台"新海军启航"揭牌仪式选在这一天，有着浓厚的挑衅大陆意味。

10月25日，台"国防部长"严德发受邀到台"立法院"，针对"潜舰自造执行进度概况"作专案报告，先进行秘密会议后再公开答询。2019年3月28日，海军就"潜舰台造"设计时间成果进行机密专报。5月9日，台船公司举行"潜舰台造"厂房新建工程开工典礼，首度公开了IDS潜舰比例模型。

二、"潜舰台造"未来观察

从上所述可以看出，蔡英文上台后，"潜舰台造"已正式启动，特别是美国同意发给台所需的"红区装备"商售案"营销核准证"之后，被认为这是"潜舰台造"的一大突破，美台军事合作正酝酿出新的发展态势。然而只要深入分析，即可看出台湾在今后"潜舰台造"的道路上仍然是困难重重，不可能有多大成效。

（一）经费严重不足，难以完成预定计划

制造潜舰耗资巨大。2004年6月，台"行政院"通过"重大军事采购条例草案"及6108亿元（新台币，以下同）军购特别预算，送交"立法院"审议。特别预算包括三大计划：陆军"疾锋计划"1449亿元，购买"爱国者"3型防空导弹；海军"海星计划"4121亿元，购买8艘柴电动力潜艇；空军"神鸥计划"530亿元，购买远程反潜机。台湾有人估算，这笔巨额预算摊到2300万台湾人身上，每人2.6万元，足以补助100万弱势者100年的"健保费"，提供3岁以下儿童医疗补助200年，给特困生补助700年。这种疯狂军购等于把台湾人民往火坑里推。对此军购特别预算，2005年8月的台"立法院"未予通过。于是"行政院"将军购特别预算下修至4800亿元，再送"立法院"审议。2007年6月，台"立法院"通过三大军购案，但预算删减至99亿元，潜舰军购案仅编列2亿元作业评估费。

2016 年蔡英文上台以来,台海军提出的"潜舰台造"计划,总投资 4000 亿元。第一阶段至 2019 年完成设计,2024 年首艘原型舰下水,2025 年形成战力。

2016 年 7 月 7 日,台防务部门于"立法院"提出,潜舰建造目前第一阶段设计预算约 30 亿元,由船舶中心担任设计主合约商,"中科院"负责战斗系统。

据《联合报》报道,2018 年 12 月 12、13 日,台湾"立法院""外交及国防委员会"审查海空军机密预算。民进党"立委"罗致政、王定宇、邱志伟等人提出,要将第二阶段筹建的编列预算从 75 亿 1334 万 7000 元砍掉一半,只有约 37 亿元。这离"潜舰台造"所需的四五千亿元之巨,简直是杯水车薪。

(二)技术不过关,"研制潜舰的真正瓶颈"在人才

据报道,岛内造船业虽有一定的基础,但任何技术产业单位都未曾有参与建造潜舰的经验,一开始就要以剑龙级(3200 吨)为蓝本,或改良设计成 2000 吨潜舰,这都是相当艰巨的任务。台湾自制潜舰的设计,大体上分为两大范畴,即舰体(包括船体和动力)与作战系统(包括传感器和武器)。2016 年 7 月 7 日,台防务部门在"立法院"报告称,潜舰建造所需装备,从技术层面来说,估计可分为 25 类,岛内目前具潜在制造能量者约 19 类(占 75%),另外 6 项"红区装备"必须从岛外商源获得。这些"红区装备"都集中在作战系统。

2018 年 4 月 7 日,美国国务院对台湾潜舰自制突然发出"营销核准",允许美国公司与台湾"商洽"提供相关敏感技术。舆论认为,这实际上是美国出于当前同中国谈判的需要,把台湾当棋子使,其结局很可能是"望梅止渴、画饼充饥"。有专家指出,即使美国愿意直接或间接全力协助台湾提供技术,帮助设计与建造,但最后在台湾全舰的"整合",也是相当困难甚至难以完成的任务。

民进党智库报告认为,台湾研制潜舰的真正瓶颈在于人才。据估计,在充分的设计软件与设施支持下,设计阶段高峰期需要 600 名至 900 名专

业设计人员，其中 500 名须具备潜舰设计的相关经验，但目前岛内无法满足。因此，自行研制潜舰的关键仍在于是否能获得外援。据台海军退役人员披露，取得"潜舰台造"案技术顾问合约的是一家位于直布罗陀的"加福龙有限公司"（Gavron Limited，GL）。而这一家公司很可能是一家"皮包"公司。只想赚钱，干不了事。

（三）战力不强，"台湾潜舰只有一次拦截机会"

从目前两岸潜舰数量对比来说，根本就不在一个档次上。据近 5 年美国《中国军力报告书》所公布的资料，中国大陆平均每年至少增加 1 艘柴电潜舰、2 艘驱逐舰与 2 艘巡防舰。2025 年大陆水面主力舰最大作战派遣数量约 85 艘，最小作战派遣数量约 64 艘；潜舰最大作战派遣数量约 51 艘，最小作战派遣数量约 38 艘。

台湾军事学者估算，台湾现有作战潜舰仅 2 艘，若 2025 年建造 8 艘完全到位，以 10 艘潜舰的舰队对抗大陆水面舰战斗群，能够发挥最大的攻击成效，也只有 30% 至 34%，但台湾相对可能会失去 50% 至 60% 潜舰。若大陆水面舰的成长数量激增，且完全掌握了潜舰的"质"与"量"的优势，则台湾潜舰攻击成效将大大下降，而损失程度则会大幅增加。

众所周知，两岸如果发生战争，主要决战战场应在台湾海峡。台湾四周沿海地理环境可供两栖快速船团登陆的地点，东部仅有宜兰县境内的兰阳平原，其他都在台湾西部的北中南部。这些登陆地点海域，水深不足100 公尺，1000 吨以上潜舰很难发挥战力。当大陆解放军依靠强大火力，迅速夺取制空权和制海权进行快速两栖登陆时，台湾的传统柴电潜舰水下速率慢，根本追不上高速航渡的目标，只能"保持静默，等待伏击"。因此，在未来的台海战役中，"台湾潜舰只有一次拦截机会"，台湾潜舰部队存在的战略价值仅此而已。军事观察家指出，台湾企图通过自造 8 艘潜舰对大陆形成"有效防御"，这只不过是"想象中的游戏"罢了。

（中国社会科学院台湾研究所主办《台湾周刊》2019 年第 42 期）

台军"勇鹰"高教机
"研发试飞测试同乘"情况

据"中央社"报道，2021年3月2日，台湾"汉翔航空工业股份有限公司"（以下简称"汉翔"），举行"新式高教机研发试飞测试同乘记者会"，由"汉翔"研制的2架台湾自造的"勇鹰"高教机，在台中清泉岗基地升空试飞，进行性能测试。台军前"副参谋总长""汉翔"董事长胡开宏同乘首架出厂的"勇鹰"机，并与出厂的第2架机一起升空，进行空军作战课目演练。空军IDF经国号战机担任观测机。

一、自吹"性能上绝对优于外界想象"

胡开宏表示，"勇鹰"高级教练机属于现役（IDF战斗机）机种的延伸型，机体采用大量复合材料，还配备了最新的航电设备，整体性能超越AT-3教练机。而"勇鹰"高教机"自主制造率"，由于采用了许多台湾本地制造的系统零件，零部件本地制造率可达55%左右。

在记者会上，胡开宏针对一些传言和疑虑作了解答。关于"进场速度过快"问题，他指出，"勇鹰"许多装备均已数字化，不仅相当先进，也能与地面指管有很好的构连，因此性能上绝对优于外界想象。目前2架"勇鹰"原型机仍在测试阶段，机身挂载许多感应设备，待未来拆除后预计能减轻1000磅。因此进场速度能够再下降，与AT-3教练机的进场速度没有很大差距。"汉翔"副总经理杜旭纯补充，飞机进场速度与重量有关，目前"勇鹰"仍持续飞行测试，例如进场攻角等项目将交由空军测试再进行调整，以符合空军需求。

有关"后座视野不佳"的疑虑，胡开宏表示，后座加装了屏幕，且两侧视野良好，可确保教官的教学没有问题。"汉翔"试飞官管延年2020年6月首飞后受访时曾指出，后座有4K影像屏幕，可供教官同步得知前座影像数据，甚至可以在后座操作落地，视野比目视还好。

至于是否有挂弹能力，杜旭纯说，考虑未来空军的需求，确实有纳入考虑，但这部分应由空军说明才恰当。胡开宏说，"汉翔"会配合空军需求全力以赴。

"汉翔"试飞官路志元表示，"勇鹰"设计目标就是满足空军训练机种规划，而"勇鹰"的性能、航电设计、操作系统、对空、对地任务等都能涵盖相关任务需求。

二、蔡英文急切指令完成"产业整合"

2016年7月15日，台湾防务部门举办"国机国造"论坛，向民众宣誓造机决心，并在蔡英文迫不及待的指令下完成"产业整合"。

2017年2月7日，台湾防务部门在台中"中山科学院"航空研究所举行"新式高教机委制协议书暨合作备忘录签署启动典礼"，宣示"国机国造"正式启动。典礼由蔡英文主持，空军司令沈一鸣上将与"中山科学院院长"张冠群中将签署备忘录。台湾防务部门决定采用汉翔航空工业公司"XT-5型蓝鹊"（后改名"勇鹰"）高教机设计构型，编列预算686亿元新台币。4月26日，由台中市政府举办中部场招商说明会，邀集岛内104家机械厂商150多人加入"国机国造"供应链。依照协议，"中山科学院"预定2026年完成66架高教机生产任务。台湾空军现役"F-5型"战机、汉翔"AT-3自强号"教练机，机龄都已经超过30年，届时均将以"XT-5型蓝鹊"高教机换装。蔡英文说，台湾自1990年停止生产"经国号"自制防御战机后，"国机国造"已经原地踏步30年。她期盼"国机国造"启动后能协助台湾航天工业厚植人才链，加强产业联结。她说："我们没有另外的30年可以浪费。现在，政府一定要坚定地带领国人，重新发展我们的'国防产业'。"

2019 年 9 月 24 日，首架 AJT（Advanced Jet Trainer）新式高教机，在台中"汉翔"公司正式出厂亮相，并定名为"勇鹰"（网友讥之为这是"拥英"的谐音，是军方在向蔡英文讨好）。蔡英文出席致辞表示，坚持高教机台造后，她曾前往有"IDF 之父"名号的华锡钧将军坟墓前，表彰对"国机国造"的贡献，也看到因试飞 IDF 殉职的伍克振铜像。新式高教机的成果，不仅是对华锡钧、伍克振致上最高的敬意，更代表他们奋勇向前的精神。

2020 年 6 月 22 日 9 时 20 分，"勇鹰"成功在台中清泉岗空军基地首飞，飞行 12 分钟，飞行科目包括地面滑行、高速滚行升空、空中飞行测试、五边进场、保持最佳进场姿态落地。第 2 架原型机也在 12 月首飞。"勇鹰"未来将取代 AT–3 教练机及 F–5 部训机，将原本"3 阶段 3 机种"飞行员训练，精进为"3 阶段 2 机种"训练，有利衔接未来 F–16V 等先进战机战训任务。蔡英文前往视导致辞表示，这次完成的首飞展示任务，是近 31 年前经国号 IDF 战机首飞后，再次缔造历史性一刻；当年 IDF 团队是航天史传奇，"勇鹰"传承光荣与专业，相信会持续缔造纪录延续传奇。"汉翔"公司表示，新式高教机"研发测试评估试飞"的阶段性任务，依期程于今年 2 月底前完成，交由空军，并于 3 月至 9 月进行下一阶段"资格作战测试评估"，以满足空军需求。空军测试团队也进驻"汉翔"，与"汉翔"人员共同测试。

台湾防务部门表示，66 架"勇鹰"高教机生产进度，分别是 2021 年 2 架，2022 年 8 架，2023 年 17 架，2024 年 18 架，2025 年 18 架，2026 年 3 架。报道称，"勇鹰"高教机预算达 686 亿余元新台币，每架单价约 7.3 亿元新台币。

三、"汉翔"公司简况

"汉翔航空工业股份有限公司"（简称 AIDC）最早源于大陆。1946 年 9 月南京成立空军航空工业局，负责飞机研造与生产任务。迁至台湾后于

1954 年 7 月改名为空军技术局，担任技术辅导及研究发展等工作。1969 年 3 月技术局改组为航空工业发展中心，仍隶属空军总司令部，下设航空研究院与介寿一厂（飞机制造厂），1973 年及 1980 年又先后成立介寿二厂（发动机制造厂）及介寿三厂（航电制造厂）。1983 年 1 月，奉令改隶"国防部中山科学研究院"，更名"中山科学研究院航空工业发展中心"。在此期间，除与国外厂家合作生产 UH–1H 直升机 118 架、F–5E/F 喷射战斗机 308 架、T53 发动机 154 具、TFE731 发动机 150 具，还自行研制完成介寿号 58 架、中兴号 52 架、中运机 1 架、自强号 63 架教练机及雷鸣号攻击机 2 架等。

中美建交后，由于政治局势的变迁，台湾地区无法对外采购高性能战机满足需要，该中心于 1981 年 5 月开始研发新型战机，并与盖瑞公司合作发展 TFE1042 发动机，这对提升台湾空防战力影响很大。1988 年 12 月 10 日，IDF 战机制造完成出厂，经李登辉命名为"经国号"，并进入先导生产及量产阶段，陆续移交空军服役，至 2000 年 1 月 14 日生产完毕结案。

"经国号"战机量产完成后，台湾防务部门考虑到仍能继续有效运用航空工业发展中心现有人才与机具资源，于 1992 年 10 月间报奉"行政院"核定，同意将航空工业发展中心改制为公营事业机构。1995 年 5 月 16 日经"立法院"三读通过"汉翔航空工业股份有限公司设置条例"，1996 年 7 月 1 日改制为"经济部"所属之"汉翔航空工业股份有限公司"。改制后的"汉翔"以市场为导向，朝向企业化、民营化及国际化方向发展，经营策略也从军用航空转型为军民通用。

鉴于航天产业具有高技术密集之特性，"汉翔"面对国际航天市场激烈之竞争力，因此从 2012 年开始研拟民营化可行方案，经台湾当局审查，于 2013 年 9 月 13 日奉"行政院"核定以股票上市方式办理民营化计划，于 2014 年 8 月 21 日改制成为民营公司，8 月 25 日正式挂牌成为上市公司的一员。目前"汉翔"已成为亚太地区少数兼具研发、系统整合、测试及制造能量的航空工业供货商。

（中国社会科学院台湾研究所主办《台湾周刊》2021 年第 10 期。）

台湾亮相巴黎航展观察

2015 年 6 月 15 日至 21 日，第 51 届"巴黎 – 布尔歇国际航空航天展览会"（以下简称巴黎航展）正式举办，有来自 40 多个国家和地区的两千多家航空航天企业参展，台湾方面亦受邀参加。全球各大武器制造商都竞相拿出精锐产品，参与此次国际军工市场的竞争。

一、台湾搬出家底现身航展

为了参加巴黎航展，台湾方面通过制作模型和精美视屏，展示了台湾在 C4I 系统、导弹武器、超级计算机系统、无人作战飞机系统、航天方面取得的成绩；还有雄风 – 2E、雄风 – 3、天弓 – 3、天剑 – 2 等型导弹的生产组装车间和实弹发射场面；以及部分陆战武器，如弹炮合一防空系统、自动机炮系统、火箭炮系统齐射开火的画面。

据报道，台湾参加此次巴黎航展的单位，主要是台湾区航天公会会员"国家中山科学院"（以下简称"中科院"）、汉翔航空工业股份有限公司（以下简称"汉翔"）等单位。这是"中科院"在去年 4 月法人化，以及"汉翔"公司民营化后首次到国际上参展。现将有关情况简介如下：

（一）"中科院"展览装备

"中科院"提供的展览装备有 20 多项，主要是：

1. 导弹系列

台湾参展的导弹系列有雄风 – 2 型反舰导弹，雄风 – 3 型超音速反舰导弹，天弓－3 型防空导弹，天剑－2 型地对空导弹。其中有三款导弹一直处于高度保密状态。

①雄风－3 型超音速反舰导弹

该款导弹具备抗电战干扰能力，可有效穿透敌方船舰的防御网，目前已部署在台军 8 艘成功级导弹护卫舰及 7 艘锦江级巡逻舰上，沱江舰及其后续量产军舰也将以雄风－3 型作为主要战力。2016 年 12 月，"中科院"曾公开该款导弹成功击中 100 多公里外的海面目标画面。台军方称，国际间对雄风－3 型超音速反舰导弹和雄风－2 型反舰导弹的性能及作战效能深感兴趣，有部分地区直接或透过间接管道询问台湾是否有出售意愿。

②天剑－2 型地对空导弹

该款导弹是为配合研制 IDF（"经国"号）战机计划所研制的空对空导弹，经过十多年来的不断研发和改进产生衍生型，目前天剑－2 型中程导弹已完成地空、舰空、空空型的实弹测试，将成为三军通用的导弹装备。台海军称，2017 年完成衍生型的舰空型剑－2 防空导弹，并装配在防空战力最弱的拉法叶舰上，以强化舰队防空能力。"中科院"还规划把 4 枚剑－2 导弹部署在悍马车上，成为机动力高的防空火力车，以取代日渐老旧的防空火力装备。

③雄风－2E 型巡航导弹

该款导弹是参考美国战斧巡航导弹，在雄风－2 型反舰导弹基础上研制的具有攻击性的反制武器，射程 600 公里至 1000 公里，长度和直径介于雄风－3 型反舰导弹和美国战斧巡航导弹之间。国民党在野期间一直反对生产这种进攻性武器，但马英九上台后即批准量产，并组建 2 个战略导弹连。由于台军方将雄风－2E 型视为"足以反制解放军攻击的关键装备"，因此一直不曾对外展示。

2. "开放式指管系统"

在台湾参展的产品中，引人注目的还有以"迅联"为代号的"开放式指管系统"。据称，该系统具有高度开放性与兼容性，采取分布式架构设计，用多部中型计算机串联，即使一部计算机损坏，系统仍可维持部分战力；且采取模块化，很容易扩充规模；可根据各型军舰受领任务，决定战系的运算负荷量，选择装用计算机的数目。因此，军舰在装备该系统时只需把原有系统升级，就可以大幅"补强"运算功能，使"指挥管制能力大进"。据报道，"迅联"系统已经装置在刚下水的沱江号巡逻舰上，如果验证可靠，海军将用扩张后的系统，替代各型舰只的中央战系。

3. 野战防空机动相控阵列雷达系统

"中科院"此次还展出自主研发的野战防空机动相控阵列雷达系统，这套系统装在一辆制式战术卡车上，搭配一辆同样底盘的指挥车，就可以为野战部队的毒刺天剑－1型、天剑－2型等各型防空导弹系统提供早期预警情资，并且指挥其接战。

（二）"汉翔"展览装备

"汉翔"2014年8月上市，完成民营化作业，2015年是转型后首度参加巴黎航展，距离上次参展已有10年之久。董事长廖荣鑫受访时说，这次带来能够展现"汉翔"技术提升的52项产品，已安排与至少15家业者洽谈合作，成果可期。

"汉翔"主打两个项目，其一是发动机，技术获得奇异公司（GE）和劳斯莱斯（Rolls-Royce）等合作伙伴肯定；其二是复合材料，大型飞机制造商空中巴士（Airbus）及波音（Boing）都是客户。廖荣鑫表示，"我们非常骄傲地说，目前空中在飞的飞机，有9成飞机中的零组件，都是汉翔做的"。他特别提到，数年前汉翔开始与日本三菱航空机株式会社（MITAC）合作"三菱区间客机"（MRJ）的研发和制造，2015年将可首飞。"汉翔"从研发阶段就投入，参与制造了全机约20%的零组件，积累了从代工（OEM）转型为研发制造（ODM）的宝贵经验。

（三）台湾长荣航空获得殊荣

据台湾"央广网"报道，6月16日，知名航空服务调查机构SKYTRAX公司，在法国巴黎航展公布了"2015年全球航空公司大奖"的调查结果，台湾长荣航空以优越的服务质量荣获"全球最佳航空公司"第九名以及"最佳机舱清洁航空公司"第一名等众多奖项。

二、两点观察

（一）台湾参加巴黎航展意在试水军品外销市场

据报道，台湾的军工生产一直较为发达，早在"两蒋"时期就曾小规模以项目方式对外销售，当时是以轻兵器及后勤防护装备为主。李登辉及陈水扁任内，曾为应对中东动乱情势，配合美军需求外销步枪及子弹、防毒面具等轻兵器及装备。近十年来台湾的军工生产又有了新的发展。台"中科院"在法人化以后，表示更"期望藉由参与国际性大型军事展览活动，与世界分享多年来在国防科技与军民通用研发成果，并扩展品牌营销及促进合作交流机会"。很明显，台湾是想通过参加航展之类的活动，打开军品的国际市场。此次巴黎航展，台湾和大陆的航空航天厂商是各自参展的。笔者以为，以大陆航空航天工业之强势，以台湾军事科技之发达，今后两岸如能联手互动、合作互补，参与巴黎航展这一类活动，必能赚世界更多的钱，为两岸同胞谋更大的福祉，为中华民族振兴做出有力奉献。

（二）台湾当局以大陆为"假想敌"的惯性思维一时难以消除

孙子曰："无恃其不来，恃吾有以待也。"无论是陈水扁推行"攻势"战略时期，还是马英九奉行"守势"战略时期，他们在谈到两岸关系时，都不忘以老祖宗上述话语误导台军剑指大陆，此次展出的雄风-3型超音速反舰导弹被渲染为"航母杀手"亦是如此。事实上台军在近些年"汉光"等演习中，都有过打"大陆航母"的内容。例如，台海军曾研究出一种"快慢配"的航母攻击法，就是使用已经装配在不同型号舰艇上的雄风-3型超音速反舰导弹和雄风-2型次音速导弹，以同时发射"一快一慢"的方式，让解放军舰艇的防空战斗系统无法同时捕捉来袭目标，不是"抓快漏慢"就是"抓慢漏快"，再加上F-16战机美制空射鱼叉导弹的饱和攻击，或是由潜舰发动水下袭击，结果必然"重创大陆航母"。当然这只是"纸上谈兵"而已。不过台湾方面把这种惯性思维蕴藏于军工产品中，并且带到国际参展场合，是不利于建立和累积两岸政治互信和军事互信的，对两岸关系的和平发展只能产生负面影响。

2015 年 7 月 1 日

（中国社会科学院台湾研究所主办《台湾周刊》2015 年第 27 期）

蔡英文参访台湾航太展评说

2015 年 8 月 13 日下午，民进党主席"总统"参选人蔡英文，在党秘书长吴钊燮、"新境界文教基金会国防小组"召集人陈文政教授及"立委"姚文智林岱桦陪同下，参访"2015 年台北国际航天暨国防工业展"（以下简称台湾航太展），并到由台"国防部"设立的"国防馆"驻足，听取军方说明军备发展现况。蔡英文试戴起模拟器，感受 3D 虚拟实境的战场，实际了解飞行模拟器运作方式。她还就民进党执政后的所谓"国防政策"发表了谈话。蔡英文摆出如此高调的准当选人姿态前往"校阅"，在岛内外引发高度关注和各种解读。

一、台湾航太展简况

2015 年 8 月 13 日至 16 日，"2015 年台北国际航天暨国防工业展"在台北世贸中心展览大楼举行。主办单位是台湾"中华民国对外贸易发展协会"，协办单位是台"经济部航空产业发展推动小组""台湾区航天工业同业公会"。该展会自 1993 年开始举办，两年一届。2015 年共有 126 家厂商参展，比上届增长约 27%。

此次展览会展品分为 10 大区块："国防"工业设备与技术，航天工业材料，机场设施建设，航天相关电子机械及仪器，航天飞行器及地面支持设备，航空工业相关技术维修，导航系统及设备，无人飞行载具及休闲航空，飞行管制及监控系统，航天工具机。展场分为 9 个场地："国防馆"、航天工业设备与技术区、国防工业设备与技术区、无人载具及应用区、中华通用航空协会区、台湾航天公会区、教育区、外商区、媒体区。

台"国防部"以"国防自主军民双赢"为此次参展主轴，打造占整个场地二分之一的"国防馆"，展现"国家中山科学研究院""国防大学"及"军备局"等单位，在"国防自主"和"国防科技研发"方面的成果。

"国防馆"分为"武器装备""模拟系统""研发成果""人才招募"4大展示区。在"武器装备"展示区中，陈展有台湾目前服役中的各式先进武器装备，包含 IDF 战机模型及车载剑–1 防空飞弹系统等 31 项展品。"模拟系统"展示区则展出锐鸢飞行模拟器、直升机模拟器等 6 项训练模拟系统，展现台军数位化模拟训练成果。"研发成果"展示区，则有滩岸防御火箭弹系统及 5.56 毫米多用途特种突击步枪等 52 项展品。此外，还有由台军"人才招募中心"所设立的招募专区，通过招募资讯提供与宣导，动员优质青年从军。

此次展览会设有"美国馆"，是由美国 6 个州政府带领多家航天大厂首度承办的。美国洛克希德马丁公司和英国罗克韦尔–柯林斯有限公司等单位参加了展出。美国防部合约商在现场与台湾无人机制造商签约，将采购价值超过百万美元的无人机。

二、民进党的"国防政策"

据民进党发布的新闻稿和岛内媒体报道，蔡英文在参访中和会后发表的谈话中，强调"国防"对台湾来说是一个非常重要的元素，也是"国家"领导人最重要的任务。蔡英文反复说明了民进党执政后的"国防政策"。她说，民进党过去已发表了很多"国防政策蓝皮书"，将来会将这些蓝皮书集结起来，提出这次大选的"国防白皮书"，其中"国防产业"政策将会是施政的重点。

蔡英文表示，若明年民进党重返执政，"国防政策"的重点，将是要持续投资及鼓励"国防产业"发展，并结合科技与经济的发展，让"国防"能够转换成为产业需求的来源，让产业因此有发展的机会，而同时更让台湾的科技能力能有领先的机会。她指出，将来在台湾的军备或武器采购时，只要台湾可以自制，就会要求一定要从台湾本岛采购，让台湾产业有发展空间；若必须要向外采购的话，也会要求一定要落实技术移转。

蔡英文表示，民进党重返执政后，将积极推动"国防加值策略"，航天、船舶及资讯安全3项，将是其推动的核心"国防产业"。在这些领域里，会充分发挥军民合用科技、军民共同发展的方向。她期待将来在每个重要产业聚落上：例如船舰产业的最大聚落可能会在高雄，航天在台中，资安产业在台北，希望这几个聚落的所在地能定期举办如台北国际航天暨"国防"工业展览会的展览，让大家切磋技术、互相激荡，强化科技运用与资源合并使用。

蔡英文还提出今后若干年展览会的具体安排，民进党将于2017年在高雄举办"高雄国际船舶暨国防工业展览会"，2018年在台北举办"台北国际资安竞赛暨资安产业展览会"，2019年在台中举办"台中国际国防航天暨国防工业展览会"，往后按照这样的顺序循环。此外，在台中清泉岗机场还将有实体飞机的展示和飞行表演。

三、思考和评说

在台湾"大选"越来越临近之时，蔡英文参访"台湾航太展"，鼓吹民进党执政后将积极推动"国防加值策略"，持续投资及鼓励"国防产业"发展，其意不仅在于增加曝光度，拉抬选情，扩大台军票源，更深层的原因是这位当选概率不低的蔡英文，想通过参观武器装备展，渐次了解和熟悉台军，为登上"三军统帅"的宝座先实习做准备。无怪乎有媒体称这是"未来女统帅对军方实力的一次近距离校阅"！

令两岸人民担心的是，蔡英文如果当选台湾地区领导人和"三军统帅"后，将会把台军带向何方？是坚持一个中国为核心的"九二共识"向前走，还是绑在"台独"的战车上搞强震？只要回顾一下历史，就不难得出结论。蔡英文一贯奉行"台独"路线，积极参与"两国论"的炮制和推行，坚决否认"九二共识"的存在。只是在2015年访美时，考虑到2016年台湾"大选"的需要，特别是美国的支持，她才于6月3日在美国智库战略暨国际研究中心说了一番颇令人费解的话。她表示："我承诺建立具一致性可预测且可持续的两岸关系"，"将在中华民国现行宪政体制下"，在"珍惜并维护 20 多年来协商和交流互动所累积的成果"基础上，"持续推动两岸关系的和平稳定发展"。这番话语被认为是蔡英文近期关于两岸关系较为完整的阐述，但通篇未见"九二共识"四个字。6 月 7 日，蔡英文在媒体追问对"九二共识"的看法时表示，她的想法与做法就是"回归那个基本的事实"，这个基本的事实也就是她所说的累积成果的一部分，"至于这个所发生的事实，它的诠释与名词使用的问题，那就继续求同存异吧"。本来蔡英文是回答关于"九二共识"提问的，但她嘴里并未明确说出这四个字。这真不愧是一种"空心菜"的高超手法！

人们不会忘记，大搞"一边一国"走"急独"路线的陈水扁，在其任期最后一年，强令台军报刊《青年日报》把"为中华民国而战"的口号，改为"为台湾而战"。陈水扁的这种妄图改变台军信念"以武谋独"的作为，在今后的台湾政坛是否还会出现呢？我们需要拭目以待，更应提高警惕，预做应对之策。

2015 年 8 月 19 日

（中国社会科学院台湾研究所主办《台湾周刊》2015 年第 36 期）

台湾卫星研制情况述评

2017 年 8 月，被台湾当局吹嘘为"太空里程碑"的"福卫五号"卫星升空以后，即不断传出该星"失焦""失能"等故障信息。据有关方面称，要到年底才能完成所有调校工作。此事引发岛内外有关业内人士和媒体的关注。现将台湾卫星研制情况综述如下：

一、制定太空科技发展计划

台湾研制太空科技发展计划，始于 20 世纪 80 年代末。1988 年 11 月，台"行政院科技顾问组"成立"台湾人造卫星发展及应用研究小组"，委派成功大学航空太空研究所牵头研发工作。1991 年 10 月，台"行政院"通过"国家太空科技发展"计划，同时成立"国家太空计划室筹备处"，作为台湾 15 年太空计划的执行单位。2005 年 4 月 1 日，台湾"太空中心"正式成立，位于台湾新竹市科学园区。

台湾制定的 15 年太空科技发展长程计划，以建立太空科技基础架构和系统工程能力为首要目标，计划以卫星本体及其应用技术的研究为主，带动相关的基础及应用科学研究为辅。计划规定，从 1991 年至 2006 年，投入 150 亿新台币，采用自主或合资方式，研制一二三号"中华卫星"（后因"台独"势力搞"去中国化"，改名为"福摩萨卫星"，简称"福卫 × 号"）。从 1999 年至 2006 年，台湾先后发射了"福卫"一、二、三号三颗卫星。

"福卫一号"：这是载有超高频通讯实验设备的低轨道通信卫星，其中五项卫星本体元件及一项通讯实验有效载荷元件是台湾制造的。1999 年 1 月 27 日，该星在美国佛罗里达州卡纳维拉尔角发射，成功进入高 600 公里的太空轨道，每日约绕地球 15 圈，其中 6 次可与台湾地面站联络，传回信息。

"福卫二号"：这是一颗高分辨率遥感卫星，由台湾"太空中心"与合约商法国阿斯特里姆（Astrium）公司共同研发。法方负责卫星制造，台湾负责卫星的组装整体测试等工作。卫星呈六棱柱形，直径 2.0 米，高 24 米，重约 750 千克，可部署在高 891 公里倾角 99.100 的太阳同步轨道，总耗资 47 亿新台币。2004 年 5 月 21 日，在美国范登堡空军基地发射升空。每日绕地球飞行 14 圈，每天经过台湾上空两次。

"福卫三号"：这是由台湾与美国合作进行研制的涵盖全球的气象卫星。由双方行政部门授权，由台"太空中心"与美国大学大气研究联盟（UCAR）合作执行。总经费约 1 亿美元，台方出资约 8000 万美元，美方负担约 2000 万美元。2006 年 4 月 15 日于美国范登堡空军基地发射成功，一次发射六颗微卫星，以建立全球大气即时观测网，其主要任务是进行全球气象预报、气象变迁研究及电离层动态监测。

二、台湾自主研发的首枚遥测卫星

继"福卫三号"后，原定 2008 年还要发射"福卫四号"，后因爆发采购弊案而终止，以"福卫五号"取代。2017 年 8 月 25 日凌晨，"福卫五号"在美国范登堡空军基地由美国太空探索技术公司（SpaceX）的猎鹰九号（Falcon–9）火箭发射成功。"福卫五号"是台湾耗时 6 年自主研发的首枚高分辨率光学遥测卫星，重达 450 公斤，高 2.8 米，外径约 1.6 米，成八角柱外形，轨道高度为 720 公里，绕地球一周约 99 分钟，分辨率黑白影像为 2 米、彩色影像 4 米，造价近新台币 57 亿元（约合人民币 12.5 亿元）。台"太空中心"称，"福卫五号"将延续"福卫二号"的遥测任务，每两天就会通过台湾上空一次，所拍摄的遥测影像分辨率更高。

台当局和媒体把"福卫五号"誉之为"台湾的骄傲"。《自由时报》称，该星的核心技术负责拍摄影像的"光学遥测酬载",全由台湾制造。台"中央大学"太空及遥测中心主任张中白称,"福卫五号"证实台湾有能力设计并制造一颗完整的卫星,同时它还可以针对台湾提高"到访率",对台湾的观测将更直接且绵密。"中央大学"太空所副教授赵吉光称,过去"福卫一号"到"三号"都是发包给境外,再运回台湾进行整合测试,而"福卫五号"基本上组件、次系统都是台湾制造。

然而事实并非如台湾方面所吹嘘的那样,9月7日,"福卫五号"首批传回的照片均模糊不清,出现"失焦"状况,有关人士担心该卫星拍照功能恐已"失能"。10月30日,台湾"科技部部长"陈良基到"立法院教育及文化委员会"进行施政报告时表示,"福卫五号"的拍照功能经过调校以后,解析度清晰度已接近预设的目标,预期之后会越来越好。台"太空中心"副主任余宪政则称,"福卫五号"的拍照功能有一部分仍未能达到目标,预期在12月完成所有调校工作。

三、科学研究背后的军事目的

台湾发射的"福卫"系列卫星,是否在必要时具有军事拍摄功能呢?据报道,台湾"国安局""军情局"与"太空中心"关系极为密切,主要任务就是打探大陆太空计划的进展情况。台《自由时报》称,属于台军方系统的"中科院"和汉翔航天公司都参与了"福卫五号"的研发。台湾《亚太防卫杂志》总编辑郑继文直言,"福卫二号"服役时,具备商用一般观测等地面遥测能力,借由高空侦照作为军事用途,大家也"心照不宣"。他说,台湾"国安"部门曾和境外卫星公司签约,订购相关遥测情报,甚至依据台方要求,在某些轨道拍摄目标。从台湾发射的几颗卫星看,尤其是"福卫二号"和"福卫三号"的发射,使台军具备了相对独立的卫星侦察能力和对大陆系统化的卫星监视体系。

另据报道,2016年1月,台"太空中心""中科院"等部门,与美国国家航空航天局(NASA)曾签署合作协议,共同研制无人登月小艇,2018年完成,2020年发射登月,探寻月球水源。显然,这样的项目是带有明显的军事意义的。

四、两岸携手同圆太空梦

台湾当局要发展太空产业，困难很多，面临诸多制约：一是财力有限，没有数百亿元新台币难以完成计划。二是科研技术水准不高，参与建造卫星的技术人员目前只有 200 多人。三是卫星的发射完全受制于人，"福卫七号"的发射，按台美原协议，台湾承担的部分将继续执行，而美国负责的部分因经费困难而取消。台湾新竹清华大学教授钟坚调侃说，因为美国干涉，台湾根本没有发展太空科技的空间，台湾卫星科技工业是"花钱请别人买鞭炮，再花钱请别人放鞭炮"。

目前，中国已成为继美俄之后世界上第三个拥有自主卫星导航系统的国家。2017 年 11 月 5 日，北斗三号卫星的发射成功，标志着中国北斗步入全球组网新时代。台湾当局要发展太空产业，唯一的出路是与大陆合作。党的十九大报告指出，我们秉持"两岸一家亲"理念，愿意率先同台湾同胞分享大陆发展的机遇。事实上，近些年来台湾已有科技精英人才辞去岛内工作被选入大陆"千人计划"。我们希望两岸同胞携起手来，排除干扰同心干，早日共圆太空梦，为中华民族的伟大复兴贡献力量！

（中国社会科学院台湾研究所主办《台湾周刊》2017 年第 45 期）

国际因素

2016 年度"美台国防工业会议"述评

2016 年 10 月 3 日至 4 日,第十五届"美台国防工业会议",在美国弗吉尼亚州古城威廉斯堡举行。这是台湾政党再度轮替,蔡英文执政后首次举行的美台军事工业会议,情况和效用如何,颇受世人关注。

一、基本情况

会议为期一天半,重点讨论在台湾专注于"自制武器"的新政策下,美台寻求军工合作的机会,以及美国大选不同候选人当选对美国支持台湾政策可能带来的影响。与会 172 人,人数之多仅次于 2002 年举办的首届会议。台湾方面出席的有军方代表团 25 人,"立法院外交及国防委员会""召委"罗致政、前"监委"葛永光等人,另有 30 多家台企的 50 多位业者参加。台大教授葛永光作为在野国民党的代表与会发言。美方国防业者及智库学者近百人与会,其中包括五角大楼负责亚太事务副助理防长海大卫(David Helvey)、新任"美国在台协会主席"莫健、"美国在台协会执行主任"罗瑞智等。

(一)台湾军方的要求

10 月 3 日上午,台"副防长"李喜明发表主题为"国防产业合作新策略"的演讲。他指出,"国防自主"是蔡当局最重要的施政主轴,要以自主的防务产业支持台军战力提升,并采取台美合作模式,促进产业升级转型。他表示,未来台湾兵力整建,将适采自制合作或军购的方式执行。在核心产业项目上，以航太、造船工业和资安产业为三大重心，并以"国机国造、国舰国造"作为重点指标。

在台美军工产业合作上，李喜明呼吁，美国产业要协助台湾业者与国际接轨，以合作取代竞争，开发新的契机。具体方案包括，台湾无法达到的技术与装备，盼与美方合作发展；涉及高科技或敏感性的技术移转，盼双方政府与产业界建立协调机制，共同协调解决；借由军售、商售与军商售模式，寻求最佳组合；台湾当局扩大科研投资并协助厂商拓展海外市场。他表示，台美之间的军事合作非常广泛，过去美国对台军售发挥了重要功能，未来双方更要聚焦军工产业的合作，期待这个领域会成为双方全面性建设性关系的新亮点。

（二）在野党国民党的态度

10月3日下午，国民党代表葛永光以"国民党的安全政策：从马英九到洪秀柱"为主题，演讲了台湾自民进党上台后，安全环境恶化的现实。由于民进党当局不承认"九二共识"，导致两岸关系恶化彼此间不信任，观光产业军公教上街头抗议。民进党追讨党产被称为"对国民党抄家灭祖"，也导致台湾内部政治环境对立，这些都影响台湾安全。

葛永光指出，美国对中国采取避险策略：即一方面交流合作，促进双边信任，另一方面联合同盟国围堵中国。台湾对大陆的安全策略也包括两点：一方面通过"九二共识、一中各表"加强合作交流与信任，另一方面加强防御，让台湾军力可以自保。

（三）美国方面的建议

10月3日晚，五角大楼负责亚太事务的副助理防长海大卫发表了主题演讲。他向台湾提出了四个领域里的建议：第一，"国防资源"优先化，应增加台湾的防务预算，实现军队现代化。第二，"国土防卫"优先化，透过投资保卫台湾本岛的能力，反制解放军跨海力量投射能力。第三，发展精锐部队来吓阻干扰和拖延解放军的进攻。第四，继续将不对称战力、提高生存力优先化，要重视将台湾防卫向兼容不对称与创新手法转型。

海大卫说，美台总体的防务合作更广、更具影响力，只专注于军售并不反映美国利益的全貌，或美国的承诺，或台湾安全的要求，也不反映"美台关系"的深度和力量。作为更广的防务和安全协助议程的一部分，美国持续与台湾接触，评估衡量检讨其防卫需求，展开合作。

二、两点观察

(一) 台湾的"国防自主"政策是没有前途的

台湾的"国防自主"政策是在"两国论"的前提下，以大陆为敌而制定的。李喜明在谈到两岸军力对比时说："两岸战略情势日益严峻，军力逐次呈现敌大我小的失衡情况，中共若全面发动战争，我以传统之正面抗衡，并非良策。"两岸人民同祖、同宗、同血缘，同属一个中国，本是一家亲。而蔡英文、李喜明等台湾高层，像诸多"以武谋独""以武拒统"的精英们一样，都是坚持以解放军为假想敌的，这个前提的设置本身就是错误的。更何况不仅两岸军力对比而且综合实力对比，都不在一个层次上，如果台湾要搞对抗，其结果是不言而喻的，何来前途可言。

李喜明还表示，台湾面临艰巨"国防"挑战不仅来自对方的强大军力，更受制于国际环境孤立，即使拥有美方对台坚定支持，单靠美国仍不足够。这段话倒是说得有点理性。怎么办呢？台湾唯一的选择就是回归祖国，把台湾的防务纳入一个中国的整体防务之中，两岸联手共同维护南海、东海等地区的主权和海洋权益，绝不能再让太平岛原辖之敦谦沙洲被南越抢占去、李登辉扼杀台军空降钓鱼岛计划的历史重演。

(二) 美国的"一中政策"是有弹性的

美国的"一中政策"与中国的"一中原则"内涵并不相同。我之"一中原则"是法理原则，由此决定两岸不是"国与国"之间的关系，而是"两岸同属一中"的内部关系。"九二共识"，就是对法理原则的共识，是两岸关系和平发展的政治基础，其终极目标是要走向两岸统一。美国的"一中政策"则是建立在中美三个"联合公报"和"与台湾关系法"基础上的。有美国高官解释，美国在这两个方面的作为是有弹性的，意思是有时可以强调前者多一些，有时又可能倾向后者多一些，总的是要在这两者之间不断寻求"平衡点"。

长期以来，美国"一中政策"的实际表现是：既不支持也不挑衅"一中原则"。不支持就不"促统"，不挑衅也就不支持"台独"。美国为什么要实行这样一种有矛盾的模糊性政策呢？说起来也很简单，这是因为美国是一个实用主义国家，一切以符合美国自身的利益为标准。正如海大卫在会上所说："美国对于两岸的政策和手法是基于持久的国家利益。"

10月5日，美国资深联邦众议员史蒂夫·沙博发表文章提出，现在是美国对台政策"再平衡"的时候了。这表明，当前美国在实施"亚太再平衡"战略中，提升了台湾"棋子"的作用。他还表示，"要率先推动立法促进美台高层沟通，台湾应参与联合国，以及融入更广泛的区域安全架构"。然而要实现这些目标谈何容易？这不是美国"主子"能够"主宰"，更不是台湾"跟班"说了算的。当世界战略格局发生重大变化、中国越来越强大、中美关系发生某些不利于美国战略的时候，美国对台政策就会做出弹性调整，这就是近些年来美国常有"弃台论"冒出的原因。一旦到了美国的利益需要时，台湾这颗"棋子"就会变成"弃子"。对此，蔡英文当局和"台独"大佬，以及新生的"急独"分子们，奉劝你们应该把头脑放得清醒一些，不要搬起石头砸了自己的脚！

（中国社会科学院台湾研究所主办《台湾周刊》2016年第41期）

美国"中国军力报告"大打"台湾牌"

按照美国《国防授权法案》的要求，美国军方每年要向国会提交一份《中国军力报告》，内容包括：中国人民解放军军事技术发展的现状和未来可能的发展方向；未来 20 年中国国防安全战略和军事战略的原则和可能的发展；以及支撑中国安全战略和军事战略发展的军事组织和作战理念。从 2000 年起，这种报告已成为每年国会上演的固定"节目"（除 2001 年外），而且从不间断、不断加码鼓噪"中国威胁论"，涉台问题占有相当篇幅。2020 年美国军方向参议院提交的《中国军事与安全发展报告 2020》（以下简称报告），因疫情延宕数月后于 9 月 1 日在官方网站上发布。今年的《报告》出现"台湾"字眼共计 160 处，比 2019 年的增加了 14 处。除了本年度的事实性发展列举更新之外，美方对于两岸军力平衡、大陆对台策略、解放军涉台战略目标、可能的手段等的评估，没有发生大的变化。但在解放军的"战略方向"和"全面攻台"能力的评估上有微妙调整。现就报告的若干论述和观察点列举如下：

一、渲染解放军在多领域领先

报告在开篇就提及解放军军事实力的快速发展，说在 2000 年，解放军还是一支"庞大而又落后"的军队，只适合大规模的陆上战争，其海军网络战和信息化能力有限。但随着 20 年来中国军力的持续发展和现代化，解放军在 2020 年的目标，已经变成了"在 2049 年前全面建成世界一流军队"。报告称，这一目标意味着建立一支与美国相当甚至在某些情况下优于美国的军队。

报告还具体列出，解放军已在"造船业""常规弹道和巡航导弹""合成空防系统"方面优于美国。报告对中国核武器的发展着墨更多一些。说解放军正在扩充核武库，发展海基、陆基和空基"三位一体"的核力量，推测5年内解放军能威胁到美国本土的核武器弹头数量将翻倍，同时核载具数量也将增加。10年内解放军的核弹头规模将翻倍。上述说法无疑是在向世界兜售"中国威胁论"，企求发挥美国对某些国家的向心力作用。历史必将证明，这种煞费苦心的渲染必将是徒劳的。

二、认定解放军现代化有"超越"台海的战略目标

2019年报告说台湾是解放军的主要"战略方向"，而2020年报告没有了这种提法，强调的却是中国的国家战略与中国军队的内部发展。这显示五角大楼更加确信，中国军事现代化的目标超乎台海，有更广阔的战略目标。在评估解放军"反干预"能力时，认为解放军正在发展能力，在台海紧急状况这样的大规模战区战役中，为中国提供选择，以劝阻、威慑，或者击败第三方干预。解放军的反介入/区域阻绝（A2/AD）能力目前是第一岛链中最强大的，尽管中国的目标是加强其深入太平洋的能力。报告认为，中国还继续增强其军事能力，以超越台湾的偶发事件，实现区域和全球安全目标。解放军正在发展能力和作战概念，以便在印太地区的第二岛链，在某些情况下，在全球范围内开展进攻行动。

三、指出解放军可能采取的"行动路线"有4项

报告在谈及台海局势时，强调中国大陆仍未放弃武力攻台，认为可信赖的武力威胁，对于维持政治进展与防止"台独"至关重要。五角大楼确认，2020年对解放军是关键一年，他们不再局限于封锁，而着眼于提升全面两栖攻台能力。为了防止"台独"，解放军可能采取的"行动路线"有以下四项：

（一）海空封锁：包括切断台湾重要进口，迫使台湾屈服，并伴随大

规模飞弹攻击与近海岛屿夺取。

（二）"有限军力与强制选项"：中国大陆可能采取有限度的军事行动攻击基础设施或与各项公开秘密活动结合，以引发恐慌并降低民众对当局信心。

（三）"空中与导弹攻击"：中国大陆可能导弹攻击空军基地、雷达站等台湾空防系统，以削弱台湾防御能力。

（四）"入侵台湾"：其中最被注意的是联合岛屿登陆行动，突破或绕开海岸防御，在台湾西岸南北两端建造滩头堡，运送人员与物资并发动攻击。报告也指出，大规模两栖登陆作战是最复杂困难的军事行动之一，入侵台湾的企图还可能引来国际干预，加上军力消耗与城市巷战的复杂性，即使解放军成功登陆台湾，也会面临重大政治与军事风险。

四、声称美国要持续对台"军售"

报告说明台湾防御能力有差距，认为历史上台湾在两岸冲突中享有军事优势，包括技术优势与岛屿固有的地理优势，但中国大陆致力于推动军事现代化，削弱台湾优势。尽管台湾采取重要步骤弥补日增的军事差距，但台湾仍面临许多"国防"设备与战备挑战。因此，报告重申美国坚持以"与台湾关系法"与中美三个联合公报为基础的一个中国政策，反对旨在改变现状的片面行动。美方持续支持以双方都能接受的方式、范围与步调和平解决两岸议题。美方也依循"与台湾关系法"持续对台军售，以确保台湾维持足够的自我防卫能力。众所周知，美国军火商是共和党的主要支持者，特朗普阵营大打"台湾牌"，尤其大打"军售牌"，旨在为军火商人谋利，同时也是为即将到来的大选争取连任选票。

至于报告说到美国的一个中国政策，我们必须有正确认知。有美国外交官员早就有解释，说美国的"一中政策"的两条腿（指"与台湾关系法"和中美三个联合公报）是有弹性的，视需要而倾斜。这道明了美国的"一中政策"是长期倾向"与台湾关系法"的，是打"台湾牌"的。需要警惕的是，一旦形势需要，美国的"一中政策"也许就要向"两个中国""一中一台"转变，美国的一些政客已经放出了这样的言论。

五、中方对报告表示坚决反对

由于美国国内大选在即，近期以来，包括美国国务卿蓬佩奥、国防部长埃斯珀等政客，屡次炒作"中国威胁论"，鼓吹所谓中美"新冷战"，对中国内外政策进行无端指责，全盘否定中美关系，妄图挑动拼凑国际反华联盟，遏制中国发展。这是中方坚决反对的。8月25日，中国国务委员兼外长王毅在意大利就此表示，中方无意搞什么"新冷战"，更坚决反对炒作所谓的"新冷战"。声称发动"新冷战"，是要开历史的倒车，是为一己私利服务，是要绑架世界各国人民。9月2日，中国国防部新闻局应询时表示，美方报告充满零和博弈的冷战思维，渲染所谓"中国军事威胁"，曲解中国国防政策和军事战略，抹黑中国军队现代化建设、国防开支、核政策等问题，挑动两岸对立、加剧台海形势紧张，这是极其错误的，中方对此表示坚决反对。我们将视情做出进一步回应。这份"报告"，除了会让民进党当局准备更多的军购款外，在国际上发挥不了什么作用。美方逆时代发展潮流而动，已经站在了历史的错误一边。

（中国社会科学院台湾研究所主办《台湾周刊》2020年第38期）

特朗普任内 12 次对台军售大盘点

特朗普执政以来，台美之间军火交易日趋频密，特别是 2020 年几乎达到了历史上前所未有的高点。特朗普任期内批准对台军售共 12 次，2020 年即达 7 次。不仅如此，台美之间的军事交流合作，也呈现强化的趋势。

一、美台军售 12 次细目

据台湾"中央社"等媒体报道，12 次美对台军售细目如下：

（一）2017 年 6 月批准售台：MK48 重型鱼雷，AGM–154C 远程遥控攻击精准弹药，AGM–88B 高速反舰导弹，AN/SLQ–32（Ⅴ）电子战系统性能提升，MK46 鱼雷性能提升，SRP 侦雷达后续维持（5 年），标准二型导弹备份组段，MK41 垂直发射系统。金额约 14.2 亿美元。

（二）2018 年批准售台：C–130 运输机，F–16 战斗机，F–5 战斗机，IDF 战斗机等标准航材零附件及相关后勤支持系统。金额约 3.3 亿美元。

（三）2019 年 4 月批准售台：继续提供台湾空军在亚利桑那州路克空军基地的 F–16 战机飞行员培训计划，与后勤维护支持，金额约 5 亿美元。

（四）2019 年 7 月 9 日批准售台：M1A2T 艾布兰战车（Abrams）与相关设备及支援可携式针刺防空导弹（Stinger Missiles）与相关设备。金额约 22 亿美元。

（五）2019 年 8 月 19 日批准售台：66 架 F–16V（Block70）战机，金额约 80 亿美元。

（六）2020 年 5 月 21 日批准售台：18 枚 MK–48 Mod6AT 重型鱼雷。金额约 1.8 亿美元。

（七）2020 年 7 月 10 日批准售台：爱国者 –3 型导弹（PAC–3）延寿案。金额约 6.2 亿美元。

（八）2020 年 10 月 21 日批准售台：135 枚 AGM–84H 增程型距外陆攻导弹等，11 个海马士多管火箭系统（HIMARS）等，6 枚 F–16 新式侦照荚舱（MS110）等。金额约 18.113 亿美元。

（九）2020 年 10 月 26 日批准售台：100 枚鱼叉海岸防御系统（HCDS）等。金额约 23.7 亿美元。

（十）2020 年 11 月 3 日批准售台：4 架 MQ–9 无人机。金额约 6 亿美元。

（十一）2020 年 11 月 6 日批准售台：台海军各型舰艇所需弹药，

其中包括海军舰炮、舰载"方阵"近距离武器系统（CIWS）等 19 项所需弹药在内，在未来 9 年内不间断供应。金额约 1.07 亿美元。

（十二）2020 年 12 月 7 日批准售台：野战资讯通信系统，包含 154 个通讯节点、24 个通讯继电器、8 套网管系统与其相关设备、系统技术支持、人员培训与后勤支援等。金额约 2.8 亿美元。

以上美国 12 次对台军售总计金额为 184.183 亿美元，其中 2020 年为 59.683 亿美元。这个数字与此前不久"美国在台协会处长"郦英杰所宣布的相差不远。11 月 28 日，台湾国际关系学会举办 2020 年会，郦英杰受邀发表专题演讲。从他的讲演，不仅可以看出 2020 年美台军售情况，而且还可从宏观上对历年美台军售的概貌有所了解。郦英杰表示，美国依据所谓"台湾关系法"与"六项保证"对台军售，2020 年台湾是公认美国对外军售最大宗客户，总计 118 亿美元（正式公布的数字为 55.8 亿美元，余数待再确认），折合新台币约 3422 亿元，这是台湾史上单一年度最高金额。若以台湾 2357 万总人口计算，等同每人平均负担 14500 元新台币的军费。他说，去年美国对台军售 107.2 亿美元，明年还有 52 亿美元的对台军售，一旦完成后续作业程序，台湾历来对美军购总金额将超过 700 亿美元，折合新台币超过 2 兆。不过，对 2021 年的 52 亿美元军购，台防务部门发布"新闻稿"予以否认，但又称仍有 2 项美重大军购案待"知会国会"。

美国为何加快了对台军售的速度呢？郦英杰在前述讲话中表示，这些军购项目对台湾发展不对称作战能力具有相当关键的力量。他说，美国两党共识就是遵循所谓"与台湾关系法"承诺，向台湾提供"必要数量的防卫物资及技术服务"，使台湾"维持足够自卫能力"。这样的趋势也会在新政府上任后看到。

11 月 7 日，"美国之音"记者詹宁斯从台北发出的一篇报道称，因为"美国政府视台湾为亚洲盟友链中的一员，在必要时可以利用它来反击中国的扩张"。纽约的帕克战略政治咨询公司副总裁肖恩·金（Sean King）说："特朗普希望为武器销售的频率做下'标记'，并让这种趋势比他的总统任期更长。"台湾淡江大学战略研究教授黄介正说："一些美国的政策制定者将军售看作是将台湾变得足够强大从而减轻美国'负担'的一种方式。"这充分说明，美台军售是美国大打"台湾牌"的重要内容，是为美国自身的战略目的服务的，是为了保护自己的"政治经济和安全利益"。美国出台"挺台"新法案，"支持台湾发展防务"是假，向台当局售卖武器赚取利益是真。

二、蔡英文任内军购膨胀

从 1996 年台湾地区领导人实施直选以来，历届领导人，无论蓝绿，都奉行亲美政策，积极向美军购，一代胜过一代，到蔡英文上台以后，更是出现惊人的膨胀。去年 12 月 8 日，蔡英文在台北举行的"台美日三边印太安全对话"会议上，继续散布"大陆威胁论"，声称台湾天天笼罩在军事威胁之下，台湾切身感受到应付这些威胁的急迫性，企求以此作为台湾向美国拼命购买军火的依据。

据台湾"大华网路报"2020 年 12 月 25 日报道，台向美军购的金额资料，李登辉任内年均 13.5 亿美元，陈水扁任内年均 10.5 亿美元，马英九任内年均 25 亿美元，蔡英文任内年均高达 39 亿美元。从蔡英文任内历年军事预算看，2017 年为 3192 亿元台币（约 114 亿美元），2018 年为 3231 亿元台币（约 115.39 亿美元），2019 年为 3404 亿元台币（约 121.57 亿美元），2020 年为 3512 亿元台币（约 125.42 亿美元），2021 年预计剧增至 4534 亿元台币（约 161.92 亿美元）。台湾新年度整体防务预算已占台湾 GDP 的 2.36%，美方还要求提高到 3%。目前民进党当局财政赤字高达 65942 亿元新台币，台湾民众每人平均负债 26 万元。

曾为绿营大佬、台湾地区副领导人的吕秀莲（已退出民进党）表示，武器装备的交易过程复杂，美国对于台湾的武器售卖存在限制，台湾无法购买最先进和核心的武器装备。不仅如此，军购更是卖方市场主导，武器的交付时间和具体情况都是美国说了算。特朗普任内批准的军火预估最快也要 5—7 年才能交货。可见美国批准军售，未必保得了台湾，还得老天爷保佑，这几年不要开战。因此，她质疑说，台湾成了美国最大的军火客户，难道是值得民众骄傲的事？她呼吁应该"亲美友中"，"投资和平"。

必须指出的是，美国卖给台湾的军事装备，一般都高于国际市场上的价格，而且近期还发生军购的结余款，美国赖着不退还，让台湾继续购买美国军火。同时，还要看到，台湾买回的一些所谓先进武器，事实上并不"先进"，大都是美军淘汰下来的"过时货"，而且是东一堆西一坨，配不了套，根本形不成有效的防御体系，一到战时有很多用不上。专家指出：尽管美国的导弹能"提高台湾的攻击能力"，但它们并"不能在真正的战争中幸存下来"，更无法改变两岸军力悬殊的现状。

三、美国"新法案"必将提升"新军售"

据媒体报道，特朗普在正式下台不到一月之时，以"最后的疯狂"架势，于 12 月 27 日（当地时间）正式签署 2.3 万亿美元的新冠纾困法案和政府拨款法案，其中包含所谓"台湾保证法"。该法案不仅试图促进美国政府对台军售常态化，还要支持台湾参与联合国等国际组织活动，同时准备更新"美对台交往准则"。此外，还首次计划拨款 300 万美元，作为支应"美台全球合作暨训练架构"（GCTF）各项活动之用。由此可见，美国打的"台湾牌"内容，将会越来越宽泛，但是从"可行性"来说，对台军售势必还是成为美国政府的"工作重心"。

12 月 28 日，"美国之音"报道说，"台湾保证法"的目的是在"与台湾关系法"的基础上进一步深化美台关系。国会的意见指出，美国政府支持台湾持续针对"不对称战力"，促进台湾增加"国防"支出，以提供国防战略的足够资源，常态化对台军售，以强化台湾自我防卫的能力。专家分析，无论美国官方或智库大体上都还是主张向台湾地区出售"防御型"武器，以便把台军打造成军事上的"豪猪""刺猬""军事堡垒"，像以色列那样，以此种战术来消耗未来攻占台湾岛的敌人。不过，根据美国的"新法案"，未来美国对台军售很可能还是会有新突破。这可以从两个方面来观察，一是美国渐进式提高出售武器的质量。例如，向台军出售最新版本的 AIM–120 系列空空导弹、AIM–9X 红外成像制导空空导弹，或为台军"佩里"级护卫舰升级，使其装备新版本的"标准–2"防空导弹。所有这些，如果成为事实，必将大幅度地提高台军现有系统的作战能力，而且又消化了美国的库存，美国又何乐而不为呢！二是和台军现有装备相比有代差的装备。例如，台军现有最先进的战机 F–16V 属三代机，如果美国决定向台湾地区出售四代机 F–35，那就将大大提高台空军的作战能力。

对于美国新出台的"台湾保证法"，中国外交部发言人赵立坚，在 12 月 28 日例行记者会上指出，中方表示坚决反对，台湾问题事关中国主权和领土完整，纯属中国内政，不容任何外部势力干涉。美方应该停止借台湾问题插手中国内政，不得实施有关法案中针对中国损害中方利益的消极内容和条款，以免损害中美关系和台海稳定。

四、"倚美谋独"死路一条

据众多国际媒体报道，特朗普政府随着下台的日子越来越近，歇斯底里地大搞"挺台"动作，蔡英文当局更是感谢不已。1 月 7 日上午，美台透过视频进行"政治军事对话"，就所谓区域情势军事合作与军售交换意见。1 月 9 日，美国国务卿蓬佩奥在推特上发文，宣称解除美国与台湾官员交往的所有自我限制。台湾"总统府"发言人张惇涵当即表示"这项声明充分反映台美坚实的伙伴关系"。1月13日，美国常驻联合国代表凯莉·克拉夫特乘专机赴台湾，但访问随即被取消，专机在空中盘旋数小时后返回。蔡英文原本准备隆重接待，后改为视屏通话，就所谓台湾"国际参与"、台美深化合作、民主理念共享、教育资源交流等相关议题进行了对话。

针对美国持续放出"挺台"的错误挑衅信号，中国外交部发言人华春莹表示，一段时间以来，特朗普政府内少数反华政客不断上演"最后疯狂"，"美方必将为其错误行为付出沉重代价"。1月10日《环球时报》刊发社评警告称，如果美方胆敢让蓬佩奥在任期结束前夕访台上演，北京的反应将是排山倒海式的。

历史必将表明，台湾方面无论买什么武器，都保护不了自己，反而只会使台海局势愈加紧张，让他们的末路来得更快一些！民进党浪费民脂民膏，看似买到了政治狂欢的入场券，实际上是自掘坟墓，把台湾往火坑里推。针对岛内"台独"分子的种种举动，《人民日报》12月30日发文指出，民进党倚美谋"独"，以武拒统，让曾经春暖花开的两岸关系陷入急冻，两岸对抗一再升高，台海紧张局势一触即发，走到了兵凶战危的边缘。这是两岸人民必须高度警惕和坚决反对的啊！

（中国社会科学院台湾研究所主办《台湾周刊》2021年第5期）

李登辉的"日本特质"是什么货色

值此抗日战争胜利七十周年之际，李登辉日前接受日本右翼杂志 *Voice* 专访，并以《揭开日台合作的新帷幕》为题，发表在该刊 9 月号上。笔者细读这篇"奇文"后，在惊诧和气愤之余，深感这不是一篇简单的即兴之作，而是运筹久远、具有深刻图谋的政治"遗嘱"。它既是李登辉个人一生的自我"论定"，也是他对今后两岸关系发展的阴险布局，更是他对未来台日关系演变终局的设计。李登辉曾经说过，他以自己的"日本特质"取得了蒋经国的信任。让我们从他这篇专访看看李登辉的"日本特质"究竟是什么货色。

一、抛出"日本祖国论"

李登辉说：当年他兄弟二人"无疑地是以作为一个'日本人'，为了祖国而战"。应该说，这是李登辉真实历史的写照。

李登辉，客家人，祖籍福建永定。1923 年 1 月 15 日出生于台北县三芝乡。父亲李金龙任职日本警察，家境富裕，受教育条件好。1941 年在日本殖民当局推行"皇民化运动"中，李登辉更名为岩里政男。1943 年赴日本京都帝国大学读书。1944 年志愿加入日本陆军，被分配到高炮部队任见习士官。1945 年 3 月李登辉代理战死小队长的职务，指挥作战负伤。

李登辉曾跟日本著名右翼作家司马辽太郎说过，他在 22 岁前是日本人，"22 岁以前我所接受的教育，到现在都还在这里"。司马辽太郎当即感到"李登辉先生的确是很接近理想的日本人"。无怪乎李登辉曾公开表示，他在家里喜欢与其妻曾文惠用日语对话，看日文书籍，听日语歌曲，还以穿日本和服为乐事。众多信息披露，李登辉可能是日本人的后代，但尚无最后定论。其实，李登辉有无日本血统并不重要，因为他已经以其一生作为表明他比地道的日本人还"日本人"，比日本右翼更"日本右翼"了。

李登辉既然认为"日本是祖国"，自然也就否认台湾的抗战历史了。他说：直至70年前为止，日本和台湾原本就曾经"同为一国"。因为曾"同为一国"，故不存在有台湾与日本打仗（抗战）这样的事实。李登辉的言论激发了两岸人民的极大愤懑。大量的历史文献和众多的亲历者诉说有力地证明，日本殖民统治台湾50年，台湾民众"三年一小反，五年一大叛，反日思潮和行动从没熄灭"，牺牲人数逾65万之巨。全面抗战爆发后，又有5万台胞陆续奔赴大陆投身抗日救亡运动。李登辉的"日本祖国论"，是完全"遗忘了先祖辈众多因反抗日人统治而牺牲生命的英灵"。

二、颂扬武士道精神

何谓武士道？武士道是日本幕府时代武士遵守的封建道德，内容是绝对效忠于封建主，甚至不惜葬送身家性命。日本有本名为《叶隐》的著述，是一本武士道修养的经典读物。此书主要讲述武士忠君事迹，核心是提倡武士要毫不犹豫地奉献生命，绝不偷生，只有不要自己的命，才能要别人的命。

看来李登辉是熟悉《叶隐》这本日本古典著作的，他认定"武士道即是领悟死亡之道"，表示当初"我并非一味地企求存活下去"，"那时所追求的反倒是'死'"。李登辉摆着一副汉奸嘴脸说："如《叶隐》的精神那样，我们兄弟俩在当时有着若是为了保卫国家的话，死亦不足惜的觉悟。"1945年2月，其兄李登钦（日本名岩里武则）在菲律宾被打死，作为日本战死军人入册靖国神社。2007年6月7日，李登辉以祭拜兄长亡灵为由参拜了靖国神社。李登辉还声称，在他担任台湾地区领导人的12年间，"能以生死置之度外的觉悟倾力于台湾的民主化与本土化"，或许就是因为"我曾经有过在战时徘徊于生死一线间的残酷体验吧"。李登辉来日不多，大概他也在日思梦想有人祀靖国神社这一天吧！

三、攻击"九二共识"是捏造

坚持"九二共识"、反对"台独"已成为两岸关系和平发展的政治基础。李登辉罔顾事实，说"九二共识"是"捏造"的。他说："1992 年担任总统的正是我本人。我从未接到达成此一共识的报告，也未曾从谁那里听闻过这样的共识。"然而 2015 年 5 月马英九的回答是，"九二共识"的内容，最早是 1992 年 8 月李登辉主持"国统会"全体会议时拍板定案的，当时他列席了会议。会议通过决议称，"海峡两岸都坚持（一个中国）的原则，但是所赋予的涵义有所不同"。李登辉后来还在相关文件上签了字。

当前李登辉又拿"九二共识"做文章，这是因为 2016 年台湾"大选"在即，作为"台独"精神领袖，李登辉要为代表"台独"的民进党候选人蔡英文站台。李登辉采用"褒蔡贬洪"的手法，说蔡英文的"长处是理性而不花言巧语"，是 2016 年"大选"的"真命天女"，而洪秀柱则是国民党在"经过一阵混乱"后决定的，是马英九企图将她作为"傀儡"而出现的！鉴于蔡英文出于选战的需要，虽然表示在两岸关系上"维持现状"但解释又多"空心菜"，李登辉唯恐她离开了"台独"路线，立即下出"指导棋"解释：维持现状就是指"维持台湾（中华民国）是台湾，中国是中华人民共和国的意思。换言之，对台湾而言的'现状维持'即是表示台湾与中国是个别的'存在'"。李登辉的这番话语，实际上是再次赤裸裸地否认"九二共识"，继续推行他早已炮制的"两国论"而已。

四、宣导"日台合作"理念

李登辉说：日本的 IOT（物联网）技术虽然相当先进，但大多是封闭于自家公司内的技术，很难向世界推展。台湾拥有能够因应全球市场需求大量生产所需零件的优秀技术。"日本企业的研发能力若能与台湾企业的生产技术合作的话，是有可能称霸整个市场的"。令人奇怪的是，李登辉本来是学农的，自称是"农业专家"，而在他的垂暮之年突然对 IOT 新技术发生了如此大的兴趣，难道这仅仅是出于在 IOT 领域里的"日台合作""称霸市场"吗？答案应当是否定的。

在专访中，李登辉接着说："无论是历史或是文化面，日本与台湾有着很深的联结，世界上再也没有哪两个国家间有这么坚固的关系了吧！"再联系 2014 年 9 月 21 日他在东京的演说来看，早就提出了台日"命运共同体"的理念。在那次演说中，李登辉十分"关怀"日本的现实"处境"，在"盛赞"安倍决定容许行使集体自卫权政策之时，并建议日本重新思考美日同盟关系，应修宪让日本拥有武力，成为真正独立自主的国家。正是由此出发，他强调："台日是命运共同体，日本好则台湾好，反之亦然。"台日是"命运共同体"，有着"很深的连结"和"坚固的关系"，难道这些说法不都表明李登辉在深深怀念当年日台"同为一国"的历史，并且企求今后能够重圆旧日梦吗！

综上所述，不难看出，李登辉是一个以日本为"祖国"，具有武士道精神，妄图实现"台湾独立"，并再度"投入日本怀抱"的大汉奸，两岸的中国人民必须对李登辉这样的民族败类共讨之，齐驱之。

（《知识博览报》2015 年 9 月 10 日）

新加坡与台湾当局秘密军事合作 40 年

近些年来，媒体不断披露台湾有支新加坡的"星光部队"。随着新加坡开国总理李光耀逝世，"新加坡模式"运作情况，包括新加坡与台湾当局签订的秘密军事交流与合作计划，台湾媒体报道得也越来越详细了。现综述如下：

一、从以色列帮助建军到与台湾军事合作

新加坡于 1959 年 6 月 3 日从英国殖民统治中取得自治地位，1963 年 9 月 16 日加入马来西亚联邦，1965 年 8 月 9 日被"逐出"联邦而成为独立的主权国家。这时新加坡军队总数不足千人，海军只有几艘巡逻艇，空军只有一架飞机。由于英军将要逐步撤出新加坡，如何在短时间内建立自卫武力，面对周边威胁，已成为新加坡的首要任务。于是，新加坡"独立之父"开国总理李光耀，便开始筹划建构本国的国防体系。起初向印度和埃及寻求帮助遭到婉拒，后又将目光转向中东军事强国以色列，以色列出于自身的战略考虑而应允。当年 12 月，以色列即悄悄派出军事代表团帮助新加坡绘制三军建设蓝图，开始打造一个完整的军事体系。

随着时间的推移，新加坡考虑到如果与以色列关系太密切，有开罪周边乃至更大范围穆斯林世界的危险，于是转而向同族的台湾求助。1973 年 5 月，新加坡总理李光耀专程抵达台北，与台"行政院院长"蒋经国会面，磋商推动军事交流与合作事宜。1974 年 12 月李光耀第二次访台，向蒋介石提出军事合作构想，希望能在台湾组织对新加坡部队的训练，以解决新

加坡空间有限问题。1975 年 4 月，李光耀与蒋经国签署一份绝密的军事交流与合作计划——"星光计划"，"星光部队"的称谓即由此而来。此后每年双方借在台举行的"台新协训会议"签署换约，维持制度化军事交流。到 2015 年，"星光计划"已届满 40 年。

由于新加坡面积狭小，缺乏战略纵深，除台湾外，新加坡军队还在文莱、泰国、澳大利亚、新西兰、印度、美国等国设置基地训练三军。有学者认为，新加坡将军力分散在周边境外，这不仅可以解决部队训练场地少的问题，更深层次的考虑是，若本国遭敌国入侵，驻国外部队便可随"盟军"舰队和登陆部队反攻，收复新加坡。这是作为小小岛国新加坡实行"攻击性防卫"军事战略的必然选择。

二、军事合作内容是多方面的

新加坡军队组建于 1965 年 7 月 1 日，实行义务兵役制，总统为三军统帅。军力组成分为正规军人、现役军人以及战备军人：正规军人指的是职业军人，现役军人指的是符合服两年强制役的军人，战备军人指的是从现役中役满退伍、进入 10 年回营训练周期并能够在一定时间内动员的后备军人。新加坡现役军人总数约为 5.5 万人，到台湾受训的星光部队，开始每年高达 1 万多人次，后来由于多种原因而有所减少。军事合作内容大体有以下几个方面：

（一）新加坡陆军利用台军训练基地进行训练和演习

按照双方协议书，新加坡组建由步兵、炮兵和装甲兵构成的星光部队，定期轮流到台湾训练。共计 4 个训练营，60 辆坦克以及大量火炮。台湾提供屏东恒春三军联训基地、云林斗六炮兵基地、新竹湖口装甲兵基地，作为星光部队训练场地。此外，星光部队还利用台湾"中科院"配套设施最完善的九鹏基地进行导弹发射训练。

台湾媒体报道，星光部队由台湾"代训"，与台军同场地进行训练。但新加坡国防部则坚称，这些训练只是新加坡的单边军事演习，台湾方面仅提供场地以及后勤资源。事实上，台军为确保星光部队的训练效果，有时还要出动台军充当假想敌。例如，2006 年 4 月，双方在台湾南部举行代号"顶峰 2006"的实兵对抗演习。新加坡派出一支约 2500 人的旅级部队，以全旅、全装、全员姿态参与演习，一位准将层级的高级将领亲自来台指导；台陆军则派出新编第 298 机械化步兵旅，与星光部队模拟"城镇巷战"。这次演习，台湾邻近的"非邦交"国家也派出军方人士到场观摩。

（二）台军派员前往新加坡协助建军

新加坡首任海军司令邱永安（原台海军上校）、空军司令刘景泉（原台空军少将），都是当年返台从军的侨生，奉派提前退伍赴新加坡任职的。他们都参与了新加坡建国初期的战略规划制定和具体实施活动。有些派往新加坡的台军教官，后来又回到台军发展，并担任了重要职务，例如台"国防大学"前校长夏瀛洲上将等便是。在空军方面，由台湾选派飞行员到新加坡协助发展。台军 C–130 运输机每年都会以"海洋长途训练"之名，飞经新加坡。在海军方面，台军协助新加坡进行水面舰艇训练和派出潜舰建立反潜战力。从 1973 年至 2003 年的 31 年间，台海军每年派出的"敦睦舰队"，有 24 次到访新加坡。与此同时，新加坡空军和海军也经常到台湾活动。在 20 世纪 80 年代期间，新加坡战机常到台湾具有完善空战训练设备的台东志航空军基地进行训练；新加坡海军在海外远航时也常会途经或专程到台湾进行交流，一般停泊在高雄港，有时也会停泊在左营海军基地。

（三）军事合作是双向互惠的

鉴于当年许多国家都不愿卖武器给台湾，于是台湾便通过新加坡购买小批量的欧洲武器。七八十年代，台军多次让新加坡军队扮演"人头"，采购不易获得的武器。例如，购买供台军研制的 AUG 犊牛式突击步枪，以及双方后来共同研发的 40 毫米快炮等。台军还曾透过新加坡向俄罗斯购买 SA–18 肩射导弹，后因讯息曝光而未果。新加坡也利用自己的某些优势协助台军改良装备，其中最具代表性的是，新加坡宇航公司曾于1997年帮助台湾把8架F–5E改造成为RF–5E战术侦察机，这是台湾主力战术侦察机之一。此外，需要提及的是，星光部队还曾参与台湾九二一地震、八八风灾等救灾活动，出动了生命探测仪，为台湾人民做出了贡献。

三、意外事件使合作秘密曝光

鉴于两岸关系敏感，星光计划一开始就蒙上神秘面纱，是"只能做不能说的秘密"，然而40年来实际上是"公开的秘密"。因为星光部队有许多不同于台军的地方。例如，训练和演习期间，他们虽然穿上台军的服装，但许多"阿兵哥"竟然留有胡子（台军不允许），黝黑的皮肤和外貌酷似南亚人，说着奇怪的闽南语或蹩脚的英语，开的军车是右驾车，在高雄码头有时也能见得到停泊的新加坡军舰。新加坡军人待遇优厚，出手阔绰，消费力惊人，颇受训练基地周边店家欢迎。时间一长，外界自然意识到他们是在台受训的外国军队了。

2007年5月11日，台空军一架F–5F战斗机在新竹湖口营区坠毁，导致正在受训的星光部队亡2人、重伤2人、轻伤7人，由此星光计划被外界知晓。2013年3月初，台军公告将在三军联训基地举行"实兵实弹"操演，文件中竟首次出现"星光部队"字样。2015年3月25日，台湾《联合报》更是在"台星军事合作"栏目下，以《星国少爷兵台湾秘训40年》为标题，详细披露了相关内幕，事实真相才大白天下。

2015年4月6日

（中国社会科学院台湾研究所主办《台湾周刊》2015年第15期）

资料荟萃

2015 年台湾军事情况综述

2015 年，台湾当局和防务部门，按照既定计划，全力建构"防卫固守、有效吓阻"的"国防武力"，举行各类各层级的军政演练，积极推进全募兵制转型，严肃整饬军纪，以应对所谓"大陆军事威胁"，同时大规模举行抗战胜利暨台湾光复 70 周年系列纪念活动，凝聚民众向心，传承辉煌历史。

一、高阶将领大调整，坚实台军领导力量

2015 年，马英九进行了任内最大规模的高阶将领调整。1 月 27 日下午，台"总统府"发布新闻稿称，"国防部长"严明提出辞呈，以启动军中换血，促进军队年轻化，马英九多次慰留后勉予同意，令其转任"总统府国策顾问"。新任"国防部长"由"参谋总长"高广圻接任，"陆军司令"严德发升任"参谋总长"；"国防部军备副部长"邱国正接任"陆军司令"；"空军司令"刘震武调任"军备副部长"；"国防部常务次长"沈一鸣晋升上将，接任"空军司令"。

此外，台"国防部副参谋总长兼执行官"廖荣鑫与"海军司令"陈永康皆调任"总统府战略顾问"。"海军司令"由"国防部副参谋总长"李喜明晋升上将接任；"海军副司令"蒲泽春晋升上将，接任"国防部副参谋总长兼执行官"。命令于 1 月 30 日生效。2 月 26 日，台"国防部发言人"称，"海军副司令"许培山中将接任"国防部常务次长"，其职由海军舰队指挥部指挥官黄曙光中将接任。据称，"海军司令"李喜明出身潜舰部队，娴

熟潜舰采购案，可配合海军出身的新任"国防部长"高广圻，共同推动潜舰自造案。

6月24日，台"国防部"表示，经马英九核定，晋任中将6人、少将20人，"海巡署"晋任中将1人，"教育部"晋任少将1人，"国安局"晋任少将1员，合计29员，于7月1日生效。26日上午9时，由"国防部长"高广圻主持，举行晋任授阶典礼。马英九在致辞中针对陆航601旅发生的违纪事件，要求大家虚心检讨、全面改革，把批评造成的冲击变成改革动力，在风风雨雨中持续成长茁壮。

台军将级人员定期晋任已成制度。12月27日，台"国防部"表示，奉马英九核定："国防部"晋任中将6员、晋任少将18员，"国安会"晋任少将1员，"国安局"晋任少将4员，"海巡署"晋任少将1员，合计30员，于新的一年1月1日生效。马英九在12月29日上午举行的典礼上指出，台军在建军备战工作上，绝不能有丝毫松懈，应秉持"止战而不惧战、备战而不求战"的积极态度，结合"创新不对称"的思维，以建构"小而精、小而强、小而巧"的精锐劲旅。

二、举办抗战胜利纪念活动，筹建大型军事博物馆

2015年是抗日战争胜利和台湾光复70周年。从7月7日"七七事变"纪念日到10月25日"台湾光复"纪念日，台湾当局和军方举办了一系列纪念活动，其中大型活动就达16次之多。不仅声势较大，持续时间长，而且内容丰富，形式多样。主要有纪念大会、国际学术研讨会、抗战座谈会、专题演讲音乐会，发行纪念邮票套币，制播纪录影片，出版抗战史专书，举办典藏文物档案展，等等。纪念活动展现四大主轴：（一）八年抗战艰苦卓绝奋斗成果；（二）中国对日抗战是二次世界大战同盟作战重要一环；（三）台湾光复与对日作战关系密不可分；（四）"中日两民族的未来：和平与合作"。

在纪念活动中，不仅邀请了抗日志士及抗战先烈先贤家属代表参加，颁发抗日战争胜利纪念章，还邀请了在二战期间有特殊贡献的人士或家属，

如在南京大屠杀期间建立南京安全区的传教士约翰·拉贝、拒绝日军进入校园保护妇孺的明妮·魏特琳、医治伤患的外科医生罗伯特·威尔逊，以及美国前总统罗斯福、杜鲁门、艾森豪威尔与飞虎队和当年苏联航空志愿队队员的后人等，赴台参加相关活动。曾经拯救众多犹太人、被誉为"中国辛德勒"的外事人员何凤山遗孀，也应邀参加了纪念活动。截至 10 月底，台湾当局向海内外颁发了 9800 余枚"抗战胜利纪念章"。

鉴于年轻人对抗战历史了解有限，为了牢记历史，台湾当局预计以 8 年时间打造一座规模较大的"国家军事博物馆"，任何在台湾曾经抵御外侮的故事与人物，包括被强征的慰安妇，在该馆都占有一席之地。

值得警惕的是，极有可能执政的民进党，不承认"台湾光复"，学着日本的腔调改称"终战"，既不举行任何纪念活动，也不参加民间举行的纪念活动。舆论对民进党质疑：如何面对和诠释两岸共同的历史记忆，是民进党难以绕开的难题，也是观察民进党有没有能力推动两岸关系和平发展的重要指标之一。

三、实施多层级政军演练，应对各种突发事件

台湾每年的各种演练名目繁多，除以三军联合作战"汉光"演习为中心的系列军事演习外，还有台湾当局战略层级的"政军兵推"，以及海巡海军联手护渔、军地联合救灾等方面的演练。

（一）"汉光 31 号"演习模拟"大台北保卫战"

3 月 10 日，台"国防部"公布 2015 年"汉光 31 号"演习规划，分别在 5 月及 9 月实施"计算机辅助指挥所演习（计算机兵推）"及"实兵演练"。

从 5 月 4 日起连续 5 天实施"汉光 31 号"计算机兵棋推演，重点是"应急作战"。"红军"（攻击方）由台湾"国防大学"教官担任，"蓝军"（防卫方）则依惯例由参谋本部及三军司令部组成。两岸兵力参数均输入大型计算机系统内进行演练。兵推的内容是：大陆以演习为由，将台海周

边海空域划为演习区域，在兵力集结完成后，对台北地区发动突袭。"红军"采取的是斩首战法，首波以导弹攻击大台北地区的所有军政目标，包括"总统府"和"国防部"等，以及台湾本岛各军事机场、军港、雷达及导弹阵地等重要设施，企图瘫痪台湾指挥系统。台空军战机在首波的攻击中"折损颇大"。按照想定，兵推进入第3天后，台湾战力恢复，进入反击阶段。5月6日晨，马英九以"三军统帅"身份视导兵推，表示此次想定规划将"不对称作战战力""新兴武器装备"及"资电网络攻防"等纳入验证，对于提升防卫作战效能而言，将可获致正面帮助与收获。

9月7日至11日进行"汉光31号"第二阶段实兵演练。演练以"分区、同时"及"实兵、局部实弹"方式，实施5天4夜攻防对抗演练。区分为联合防空、联合截击等阶段，结合联电、联兴、联云、联信、联勇等年度三军联合作战操演，实施防卫作战演练。重点验证项目包含转换联战指挥机制、网络战攻防、后备部队动员、海巡兵力运用、联合防空、反舟波射击、反登陆及反击作战等57项，并规划多项实弹射击项目。演练中首次纳入无人机、P-3C反潜机、沱江舰和盘石舰等新武器装备。马英九以"三军统帅"身份，赴新竹校阅"反舟波射击"实兵演练。

演练前夕，台军特地声明，为了反制解放军对"总统府"的突袭，将首次增加"反特攻、反斩首、反劫持"演练，由驻守"总统府"和"总统官邸"的"宪兵"部队进行所谓的"营区自卫战斗"，模拟遭遇"大陆特工人员"攻击时的防卫作战，以破解解放军斩首战术。有分析指出，台军增加这样的演练，实际上更多的是追求心理安慰。

（二）"政军兵推"演练遭遇网络攻击应变措施

据台"国安局"透露，该局秘密筹设的"网域安全处"已于5月正式运作，主要任务是掌握网络安全的情报研究搜集、工具应用与研发及反黑客，并对影响台湾安全的网域情报及早掌握、预警与因应。该处认为，鉴于大陆网军战力大增，对台湾安全威胁已不亚于传统的军事威胁。

与"汉光31号"实兵演练相配合，从9月7日晨起，由"国安会"

主导进行一天半"政军兵推"，模拟演练政府部门遭遇网络攻击时的各种应变措施。演习分阶段实施，状况涵盖岛内事务、国际关系与两岸间可能发生的政治、经济、民生及军事等事件，并借由相关事件发展推演，结合及带动年度"汉光""万安"等演习构想实施。8 日上午，马英九亲临"国家政军指挥中心"，主持各项"国安"会议，并视导各参演部会作业实况。计有 30 个单位 700 余人次参加，不仅规模比往年庞大，更首度聚集"全民防卫动员准备机制"成员机关，演练"国力"整合整备工作。"国安会"表示，此次兵棋推演的成果，有助于强化当局统筹各项"国力"及团队运作机制，演习达到了预定的推演目标。

（三）纪念抗战胜利举行"国防战力展示"

为纪念抗战胜利 70 周年，台军于 7 月 4 日在新竹湖口营区举行了"国防战力展示"。马英九亲临校阅三军，并和三军司令颁赠"抗战胜利纪念章"给 127 位抗战先进。参演兵力区分为陆、海、空军，"宪兵"及"国防部"直属部队等，总计 32 个单位 3858 员，装备各类型机 14 项 64 架，轮型履带车辆 52 项 294 辆。展演项目区分为空中分列式、地面阅兵与分列式、战技操演等三阶段，除了展出 AH–64E 阿帕奇攻击直升机、UH–60M 黑鹰直升机及各式现役装备外，还有"抗战纪念梯队"展出对日抗战时期主要装备。应予注意的是，在战力展示中，爱国者–3 型导弹、天弓–3 型导弹以及雄风–3 型导弹都是首次亮相，爱国者–3 型导弹射程达 150 公里，可作多目标接战，天弓–3 型导弹为台湾自制，也属于多目标接战，而雄风–3 型导弹则可在海距 200 公里时攻击舰艇，速度为音速的 2.5 倍。

（四）联合护渔操演，展现护卫海权决心

6 月 6 日上午，马英九前往高雄港新滨码头及高雄外海主持"海安八号演习"，以具体行动宣示台湾海上执法、救难及护渔能力与成果，并重申台湾当局捍卫主权、保护渔权的决心。典礼开始后，马英九首先宣达

"宜兰"舰及"高雄"舰成军令并授旗,随后致辞指出,海安演习是"行政院海巡署"每2年举办一次的重大演训活动,而此次演习则是首次将实兵演练的场地从港内移至外海,进行直升机起落巡防舰的演练,具体展现"海巡署"与"内政部"空勤总队扎实的训练成果与分工合作的共识,代表台湾在海上执法及救生救难已由平面提升至海空立体执勤模式,使海上侦巡及救援活动更有效率。

11月21日,台军联合海巡兵力,秉持"海巡护渔民、海军挺海巡""海巡在先、海军在后"的原则,在左高海域举行盛大护渔操演。针对模拟状况,由海军、空军、"海巡署"及空勤总队等单位,出动各型机舰合作演练,实施有效应处作为。主要课目有,台湾渔船遭遇不明船舶追逐,海巡舰只与不明武装船舶发生对峙,海上反挟持及伤员救助等。演练重点为海空联合搜索与救难,以及海军与海巡舰艇指管通连机制,充分验证护渔成效。马英九搭乘海军"田单"舰出海,亲自视导联合护渔操演各项课目实况。

四、"自产为主外购为辅",提高联合作战能力

近些年来,在改善武器装备方面,台湾逐渐实行"自产为主外购为辅"的方针,充分利用自身的军事科技与研发能量,大力研制部署各型舰艇、导弹、装甲车、飞行载具并进行IDF经国号战机的性能提升,积极规划"潜舰台造",力求通过"国防自主",提升防卫战力。

3月31日,马英九前往高雄左营军港,亲自主持从构想、设计至建造,都是由台湾自行建成的"盘石""沱江"两舰联合成军典礼,随后进行校阅。"沱江"舰是台湾首艘匿踪导弹巡逻舰,采双船体设计,速度快,配有雄-2、雄-3型导弹,有"航母杀手"之称。"磐石"舰是台湾海军吨位最大军舰,以油弹补给和国际救援为主要任务,具备雷达匿踪设计,可搭载反潜直升机出海。舰上的医疗空间比照野战医院等级,有诊疗间、手术室、消毒间、牙科室和病房,并配有内视镜机组、血液分析仪、超音波、移动X光机、麻醉机与高温高压消毒锅等设备。

6 月 6 日，台"海巡署"新成军的 3 千吨级"高雄"舰与"宜兰"舰，也是由台湾自行设计建造的。两舰的入役，对台湾宣示"主权"及捍卫渔权具有很大作用。

此外，台防务部门为推动"国防科技"发展，8 月 13 日于台北世贸中心举办"2015 年台北国际航天暨国防工业展"盛大开幕，以"国防自主、军民双赢"为参展主轴，展示"国家中山科学研究院"（以下简称"中科院"）、"国防大学"及"军备局"等单位，投注国防科技自主研发的成果。"中科院"与汉翔航空工业公司等单位，还于 6 月 15 日至 21 日参加了"第51 届巴黎航空展"，通过制作模型和精美视屏，向国际市场展现了台湾"国防科技"及军民通用科技研发的 23 项成果。

台湾在谋求走"国防自主"之路时，并积极对外、特别是对美国运作军购。1 月中旬，台"国防部副部长"夏立言，在"立法院"作对美军购项目报告时披露，台湾已向美方提出 8 大军购案，包括佩里舰、AAV–7 两栖突击车、先进数据链路系统、舰船电战系统性能提升、方阵快炮、柴电潜艇、4 型精准弹药和空投水雷等。除 4 型精准弹药先进数据链路系统外，其余 6 项都是海军装备。在台湾陆海空三军军购历史上，海军如此受重视也是相当罕见的。

美国国会两党领袖一直催促奥巴马政府通过军售计划。12 月 16 日，奥巴马通知国会将向台湾出售价格总额约 18.3 亿美元的武器装备，主要包括佩里级导弹护卫舰"标枪"及"陶 2B"反坦克导弹、"毒刺"便携式地空导弹、AAV–7 两栖战车在内的共 10 项内容。这是奥巴马任期内第三次向台湾出售武器，比起 2010 年的 62 亿美元、2011 年的 58 亿美元，经费规模要小，军售质和量也在减少。台湾多次明确提出的向美国购买的诸如F–16C/D 型战机及柴电动力潜艇等武器装备并没有被列入其中。

五、完备法源基础，确保募兵制转型成功

在兵役制度改革上，台湾当局一直致力于推动"征募并行制"，认为募兵制为兵役制度转型重大施政，推动成果攸关台军战力提升与维系，事

涉台湾防务及安全。但募兵制推动三年来，招募人数难以达标。经军方审慎评估，认为募兵制需推迟到 2017 年上路。

为提升募兵诱因，台"立法院"于 9 月 15 日三读通过"推动募兵制暂行条例"，明订志愿役现役军人得支领"战斗部队加给"及"留营慰助金"；民营事业机构进用志愿役退除役军人绩效优良者，官方应予奖励；针对改善军人待遇尊严及出路等三大面向，授权"国防部"订定配套措施。除可完备募兵制法制基础，并提高招募及留营诱因，确保募兵制转型成功。"战斗部队勤务加给"及"留营慰助金"于 2015 年 4 月发给。战斗部队连级单位之官士兵可获 5000 元加给，志愿士兵服满法定役期续服现役，最多可获 50000 元慰助金，有助吸引更多优质青年从军，并提升留营率，达成募兵目标。经台"国防部"调查，志愿役人力比例已由 59.1% 提升至 12 月 1 日的 65.4%，成长 6.3 个百分点，显示前述加给核发已产生"招募与留营"的激励作用。另考虑化学兵、工兵、通信兵等部队执行任务与战斗部队相当，台"国防部"已将战斗支持部队规划列为第二阶段发给对象，后续将依法制程序，陈报"行政院"核定。

据台"国防部"12 月 30 日发布消息称，2015 年全年征集志愿役 18550 员，达标率 132.5%，较 2014 年征集的 15024 员增加 3526 员；另留营率 2015 年达 72.4%，较 2014 年的 61.4%，提升 11 个百分点，显示志愿役人力在稳定提升。

六、强化内部管理，严肃整饬军纪

一年来台军肇生数起军纪案件，其中陆军航空特战部 601 旅少数干部，轻忽法纪、擅用职权及违反营务营规案件，招致台湾社会各界严厉批评。3 月 29 日，601 旅第二作战队副队长劳乃成私带艺人李蒨蓉等亲友 20 多人（其中包括 6 名外籍人士）进入营区，观赏 AH–64E 阿帕奇直升机，让李坐进机密等级相当高的驾驶舱模拟驾驶，并违反台军信息安全规定，让李倩蓉拍照，引发轩然大波。

马英九要求台军方严正全面检讨，台"国防部部长"高广圻于 4 月 7

日在记者会上致歉，并敦促陆军严肃检讨。4 月 8 日召开高层级军纪安全检讨会后，率 7 名上将到马英九办公室作"谢罪"报告。"参谋总长"严德发上将记过一次，成为首位被记过的"总长"，台"国防部部长"高广圻请辞获慰留。经过调查，20 名将校受惩处。劳乃成被记两大过并调离现职。后由台"公务员惩戒委员会"认定，劳乃成败坏军纪，议决休职两年。为教育台军官兵，台"国防部长"高广圻特别以《恪遵纪律实践力行》为题，录制讲话，在莒光园地播出。

此外，台"国防部"还深切检讨，参酌现今防卫作战形态转变等因素，报请"行政院"于 11 月 19 日通过将"要塞堡垒地带法"修正名称为"战略要域管制法"，并函请"立法院"审议，展现台军务实面对问题及与时俱进的积极态度。

七、发布"国防报告书"，视大陆为台湾"主要威胁"

10 月 27 日，台防务部门召开例行记者会，公布 2015 年"国防报告书"。报告书区分为四篇八章。第一篇"战略环境"，分"安全形势""安全挑战"两章；第二篇"国防政策"，分"国防策略""国防施政"两章；第三篇"国防战力"，分"国防武力""国防资源"两章；第四篇"全民国防"，分"全民防卫""军民合作"两章。报告书系统阐述了台湾对地区局势的看法，回顾了近年来台湾防务建设转型成效，勾画了台军未来发展方向。

报告书全面表述了台湾当局对当前国际局势和地区形势的看法。认为目前全球依然维持着以美国为首的"一超多强"战略格局，亚太地区则面临东海争端与南海岛屿争端、朝鲜发展核武等安全隐患。中共持续军事现代化，以及推动"一带一路"外交与经济战略，并扩大在东海与南海的影响力度，仍是亚太地区安全稳定，以及台湾生存发展的主要威胁。在防务政策方面，报告延续了台湾"防卫固守、有效吓阻"的守势军事战略构想，强调以建设强大军事力量恫吓敌方可能的军事行动。

报告书密切关注大陆"持续军事现代化"，用了很大篇幅描述大陆近年来军事发展情况，将大陆视为台湾最主要的安全威胁。在"大陆军事现状与发展"一节中指责大陆"影响区域安全稳定"，认为大陆近年来国防预算保持高速增长，积极研发攻击性武器系统，其"国防发展已经超出防御所需，使大陆被视为潜在威胁，进而引发亚太地区军备竞赛"。报告书认为："解放军近年来陆续换装两栖突击车、远程火箭弹、新型舰艇、远程反舰导弹、第三代飞机和防空导弹等主战装备，第二炮兵持续对台部署导弹，重点提升远程投射力量，预计在2020年前，可实现完备攻台能力"。

为应对大陆军事发展，报告书建议台湾要加速"国防转型"，提升作战效能，发展"小而精、小而强、小而巧"的军队，同时为平衡大陆在东海、南海的积极活动，台湾要强化在东沙岛、太平岛的防务建设，增加海上巡防力量，妄称要"以军事力量为后盾，维护岛屿主权、海洋权益及保障公海航行自由"。

2016年1月4日

（福建社会科学院现代台湾研究所主办《现代台湾研究》2016年第1期）

2016 年台湾军事情况综述

2016 年是台湾地区又一次政党轮替的一年。蔡英文上台后，为巩固"台独"势力夺取的执政地位，增加"以武谋独"的筹码，从两岸力量对比岛内形势变化以及迎合美国"亚太再平衡"战略的需要出发，提出了若干防务政策和建军理念，并逐步付诸实行。现将 2016 年来台湾地区军事情况综述如下：

一、蔡英文当上"三军统帅"，强化台军掌控和改造

坚持"台独"路线的蔡英文，从无军中履历，不懂军事，缺少与台军官兵情感纽带；再加上近些年来台军丑闻弊案频出，士气严重受挫，蔡英文 5 月 20 日刚一上台，就出现导弹"误射"、战车翻覆等台军史上罕见的严重事故。为打造一支为"台独"服务的军队，蔡英文上台以后，利用传统节日、纪念活动、部队演训、晋升典礼等时机，密集视察三军各部队，进行精神讲话，许以改革愿景，企求赢得台军信赖。在视察中强调台军"目前最重要的工作是推动国防改革"，建立"固若磐石的国防武力"。表示"'国军'的荣辱，就是我的荣辱"，"我跟你们是在同一艘船上"，允诺一定提升"军人尊严"，让台军"走向一个新的时代"。声称自己"身为中华民国的总统、中华民国国军的三军统帅"，是台军"最坚强的后盾"。

与此同时，蔡英文开始对台高层进行大幅调整，重用亲绿将领，打造绿色班底。空军退役上将冯世宽已 71 岁，退休多年，曾参与起草民进党的"国防政策蓝皮书"，被认为是"亲扁将领"，被蔡英文任命为"国防部

长"，成为近 20 年来年龄最大的台湾"国防部长"。前空军司令、曾任陈水扁时期"侍卫长"的彭胜竹，接任"国安局长"。知情人士认为，这是蔡英文"首次可以用自己的人，更有统合国安团队的效率"。海军中将刘志斌曾担任陈水扁时期武官，时隔 8 年又被蔡英文钦点出任领导人办公室侍卫长。6 月 23 日，蔡英文出席"将官晋升授阶典礼"，一次就核定晋升37 名将官，突破了马英九时期原定不得超过 30 人的限额。

二、完备募兵制，建构质精量适"国防劲旅"

从 2012 年起，台军开始实行募兵制，逐年将常备部队的义务役士兵由志愿役士兵取代，并将 1994 年次以后的役男转换为 4 个月军事训练，完训后纳入后备动员系统列管，以储备后备动员人力。募兵制开始实行时并不顺畅，后因循序完备募兵配套法制、强化招募宣传、合理调整待遇、鼓励公余进修及精进退辅制度等配套措施，情况有所好转。2015 年志愿士兵计招获 18550 员，达标率为 132.5%；志愿士兵留营率达 73.2%，较2014 年提升 11.8%。志愿士兵人数已从 2012 年的 26260 人，增长至 2015年的 40452 人。

据 2016 年 12 月 22 日台"国防部"送达"立法院"书面报告称，由于志愿士兵人力成长，已大幅减少义务役征集人力，2015 年征集 58615 员，2016 年征集 23100 员，2017 年征集 9600 员。预判 2017 年底志愿士兵编现达 90% 以上，已可满足部队需求。从 2018 年 1 月 1 日起不再征集义务役役男入营服役，同年底义务役人员将全数退伍离营。至此，1993 年次以前出生役男计 14957 员将转服一年役期替代役，1994 年次以后出生役男实施 4 个月常备兵役军事训练政策不变。

为提升部分作战部队及特殊专长人力招募与留营诱因，台防务部门将在确保防务安全前提下，厚植在营官兵军事专业职能、强化部队训练及提升战力，并落实以人力优质化带动优质战力、兼顾役男生涯规划等政策要求。台防务部门将持续与台"行政院"相关业务机关沟通说明，推动"第二阶段战斗部队加给""网络战勤务加给""电展室情报职务加给""仪队勤务加给""战航管勤务加给""尉级军官志愿役加给"及"尉级军官士官留营慰助金"等 7 项待遇调整案，争取尽速核发，以提升并稳固基层部队人力。

三、深化三军联合作战演训，"汉光"演习"升温"

2016 年 3 月 8 日，台防务部门发布的年度演训规划称，为有效验证台军整体防卫战力，2016 年以"汉光 32 号"演习为核心，循既定训练程序及步骤，深化三军联合作战演训。部分年度"联字"操演科目，亦整并于"汉光"演习之中。为强化三军联合作战效能，2016 年度的台军"汉光 32 号"演习，将以往的两个阶段改为三个阶段，增加"军种对抗操演"阶段。

（一）"汉光 32 号"演习三阶段具体情况

1. 计算机辅助指挥所演习

计算机辅助指挥所演习于 4 月 25 日至 29 日实施。由"国防大学"担任攻击军，"参谋本部"担任防卫军。模拟大陆对台发动多波攻击时，台军是否能有效应对及反击，以及一旦台湾对外通信管道遭到切断，如何透过与美日的合作管道向国际发声。通过演练，验证台军"固安作战计划"，磨炼各级干部的指参作业与处置能力。

26 日上午 11 时，台湾地区领导人马英九，在"总统府秘书长"曾永权、"国安会秘书长"高华柱等人陪同下，以三军"统帅"身份进入"国防部"，先后到达联合作战演训中心、联合作战指挥中心，听取演习统裁部简报，了解攻击军、防卫军情况，并对参与演习的官兵进行精神讲话。这是马英九 8 年任期内对"汉光"演习的最后一次视导。

2. 实兵演练

实兵演练于 8 月 22 日至 26 日实施，采"全员实兵、局部实弹"方式，以"模拟解放军攻台作战"为想定架构，在本外岛各作战区及训练海空域，针对基地防卫作战、资电网络攻防、空勤海巡纳编作战、关键基础设施防护、快反制变、反封锁护航、联合泊滩布雷、空地整体作战，及新兴兵力运用等验证项目，实施5天4夜连续攻防对抗演练，课目达1072项之多，借以验证战备整备执行成效，强化台军联合作战能力。

8月25日是"实兵演练"阶段的重头戏，各地展开多项实兵实弹演练，包括金门部队实施反登陆作战（"联信操演"），陆军第八军团在屏东加禄堂海滩举行联合登陆及反登陆作战（"联兴操演"），在屏东昌隆农场进行空降及反空降演练（"联云操演"），以及在屏东三军联训基地仁寿营区举行实弹演习（"联勇操演"）。

"联勇操演"是"汉光32号"演习中最大规模的实弹科目，由台陆军装甲部队、阿帕奇与眼镜蛇武装直升机以及空军F-16战机等，共同执行"空地整体作战"，济阳级护卫舰也在海上配合，呈现台军整体陆海空战力。演习共动员战机、装甲车、火炮共21类143件武器装备，各式火炮弹药计24类7893发。8月25日上午，蔡英文首度以"三军统帅"身份，前往屏东县恒春地区视导空地整体作战操演。

3. 军种对抗操演

军种对抗操演是过去"汉光"演习中没有过的。原属陆海空各军种的演练，均纳入"汉光"演习联合作战对抗演练之中，以全面增强演习强度、难度，提升陆军联兵旅、海军舰队和空军联队以下部队防卫作战联合演训成效，加强磨炼旅级以下指挥官决策指导和幕僚指参作业能力，有效验证台军总体防卫战力。这也是对部队年度训练的总验收。

各军种参演情况是：陆军于10月29日至11月4日，以7天6夜方式进行了第6军团装甲542旅与第10军团机步234旅互为假想敌的"长青15号操演"。台"国防部长"冯世宽、"国防部参谋总长"严德发、"陆军司令"邱国正到演习部队视导，美军军官亦首度随军观摩。海军于10月24日至27日在台湾东部海域举行"海强操演"，展开大规模舰队红蓝实兵对抗演练。空军的"天龙操演"于10月中旬，组织各型战机进行红蓝双方的大兵力对抗。台"国防部"认为，"汉光32号"演习，在全体官兵齐心协力下，已达成预定演习目标。

四、增加"国防"预算，建构可持续战力

据台防务部门称，台总预算案筹编期间，"府"方及"行政院"对防务安全需求极为重视，经权衡台岛整体财政与经济发展等因素，防务预算规模取稳健持续增加额度。2015 年度岁出预算占 GDP 比例为 1.85%，2016 年为 1.87%，2017 年度则约为 1.89%，但这离蔡英文提出的 3% 目标还甚远。同时"行政院"还承诺未来若获新增重大采购案，将检讨动支预备金或编列特别预算支应，以展现"自我防卫"决心。

8 月 18 日，台"行政院"会议通过"主计总处"提报的 2017 年度台当局总预算案暨附属单位预算及综计表，其中核赋防务安全预算 3217 亿元（新台币，下同）。台防务部门表示，为有效达成防务安全施政目标，预算开支优先配置于法律义务必要人事支出、主要武器装备维持妥善及对美军购等所需经费，并落实"国机国造、潜舰国造"及"国防"科技研发等政策需要。根据"主计总处"资料，"国机国造、潜舰国造"编列 67 亿元，较 2016 年增加 61 亿元。

五、推动"国防自主"，提高自我研制能力

蔡英文在民进党"国防政策蓝皮书"序言中指出，没有"自主国防"产业，战力是假的，"面对中国打压，未来台湾对外军事采购只会愈来愈困难，若无法自行研制武器装备，两岸的战力失衡越来越扩大，吓阻与防卫都是空言"。蔡英文强调，要提高武器装备的自我研制能力，实现军事装备本土化。

台新任防务部门领导人冯世宽表示，台军为落实"国防自主"目标，将配合"国防产业"政策，依"国防科技"规划，执行学术合作关键技术及武器系统研发，并就台军建军规划期程，进行武器系统量产，以"国机国造""潜舰国造"及其他先进武器研制等指标项目，厚植"国防自主"能量。

台防务部门秉承蔡英文旨意已成立"国防产业发展小组"，推动"国

机国造"和"潜舰国造"等指标项目，以期整合岛内产官学研之资源与能量，由政策引领科技研发风潮，带动"国防"与民间产业同步发展，并采批量循环及长期方式规划，逐步达成"强化国防战力，确保国家安全"与"促进产业能力进步与繁荣经济发展"之双重目标，提升"国家"整体竞争力，建立长久可恃的"国防独立产业"。

在"国机国造"方面，鉴于10年内取得美制 F-35 战斗机可能性不高，因此台当局决定用7年时间自行研制短场或垂直起降战斗机，研发成本约在 800 至 1000 亿元（新台币，下同），每年投资 114 至 143 亿元；用2到3年时间，投资 45 亿元，自行研制高级教练机；规划三阶段研制无人飞机，近期（6年）具备反辐射打击能力，中期（6到10年）具备全天候精准打击能力，远期（10年以上）具备远距联合打击能力。

在"国舰国造"方面，根据规划，未来 20 年将投入 8000 亿元（合 240 亿美元），其中包括 4 艘 6000 吨"神盾"舰、多艘 2500 吨护卫舰、7 至 11 艘"沱江"后续型轻型护卫舰、6 艘扫雷舰、2 艘 16000 吨船坞登陆舰、6 艘以上 1500 吨柴电潜艇，并改装现役两艘荷兰"旗鱼"级潜艇等。

对上述"雄心勃勃"的"大建"计划，并不为岛内各方人士看好，主要是资金不足。有台军官员表示，光是在潜艇方面的研制起码要再加 1000 亿元。据台"主计总处"公布，2016 年台湾防务安全经费用于武器系统自主研发能力的，虽较上年增长 211%，但也只有 57 亿 6240 万余元。这对台军"远景规划"来说，无异于杯水车薪。

六、强化美台军事合作，采购美式先进装备

蔡英文在竞选台湾地区领导人赴美"面试"时，向美方表达了加强美台军事交流的愿望，希望"持续加深台美之间的军事交流资讯分享，及国防产业的联结，以强化台湾的自我防卫能力"。

为与台"国防自主"政策相衔接，在今年召开的第十五届"美台国防工业会议"上，台湾方面提出：美国产业要协助台湾业者与国际接轨，以合作取代竞争，开发新的契机。未来双方更要聚焦军工产业的合作，期待

这个领域会成为双方全面性建设性关系的新亮点。

在蔡英文正式上任后仅一个月，美国方面基于自身的战略需求，就由"美国在台协会主席"薄瑞光于 6 月 22 日专访中，向台湾方面明确表示：我们在军售、训练台湾军队以及为台湾军队提供咨询方面的决定，"并不是基于每年发生的事件而定的，而是基于非常广泛和长期的美台军事互动，基于对台湾长期的需求的分析"。这就等于美国承诺将长期源源不断进行对台军售。

如同历届美国总统那样，奥巴马在卸任前也来了个"临别军售"。2015 年 12 月 16 日美国政府正式通知国会，向台湾出售两艘佩里级护卫舰、标枪反坦克导弹、陶式 –2B 反坦克导弹、AAV–7 两栖突击车、毒刺防空导弹及其他装备，共 18.3 亿美元（约合 118 亿人民币），这是美国 4 年多来首次对台售武，也是美国对台军售 40 年以来最长间隔期。2016 年 12 月 14 日"美台商业协会"会长韩儒伯又明确表示，特朗普执政后，美国可能在潜艇计划、高级教练机计划或网络安全等相关领域对台湾进行支持。特朗普应该会以不同方式销售武器，预期可以停止包裹式军售，回到（分项随时）通知程序。

值得关注的是，美台军事交流首次纳入美法案。美国白宫在当地时间 12 月 23 日宣布，奥巴马总统签署了"2017 年度国防授权法案（NDAA）"，使这一法案正式成为法律。它将打破台美 1979 年"断交"以来的军事交流门槛，使之"机制化""常态化""公开化"。未来美国助理部长以上层级的资深官员以及现役将官都可以访问台湾，而台湾"国防部长"也可望突破不能访问华盛顿的限制。绿营人士认为，这可能让台湾今后向美国军购获得先进武器更加顺利；如能再让台湾参加美国主导的环太平洋多国军演，则"可对中国产生吓阻效力"。蔡英文办公室表态称，对于奥巴马及美国各界长久以来，对台湾在包括"国防安全"等领域上的支持，表达衷心感谢，同时也期待台美双方在既有的良好基础上持续合作，进一步深化实质交流。

七、蔡氏"新军事战略"露雏形，复归扁氏"攻势"作战

2008 年马英九担任台湾地区领导人后，把陈水扁时期的"有效吓阻，防卫固守"的"攻势"军事战略，调整为"防卫固守、有效吓阻"的"守势"军事战略，坚持后发制人的原则，把重点放在本岛防卫作战上，不再强调主动攻势作战。4 月 26 日，马英九在视导"汉光 32 号"演习时重申了守势战略，指出面对当前军事威胁，"国军"应秉持"防卫固守、有效吓阻"战略指导，以创新思维，持续发展不对称战法，打造"吓不了、咬不住、吞不下、打不碎"的整体防卫战力，使敌人不愿也不敢轻启战端。他强调，建军备战工作不分党派，无论是哪一个政党执政，"国军"的任务始终不会改变，"国军"要成为台海和平与民主宪政发展的坚实后盾。

蔡英文上台后，首度以"三军统帅"身份于 8 月 25 日视导"汉光 32 号"实兵演练。她置 8 年来推行的"守势战略"于不顾，要求"国防部长"冯世宽在明年 1 月之前拟订一套"确认方向、改变文化"的军事战略。她指出，这份新的军事战略，除了收集各方的意见，更应该透过台军内部的讨论，共同来完成。她希望台军的专业军官，都能够充分发挥创新的思维，一起来打造新"国军"。蔡英文在拒不承认"九二共识"的前提下，提出台军制定新军事战略要注意"确认方向、改变文化"，引发关注。

11 月 2 日，台"国防部长"冯世宽，在"立法院外交暨国防委员会"作 2017 年度"施政计划及主管预算案报告"时说，未来"国军"作战构想，依国际关系、国内情势，以及军事能力评估，微调现行"有效吓阻、防卫固守"的战略构想，将转成为"多重吓阻"，并纳入明年"汉光"演习验证。这就是说，蔡冯当局早已将马英九时期的"防卫固守、有效吓阻"守势战略，悄悄恢复为陈水扁时期的"有效吓阻，防卫固守"攻势战略，并进一步修改为"多重吓阻，防卫固守"的战略构想。

为适应这种军事战略的需要，让陆海空三军皆具吓阻能力，确保台湾和平稳定与永续发展，蔡英文已下令重新启动马英九搁置的"雄 3 增程型超音速反舰导弹量产计划"，"全面复活"该型导弹的研发测评和量产，预

计在 2017 年最终测试，2018 年开始量产，初始规划 60 枚。据称，该型导弹射程可达整个东南沿海，半个台湾海峡都在其控制之中。

八、马英九登太平岛示主权，蔡英文虚与委蛇不成行

在中国南海主权面临严重挑战的喧闹声中，马英九于 1 月 28 日上午率相关官员及学者搭 C–130 运输机前往太平岛慰问驻岛人员，并发表"南海和平倡议"路径图。马英九以大量历史和现实的证据，说明太平岛足以"维持人类居住及其本身经济生活"，绝非岩礁，而是岛屿。2 月 22 日晚，台"外交部"公布中英文版"南海政策说帖"，详述南海诸岛历史地理，强调南海诸岛及其周遭海域属"中华民国固有领土及海域"，不容置疑。翌日清晨，在"总统府"发言人陈以信、"外交部次长"令狐荣达等人陪同下，路透社、法新社、美联社、CNN 等 24 家媒体记者，前往太平岛实地采访。媒体返回后，马英九在第一时间与记者座谈，直指菲方一再发表昧于事实的谈话，企图误导国际仲裁官。据"中央社"8 月 27 日报道，马英九以《台湾对太平岛的主张》为题，投书英国《经济学人》，重申太平岛是"岛屿"非"岩礁"的法律地位。马英九的作为获得了两岸人民的赞赏。

马英九和台湾各界人士，还一再呼吁新当选领导人蔡英文登岛示"主权"，但蔡英文从不正面回答，在捍卫"主权"和"渔权"问题上显得软弱无力。南海仲裁案出炉后，蔡英文当局虽表达"不接受不承认"的立场，但对南海主权宣示仍过于模糊，连昔日台联"立委"也都催促蔡当局划定太平岛专属经济海域，以维护太平岛"主权"。

7 月 19 日下午，蔡英文召开上任以来的第一次"国安高层会议"，对南海仲裁案首次发表意见。她表示，当局坚持南海诸岛属于"中华民国领土"，这一立场从未动摇，但国际仲裁庭的裁决结果中，有对太平岛地位的错误认定，以及对"中华民国"不当称谓，已经严重损及"我南海诸岛和相关海域权利"。为解决南海争端，蔡英文提出"四项原则"和"五项措施"。"四项原则"是：南海争端依国际法和海洋法以和平方式解决；台湾应纳入多边争端解决机制；维护南海航行和飞行自由；以搁置争议共同

开发方式处理争端。"五项措施"是：捍卫渔权，多边协商，科学合作，人道救援及鼓励海洋法研究人才。舆论指出，蔡英文虽然讲了一大篇，但在"主权"问题上，仍然在玩弄模糊"手法"，有时只讲"渔权"不讲"主权"。

7月20日，国民党籍江启臣、黄昭顺、徐志荣、吕玉玲，及民进党籍陈亭妃、王定宇、蔡适应、罗致政8名"立委"登上太平岛，参观战备演练（火炮操作），视察岛上各项设施，傍晚返回台北。台"国防部长"冯世宽原应允前往，但临时爽约，只派"国防部"负责"立法院"联络的公共事务处长郑贵明上校陪同，这是历次军方陪同层级最低的一次。相较之下，由泓海水产有限公司董事长郑春忠等人发起，台湾渔民自发组织海吉利、稳顺满、达亿春、嘉顺财、满吉胜号5艘渔船，于20日上午10时从屏东县东港出发航向太平岛。渔民们要用护祖产的实际行动向世人证明，太平岛是岛不是礁，祖先留下的财产不容抹杀。

在强大的舆论压力下，蔡英文才于8月16日派出"内政部长"叶俊荣登上太平岛，这不仅"动作慢了三拍"，而且声称此行是为海洋生态与气候变迁观测及研究而来，似乎在有意回避"主权"问题。

为纪念南海诸岛收复70周年，从12月9日至19日，台"内政部"与"国史馆"合办"经略南海·永保太平——收复南海诸岛七十周年纪念特展"，开放民众免费入场参观。特展分为"历史经略""南疆锁钥"及"永续太平"等三大主轴，利用档案、文物、图像及影音等资料串连，重现台湾收复南海诸岛的重要决策与经略历程。12月9日上午，蔡英文出席特展时表示，"今天举办的纪念特展，希望彰显台方保卫南海疆土，维护区域和平的努力"；当局会持续地与南海各声索方合作协商，并且依照国际法与海洋法，主张应该有的海域权利，不会放弃"主权"与合法权利。有台湾学者认为，蔡英文最近提出的南海政策主张，与马英九的南海政策有延续性。国台办表示将密切关注有关方面涉及太平岛的动作。

其实，蔡英文说的是一回事，干的又是一回事。据报道，台湾防务部门正在太平岛秘密修建新工事！据卫星地图软件 Google Earth 近日更新的太平岛卫星照片，显示太平岛西北侧海滩上新出现了一处由四个巨型三爪型构造体合围而成的临海阵地。台"国防部长"冯世宽 9 月 20 日上午在"立法院"接受质询时回应，太平岛上所有军事设施都属于军事机密，名称用途都不便向外界说明。他特别强调，太平岛已具有很强的防卫能力。曾任台海军舰长的吕礼良在《亚洲周刊》以《太平岛最新军事角色》为题撰文指出，太平岛近期的新部署显示，透过卫星天频车与台美合作的"博胜案"，大陆美济礁、永暑礁及渚碧礁 3 座机场的动态，就能被台军衡山指挥所与美军太平洋司令部呈现的"共同战术图像"（Common Tactical Picture，CTP）完全掌握。军事观察家指出，如台湾完全倒向美日，太平岛易主，东海、南海的政治与军事格局必将发生极大变化，这是大陆必须予以高度警惕和应对的。

（福建社会科学院现代台湾研究所主办《现代台湾研究》2017 年第 1 期）

2017年台湾军事情况综述

2017年，蔡英文当局继续把大陆视为台湾的"军事威胁"，不断做出挑衅举动，妄评解放军的正常训练活动，甚至臆测大陆"攻台"时间，并在此基础上大造舆论，提升演训备战层级，全面强化防务和台军建设。现择其要者述之：

一、公布"四年期国防总检讨"，抛出蔡式新军事战略

按照台湾"国防法"第31条规定，台防务部门应于每任领导人就职后十个月内，向立法机构提出"四年期国防总检讨"（QDR），说明新领导人的战略指导，作为今后防务施政的依据和台军建军构想的基础。3月16日，台防务部门向"立法院外交及国防委员会"提出"四年期国防总检讨"专项报告。这是台湾第3次公布QDR，也是蔡英文上台后公布的第一部有关防务政策的重要文献，对台军未来发展具有引领作用。报告编纂架构分为"战略环境""战略指导""战力整建""国防改革""国防产业""护民行动"及"友盟合作"等7章。报告特别令人关注的是对军事战略的表述，即：防卫固守，确保"国土"安全；重层吓阻，发挥联合战力。简化提法是"防卫固守、重层吓阻"。这与马英九主政时的军事战略"防卫固守、有效吓阻"，只改了两个字，即将"有效"改为"重层"，但内涵却明显不同。

台防务部门认为：大陆持续加强海军、空军以及火箭军等发展，扩大兵力投送与战略打击范围，军事实力日益提升，迄今未放弃"武力犯台"，攻台作战为其主要备战目标。大陆军队装备现代化进展迅速，并推动军事

改革，已具备对台封锁、实施多元作战及夺占外离岛能力。为此，台军的因应之道就必须采取"重层吓阻"战略，以创新不对称作战思维，发挥联合战力，使敌陷入多重困境，吓阻其不致轻启战端；倘敌仍执意进犯，则依"拒敌于彼岸、击敌于海上、毁敌于水际、歼敌于滩岸"之用兵理念，对敌实施重层拦截及联合火力打击，逐次削弱敌作战能力，瓦解其攻势，以阻敌登岛进犯。如果把这些内容与当年陈水扁"决战境外"的叫嚷对比来看，不仅战略构想相同，而且有些文字上的表述都是一样的。

台防务部门领导人冯世宽声称，台湾一定要建立主动攻击的能力，以增加防卫上的手段及弹性。他表示，台湾军队从空中到水面，甚至水下，一直很努力地研究如何进行不对称的作战，比如智慧型水雷以及无人载具携带导弹等装备，都具有非常好的吓阻效果。台"参谋本部作战次长"姜振中更是明确指出，台湾军队有拒敌于彼岸的能力、计划及训练，并且一直在持续强化当中。

为适应新军事战略的需要，让陆海空三军皆具吓阻能力，蔡英文下令重启马英九搁置的"雄 3 增程型超音速反舰导弹量产计划"，并将原代号"神戈计划"改名为"蟠龙计划"，"全面复活"该型导弹的研发测评和量产，预计在 2017 年最终测试，2018 年开始量产，初始规划 60 枚。据称，该型导弹射程可达整个大陆东南沿海，半个台湾海峡都在其控制之中。同时，为了强化联合防空作战效能，台军将原属于参谋本部的防空导弹指挥部移编空军司令部，使其同时辖有防空导弹指挥部、防空炮兵指挥部两个防空单位，预计年底完成整并。此外，为因应解放军战略转型，台军"爱国者"PAC–3 型防空导弹连，已分别移防进驻花东地区。事实表明，"重层吓阻"实质上是蔡英文的"新战略主轴"，是"寓攻于防"的"攻势战略"。

二、假想 2025 年大陆"攻台"，举行"汉光 33 号"演习

过去的"汉光"演习，一般以第二年的"敌情"为背景，而 2017 年则是假想解放军 2025 年完成三航母建置后发动"攻台"作战为想定。演

习分为两个阶段。

第一阶段：电脑兵棋推演，于5月1日至5月5日实施。模拟2025年大陆挟航空母舰、战机等"攻台"，台三军同时开打，以验证"重层吓阻"战略效能。由台湾"国防大学"担任攻击军（红军），依作战进程，诱导台军（蓝军）按联合防空、联合截击、联合地面防卫等接战程序，采取24小时连续推演方式实施，置重点于战力保存、联合情监侦运用、联合反封锁及联合反登陆作战等课目。

第二阶段：实兵演练，于5月22日至26日在台湾各作战区同步举行，重头戏是在澎湖展开的"三军联合反登陆作战"（即"联兴操演"）。实兵演练依"时间短、规模大、兵力小"原则，模拟攻击军由演训转作战。台三军部队采取"全员全装、局部实弹"方式，实施5天4夜连续的攻防对抗演练。台军以"敌军登陆作战进程"为假定，整合三军进行空中应援、泊地攻击、反舟波射击等课目。为模拟战场情况，台陆军各型直升机及多管火箭等各式火炮，联合空军各型战机实施实弹操演，进行"岛屿防卫作战"。参演官兵共计3900余人，主战装备包括AH–64E阿帕奇攻击直升机、UH–60M黑鹰通用直升机以及空军F–16"经国"号等主力战机，共计17类130件。演练由蔡英文主持，邀请当局"部会"首长、民意代表、武官与媒体记者等，共计400多人参加。

三、2017年度"政军兵推"，演练首脑人物"大逃亡"

战略层级的2017年度"政军兵推"，于8月4日至6日举行。这是蔡英文上台后的首次"政军兵推"。目的是在军事危机期间，能够"确保政军首长安全""持续政府核心功能与运作"，以及"保护重要关键基础设施"。4日演练"指挥所开设与进驻"，保障正副"总统"及重要行政首长无论身在何处，都能紧急赶赴指挥所。5日是"国家关键基础设施防护演练"。6日模拟解放军攻台对台发动封锁后，台当局各部门的危机研习处理及建立国际对话管道等，包括蔡英文在指挥所内发表告同胞书，军方模拟与美军太平洋司令部对话，争取美日等国派兵支持"防卫台湾"等部分。

先后动员 20 个"部会"，500 多名官员、上千军、宪、警参与，其规模强度远胜于马英九当局时期。

8 月 9 日，蔡英文把兵推影片放在脸书上声称：今年的"国家政军演习"，"国安团队"用最严格的想定，用求真求实的验证，检视政府面对"国家安全危机"时的应变能力，确保各部门之间最有效率的协调、最专业的决策和执行能量，能够在最短时间内把"国家"团结、动员起来，发挥最大的总和战力，应对任何形态的危机挑战，确保"国家和全体国人的安全"。蔡英文打着"民主""自由"的旗号，为"台独"障目，表示"没有人可以从我们手里，把台湾人的民主自由抢走。捍卫和平，这是我们的使命"。她叫嚣武力不会让"中华民国"屈服，只要台湾人团结起来，自由民主终将战胜一切。

尽管蔡英文大唱高调，但从已公开的演练场景来看，社会舆论聚焦抨击，"兵推"的实质内容是模拟"大陆攻台"时，演练蔡英文执行安全撤离任务。事实上，台湾当局早就有个帮助领导人出逃的"万钧计划"，并做过很多次演练。2 月 17 日清晨，军方还依照这一计划，派遣空军 S–70C 海鸥直升机、陆军 UH–60M 黑鹰直升机各一架次，于台防务部门的博爱营区进行试降，模拟接送蔡英文执行"安全撤离"任务。此外，还有报道指出，为了保证安全逃跑，蔡英文花费 2500 万元新台币，购买了有全套紧急供氧系统，防爆油箱和自动灭火器等装备的奥迪 A8L 高级防弹车。民进党当局如此重视"逃亡计划"，足见其对"以武拒统"毫无信心。

四、炮制两岸军事态势报告书，叫嚣台湾被"战略包围"

在 2017 年里，台防务部门先后炮制多份涉及两岸军事态势的报告书，继 8 月 31 日向"立法院"报送 2017 年"中共军力报告书"和"五年兵力整建及施政计划报告"之后，12 月 26 日又公布了 2017 年度的所谓"防务报告书"。台防务部门每两年公布一次"防务报告书"，这是 1992 年以来的第 14 本。本次报告书以"守疆卫土看见国军"为主轴，分为五篇十章节。五篇即"战略环境""防务整备""防务自主""防务治理""荣耀国军";十章节包括"安全情势""防务挑战""军队使命""战力发展""防务科技""防务民生""施政成效""伙伴关系""军民同心"和"人才传承"。报告书长达6万多字,还搭配有彩色照片159张,并附有大量的图表,意在向大众充分阐述台湾当局的防务政策。

从上述报告书以及台防务部门平时的表态来看,其宣传的主要观点首先是大陆对台"军事威胁"日趋严重,台湾已被"战略包围"。在"防务挑战"一章的"中共军事威胁"部分,台防务部门首度公布了解放军近年来远海长训的次数和航线图,声称从2016年8月到2017年12月,大陆机舰共有25次"扰台",还首度曝光两岸战机同框照片。党的十九大以后,大陆机舰更加频繁地巡游西太平洋,持续进行跨岛链远海长航训练。台防务部门负责人冯世宽认为,这是"中共准备做非常实际的攻击航线"。军评人士指出,这些举措体现了大陆建设战略空军,具有"全疆域到达、全时空突击、全方位打击",应对海洋方向各种安全威胁的实战能力。面对上述情况,台防务部门声称,在和平时期将以"不挑衅、不退避、不松懈"的"三不"原则对待,台军会依照"经常战备时期突发状况处置规定",对解放军机舰实施"监侦与应处"。

而对于"大陆攻台可能时机",台防务部门认为有以下"七种情况"值得重视:一是台湾宣布"独立";二是台湾明确朝向"独立";三是台湾内部动荡不安;四是台湾获得核武器;五是海峡两岸和平统一对话的延迟;六是外国势力介入台湾岛内事务;七是外国兵力进驻台湾。

一旦大陆着手"武统",台防务部门拟采取的对策是:在联合防空作战层面,取得具有隐形、远程、视距外作战、先进电子战系统等能力的战机,并持续强化早期预警及防空导弹战力,同时建立高生存力之整体防空能力。在联合截击作战部分,则取得具备战场管理、区域防空、反潜、反水面、电子作战能力的新式护卫舰,以及筹建新一代柴电潜艇。同时,要加强台军地面部队精准打击战力、提升陆军航特作战效能等,以及发展"精准打击武器"、无人飞行载具,筹建高效能作战舰艇、新式水雷和快速布雷艇。此外,还要建构备援中心与地下化的弹库和机库等。

五、推行"防务自主"政策，重启自造机舰

蔡英文就任后即宣示台湾走向"防务自主"的决心，将"振兴防务产业"纳入未来五大创新研发计划。强调建军备战的重要一环，就是建立灵活且能自主发展的军备策略与能量。为此，特制定"国防"产业发展相关法案，并择定航天、船舰及资安三大领域投入资源，鼓励与奖助岛内产业参与"国防科技"研发和制造，以振兴"国防产业"，提升"国防产业"技术能量，创造经济增长动能。

3 月 16 日，在台"立法院外交及国防委员会"上，台防务部门"战略规划司长"吴宝琨指出，为落实"国防自主"，将结合各部会资源与民间产业能量，强化"国防科技"发展与应用，自力研制武器装备，带动"国防产业"发展；同时前瞻武器研制整体规划，引导厂商投入"国防产业"，并以"国机国造""国舰国造"等项目，带动产业发展与整合，逐步落实武器系统之自研自制。

"战机自制""军舰自造"，是蔡英文在"大选"时的重要政见，台军方为兑现蔡的政见，将其作为施政重点。不仅在"四年期国防总检讨"中重点强调，而且在实际中加快落实。2 月 7 日，台防务部门在"中科院"航空研究所举行"新式高教机委制协议书暨合作备忘录签署启动典礼"，宣示"战机自造"正式启动。典礼由蔡英文主持，空军司令沈一鸣与"中科院院长"张冠群签署备忘录。备忘录确定采用汉翔航空工业公司 XT–5"蓝鹊"高教机设计构型，编列预算新台币 686 亿余元。4 月 26 日，由台中市政府举办中部场招商说明会，邀集岛内 104 家机械厂商 150 多人加入"国机国造"供应链。依照协议，"中科院"预定 2019 年 9 月完成原型机出厂，2020 年 6 月首飞。量产构型确认后，逐年提高产能，于 2026 年完成 66 架高教机的生产任务，取代台空军现役的 F–5 战机和 T–3 高教机。

3 月 21 日，台海军 2017 年"敦睦远航训练支队启航欢送暨潜舰国造设计启动及合作备忘签署"仪式，在左营海军军港水星码头举行。在蔡英

文主持下，台防务部门领导人冯世宽、台湾国际造船公司董事长郑文隆以及"中科院院长"张冠群，共同宣布"潜舰国造"的启动命令和签署合作备忘录。郑文隆表示，2018 年 3 月提出潜舰初步设计方案，预计 8 年下水测试、10 年成军。合约设计全案预算新台币 29 亿余元，目前已完成重要工作管制节点并全力推动。在启动仪式上，蔡英文高调表示：潜舰"国造"是"国防自主"政策中最具挑战性的一环，也是"三军统帅"对"国家"的责任；目标不仅是打造出鱼雷潜舰，而是要完成代表台湾"国家安全"产业发展和社会团结的"潜舰国造"任务。这番话充分表明了蔡英文和民进党当局"以武谋独"的决心。

在 8 月 17 日至 19 日举办的"台北国际航天暨国防工业展"中，台防务部门展出了台湾研制的武器装备 114 项。在"国机国造"方面，有"新式高教机模型""AESA 雷达""SAR 合成孔径雷达"等研发成果；在"国舰国造"方面，有潜舰、高效能舰艇后续舰等模型及"海射天剑二型飞弹"等装备。"中科院"航空研究所还展出了"虚拟现实联合作战系统"，将 VR 技术运用在 F-16 战机飞行与单兵作战等训练中，借由战场信息图台与 3D 战场系统，可整合所有仿真系统的空间与兵力信息，在系统上实时显示战场信息，提供指挥体系掌握情资并下达作战命令。

然而事实并不是像蔡英文、冯世宽等想象的那么简单，也不是像美国人对台湾所估价的那么乐观。机舰自制计划抛出后，遭到了各方质疑和抨击，特别是庆富造船公司衍生的"猎雷舰弊案"暴露后，更是引起台湾政坛震撼，舆论一片哗然！台湾前"国安局"官员李天铎表示，台湾造游艇"世界第一"，但绝对没有造潜艇、造战舰的能力和条件。有学者指出，台湾毫无军武重工业基础，在短时间内要造潜舰、造神盾舰、造高教机、造两栖船坞登陆舰等重型装备，但连最简单的猎雷舰案都搞得鸡飞狗跳，遑论其他计划的能力？有军事观察家认为，自 1990 年停止自制"经国号"战机后，台湾航天工业的技术实力已经"原地踏步"30 年。现在蔡英文当局力推"国机国造"过于理想化，未来战机的建造计划可能胎死腹中。新党新媒体工作群召集人苏恒在 11 月 26 日《旺报》刊文尖锐指出："国舰国造"？"国家"是哪个？是哪个"国家"在造？造出的是一个什么东西？要干什么？能干什么？想干什么？都不知道。"国家认同"没有了，不知道为何而战，那当然只剩商业集团的个人"庆富"了。

但蔡英文置事实于不顾，于 12 月 1 日参加 P–3C 固定翼反潜机成军典礼时，仍然坚持要继续推行自不量力的"国防自主"政策。她表示，这段时间猎雷舰案的发展，确实让"国舰国造"的工作，出现短暂的波折，不过，"个案的挫折，不会改变国防自主的方向"。我们一定会为"国防自主"建立更好的制度与环境。

六、谋求美对台新军售，美台军事安全合作升级

蔡英文的防务政策和建军理念，其中重要一环就是不惜代价从美国购买新式武器装备。而美国无论谁当选总统，从其利己的全球和地区战略出发，一直都在坚持打"台湾牌"，对台军售也从未中断和减少过。5 月底才访问台湾并与蔡英文见过面的美国参议院外交委员会亚太小组委员会主席共和党籍参议员加德纳（Cory Gardner），7 月 18 日在华盛顿智库战略与国际研究中心发表演说时表示，"我们会毫不含糊地力挺我们的盟友台湾，包括批准新的军售案，使军售过程定期化，并提供与台北的外交及防务性接触。"

6 月 29 日，特朗普政府通知国会，决定向台湾出售包括反辐射导弹在内的 8 个项目的 12.4 亿美元武器装备。这是特朗普上任后首次批准的对台军售。据称，这些装备成军后，将大大增进台军制空制海战力和预警能力，提升"整体防卫能力"。对此，蔡英文办公室急忙发出声明表示欢迎和感谢，称美国政府对台提供"防卫性武器"，协助台湾建立坚强防务实力，让台湾在捍卫台海和平稳定现状上更具能力与信心。台湾会持续提高对防务的投资，强化"防务工业"与"防务科技"研发，具体展现自我防卫决心。12 月 29 日，蔡英文又利用与媒体年终茶叙谈话的机会，高调表示，很感谢美国历届政府一再强调"与台湾关系法"里对协助台湾防卫所做的承诺。在这个前提之下，她在上任的 500 天里，也就整体的"防卫战

略"进行检讨，对现在防卫能量做了盘点，并将进行下一个阶段的军购。

除在武器装备上积极落实交易之外，美台双方还多方面寻求军事合作升级。美方正试水恢复在台驻军和停泊。2月美前官员放出美海军陆战队拟进驻"美国在台协会台北办事处"，称其为"美国对台湾朋友表达承诺的象征"。双方还公然组织军队协同作战训练。5月的"汉光"演习后，台海军陆战队派出一个排赴夏威夷，与美军太平洋司令部所属海军陆战队混合编队，进行为期2周的连级协同作战训练。香港《亚洲周刊》说，这是台美"断交"后，美国首次接受台湾兵力和美国军队进行共同演训及操练，"台美军事同盟"进一步实质化。

值得警惕的是，特朗普置中方"美国军舰抵达高雄之日就是我解放军武力统一台湾之时"的严重关切和警告于不顾，于12月12日（美国当地时间）执意签署《2018财政年度国防授权法案》。该法案第1259条中包含有7项对白宫不具强制力的"国会意见"，包括美国应强化与台湾之间长久的伙伴与合作关系；美国应根据台湾需要，定期移转让台湾维持足够自卫能力所需的防御装备与服务；邀请台湾军方参与如"红旗"等军演；美方应根据通过的国防授权法案，执行美台资深军官与资深官员互相交流的计划，以增进双方军事关系等等。

美国对台湾在军事上的支持，是岛内"台独"势力最大的精神支柱。特朗普的极其恶劣的举动，理所当然地激起了全中国人民的愤怒和反对。虽然有舆论认为，由于"国会意见"对美国总统和行政部门不具有强制力，特朗普未必会将其落实到具体行动中去。但台媒分析，虽然法案内容属建议性质，但考虑到目前美国、大陆和台湾的关系，可能产生的政治效果不容小觑。对此，台湾当局表示了"谨慎欢迎"。台军方人士认为，由于台湾国际处境特殊，现阶段仍需要"慢慢来"，先由人道救援等较不涉及政治敏感议题者为优先；至于军方现役高层互访参加"红旗"等特定操演，不宜对外宣扬。12月13日，国台办发言人安峰山在新闻发布会上应询表示，台湾问题是中国内政，我们坚决反对美台之间进行任何形式的官方往来和军事联系。任何挟洋自重，图谋损害国家主权和领土完整的行径，都必将遭到全体中国人的共同反对，也是不可能得逞的。

结语

从 2017 年台湾军事动向来看，蔡英文当局仍然坚持以大陆为敌，加强台军战备整备，提升部队战力，企求为政治上推行"台独"路线保驾护航。同时，蔡英文也以"三军统帅"身份，利用各种机会在台军中积极活动，树立个人权威，称自己是台军的"最大靠山"，为巩固当前的执政地位和争取"连任"寻求支持。随着大陆的快速发展和日益强大，两岸综合实力差距的越拉越大，实现祖国和平统一是任何势力阻挡不了的，蔡英文当局逆历史潮流而动的行为终将成为徒劳。

（福建社会科学院现代台湾研究所主办《现代台湾研究》2018 年第 1 期）

2018 年台湾军事情况综述

2018 年，蔡英文当局为贯彻其"台独"路线，以捍卫"国际秩序"保卫"台湾安全"为借口，在军事上大力贯彻"防卫固守、重层吓阻"战略和"战力防护、滨海决胜、滩岸歼敌"的整体防卫作战构想，企图打造一支在"不对称作战"中能够"超敌胜敌"的军队。

一、强调保卫"台湾安全"，提升"防务与吓阻力量"

（一）为求"以武拒统"，积极谋划军队转型

蔡英文等人在许多场合强调要捍卫"国际秩序"，保卫"台湾安全"，以此作为发展军事力量的借口。2018 年 7 月 24 日，蔡英文在"凯达格兰论坛：2018 亚太安全对话开幕式"讲话中表示，"台湾完全了解自身的安定繁荣与全球及区域安全息息相关。因此我们致力'提升防务与吓阻力量'，未来也将持续依据实际需求及 GDP 成长调增防务支出，同时我们正在推动自主防务产业。"①

根据蔡英文的这一要求，台防务部门表示将依据"防卫固守、重层吓阻"的军事战略及"战力防护、滨海决胜、滩岸歼敌"的防卫构想，延续"创新及不对称作战思维"以强化联合战力，继续推动"防务自主"，并整合资源以建立"精准打击战力"。8 月 17 日，台湾当局防务部门负责人严德发主持"防务大学深造教育 2018 年班"联合毕业典礼时表示，鉴于当

---

① 筱筠：《亚太安全对话开幕蔡英文强硬批评大陆》，中评社网站，2018 年 7 月 24 日。

前"敌情威胁",军方首要之务就是快速提升战力,一切战训整备都要聚焦"实战化"主轴,以"防卫作战"为中心,以"超敌胜敌"为目标,勤训精练,展现"自我防卫"决心。[①]

为了强化"防卫与吓阻力量",蔡英文当局决意增加"防务预算"。8月6日,蔡英文在去"海军司令部"为"新海军启航"举行揭牌典礼时,宣布2019年"防务预算"编列3460亿元新台币,增加183亿元,达近年来最高。根据台湾联合新闻网10月16日报道,台湾当局2019年度总预算案支出项目中,防务支出以3460亿元(新台币,下同)排在第三,如果加上基金预算395亿元,整体"防务预算"为3855亿元,占GDP的2.16%。这一增长被台防务部门视为"强化自我防卫决心的表征"。

(二)重视对解放军研究,努力筹划"以武拒统"

蔡英文上台以来,强化了对解放军的研究,从政策指导到具体作为,从机构设置到经费保障,都给予了特别关注。8月31日,台防务部门将2018年"中共军力报告书"送交台湾地区立法机构。"报告书"共分为"区域情势与中共发展""解放军高层人事更迭""大陆国防政策与国防预算""重要武器筹获与发展""重要演训""解放军战力整备现况""对台军事作战整备及结论"八个章节。报告书称,统一台湾是大陆不变的使命,解放军会在2020年前完成"对台全面性用武"作战准备。报告书臆测,解放军在对台战术战法运用上,因受限台海天然地理环境,登陆载具及后勤能力不足,尚未具备"全面犯台"的正规作战能力,现阶段对台仍以联合军事威慑、封锁作战与火力打击可能性较大。但为彻底解决台湾问题,未来解放军势将执行复杂的联合登陆作战准备与训练,其战力增长值得关注。此外,报告书还设想现阶段解放军对台"用武"的四种行动方式和七项"攻台"时机。有学者指出,这份炒作大陆"武力威胁"的报告,旨在煽动台湾民众的对立情绪,谋求台湾地区立法机构增加军费预算,乞求美

---

① 李忠轩:《严德发:军方以"防卫作战"为中心达到"胜敌"目标》,台湾"Elhoday 新闻云",2018 年 8 月 18 日。

国多批准售台武器，实际上是一个谋求"以武拒统"的骗局，终究有一天会被彻底揭露。

2018年5月1日，台湾当局又成立了智库"防务安全研究院"。由刚卸任的前防务部门主管冯世宽担任董事长，"安全会议"、大陆事务部门、外事部门以及情报机构等部门副主管担任董事。2018年由台防务部门为其编列预算1.2亿元，未来每年运作费为7000多万元。蔡英文要求该研究院达成三个目标：一是协助当局掌握战略情势变化；二是广纳战略研究人才；三是成为对外交流互动合作的平台。"中央社"称，该院是台湾唯一的"最高级防务智库"，专责"中共政军"、区域情势、安全议题及国际智库交流等工作，设有"防务政策"等七个研究所、一个中心，每年出版"防务安全情势评估报告""解放军研究年度报告"及"先进防务科技展望报告"等。12月13日，"防务安全研究院"发布了三项年度报告，题目分别是"防务科技趋势""中共政军发展""印太区域安全"。值得注意的是，这些报告一律直接称呼大陆为"中国"，打破以往台军使用"中国大陆"或"中共"的惯例。有报道称，台湾当局防务部门要求对外发表的报告一律使用这种做法。

此外，台湾当局还积极同各方分享对解放军研究的"成果"。台官员宣称："台湾是全球研究解放军的重镇"。与美日等国共同研究解放军，成为其"另辟蹊径，广结善缘"的手段。7月24日至25日，台湾当局防务部门于防务大学八德校区举办一场不公开的国际研讨会，邀请29国38位官员将领学者赴台交流，会上"分享"了台湾对解放军研究的部分成果。此次研讨会，由安全部门主管李大维致开幕词，"防务安全研究院执行长"林正义发表专题演讲。蔡英文接见了与会人员。台外事部门主管吴钊燮在接受CNN访问时表示："我们正在尽可能与'志同道合'的国家合作，努力跟美国进行安全合作，防止中国以为能在一夜之间'占领'台湾。"

（三）加强演习训练，企图提升战备水平

2018年台湾军队的训练，以"汉光34号"演习为核心，实施三军联合作战演训，辅以各军种实兵实弹的协同作战训练。"汉光 34 号"演习，仍按惯例分为两个阶段。一是 4 月 30 日至 5 月 4 日的计算机辅助指挥所演习。二是 6 月 4 日至 8 日的实兵实弹演练。此次演习不再以验证既定作战计划适切性为主轴，不将胜负成败作为演习执行成效，而强调提升各级指挥官应对突发状况及参谋计划作业能力。演习期间，蔡英文打破惯例，两度视察演练课目。她表示"实实在在地看到军队真实的战力"，也有信心达成"防卫固守、重层吓阻"的目标。"只要军队在，台湾就一定在"。①舆论认为，蔡英文这一番讲话，是在给军方打气，也在为自己壮胆。

"汉光 34 号"演习，尽管战术思想落后，重大事故频发，但从中可以看出台湾军队建军备战的新动向，有两点值得重视：一是重新定义"胜仗"。台防务部门称，为避免与解放军形成全面消耗战，现已重新定义"胜仗"，从过去以歼灭"敌"有生力量为主，改为让其无法登陆和立足，迫使其"夺台"失败。②这表明，台湾军队开始放弃过去"对抗的消耗战思维"，改而采取"创新不对称思维"，将过去"攻击敌有生战力"改为"打击敌人任务目标"。二是确保"中枢"安全。此次演习专门演练了"淡水河河防"。负责淡水河守备任务的指挥官赖荣杰透露，淡水河具有相当重要的战略地位，从淡水河口到台湾"政经中枢"只有 22 公里，若未能坚守这道防线，将直接危害"台湾安全"。但有学者指出，从淡水河河防演练实际来看，台湾军方不但暴露了装备维修和训练不足带来的恶劣影响，更体现了其防御思路的落伍。岛内媒体直言，"汉光"演习是在作秀给民众看，却使民众担忧不降反增，并讽刺蔡英文这个"军方最大靠山"将变成"靠山山会倒，靠人人会跑"。

结合"汉光 34 号"演习，台湾军方还依军种顺序陆续实施一系列演习。军方宣称，2018 年的年度演训，秉持"从严从难、求精求实"的态度与精神，持续强化基础、驻地、基地兵种及三军联合作战等训练，逐次增

---

① 《蔡英文视导"联合反空降作战演练"》，台湾地区领导人办公室网站，2018 年 6 月 7 日。
② 《不再以歼灭"敌人"为主，迫使"敌"夺台任务失败即是"胜战"》，台湾《新新闻》周刊 1625 期，第 53 页。

加训练强度，并检视军事战略与"固安作战计划"的合适性，提升了部队整体训练效能。其中还有一些演练是为应对解放军舰机绕台训练常态化而设置的针对性对抗演习。据"美国之音"网站 10 月 16 日披露，此前台湾军方以"汉光"演习为最重要的年度军演，但从 2019 年开始，将推动每季一次的"战备月"，让官兵增加演习训练的次数，强化对训练的熟悉度，而且演习将更趋于实战化。足见未来台湾军方对演习的重视还将有所提升，其备战意味明显增强。

二、"防务自主"继续铺开，各类方案纷纷出台

为结合蔡英文重点政策，台防务部门将落实"防务自主"作为 2019 年预算重点，强调要"扩大内需"，发展"不对称战力"，筹获先进武器系统，维持主战装备妥善率。其"自研武器"的重点项目包括新式高级教练机、高效能舰艇、新型两栖船坞运输舰、快速布雷艇、新一代导弹护卫舰、微型导弹突击舰及新型救援舰等。台媒称，在加强巩固防务方面，蔡英文当局可谓是煞费苦心。

据台湾《新新闻》周刊披露，台"舰艇自制"自 2019 年起开始出现多项突破百亿元的建案，包括：潜艇首艘原型舰，编列 7 年共 493.6 亿元，微型导弹突击艇 11 年编列 316.3 亿元，新一代巡防舰 6 年编列 245.4 亿元，再加上 2016 年已执行高效能舰艇 9 年计划，海巡舰艇发展 10 年计划，总计约 1650 亿元。

"舰艇自制"大菜还没正式上桌，已引发岛内外军火商、船厂和各方势力积极介入。与此同时，台湾当局还依托"舰艇自制"，加强海巡部门实力，建设"第二海军"。2018 年 4 月，台行政主管部门在高雄新设立二级机构"海洋委员会"，将原海巡部门降编纳入，全力执行"海域治安、维护渔权、救生救难、海洋事务、海洋保育"等 5 大核心任务。为完成上述任务，台湾当局已制定"筹建海巡舰艇发展计划"，计划在未来 10 年内，以"舰艇自制"方式，新建 141 艘舰艇，以汰换旧舰，预计编列经费

426 亿元。[①] 值得注意的是，马英九主政时确立的造舰吨位是 16800 吨，而蔡英文上台以后却将吨位增加到 34000 吨，竟多出两倍。[②] 有人因此质疑这是在打造"第二海军"。虽然台海巡部门负责人李仲威表示，将依任务造舰进行海上"执法"，没有所谓"第二海军"的问题。但蔡英文上台后，强化了海巡部门战时接受防务部门作战管制的接轨政策。当前则从组织改造、"十年造舰计划""舰艇自制"，到太平岛守护，都由安全部门密切掌控，并比照日本自卫队与海上保安厅的协同模式办理。其海巡力量即使不叫"第二海军"，事实上也是为台海军乃至整个防务后备力量建设服务。

除建设新一代隐形战机、潜艇外，下一阶段"防务自主"重心，将放在发展自杀型、迷你型、"察打一体"型、运输型等无人载具（UAV）上。在 2018 年的"防务海事工业展"中，台湾 202 厂就展出自研自制且已完成作战测评的"旋翼式无人载具火炮前观系统"。此外，"中山科学院"还研制有腾云、红雀二型等大型无人机系统。205 厂公布的挂载 T–91 步枪的无人机，是台湾第一款有武装的无人机。这种多轴无人机不需跑道就能起降，挂载步枪和榴弹发射器，可以从高空攻击，加强压制火力，至少让"敌军产生恐惧心理"。相关项目之所以成为"防务自主"的又一重点，原因在于台军方有借"防务自主"推进战法转型的意图。2018 年 12 月 13 日，台湾"防务安全研究院"发表的首次年度报告声称，台湾发展"不对称作战"，可着重强调在技术、战术、战法领域上的不对称，除了发挥和平时期的"吓阻"作用外，还包括真正面临冲突时，对战力起"加成效果"，并减轻台湾军方在数量上的劣势。

三、推行亲美路线，加强对美军事合作

2018 年，蔡英文当局继续推行"亲美日抗大陆"路线，而美国出于自身的战略需要，越来越多地打"台湾牌"，甚至不断放出挑战我"底线"

---

① 《海巡部门负责人李仲威：争取经费 426 亿打造 140 艘以上新舰艇》，台湾"中时电子报"，2018 年 1 月 12 日。

② 《全球军情简讯》，台湾《军事家》，2018 年 8 月号，第 8 页。

的风声。2018 年 10 月 31 日上午，新上任的"美国在台协会（AIT）台北办事处处长"郦英杰（WilliamBrentChristensen）举行首度记者会，明确提出增进美国与台湾当局关系，有四个面向，称为"四个增进"，强调"首先是安全合作"。郦英杰声称，任何"企图以非和平方式来决定台湾前途之举，即代表对西太平洋地区和平及安全的'威胁'，而为美国所严重关切"。2018 年 12 月 4 日，美国联邦参议院又通过"2018 年亚洲再保证倡议法案（ARIA）"，其"对台承诺"部分声称，支持与台湾之间"紧密的经济政治与安全关系"，反对"改变现状的行为"，并支持"台海两岸都能接受的和平解决方案"。此外，法案还要求美国总统应定期对台军售，也应根据所谓"与台湾交往法案"鼓励美国高层官员"访问台湾"。

在此背景下，美方正着手强化所谓"对台安全合作"，改善台湾的"自我防卫能力"。为此美国将过去间隔较长的"捆绑式"对台军售，改为次数更频繁的"个别军售"。2018 年 10 月 12 日，美国批准了新一轮价值 3.3 亿美元的对台军售案。对此"美国在台协会（AIT）主席"莫健表示，他相信未来对台军售将采取个案审查，会看到美方批准更多个案。10 月 12 日上午，台湾防务部门发言人陈吉仲表示，台湾当局与美方沟通协调良好。此次军售有利台湾军方及时获得装备及配件等，对于战力提升很有助益，感谢美国基于"与台湾关系法"以及"对台六项保证"，帮助台湾当局提升"防务战力"。10 月 29 日，出席"美台防务工业会议"的民进党籍民意代表罗致政表示，美国对台湾采取个别项目军购模式已成定局，只要台湾有需要，可以随时提出。据香港媒体 12 月 9 日报道，台湾正寻求向美国购买更先进的武器，并把台湾企业纳入美国国防工业的供应链。在此背景下，台湾当局的军购内容也发生相应变动。据 2018 年 11 月 28 日美国《国家利益》杂志报道称，台湾已经放弃寻求向美购买 F-35 战机，转而向美发出增购 72 架 F-16V 战机的要求。为强化 F-16V 战机队整体后勤维修，美方将在台湾地区设立 F-16V 战机维修中心，并将相关技术转让给台湾企业。按照计划，总规模 144 架的 F-16V 战机升级案，将在 2023 年前全数交付完毕。

　　除加强对台军售外，美方在台海地区的军事活动也日益密集化、常态化。美军与台湾军方进行"联合军演"等行动的可能性已被摆上桌面。2018 年 10 月 29 日，美国国防部亚太首席副助理部长海大卫在"美台防务工业会议"上，回复双方是否进行"联合军演"时表示，将考量"各种可能性"。对美方的这一表态，蔡英文当局称谢不已，表示"对区域稳定和平有所助益及提升"的相关军事交流都"乐观其成"，并"重申未来将与美国政府保持密切沟通，一起扩大双方互惠双赢的合作"。[1] 有些"台独"分子更是得意忘形，宣称美参议院鼓动美军参加演习，"是美军会为台出兵的先兆"。台湾当局防务部门亲绿智库更是公然提出以"人道主义救援"名义将太平岛"租"给美国，作为对中国大陆舰机绕岛巡航的"反击"手段。

　　对于美国的挑衅以及民进党当局全面倒向美国的做法，我外交部、国台办一再发表声明，表明我们的严正立场和维护核心利益的坚定决心。中国驻美公使李克新严正声明："美国军舰抵达高雄之日，就是我解放军武力统一台湾之时"。即将离任的"美国在台协会台北办事处处长"梅健华在 2018 年 7 月 1 日受访时表示，美国"很支持台湾"，但同时也澄清，这并非意味着在某些"特定情况"下，美国会帮助台湾当局。这无异于给蔡英文当局扇了一耳光。

四、承认"九二共识"是维护台海和平的唯一出路

　　蔡英文上台以来，奉行"台独"路线，台湾当局拒不承认"九二共识"和一个中国原则，在岛内大肆推行"去中国化"，给两岸统一带来更严峻复杂的挑战。在台湾当局的默许或直接支持下，一些顽固"台独"分子活动更加猖獗，通过各种手法，绑架民意，企图为台湾"正名"，宣扬"一边一国"的谬论。

　　针对这一僵局，台湾军方内部人士也纷纷表达反对"台独"、支持

---

[1]　《美国遵守"台观法"确保"印太自由"》，台湾"中时电子报"，2018 年 6 月 4 日。

"九二共识"的立场。2018 年 5 月 7 日，台湾当局防务部门主管严德发在立法机构接受国民党籍民意代表曾铭宗质询，回答"军人会不会为'台独'而战"时，不假思索地表示"当然不会"，接着又表示，"军队忠于'国家'，也忠于人民，而且始终如一"。台湾当局防务部门前主管伍世文在接受中评社访问时也表示，只要蔡英文当局也讲"九二共识"，就可以维持两岸和平。台湾"中华战略学会"理事兼研究员施泽渊在其文章中，也呼吁重启"九二共识"。他指出：21 世纪以来，随着时空环境的蜕变，两岸在"九二共识"之下，一度呈现出和平发展的前景，实乃民众之幸。然而自 2016 年以来，两岸再次因民进党当局拒绝承认"九二共识"陷入"囚徒困境"的泥淖，原已解冻的两岸关系又再次降温，常态化交流机制几乎为之冻结，颇令有识之士为之忧心。他呼吁，重启"九二共识"，共同缔造两岸和平发展的新契机。[①] 这集中反映了台湾众多军事学者的理性思考和广大民众的强烈呼声。

在"两岸一家亲"的口号受到越来越多的台湾民众拥护，"九二共识"为越来越多的台湾政坛人士赞同之时，台湾当局只有坚持一个中国原则，承认"九二共识"，才有出路。谁要把军队绑到"台独"战车上，那只能是死路一条。

（福建社会科学院现代台湾研究所主办《现代台湾研究》2019 年第 1 期）

---

① 台湾《中华战略学刊》2018 年夏季刊，2018 年 12 月 23 日。

2019 年台湾军事情况综述

2019 年 1 月 2 日，习近平总书记在出席《告台湾同胞书》发表 40 周年纪念会上发表重要讲话，就推动两岸关系和平发展、实现祖国统一提出 5 点主张，其中包括"探索'两制'台湾方案，丰富和平统一实践"。习近平强调，祖国必须统一，也必然统一。针对中国大陆提出的政策主张，蔡英文于 3 月 11 日召开"国家安全会议"，就两岸交流、经济、民主、法制等层面听取相关部门报告，并提出七项指导纲领，作为民进党当局应对"两制"台湾方案的准则。她强调，"这不是战争或者是和平的抉择，而是维持中华民国主权独立现状，或被中国统一的抉择"。台防务部门强调，面对中共不断进行的"文攻武吓"，台军贯彻蔡英文"国土主权，寸步不让，民主自由，坚守不退"^① 的指导，秉持"防卫固守、重层吓阻"的军事战略，持续强化关键防卫战力，确保"国家"安全，保障民主自由的成果不被侵犯。一年来台湾的军事活动就是在上述指导思想下展开的。

一、发布"国防报告书"，诬称"大陆军事威慑"

9 月 11 日，台"国防部"发布"2019 国防报告书"（简称"报告书"）。自 1992 年开始，台"国防部"定期出版"国防报告书"，今年是第 15 本，也是蔡英文就任以来的第 2 本。"报告书"除序言、绪论外，共分五篇十章：第一篇"安全环境"（含第一章战略态势、第二章安全威胁），第二篇"国防战力"（含第三章"国军使命"、第四章战力发展），第三篇"国防自

---

① 中国评论通讯社：《古宁头战役 70 周年 蔡：和平不靠妥协退让》，2019 年 10 月 23 日。

主"（含第五章"国防科技"、第六章"国防民生"），第四篇"国防治理"（含第七章"施政成效"、第八章伙伴关系），第五篇"荣耀传承"（含第九章"深耕国防"、第十章人才传承）。

"报告书"运用大量信息图表，汇总印太区域安全情势、大陆军事发展，并特别公布解放军军机远海航训路径，包括日本海演训、西太平洋演训、宫古岛与台周边航训等路线，旨在在岛内民众中制造所谓"大陆军事威胁"的氛围。

"报告书"首度发布"防卫固守、重层吓阻"的"整体防卫构想示意图"，包括各类反制"敌军"的防空导弹、坦克以及中空层的无人机与战机，高空层则示意有"天弓""爱国者"及"雄风"导弹。台"国防部"宣称要研制精准火箭，筹购高效能反装甲、人携式防空导弹，建构滩岸不对称战力。①

"报告书"采用"三军统帅"蔡英文的照片是近3年来最多的一次，"有浓厚的凸显蔡政府国防施政成效的意味"。《联合报》分析称，马英九时期习惯把军方视为自己人，对于争取军心着力较小，蔡英文上台后则着意笼络，声称"在现役军人圈子中，其实绝非像过去清一色深蓝"，今年更是着眼于赢得2020年连任的选战。台军方也着力为蔡英文吆喝，进行吹捧。

就在台防务部门发布"报告书"的同时，有外媒报道，台湾外事部门负责人吴钊燮日前称，台军正在制定针对大陆的防御和进攻新战略，其中包括空袭福建等内容。尽管台有关部门立即否认了这一内容，但还是在岛内引起强烈关注。对此，国台办发言人马晓光在9月11日举行的新闻发布会上指出，台有关部门已否定这一内容，这是一条假新闻。他强调，"台独"始终是台海和平稳定的最大威胁，严重伤害两岸同胞的利益，不符合历史发展的潮流，它是一条绝路，是一条失败的路。如果推进"台独"，还寄望于武力加持的话，注定会失败得越快。②

---

① 参见台北出版的2019"中华民国国防报告书"。
② 国台办新闻发布会辑录（2019.09.11），中共中央台办、国务院台办网。

二、演习强度增大，实战氛围浓厚

2019 年台军组织实施演练的指导思想和基本要求是，为迅速提升台军整体防卫作战能力，借由"战备任务训练"，以"战力防护、滨海决胜'滩岸歼敌'整体防卫作战构想为主轴，"仗怎么打，部队就怎么练"，落实作战计划演练与战场经营，强化各级指挥官与参谋人员联战指管能力、精熟不对称战术战法，提升部队整体训练实效。由此建构"以质胜量"的精锐部队，发挥"以小搏大、以弱击强"的关键战力，实现"超敌胜敌"的防卫作战目标。2019 年度台军主要演练活动有：

（一）"汉光 35 号"演习

"汉光"演习，是台军年度最重要的战备演训。"汉光 35 号"演习，采取"实兵、实装、实地、实做"方式，实施三军联合作战训练，落实"整体防卫构想"，以强化各部队战备任务执行能力。演习于 4、5 月份组织实施。按惯例分为两阶段：

第一阶段是"计算机辅助指挥所演习"（简称"兵棋推演"或"兵推"），从 4 月 22 日开始，连续举行 5 天 4 夜。主要是运用"联合战区层级仿真系统"和"台军联战训练管理系统"（两套系统是陈水扁执政时从美购得），模拟"攻击军"对台作战行动，以 24 小时不间断方式实施，置重点于战力防护、联合情监侦运用、联合反封锁、联合反空（机）降及联合反登陆作战等课目，强化"防卫军"各级指挥官作战决策及参谋作业能力。"兵棋推演"加入模拟解放军已经发展成熟的精锐武器，包括歼－20 隐形战机、射程逾 200 公里的卫士火箭炮、可锁定台军战机起飞的 S–400 防空导弹、辽宁号航母战斗群等。台军的武器装备则列入正在测试的 F–16V 战机和 AIM–9X 型空空导弹。

第二阶段是"实兵演习"，从 5 月 27 至 31 日组织实施。演习想定以 2020 年周边局势为背景，由台军部队采取联合实兵对抗模式演练，本岛、外岛、海上和空中兵力均参加。由"攻击军"模拟对台实施三栖突击进犯，

"防卫军"则依"战力防护、滨海决胜、滩岸歼敌"整体防卫构想，并结合"全民"总力，运用民、物力资源，在台海空域及本、外（离）岛防卫作战地区，执行攻防对抗演练。演习置重点于"战力防护"，充分运用机动、欺敌、伪装、隐蔽、抗炸、干扰、多重配置，及整合民间资源快速修补等作为，以保持完整战力，达成预期训练目标。

据报道，此次"汉光"演习规模属近几年最大，台军倾尽了所有精锐武器，实战氛围浓厚。有三大演练值得关注：一是 5 月 28 日清晨在彰化中山高速公路的"彰化战备道战机起降"；二是 5 月 29 日的"东部海域联合实弹操演"；三是 5 月 30 日在屏东的"联合滩岸歼敌作战实弹射击"。[①]

（二）台湾海、空军射击操演

8 月 2 日，台防务部门表示，连日来，海军、空军在屏东九鹏基地及东部外海进行 2019 年度"海空军射击操演"，验证平日训练成果，据以强化官兵实弹射击经验。台防务部门指出，每年 7 至 9 月，台军都在九鹏基地实施导弹射击训练，今年的海空军导弹射击操演，是依整体防卫作战构想的设计、想定与状况，依作战进程，区分地对空、空对空、空对舰、舰对空、舰对舰等 5 种模式，共执行 12 类、117 枚导弹及精准炸弹实弹射击，其中包括空军 F–16 型战机发射 AIM–7 麻雀空对空导弹、空射鱼叉导弹，命中除役中字号靶舰，以及地面发射的天兵系统麻雀地对空导弹、天弓–1 型防空导弹、爱国者 PAC2 防空导弹。此外，海军成功级巡防舰子仪号（1107）发射标准–1 型舰对空导弹，"光六"导弹快艇及锦江级巡逻舰珠江号（617）分别发射雄风–2、3 型反舰导弹等。据称，整体命中率达98.1%。[②]

（三）外岛反登陆作战操演

9 月下旬，台军在外岛陆续举行"反登陆作战操演"实弹射击，其中

---

① 参见台北出版的 2019 "中华民国国防报告书"。

② 台湾《军事家》国际版 2019 年 9 月号，第 21 页。

金门防卫指挥部于 9 月 25 日在后湖海岸阵地实施。操演想定模拟发现敌船团集结向金门泛渡企图登陆，台军随即以各式重型火炮齐射，阻敌船团向金门前进，并依防卫作战进程，实施集火带射击，最后的反击作战阶段，则由战甲车实施坐滩线火歼，并由第一线守备部队进行防护射击。参演装备包括 8 英寸榴炮、155 毫米加炮、105 毫米榴炮与 120 毫米迫炮，总计 48 门，共射击各类弹药 1000 余发。乌丘于 26 日实施，台军"副参谋总长"陈晓明中将亲自搭乘直升机前往督导。"马祖防卫指挥部"则于 27 日分别在南、北竿及吕光等 3 个地区、5 个海域同步实施，参演装备计有 240 毫米榴炮等各式火炮，共计 7 类 40 余门，操演课目包含制压作战、战场照明、阻止扰乱射击、集火射击、弹幕射击 5 项。①

（四）常备兵役军事训练

台军除招募投入军旅的志愿士兵外，依后备动员需求及"兵役法"征集的常备士兵，要实施 4 个月的法定役期军事训练，区分 5 周"入伍训练"及 11 周"专长训练"等 2 个阶段，采取"专长分流"及"整梯整训"方式实施，自 2018 年起增加一般专长射击时数及射击弹药发数，兵员完训并取得专长证书后，纳入后备动员编管，以因应战时动员实需。

依据台"内政部役政署"统计，2019 年届龄役男人口数为 10 万 8000 员，加上暑期分阶段人数，扣除已提前完训服替代役补充兵役及志愿役等役男后，共征集常备兵役军事训练总计 8 万 3600 员。由"陆军新训旅、南（北）训练中心、军团干训班（含外岛）、海军陆战新训中心、宪兵训练中心及后备北中南区召训中心"等 29 个单位进行训练。②

（五）验证动员整备演习

台防务部门为达成"化民力为我力，融我力于战力"的整备目标，验证动员准备效能，办理了 2019 年度"全民防卫动员暨灾害防救（民安）

---

① 台湾《军事家》国际版 2019 年 11 月号，第 16 页。
② 参见台北出版的 2019 "中华民国国防报告书"。

演习""军民联合防空（万安）演习"及"自强演习"等。充分运用民、物力资源，采取"系统式"动员模式，以"整厂"之人、装并征方式纳入操演，演练扩充机场跑（滑）道抢修、滩岸阻绝作业能量及扩大民间通信能量运用等 3 项演练课目。"民安演习"结合台"行政院"年度"灾害防救演习"共同办理，由"直辖市"县（市）政府主导，置重点于复合式灾害防救演练。

三、推行"防务自主"政策，启动机、舰、车自造项目

蔡英文上台后，十分强调"防务自主"政策，并陆续启动机、舰、车自造项目，企求落实。据台湾防务部门 2019 "防务报告书"公布，投入机、舰"国造"及新一代武器系统研发所需关键技术研发预算，2019 年达 43 亿 1635 万余元新台币，较之 2018 年的 8 亿 3762 万余元新台币研发预算增长了 5 倍多。10 月 12 日下午，蔡英文至台南参拜"广护宫"及"忠义宫"时，特别向乡亲们说明推动"军机军舰自造"政策的成就，以此争取选票。

（一）所谓"军机自造"："勇鹰号"高级教练机亮相

台军以新式高教机为起始，凝聚军机自制能量，逐步推动新式高教机、初教机及下一代战机研发。全案执行金额计 686 亿余元（2019 年预计投入 53 亿余元），产业扩张效益预估可达 1500 亿余元。

新式高教机于 2017 年 2 月签约启动后，已完成设计开架等工项。2019 年 9 月 24 日，"中科院"航空所研制的台空军新式高级教练机 A1 机出厂，命名为"勇鹰号"。该型机从 2016 年起开始研制，2018 年 3 月完成关键设计审查，并规划将生产 4 架原型测试机，包含飞试用的 A1 及 A2 机，以及 2 架结构测试机 T1 及 T2 机，同年 6 月 1 日 A1 机执行上架组装，2019 年首架原型机正式亮相。预计 2020 年 5 月完成首飞备便审查，6 月 30 日进行首飞，2026 年前将交付空军 66 架飞机、26 套地面辅助训练系统（GBTS），包含 16 套任务计划系统、3 套基本飞行仿真器、1 套全功能

飞行仿真器、1 套地面实时监控系统及 1 套飞行训练管理系统。[①] 同时，在 F-16 战机构改案方面，汉翔现正全力投入战机性能提升、结构延寿等项目施工，预计在 2023 年如期全数完成。由于台湾未来拥有战机数量逾两百架，将成为亚太最大使用地区，汉翔积极向美国原厂争取成为 F-16 亚太维修基地。11 月 20 日，台"国防部长"严德发访视汉翔公司时要求有关单位携手完成"飞机自造"重要任务，树立防务建军里程碑。

（二）所谓"军舰自造"：公开潜舰比例模型

为支持防务和建军需求及发展岛内船舰产业能量，台湾的"军舰自造"采取"长期规划、分批造舰、整合产业、永续经营"等策略执行。2016 年至 2019 年分别启动"潜舰自造""两栖船坞运输舰""高效能舰艇量产""快速布雷艇""新型救难舰""微型飞弹突击艇"及"新一代飞弹巡防舰"等 7 项造舰计划。

其中"潜舰自造"于 2017 年 3 月启动后，已完成"准备阶段""构想设计""初步设计"及"合约设计"等 4 阶段设计工作，并赓续执行"细部设计"。2019 年 3 月 28 日，台海军就"潜舰自造"设计时间成果进行机密专报，4 月完成建造采购案决标。5 月 9 日，台船公司在高雄举行"潜舰自造"厂房新建工程开工典礼，首度公开了拟造潜舰比例模型。[②] 台海军计划在 2019 年完成首艘原型舰设计，2024 年下水，2025 年形成战斗力。据称，未来原型舰长约在 70m，宽约 8m，高约 18m，排水量为 2500—3000t，共建造 8 艘。[③]

在 5 月 9 日的开工典礼上，蔡英文说，和平不会天上掉下来，防务不是靠嘴巴讲，而是要靠具体的行动。"潜舰自造"将可以创造"提升台军战力""强化研发能量""带动产业发展"的三赢局面。[④]5 月 20 日，蔡英文在"总统府"举行"三年有成台湾进步关键字"记者会上吹嘘说：几个

[①] 台"军闻社"2019 年 11 月 25 日报道。
[②] 2019"中华民国国防报告书"，第 91 页。
[③] 国防科技信息网：《舰船动态周报》。
[④] 中国评论通讯社 2019 年 5 月 9 日报道。

星期前，我去主持了"潜舰自造"专用厂房的动土典礼。台湾自己建造潜舰，是过去每一任"总统"的梦想，终于在我手中开始实现。①

(三)所谓"军车自造"：组装台湾版"联合轻型战术车辆"

据台湾媒体 2 月上旬报道，台军所用车辆逐渐老旧，本拟向美国采购 344 辆新式"联合轻型战术车辆"（JLTV）换装。但美方要价太高，平均每辆要 1000 万元新台币，于是台军方根据蔡英文的"防务自主"政策，决定"军车自造"，准备由军备局第 205 厂以商购方式，向美方采购车辆动力系统、悬吊系统，以及 M230LF 型链炮等相关系统组件，再由第 209 厂打造车体，并由"中科院"整合研制装在车上的链炮遥控炮塔，组装成台湾版"联合轻型战术车辆"，计划于 2024 年完成战术测评后即可量产。

对此，台媒指出两个方面的问题：一是设计、性能是否真正符合台军作战任务的需求？原台军服役的悍马车，全长 4.57 米，车宽 2.16 米，重 2.4 吨，就台湾的道路城镇环境而言已嫌庞大，而"联合轻型战术车辆"，由于美军要求防力达到防雷反伏击车（MRAP）等级，全长增至 6.2 米，车宽 2.5 米，重 6.4 吨，明显更为高大。二是由于国际环境的制约，台湾军品外销机会渺茫，建立的生产能量在完成台军需求之后，势必荒废，造成资源的浪费。所以，舆论认为仿制并非最佳方式，搞不好还可能造成"画虎不成反类犬"的境地。②

四、事故案件频发，军风纪律废弛

台军事故频发，纪律败坏，几乎年年如此。蔡英文上台以后，台军就像得了传染病，丑闻接二连三，涉事人员从少将到普通士兵，各级都有，2019 年以来更有日益发展之势。8 月 6 日，台防务部门不得不发出"务求毋枉毋纵，严肃要求军风纪律"的新闻稿，针对媒体的报道，就"性骚扰"和"酒驾"问题作了轻描淡写的表态。

---

① 台湾海基会"两岸经贸网"：蔡英文主持"三年有成　台湾进步关键字"记者会，2019 年 5 月 20 日。

② 台湾《军事家》国际版 2019 年 4 月号，第 15 页。

关于"性骚扰"，新闻稿说，从 2016 年至 2018 年"性骚扰"实际成立案件，分别为 24 件、29 件、36 件，均依规定纳编外聘委员召开"性骚扰申诉审议会"，并核予惩处，绝不宽贷。为周延"性骚扰"法制程序，业已修订"国军人员性骚扰处理及性侵害预防实施规定""国军人际关系行为规范"及"国军内部管理工作教范"，并置重点于性别分际、调查人员教育训练、处理流程及被申诉人调整单位等精进作为。经统计，2019 年迄今实际成立案件仅有 9 件，已收实效。然而事实上并非如此，据报道，在此新闻稿发布后，又发生了多起"性骚扰"案件。例如，10 月 3 日，空军司令部所属通航资联队联队长林少将，任职期间因涉所谓"举止不当"，调查属实，给予记大过一次惩处，并改调空军司令部委员一职。

关于"酒驾"，新闻稿说，台防务部门依"审计部"提供的数据，从 2015 年至 2018 年，共有 41 万 7235 笔涉犯酒驾人员资料。经比对军职及聘雇人员计有 4720 笔，"国防部"已列管 480 人。目前隐匿未报仍在役者尚有 297 人，已于 2019 年 7 月 26 日令交各单位依规定惩处，并追究"隐匿未报"违责，务求毋枉毋纵，严肃军风纪律。

据台媒体报道，2019 年台军发生的事故和违纪事件，绝不只有"性骚扰"和"酒驾"两个方面。根据台"国防部"发布的新闻稿分析，台军的自杀、自伤事件也是很突出的。从 2019 年 2 月至 12 月，至少发生 8 起自杀、自伤事件，亡 7 人，伤 1 人。从人员职级看，自杀者有军官、士官和士兵，最高军衔为上尉。从自杀原因看，有的是因"心绪失衡"而走上绝路的。有的是个人经济原因和家庭因素造成的。例如，陆军某装甲兵训练指挥部训员郭姓上尉，疑因未能照顾好患癌症的父亲自责，于 5 月 13 日在车内烧炭自杀身亡。

台军发生的事故违纪事件涵盖面相当广泛：训练中损坏装备、人员受伤，机舰发生火警，贪污挪用公款，衍生债务纠纷，营内参与传销，非法私藏毒品，酒醉致死等等，不一而足。台军丑闻不断刷新着下限，俨然已经成为岛内社会的一大公害。舆论批评，台军就像是"太监穿西装"，没有战斗力。国民党"立委"江启臣日前就直接向蔡英文喊话，"一个只有武器没有军纪的部队，还能打仗吗？"

为此，台军的一些领导机关和部门不得不出来公开表态检讨。有台媒报道，台"主力战机故障率高，光换零件 1 年就要 68 亿元（新台币）。对此，台空军司令部于 4 月 15 日发布新闻稿称：本军各型主力战机服役迄今，均已进入中、后寿期，加以负担战备任务所需，确有故障频次增加情事，本军将持续采购相关零附件及加强修（维）护质量，以利战备整备作业遂行无虞，确保空防安全，吁请民众放心。另有媒体报道，台"空军拦截解放军寰网系统故障频传，去年 19 次故障"。空军司令部表示，本军寰网系统采复式配置，多重备援机制，系统故障异常，备援系统即接替战备，不影响作战指管任务执行。更令人感到诧异的是，台湾地区领导人的专机不仅出现"走私案"，还暴露出"飞安危机"。台空军司令部于 8 月 28 日赶紧发布新闻稿声明称，有关媒体报道内容与事实不符，误导社会大众视听，并威胁说："本部将保留法律追诉权，并表达严正抗议"。

五、美台军事合作日益紧密，对台军售常态化

近些年来，美台出于各自战略目的的需要，推动和深化双方多元军事交流管道。美国把台湾看成是推行"印太战略"的重要安全伙伴，违背一个中国原则和中美三个联合公报，不断强化向台湾提供所谓"防卫性武器"。蔡英文当局把希望寄托在美国的支持上，强调确保亚太地区和平稳定最好的方式之一，就是继续维护台美坚实关系，共同捍卫民主自由。[①] 当"冤大头"，向美国乞求军购，着力提升台军战斗力，妄图"以武拒统""以武谋独"。

2019 年，适值"与台湾关系法"发表 40 周年，美国国会参、众两院展现出对"台湾安全"以及力促双方"安全合作"的重视，继 2018 年 3 月通过"与台湾旅行法"、8 月通过"2019 财政年度国防授权法"、12 月通过"2018 年亚洲再保证倡议法"之后，美国国会又于 2019 年 5 月提出

---

① 《蔡英文会美共和党访问团　强调要对抗假讯息》，中评社 2019 年 10 月 17 日报道。

"2019 年台湾保证法案"及重新确认美国对与台湾及对执行"与台湾关系法"的承诺决议案，再次表达了对于"常态化对台军售"以及协助台湾提升"自我防卫能力"的坚定支持。12 月 20 日，特朗普在美国马里兰州安德鲁斯空军基地举行的仪式上正式签署了《2020 财政年度国防授权法案》（NDAA），美方在"挺台"的同时把矛头指向大陆。在上述背景下，台美之间的"安全合作与军事交流"，越来越紧密。

据台"国防部"统计，美台在"政策对话""军（商）售管理""军备科研""防卫评估""专业国防""教育训练""情报交换""战训整备""后勤维保"及"通资指管"等领域，日益拓展交流合作的深度与广度。从 2018 年至 2019 年 8 月，台湾出访计 380 余案，邀（来）访计 250 余案，交流逾 2700 余人次。[①]

值得重视的是，2019 年的美台军售，较以往有所突破，台军方认为，这些装备获得后"有助于强化台军的基本的及不对称战力"。仅就以下两笔军售为例做些说明：

（一）售台 M1A2T 坦克和毒刺导弹案

据美国有线电视新闻网（CNN）报道，7 月 8 日，美国国务院批准两项"对外军售案"，允许向台湾当局出售 108 辆 M1A2T 型艾布拉姆斯坦克以及包括 14 辆 M88A2 坦克抢修车、16 辆 M1070A1 重型装备运输车和弹药支持系统在内的辅助设备，以及 250 枚毒刺导弹及相关武器等，以上交易总额超过 22 亿美元。

美售台上述装备正是台军所需要的。台军装甲部队现有主力装备，机件老化，性能落后，作战能力低下，实在难以担当"御敌于滩头之外"的重任。台军一直谋求拥有先进的主战坦克，早有购买美制 M1A2T 的愿望。美售台此项装备后，台防务部门感激不尽，并在官方网站公布说帖自我安慰地声称，无论是防护力、机动力、火力及指挥管制能力，均能制衡大陆 99A 主力战车。

---

① 2019 "中华民国国防报告书"，第 133 页。

（二）售台 F-16V 战机案

8 月 21 日，美国国防安全合作局（DSCA）发布新闻稿指出，美国国务院决定批准售台 66 架 F-16C/DBlock70 战机与相关设备和支持，金额约为80 亿美元，行政部门已将此军售案通知国会；并指出，这项军售案出售的设备与支持，不会改变区域的军事平衡。国务院官员指出，行政部门今天通知国会军售案，符合"与台湾关系法"及美方对于台湾维持足够自卫能力的支持；美方长期以来基于美中三公报与"与台湾关系法"的"一中政策"不变。[①] 为此，蔡英文当局为尽速完成军购，特制定"新式战机采购特别条例"。由于单架飞机金额就超过 1 亿多美元，军购花费不菲，蔡英文当局于 9 月 6 日启动特别条例"立法"程序，于 10 月 29 日完成"新式战机采购特别条例"三读程序。该条例为对美 F-16V 军购案大开绿灯，做好充分法制准备。台湾"行政院"在该条例授权下，于 10 月 31 日火速通过特别预算案，预计从 2020 年至 2026 年，共编列 2472 亿元新台币，用于购买美 F-16V 战机。[②]

然而，台湾花再多的纳税人的钱，从美国买更多的所谓"新武器装备"，也不可能改变两岸军事力量"数"和"质"的巨大差距。以台陆军"联兵旅"为例，美军认为缺乏必要的机械化作战装备，打击火力十分羸弱，根本无法与完成现代化改装的大陆"合成旅"相提并论。在"汉光 35号"演习中，根据美军的指导意见，台军在最后的台北作战演习中，调集了多达 4 个军团的兵力，并摆出防御态势，这才勉强抵挡住解放军 3 个旅的进攻。由此算来，同等规模的台军战斗力大概只有解放军的 15%。[③]

对美台军售，外交部发言人耿爽 7 月 9 日在外交部例行记者会上指出，台湾是中国领土不可分割的一部分，任何人都不要低估中国政府和人民捍卫国家主权和领土完整，反对外来干涉的坚定决心。国防部新闻发言人吴谦 7 月 11 日表示，中国军队有坚定的意志、充分的信心、足够的能力挫败

---

① 《中时电子报》2019 年 8 月 21 日报道。
② 陈咏江：《蔡英文当局制定"新式战机采购特别条例"》，《台湾周刊》2019 年第 47 期。
③ 《知识博览报》，2019 年 12 月 9 日。

任何形式的外部势力干涉和"台独"分裂行径，将采取一切必要措施坚定捍卫国家主权安全和领土完整。

结语

2019 年，蔡英文当局着力加强台军建设，提高战力，把矛头指向大陆，为推行"台独"政治路线服务，并把希望寄托在美国的支持上。然而这只不过是黄粱美梦罢了！12 月 2 日，美国务院负责亚太事务的助理国务卿史迪威（David Stilwell）在出席布鲁金斯学会研讨会上表示，美方信守中美三个联合公报，"不称台湾为国家"。美国的这种表态，其实过去早已有之。蔡英文当局和"台独"势力，应当清醒地看到，依靠美国是个假议题。美国既不承认台湾是"国家"，如若台海真的发生冲突，美国岂能真心实意地来帮助"台独""建国"！

（福建社会科学院现代台湾研究所主办《现代台湾研究》2020 年第 1 期）

2020 年台湾军事情况综述

2020 年 5 月 20 日，蔡英文在其第二任期就职讲话中提出所谓"防务改革"的"三个重要方向"：一是"加速发展'不对称战力'"；二是"后备动员制度实质改革"；三是"改善部队管理制度"。[①]归根结底，这还是为了提升台湾军方实力，为"以武拒统"做好准备。为了达到上述目标，2020 年台湾军方还在提升战备水平，组织"汉光军演"和推进对美军事交流方面有一系列新动作。

一、战备工作持续推进

（一）明确基本军事原则

10 月 7 日，台湾当局防务部门负责人严德发在台湾地区立法机构表示，军方将持续加强联合情报监视和侦察工作，发挥早期预警功能，掌握台海周边动态，秉持所谓的"不挑衅、不怯'敌'"立场，以及"不引发事端、不升高冲突"原则，以"维护区域和平稳定及台湾最大利益"，展现军方"捍卫台湾安全"的核心价值。[②]

10 月 10 日，蔡英文发表讲话时表示，精进防务实力，降低战争风险，是当前防务政策的原则；强调以"双轨并进"方式来强化"防卫实力"，台湾军方要坚持"不畏战，不求战"，避免"擦枪走火"；但要继续外购武

---

① 《蔡英文就职讲话全文》，台湾地区领导人办公室网站，最后访问时间：2021 年 1 月 3 日。
② 《驳陈廷宠严德发："国军"现在最有战力》，台湾"中央社"网站，最后访问时间：2020 年 10 月 7 日。

器装备和加速推动"防务自主"。①

10 月 31 日，蔡英文召开安全部门高层会议，要求防务部门和安全部门掌握近期解放军活动，并针对各种可能的风险进行评估，"务必有万全准备"。同时，她也表示台湾当局将持续强化"防卫战力"的现代化，提升"不对称战力"，推动"防务自主"以及后备动员制度改革，以应对"军事风险"。蔡英文声称，"'示弱退让'从不会带来和平，只有坚实的防卫决心和实力，才能'捍卫家园'"，"有信心也有能力应对各种不同的状况，请全体民众放心"。②

（二）增强战备氛围

9 月 29 日，严德发在立法机构备询时表示：军方战备等级维持在经常战备时期的"战备整备"阶段。至于外界质疑防务部门为何在"敌情威胁"增加后将"第一击"定义为行使"自卫反击权"，严德发解释说，"第一击"跟"自卫反击"不是等号，在全面战争状态下的"第一击"，包含了"先制反击"或攻击，但这必须是在战争状态非常明显的时候采取的行动。③

为对抗解放军在台海周边常态化演训，台湾当局防务部门网站从 9 月中旬起设置"实时军事动态"栏，主动公布大陆军机的航迹机种与架次，期望达到"彰显海空军所属机舰确在值勤"，"透过信息透明化，展现强大的情报监视侦察能量，安定民心"，"有效打击可能出现的'假讯息'和对方的宣传，属于心理战的反击"。④

（三）增加防务预算

8 月 13 日，台湾当局批准 2021 年防务预算为 4534 亿元（新台币，下

---

① 《蔡英文"双十讲话"全文》，台湾地区领导人办公室网站，最后访问时间：2020 年 10 月 IO 日。

② 《蔡英文召开"安全会议"》，台湾地区领导人办公室网站，最后访问时间：2021 年 12 月 22 日。

③ 《严德发：目前与解放军无全面战争征兆对美军购会视情势调整》，台湾"军闻社"，最后访问时间：2020 年 10 月 29 日。

④ 《全球军情简讯》，台湾《军事家》国际版 2020 年第 11 期。

同），较 2020 年的 4113 亿元增加 10%，占台湾地区生产总值的 2.36%。据台湾防务部门公布的数据，这笔预算分为三个部分：其直接主管的防务预算为 3668 亿元，较上年增长 4.4%；290 亿元"专款"用于采购新型战斗机；另外 576 亿元则未指明用途。

台湾防务部门表示，面对区域局势及所谓"敌情威胁"，所获预算除满足人员维持"法定义务"支出外，作业维持及军事投资预算均适度增加，重点在于维持主战装备妥善率、加速发展"不对称战力"及推动"防务自主"等方面，以"建构坚实防务力量，彰显'自我防卫'决心"。台湾防务部门还强调：防务预算稳健增长，有助于各项"建军备战"任务的执行，进而达成整体防务施政目标，确保"安全及区域和平稳定"。①

12 月 16 日，台湾当局防务部门又发布新闻稿称，2021 年度由其掌握的防务公务预算案，原编列 3668.009 亿元，经立法机构"外事及防务委员会"审查，删减 4.9656 亿元，冻结 51.90777 亿元，暂列 3663.04343 亿元。②

二、"汉光军演"花样翻新

2020 年的"汉光 36 号"演习仍是台湾军方的年度"重头戏"。其重点在于验证"重层吓阻、防卫固守"的军事战略，以及"战力防护、滨海决胜、滩岸歼敌"的防卫构想。

（一）"联兵营"首次投入演练

7 月 16 日，台湾军方在台中甲南海滩实施"三军联合反登陆作战"操演，2019 年刚组建的"联合兵种营"（简称"联兵营"）首次投入演练。"联兵营"由 500 人编成，采取"双副营长制度"，即一名营长两名副营长，并设置各军兵种联络官，及涵盖不同专业、不同专长官兵，期望达到互补功效。编组"联兵营"意在将陆军合成作战单元层级下移，战场数字化，缩

---

① 《全球军情简讯》，台湾《军事家》国际版 2020 年第 9 期。
② 《新闻稿》，台湾当局防务部门网站，最后访问时间：2020 年 12 月 16 日。

短决策时间，满足现代战争快节奏的需求。据报道，"联兵营"在演习中展现出了可独立进行联合作战指挥以及兵力火力整合程度高的特点。

蔡英文也比较关注"联兵营"的建设，并到场视察此次操演。她在 7 月 13 日的脸书中表示，"联兵营"首度投入演习，是防务改革的大突破。

（二）后备军人参与"反登陆演练"

台湾军方的后备战力，曾被美军评为"虚有其表"。为挽回颜面，此次"汉光"演习中，后备部队的角色有大幅度提升。7 月 12 日晚，为配合"汉光 36 号"演习，台湾当局防务部门发布"同心 31 号"演习后备动员令，试图通过演练达到实时动员、实时作战的训练目标。7 月 16 日，在台中甲南海滩反登陆作战演练中，后备军人也和现役官兵一起参加榴弹炮射击，意在以此验证"常备打击、后备守土"的作战能力。

（三）三大"特勤队"联合执行"反特攻作战"演练

2020 年 7 月 14 日，即"汉光军演"第二天，台湾军方上演了此次演习的一项重头戏，即台湾当局"宪兵指挥部"执行"卫戍区重要目标反特攻演练"（"反斩首"演练）。这次演练是"宪兵特勤队"首度与"海巡特勤队""维安特勤队"合作，模拟战时重要目标，特别是台湾地区正副领导人被"攻击劫持"的协同作战，验证"反特攻作战"的整合效果。

"反特攻作战"关系到蔡英文个人的身家性命，是其十分关注的一项内容。据报道，蔡英文上台以来已多次演练战时避险和逃亡科目，军方共设计了 7 套以上剧本。

（四）计算机兵棋推演受到疫情影响

"汉光 36 号"计算机兵棋推演于 9 月 14 日开始，进行连续 5 天 24 小时不间断对抗。台湾《中国时报》称，2020 年因疫情影响，计算机推演被推迟到实兵演习之后，且不再是传统的红蓝军对抗、打到有输赢为止，而是采取"研讨式兵推"，主要探讨如何应对解放军军机频繁绕台。9 月 21 日，台湾当局防务部门发布的新闻稿则称，军方为因应"新情势""新威胁",通过本次"汉光"计算机兵棋推演,设定最严酷的作战场景,并重新检视防卫作战战略、战术需求,重点在于如何快速提升战力,强化各式制空、制海等弹药筹补,以应对所谓的新增"敌情"威胁。此外,从2003年起,美军每年派出退役上将率团赴台观摩"汉光军演"计算机兵推,但2020年因受疫情影响,美军观摩团未赴台。

三、后备制度更受重视

蔡英文十分关注后备制度的建设。她在第二任期就职讲话中提出,"提高后备部队的人员素质和武器装备;后备战力提高,才能有效地跟常备军队协同作战"。[①]10月10日,蔡英文在讲话中又说:"除了提升志愿从军的官士兵的专业素养,更要建立有效的后备制度,来强化军队的人力素质及战力。"

(一)成立"防卫后备动员署"

蔡英文声称:"平常就要建立'跨部会'的常设后备动员体制,协调人力物力,平战转换时,动员才会顺利。"根据蔡英文的授意,台湾当局防务部门负责人严德发和相关主管,10月22日在台湾地区立法机构"外事和防务委员会"就军方"提升后备战力"实施项目报告。台湾防务部门"全民防卫动员室"主任韩冈明于报告中表示,为整合动员机制,精进后备组织,防务部门本部"参谋本部"及"后备指挥部"动员幕僚人力,编成"防卫后备动员署",属地区三级机关,级别提升,功能增强,以具备跨机构协调、动员政策制订及对下指导和督管能力。

(二)进行编制调整

在部队编制上,台湾当局防务部门"后备指挥部"改隶"陆军司令部",依专业属性指导督管各地区、县、市后备指挥部;北、中、南地区后备指挥部及县、市后备指挥部改编配各作战区,纳入建制单位指挥链。由此,作战区指挥官平时即可有效指挥、督导及调度辖内人力、物力资源,

---

① 《蔡英文就职讲话全文》,台湾地区领导人办公室网站,最后访问时间:2021年1月3日。

使常备后备整体一致。

同时，台湾军方还依"整体防卫作战"需求，将原甲、乙、丙、丁种旅及各山地站台连的任务类型区分为第一类"滩岸守备"、第二类"纵深及城镇守备"、第三类"重要目标防护"等。①

（三）加强人员筛选训练

一方面，加强后备部队人员筛选。台湾军方提出"后退先用、精选适员、固定编组、年年施训"的口号，依部队所需军种、军衔及专长，将退伍军人纳入后备编制。其中，志愿役及义务役退伍者以补充士官干部及高级专业岗位为主，军事训练役退员以补充初中级专业岗位为主，选定后固定于同一编组，并每年进行训练，以求满足需求。台湾军方设想，未来随着志愿役列管的退役人员逐年增加，整体后备战力将逐年提升。

另一方面，提升后备部队人员训练时间与强度。10 月 7 日，台湾当局防务部门宣布，教育召集训练时间从过往 2 年 1 次、1 次最多 6 天，变为 1 年 1 次、1 次 14 天。此外，相关训练还将新增 20 公里"战术行军"与"宿营"等项目，并增加建制武器实弹射击数量，强化后备人员作战能力。10 月 22 日，台湾当局防务部门又决定，教召期间将区分"战备基础训练"及"战备任务训练"两个训练阶段，重点在于熟练编制专长、加强组合训练、了解作战任务与落实战备演练，并依据各类型部队任务特性，强化"滩岸守备""城镇战""反空机降""重要目标防护"等实战训练科目，以提升"本土防卫"持续战力。②

四、与美勾连愈发紧密

特朗普执政以来，台美之间军火交易日趋频密，2020 年尤甚。特朗普任内先后批准对台军售 12 次，总计金额为 184.183 亿美元。

---

① 《防务部门"提升后备战力"专项报告说明改革规划情形》，台湾当局防务部门网站，最后访问时间：2020 年 11 月 6 日。

② 《防务部门"提升后备战力"专项报告说明改革规划情形》，台湾当局防务部门网站，最后访问时间：2020 年 11 月 6 日。

还需重视的是，台美之间的其他军事交流合作也呈公开化趋势。

（一）美国对台军售常态化

11月28日，"美国在台协会处长"郦英杰在台湾国际关系学会2020年会上表示，2020年台湾是美国对外军售最大宗客户，美国对台军售涉及金额总计118亿美元（最终正式确定的数字为55.8亿美元），折合新台币约3422亿元，达到美国对台军售历史上单一年度最高。若以台湾2357万总人口计算，等于人均负担14500元新台币的军费。郦英杰说，2021年美国还有52亿美元的对台军售，一旦完成后续作业程序，台湾对美军购累计总金额将超过700亿美元，折合新台币超过2兆。①12月7日，美国政府再度发出对台湾"野战资讯通信系统"军售通知，预估总金额为2.8亿美元。②

推动台湾军方建设所谓"不对称作战能力"是当前美国对台军售的主要目标。郦英杰曾表示，当前的美国对台军售项目对台湾发展"不对称作战能力"相当关键。台湾当局"驻美代表"萧美琴在8月12日出席智库哈德逊研究所的讨论时，也毫不掩饰地称：台湾当局目前最主要的防卫战略是要建立不对称能力来应对大陆的"胁迫"，也就是添置具有高效率强杀伤力的武器，给潜在的"侵略者"带来"非常痛苦的后果"。由此，在2020年美国批准的对台军售方案中，有不少进攻性武器，或者说是"有把火力投射到中国大陆的能力"的武器，目的就是要加强台湾当局的"防卫威慑"能力，令大陆在对台动武的时候付出更大的代价。

（二）美台军事交流公开化

2020年，美台军事交流更加公开化。1月2日台军"参谋总长"沈一鸣等8人坠机身亡后，美国参谋长联席会议主席麦利发文"谨代表美国军方同袍对此悲剧表示哀悼"。1月14日在台北举行的公祭上，美国现役空

---

① 《台湾当局成今年美国武器最大买家》，《海峡导报》2020年11月30日。
② 《台湾暗藏"地下空军基地"号称远东最大》，《海峡导报》2020年12月8日。

军准将艾斯勒（Matthe wc.Isler）也身着西服，代表美国国防部，与"美国在台协会台北办事处长"郦英杰一同致意。4 月 29 日，美国太平洋空军司令部与 18 个国家和地区召开应对新冠疫情的视频会议，由司令布朗上将主持，台湾军方亦受邀参与，所谓"中华民国"的旗帜居然与其他国家国旗并行呈现。5 月 1 日，台空军驻美第 21 中队的战机又与美国空军战机组成空中分列编队，飞越美国菲尼克斯都会区的 11 个城市，表彰在美从事新冠肺炎防疫的一线人员。11 月，台湾军方"海军司令部"又证实，美国海军陆战队人员已应邀抵达台湾，从 11 月 9 日起连续 4 周，在高雄左营教授作战课程。这是自 20 世纪 70 年代以来双方这类培训活动的首次公开。11 月 22 日，英国路透社、台湾和日本媒体都报道，美军印太司令部情报处处长海军少将史达曼已抵达台北访问。

五、军风纪律每况愈下

蔡英文上台以来，台湾军方各种意外和失控事件不断。据统计，蔡英文执政期间，已有 8 人在"汉光"演习中死亡，还有 20 多人受轻重伤，伤亡比例之高前所未有。2020 年更是台湾军方事故最严重的一年，有媒体甚至声称"军运不佳"。

（一）重大事故频发

1. 军机频频坠毁。2020 年台湾军方共有 4 架军机坠毁，导致 12 人死亡。新年伊始，就有一架黑鹰直升机坠毁，造成包括"参谋总长"沈一鸣在内的 8 人死亡，创下台湾军方空难死亡将领军衔最高纪录。7 月 16 日，又有一架参与"汉光 36 号"演习的 OH–58D 型战斗侦察直升机在新竹机场坠毁，导致 2 名飞行员死亡。10 月 29 日，台东志航基地空军第 7 联队一架 F–5E 战机失事，飞行员朱冠甍跳伞落海后被紧急送医抢救，仍不治身亡。具有讽刺意味的是，11 月 17 日，蔡英文刚刚远赴志航基地为朱冠甍主持盛大葬礼，当天傍晚花莲基地第 5 战术战斗机联队的一架 F–16 战机又坠入太平洋中，飞行员蒋正志死亡。

军机事故频繁，引起台湾社会的普遍关注。11 月 18 日，国民党籍民意代表陈以信表示，一次意外算意外，但是连续发生意外，可能就不是意外了，它的背后就有结构性的原因。舆论认为，战机老化是失事的根本原因。F–5E 系列战机服役已 47 年，2001 年以来已发生 8 起意外。F–16 战机服役 20 多年，频繁地使用也使老化情况严重，已发生 9 起事故。但即使是相对较新的 UH–60M 黑鹰直升机，也已是两年内的第二次失事了。

2.“汉光”演习伤亡惨重。众所周知，台湾军方平时事故就多，而且军演一直是其伤亡率最高的活动。2020 年的“汉光”演习，更是被视为“伤亡最惨重的一次”。除上述直升机坠毁事故外，在 7 月 3 日的预演中，台湾军方海军陆战队 99 旅一橡皮艇因为海况不佳翻覆，艇上 7 名官兵全数落海，其中 3 人死亡。此后，负责演习操舟演训合格签证业务的杨姓少校，也疑似因此意外心怀内疚自杀。受事故影响，7 月 16 日在屏东举行的“联合登陆作战”操演，不得不取消突击艇向陆登岸科目，改由两栖突击车演练。此外，台海军陆战队的皮划艇训练也改为在游泳馆里进行。令人惊诧的是，11 月 26 日，高雄海军舰队指挥部一名邱姓中士，在游泳池中进行水下训练时也溺水死亡。

（二）违纪违法屡禁不止

除意外事故频传外，台军军纪涣散问题仍然很严重。一是违纪事件不断发生。8 月，有官兵在网上兜售包括“汉光”演习“战备月”测考等在内的“固安作战计划”，以及把拍摄有演习资料的手机邮寄到金门的严重泄密事件。① 与此同时，逃兵现象也屡禁不止。有媒体评论称，军中已经形成了所谓的“逃兵文化”。为了防止官兵出逃，台湾军方费尽心思，如要求每个官兵写保证书签约，保证不出逃；同时对出逃官兵严格处理，出逃 1 天关禁闭，出逃 3 天以上就要判刑。但出逃事件还是不断发生，禁而不绝。二是自杀现象愈演愈烈。据台湾当局防务部门证实，蔡英文任内，军中自杀事件已发生 50 件之多，严重伤害了军方形象和外界观感。2020

---

① 《全球军情简讯》，台湾《军事家》国际版 2020 年第 9 期。

年 11 月 12 日晚间，又有一名负责新兵训练的柳姓下士因长期受到长官霸凌，在营房寝室内轻生。三是犯罪现象屡禁不止。2020 年军中的吸毒贩毒、性骚扰、酒驾等各式各样的违纪违法事件仍是层出不穷，屡屡见诸报端。

（三）仓促推行纪律改革

针对上述问题，10 月 7 日，台湾当局防务部门负责人严德发在立法机构表示，将针对军风纪律改革，就"重塑组织文化""改革军风纪律""多元心理辅导""健全部队管理""调整行政调查与惩罚制度""强化军检联系"及"建立跨'部会'违规联系通报"等 7 个方面进行改进，以求彻底重塑军方新形象。10 月 18 日，台湾当局防务部门祭出"史上最严军风纪律改革项目"，包括凡遇重大风纪案件，一律记两大过、立即调离现职，并启动汰除程序，相关主官、士官督导长等的晋升、派职也会受影响；年度考绩为"丙上"以下人员，立即办理汰除，汰除时间则由原来的 38 天，缩减至最快 7 天内完成等。

（福建社会科学院现代台湾研究所主办《现代台湾研究》2021 年第 1 期）

2021 年台湾军事情况综述

2021 年，蔡英文当局继续不遗余力地推行"台独"路线，并图谋"以武获独"。2 月 9 日，她在"国安"高层会议上，声称"台海的和平稳定，已经从两岸关系的范畴，提升到印太区域，甚至是全球的焦点"，叫嚣"台湾一贯的立场，就是遇到压力不屈服"，"我们会持续提升自身防卫战力，来因应各种新型态军事作为的挑战"。3 月 25 日，台湾防务部门负责人邱国正在立法机构强调，未来将在既有"国防"施政基础上，赓续改革后备动员制度、发展不对称作战、强化联合战力及有效应对非传统威胁，打造能赢得未来战争的精锐部队，以确保"国家安全"。

一、发布两份重要军事文告

2021 年，台湾防务部门发布了两份重要军事文告，一份是"四年期国防总检讨"（简称"QDR"，系英文名缩写），一份是"国防报告书"（简称"报告书"）。

3 月 25 日，台湾防务部门领导人邱国正赴立法机构报告"四年期国防总检讨"（QDR）。这是台湾地区最高级别、最具战略意义的军事报告。由台湾防务部门根据台湾地区领导人的防务理念与政策指导，并因应区域情势变化，以前瞻思维，擘画"国防"愿景，对军事工作进行一次全面性的检讨与前瞻，并提出军事战略规划与兵力结构调整。这是台湾从美国搬来的，每四年编纂一次。2021 年的 QDR 共分七章：（一）"区域情势：掌握新兴安全挑战"；（二）"战略指导：坚实国防确保安全"；（三）"淬砺军武：

打造坚强钢铁劲旅";（四）"强韧国防：务实推动国防事务";（五）"永续布局：稳健发展国防自主";（六）"巩固安全：应对灰色地带威胁";（七）"战略合作：创造台湾战略价值"。

11 月 9 日上午，台军方举行 2021 年"国防报告书"线上发表会。"战略规划司国防政策处长"邓克雄指出，军方自 1992 年以来每两年出版一份"国防报告书"。2021 年的报告书以"打造坚韧新国军"为主轴，凸显当前战略环境及"中共日益升高对台军事威胁"，分为"区域情势""国防战力""国防自主""国防治理"及"荣耀国军"等五篇十章等重点内容。

上述两份军事文告，前者侧重前瞻，后者更多关注现实，但两者在许多方面内容大体上是相同的。2021 年的两份文告，有一个共同的特点，就是指责大陆对台湾实施不断增加的"灰色地带威胁"。QDR 认为，"认知战、资讯战、机舰侵扰是台湾面临的三大新兴安全挑战"，中共以"灰色地带威胁"企图影响民心士气，冲击台湾安全。报告书指出，大陆"灰色地带威胁态样多元"，可分为军事与非军事手段，前者如共机频繁侵入西南空域、东沙岛周边针对性演练；后者则包括快艇冲撞台湾海巡、抽砂船违法于台湾周边海域作业等。这类手段往往具有"非战非和的模糊性"，且未达战争门槛，以切香肠战术渐进式的升高威胁，运用政军实力形塑有利态势，不仅消耗台湾战力，也动摇民心士气，企图改变或挑战两岸既有现状。如何应对呢？QDR 提出，台军应即时掌握各类型威胁态样，妥慎采取相应对策，不受中共文攻武吓影响，坚定展现"不挑衅、不怯敌"立场，达成防卫固守的任务。

QDR 从"台独"立场出发，着眼全球，特别提出了"需要创造台湾战略价值"的对策，指出：台湾位处第一岛链，为对抗中共势力扩张的最前线，具有无可取代的重要地位，将持续与理念相近的伙伴国家，拓展与深化军事交流合作，共同维护区域和平稳定。

报告书认为，解放军已经具备"六项对台作战能力"，包括情报监侦能力、联合封锁能力、联合火力打击、联合登陆作战、应对外军干预、战略支援能力。为了应对解放军的军事发展，报告书表示，台军也将进行战力整建，重点发展"六大方向"，包括远程打击、制空作战、制海作战、本土防卫、网络电磁作战、联合指挥管制情报监侦等，并采购一批美制打击武器。报告书承认，如果解放军对台湾发动军事行动，台湾当局无力抵抗，必须依靠外国援助，尤其是美国的援助。

这两份军事文告，是台湾当局和台军一年来乃至今后更长时间防务和军事活动的指导性文件，对于台湾防务和军队建设影响甚大，应予特别关注和深入研究。

二、调整台湾"安全团队"主管

台湾的"国家安全会议""国防部"和"陆委会"，历来被视为是"铁三角"性质的重要部门。蔡英文第二次上台后，很快对这三个部门的主管进行了人事调整。2月19日晚，蔡英文办公室公布两岸及"安全团队"人员调整名单：台"陆委会主委"由台法务部门前主管邱太三接任，现任"陆委会主委"陈明通转任台安全部门主管；现任台安全部门主管邱国正接任台防务部门主管；现任台防务部门主管严德发转任台安全会议"咨询委员"。

蔡英文通过平台表示，针对新一阶段的区域及国际情势对中美台海关系的冲击与可能的影响，以及后疫情时代下所牵动的全球政经变局，"国安"团队必须进行任务与队形的再部署。她说，这四位"国安"团队的重要成员，都有高度的专业素养和丰富经验，不用摸索就可以立刻上手，符合新一阶段的任务需求。蔡英文希望在她与"国安会秘书长"顾立雄的领导下，统筹整体"国安"战略规划，发挥三个"铁三角"的最大战力。

蔡英文任命学者出身的纯文人陈明通为"国家安全局（简称"国安局"）局长"，背后目的备受瞩目。"国安局"是台湾当局特工情报活动最高督导、协调机关。从前是由高阶将领控制的，2007年第一次出现了"文人局长"许惠佑。陈明通是学者出身，精通两岸关系，蔡英文任命他掌握"国安局"，显示台湾安全情报工作更重视突破既有框架，强化大陆关于两岸关系政治意图的分析和预警。台湾的情报机构大多源于过去的"中统""军统"，目前不但已成为当局独揽大权、统治社会的工具，而且业已演变为"台独"势力的顽固堡垒和强力后盾。

2 月 23 日上午，台湾"国防部部长交接典礼"在博爱营区举行，"行政院政务委员"罗秉成代表"行政院院长"苏贞昌主持，首先布达新任"部长"任职命令，随即监交印信。罗秉成肯定前"部长"严德发任内的卓越表现，并期许台军在新任"部长"邱国正的领导下，精益求精，传承保卫人民生命财产安全之使命。

三、出台巨额防务"特别预算"

蔡英文上台以来，台湾防务预算年年增长，已从 2017 年度的 3192 亿元（新台币，下同）增加到 2021 年的 3617 亿元，2022 年还将增长 3%，达到 3726 亿元。不仅如此，根据蔡英文的指令，台湾防务部门还另行编制一项巨额"特别预算"，用以研制和购买新型武器装备。这个预算从酝酿时提出的 2000 亿元，到初步定案时各个项目的总金额，已达 3339 亿余元，几乎相当于台湾一年的防务预算水平。

据台湾媒体报道，2021 年初，台湾防务部门负责人邱国正上任之后，根据蔡英文的指令，立即展开一项重要任务，就是"精进中科院研发能量"，解决导弹量产等"国防自主"经费，并全盘规划下阶段建军事宜。9 月 22 日，台"行政院"通过"海空战力提升计划采购特别条例"草案，从 2022 年至 2026 年，分 5 年编列 2400 亿元预算，用以采购台湾自己制造的导弹和舰艇。台防务部门负责人邱国正声称，编列特别预算是考虑到敌情威胁，台军"备战不求战、应战不避战"，"敌要来就奉陪，要多久就多久，但不挑衅"。

11 月 23 日，台湾"立法院"经表决三读通过"海空战力提升计划采购特别条例"，明定所需经费上限为 2400 亿元，以特别预算方式编列，自公布尔日施行至 2026 年 12 月 31 日止。据此，11 月 25 日，台行政机构通过"海空战力提升计划采购特别预算案"，编列 2373 亿元，用于采购反舰、防空、反制三大面向军购计划。预算案包括 8 项 10 类武器。若不计算台军沱江级舰、海巡舰平战转换套件，2026 年以前将投入 1649 亿元特别预算，采购 8 款自造精准弹药。另根据台防务部门公开预算书，台军自 2020 年至 2030 年，10 年间还要投入 1690 亿余元预算，对美采购陆射鱼叉导弹、海马斯多管火箭等精准武器，若加上自造导弹的预算，总金额高达 3339 亿余元，几乎是台湾一年的防务预算。

据台湾"军闻社"报道，11 月 24 日，蔡英文透过脸书等社群平台对"特别预算"解释说，条例有"三个重点"：一是编列预算建购军备武器，可以快速提升海空战力；二是优先采购岛内自制武器，有助于"国防自主"的能力发展；三是大幅提升台军防卫能量，向国际展现自我防卫决心。她语气强硬地表示：立场很清楚，遇到压力不屈服，得到支持不冒进，但是若遭受威胁，我们必将竭尽全力捍卫"国家安全"。她还把"特别预算"定位为台军"建军计划"的"重要里程碑"，"未来会持续强化自我防卫能力，发展不对称战力，守卫家园我们寸步不让"。从这"三个重点"看，蔡英文是用了一番心机的。有学者指出，蔡英文的言论也可从三点解读：一是突出以能进行"源头打击"的进攻性武器为重点，中远程反舰对地导弹占预算金额一半，妄图以攻助防；二是将本土供应商作为主渠道，意在完善军工体系，获得持久战力；三是绑定美国，增购鱼叉导弹、升级 F–16 飞机等，这虽不是什么先进装备，但可挟美自重，以壮胆气。由此可见，蔡英文的说辞，充分暴露了民进党当局要以不断提升的"战力"，为"台独"路线"保驾护航"。

四、提升军事演练强度

2021 年台军的演训，强化"假想敌"的能量，置重点于"战力保存""全民总力"方面，深化联合防卫作战，确保总体战力发挥和"中枢神经"转移。除平时搞好"战备月"、"战备周"、年度验收等日常训练和专业训练外，重点还是提升一年一度的最大规模的"汉光"演习水准，以及近几年来的"反斩首"演练。

（一）"汉光 37 号"演习

2021 年的"汉光 37 号"演习，提升了面对"假想敌"的训练强度，按惯例仍分为电脑兵推和实兵演练两个阶段。

1. 电脑兵推

4 月 23 日至 30 日，台军进行了为期 8 天 7 夜的"复合式兵推"。

由"国防大学"校长王信龙率领教官担任"红军"攻击部队，"参谋总长"黄曙光率领各军"司令部"人员担任"蓝军"防卫部队。兵推想定以 2021 年解放军及台军的现有部队和装备，进行敌我双方攻防验证。解放军成军的装备（包括双航母）都列入攻击军的运用范围。兵推结果，在"当前最严苛条件"下，在解放军首波攻击中，台军居然完成了最佳的"战力保存"及兵力转移，并"击沉"解放军两栖登陆船团，"摧毁"了大陆机场与集结兵力，导致解放军无法继续执行攻台军事行动。这是实施兵推以来台军首度"大胜"，引发民间嘲讽浪潮。台防务发言人史顺文则表示，输赢不重要，这只是想通过推演获得未来实兵方面的重要参考依据。

2. 实兵演练

9 月 13 日至 17 日，"汉光 37 号"实兵实弹演练，在台湾海域、空域及本外离岛地区"异地同时"实施。因受疫情影响，演练规模较往年缩小，未邀请外宾参加。据报道，演习看点有二：一是模拟屏东机场跑道遭炸毁后，IDF、F–16V、幻影 –2000 等战机及 E–2K 预警机，转移至佳冬战备跑道，验证实施油弹补给的应变能力。二是新成立的海军"海锋大队"机动 2 中队，验证配备的雄风 –3、雄风 –2 型反舰导弹的作战效能。报道称，两项演练均取得良好的效果。

（二）"反斩首"演练

面对近年来解放军日益增强的机舰战备巡航，以及当下阿富汗政权一夕"变天"的现实，蔡英文已处于杯弓蛇影、恐惧焦虑的状态。她甚至深信大陆已有"第五纵队"渗透到台湾，随时随地会将她"斩首"，所以时刻想着、练着"撤离"实为"大逃亡"的准备。同时，因民进党当局政策不得人心，在台"总统府"及蔡英文寓所周边时有民众"陈情抗议"，也使台湾维安单位深感困扰。

在以往的"汉光"演练中，蔡英文曾指示结合进行"反斩首"战，模拟演练如何应对大陆所谓"第五纵队"和网军的攻击。9月15日，"汉光37号"佳冬战备跑道"验证战机降落实施油弹整补再战的应变能量"，蔡英文亲自到场视察，听取演习状况报告，并观看包括IDF、F-16V、幻影-2000及E-2K空中预警机等四型机落地滑行及油料整补作业等课目演练。她对台军的"精实操演"给予充分肯定。

据台湾"TVBS新闻网"报道，7月27日至28日深夜，台军"宪兵202指挥部"进行了"反斩首"演练。"宪兵快速反应连"的几辆重型摩托车在前面开路，士兵背着"红隼"反装甲火箭弹，后面跟随3辆"云豹"装甲车，演练排除可能出现在市区道路上的障碍物。演练路线涵盖台北市的整条中山南路，以及凯达格兰大道，任务目标十分明确，就是保护蔡英文办公室、住所和首脑人物的安全。

在2021年"双十节"台军"展示"中，被称为"忠贞铁骑"的宪兵指挥部"快速反应连"，第一次以"连建制"编队登场，在首度出场的奔驰C43型AMG前导车引领下，搭配9辆战术侦搜车及54辆重型机车，通过主席台。这实际上是一支蔡英文"反斩首"战后溃逃的"卫戍部队"。有网民讽刺说，每看到蔡英文头戴钢盔，身穿遮蔽红外线防弹衣的模样，既不雄壮也不威武。一搞演习，就练逃跑，这又如何激励士气、勇于牺牲呢？

五、预演"全民作战总动员"

当前两岸情势是很复杂和紧张的，这是由于民进党当局实行内外勾连、推行"台独"路线造成的。然而蔡英文等"台独"顽固势力却颠倒因果关系，指责大陆对台湾实行"蓝色"威胁，并开始实行种种挑衅措施，特别是"提升海空军与飞弹部队战备"。台防务部门负责人冯世宽在任内还明确指示，"如若状况危急时，完全授权空军司令发动第一击，绝不可让我们的飞行员被击落"。对此，台湾《联合报》指出，民进党当局在搞"全民作战总动员"。试举数例如下：

（一）进行政治动员

民进党当局鼓噪，面对大陆升高军事威慑，台湾应积极做好自我防卫的准备与决心，"无论战争是否在明天、下周或是十年后爆发，我们都将坚决捍卫台湾"。10 月 28 日，台湾防务部门负责人邱国正，在立法机构以"台海军事紧张升高对台湾战备与美陆台三方关系之影响"为题，进行了专案报告并答询。他表示自己对台军"非常有信心"，强调"兵强在将，有可胜不可败之将，无必胜必不胜之兵"，"我部长有抗敌意志，谁能没有？"。12 月 7 日，邱国正在台军高阶干部会议上，又下达"处处皆战场、时时都训练"的指示，要求台军密切掌握敌情，使训练与作战相结合，锻铸坚强的自我防卫战力。邱国正亲自对驻守东沙岛的台军"打气"，提出"精神要求"，呼吁东沙岛官兵要"矢志与岛共存亡"。至于苏贞昌说的要"拿扫帚抗共军"的狂言，已在两岸传为笑谈。

（二）强化后备军人训练

2020 年 10 月 22 日，台湾防务部门负责人在立法机构进行台军"提升后备战力"项目报告，此后即"依规划期程管制推动"。2021 年 QDR 公布的"后备改革"目标是，后备部队依台军作战任务需求，将区分"滩岸守备""纵深及城镇守备"及"重要目标防护"等三种部队类型，各作战区及海、空基地都将增编"重要目标防护部队"，与保安警察及民防团队共同执行任务。为了领导"全民作战总动员"，2022 年 1 月台防务部门将成立"全民防卫动员署"。任务是负责军事动员，提升台湾的后备战力，统筹运用"全民力量"支持军事作战等。地位高于现在的"全民防卫动员室"，编制也从原的 30 人大幅增加到 150 人。

关于后备军人的教育召集，依"台湾兵役法施行法"第 27 条规定：

教育召集于退伍后 8 年内，以 4 次为限，每次不超过 20 日，但得视军事需要酌增年限、次数及时间。为满足后备部队选充需求，自 2021 年起，解除编管 8 年政策，放宽至退伍 12 年。从 2022 年起，对后备军人试行"每年施训、每次 14 天"的新制教育召集。一年预估可施训将近 11 万后备军人。为加强训练强度和精进课程，教召期间区分"战备基础训练"及"战备任务训练"两个阶段施训，置重点于熟练编制专长、加强组合训练、了解作战任务与落实战备演练，并依据各类型部队任务特性，强化"滩岸守备""城镇战""反（空）机降""重要目标防护"等实战训练科目。从 2020 年至 2022 年，台军还要投入近百亿元预算采购后备部队所需的 27 万余件枪械装备，供教召集训练和未来作战使用。

关于战时可动员的后备力量，2021 年 9 月 27 日，台湾防务部门"全民防卫动员室主任"韩冈明表示，紧急命令发布后，第一波将在 24 小时内动员 21.5 万名后备军人，另有第二波的战争耗损补充部队，约 7.8 万人待命中。

（三）保留台军"刺枪术"训练

据台湾《联合报》报道，台防务部门透过预算解冻报告表示，因应兵役制度及守势作战需求，考量多数作战环境为滨海城镇守备，而"刺枪术"是近迫战斗及基本防卫基础，"白刃战"仍然是台海防卫作战战技选项之一。因此，台防务部门决定保留"刺枪术"训练，总时数志愿役 8 周 367 小时，军事训练役 5 周 243 小时。在新兵战斗教练及期末验收时机中，亦均纳入"刺枪术"近迫防卫演练。对此有台军退役教官表示，若要保留这项训练，应与时俱进调整科目与枪法，因为现行所有的刺刀，早已刺不穿、刺不进、砍劈不了各种防弹背心了。也有网友认为，现代的先进步枪轻巧短小，并配有快瞄镜、夜视瞄准镜、枪灯、激光指引器等精密辅助瞄准器材，早已不再适合用来执行"白刃战"了。

（四）秘密制定"救治战时伤员"措施

10 月 31 日，岛内绿媒发布一则"独家消息"，声称鉴于解放军"犯台"行动，台防务部门军医局明年将花费 41 亿多元新台币，启动三个方案，意图在战时"快速、有效治疗伤病患"。10 月 28 日，台防务部门还透出消息，2022 年 3 月将完成所谓的"战时民众求生避难手册"制作。

有报道指出，两岸一旦开战，军民伤亡评估数据，防务部门一直列为"机密"未公开过。但在 2005 年曾有一份评估报告披露，如果两岸一旦开战，7 天内台军战损至少 4 万人，平民死亡为军队的 3 到 5 倍，约 20 万人，总数 24 万人。因此，台防务部门在编列 2022 年度预算时，由军医局以"台军医院精准医疗救护设备整备"需要，规划以 8.8408 亿元，从 2022 年到 2024 年，紧急增购"精准医疗救护技术"等相关设备，以强化伤口处置、手术治疗及精准医学影像鉴别诊断等医术作业能量。

（五）请求美国提前交付 F-16V 型战机

蔡英文当局为了推行"以武谋独"的路线，除继续以高价购买美国军火外，还迫不及待地要求美方提前交付订购的 F-16V 战机。据美国有线电视新闻网（CNN）报道，早在 10 月初解放军大机群巡航台湾之前，台湾就向美国提出了提前交付 2019 年斥资 80 亿美元采购的 66 架 F-16V 型战机的要求，"拜登政府也与台湾官员讨论了向台湾加速交付美制 F-16 战机事宜"。台湾军方为此竟然一下"腰杆硬起来"，"恃武逞凶"，警告大陆军机不得过于接近台岛，否则将采取强力反制措施。

六、强化与美国的军事勾连

拜登上台以来，美台军事勾连动作不断，花样翻新，且有日益增多之势，兹择要述之。

（一）提升美台军事人员交往频度

10 月 7 日，美国《华尔街日报》引述匿名官员的话称，来自美国特种部队"绿色贝雷帽"20 多名队员，正在台湾为台军地面和海上部队协助训练，以"强化台湾的防卫能力"。10 月 28 日，多家台媒刊出 CNN 对蔡英文的专访。蔡英文首次证实有美军以训练为目的存在于台湾，但表示数量"没有人们想象的那么多"。她强调，"与美大范围的合作的用意是增加我们国防力"。

不仅美军派出人员到台湾"协训"，台军也常派出官兵赴美接受训练，已有 20 多年了。据台湾"中时新闻网"、《自由时报》报道，5 月 13 日，台湾在美国亚利桑那州卢克空军基地训练的 6 架 F–16A 型单座战机，飞返台湾空军花莲基地。5 月 25 日凌晨，4 架被抹去机徽和第五联队"太阳神"涂装的 F–16A 战机，首次由台军飞行员驾驶低调飞赴美国执行替代训练任务。这是飞行员难得的长程飞行训练，表明他们已具备空中加油的技能。此事被认为是"台美军事合作的一项新突破"。日前美国国防部还宣布，洛克希德·马丁公司已获得台军"凤展项目"构改案 1.38 亿美元的修订合同，为 F–16 战机开发并部署改良型 AGM–88 反辐射导弹和"自动防撞地系统"，共 20 批次，2022 年 9 月 30 日完工。

11 月 2 日，台湾"苹果新闻网"报道，台军海军陆战队第 99 旅选派一个加强排 40 名兵力，前往关岛美军新建基地，接受为期 1 月的台美"陆吼"两栖联合登陆作战训练，项目包括开展"海上登陆突击""空中突击"与"城镇突击"的作战训练，并与美军陆战队进行"协同作战"演练，学习最新战术、战法。据报道，"陆吼"项目是 1958 年签订的，在美国与台当局"断交"后终止，2017 年又恢复。为此，"美国在台协会"在高雄设立"项目办事组"，由美国现役海军陆战队军官负责联系、沟通及执行。每次台湾"海军陆战队"举行重大演习训练时，美国海军陆战队都要派"观察员"到现场，了解台军的训练过程与成效，写成报告提供给台军作为改进的方向。

（二）确立"美军常驻台湾的协训编制"

据报道，台军每年都要派出高阶将领赴美参与高层活动，2021 年美台并进一步确立了所谓"美军常驻台湾的协训编制"。10 月 9 日，台"陆军司令"徐衍璞率领台"陆军司令部"军情、战训、计划处处长与翻译员等多名高阶军官前往华盛顿参与美国陆军协会的年度会议兼展览会，拜会美国国防部高层，并转往夏威夷出席台美"陆威"年终会议，同时拜会美军太平洋陆军司令查尔斯·弗林、美军印度洋—太平洋司令部司令阿奎利诺。

"陆威"会议是台陆军与美军事合作交流业务的代称，始于 2003 年，至今已达 18 年之久。徐衍璞此行除确立"陆威"传统"专家交流""随队见习""联合演训""机动辅训""互动协训"五大交流模式，还确认 2021 年新实施的"特战合作组"常驻辅训成效。2022 年春节过后，第三批美军现役"特战合作组"人员将来台接手"轮训"任务，形成所谓"美军常驻台湾的协训编制"。

（三）出台美国"军事融资"售武方式

8 月 5 日，美国政府批准对台军售 7.5 亿美元，包括 155 毫米 M109A6"帕拉丁中型自行榴弹炮系统"、野战火炮弹药支援车辆、野战火炮战术数据系统、"大力神"车辆和 M2 型"克莱斯勒"50 口径机枪等，这是美国总统拜登上台以来首次对台军售。台湾地区领导人办公室表示，这"充分展现美国政府对于台湾防卫能力的高度重视，而美国政府对台湾提供防卫性武器，协助台湾强化自我防卫能力，亦让台湾在确保台海和平与区域安全，更具能力与信心"。台湾防务部门则回应称，"美方同意军售，有助于提升台军地面部队快速应变及火力支援能力，建立台湾'防卫战力'"。

11 月 2 日，美国参议院军事委员会提出"武装台湾法案"，推动 2023 至 2027 财政年度每年拨款 30 亿美元预算作为"军事融资"，让美国国防部规划并建立"台湾安全援助倡议",加速台湾部署所需防卫能力,以抵御来自中国的军事威胁。三天后,美国参议院外交委员会又提出"台湾吓阻法案"(又译"台湾威慑法"),要求 2023 至 2032 财政年度每年拨款 20 亿美元的外国军事融资与其他援助,加强台湾"抵御中国大陆侵略和胁迫"的能力。

所谓美国"军事融资"是一种美国政府的贷款,要求借贷国必须用来购买美国的武器装备,而且"台湾吓阻法案"授权的资金还有附带条件,就是要求台湾承诺增加相对应的"国防"支出,以及台北与华府皆同意的长期发展规划,从而达到能够控制台湾的"国防"规划、部队建设规划、作战规划以及军工生产规划等。台湾学者指出,这不过是美国要求台湾扩大对美军购规模,送更多的钱给山姆大叔。

随着时间的推移,美台双方不论是官方还是私下都越走越近。

11 月 9 日,美国海军一架 C-40A 行政专机从菲律宾马尼拉起飞,18 时许降落在台湾松山空军基地。据称,专机是由美国国会申请的,机上搭载美国参众议员赴台访问。访问团 13 人,除 6 名参众议员(均为共和党人),还有美军上校、上尉各一名。美国国防部发言人约翰·柯比声称,美国国会代表团访台是"常规做法",符合"与台湾关系法"定下的义务,此举增强了美方"协助台湾自我防卫的需求"。据媒体透露,美国政客、军官此行最主要的目的之一,是了解台湾防务所需,逼迫台湾拿出更多的军费购买美国军火,满足美国军火商的贪滥利益。

(四)签署美台"海巡合作"备忘录

2021 年 3 月 25 日,台美签署"设立海巡工作小组了解备忘录",这是拜登任内美台签署的首份备忘录。8 月 10 日,双方海巡舰艇,在台湾东部 24 海里外,秘密举行"海上救难及反恐联合演习"。这是台美海巡部门首度进行的联合演习,演习内容被列为机密。"美国在台协会台北办事处处长"郦英杰声称,这份"备忘录"的目的,是要强化美国海岸防卫队和台湾"海巡署"的合作,且正式化双方长期密切合作的关系。台湾"海巡署"

官员指出，台湾在印太战略地区担任不可或缺且非常关键的角色，"海巡署"更肩负维护台湾海洋权益的重要任务，期待与美方及相关部门协同合作，持续深化台美伙伴关系及共同利益。鉴于台湾占据的太平岛、东沙岛是由"海巡署"派出的海警官兵驻守的，这就为美国派出海上警卫队官兵登岛提供了依据，其后果是相当危险的。对此，国台办发言人朱凤莲应询时表示，我们坚决反对台美之间进行任何形式的官方往来，或签署任何具有主权意涵的协议。民进党当局"倚美谋独"、出卖民族利益，只会把台湾推向灾难。

必须指出的是，两岸统一是历史大势，是正道；"台独"是历史逆流，是绝路。当前台海局势的症结，就是因为台湾当局屡屡试图突破一中框架，而美方对"台独"势力的纵容支持也难辞其咎。国台办发言人马晓光曾指出：我们对"台独"零容忍，打击"台独"分裂行径不计成本。话语铿锵有力，落地有声。历史必将证明：岛内的一小撮"台独"顽固分子，国际上一些"反华挺台"势力，妄图阻挡台湾回归祖国的历史进程，必将碰得头破血流，钉在历史的耻辱柱上。

（中央统战部主管、中国和平统一促进会主办《统一论坛》2022年第1期）

三次台湾海峡危机的历史回顾

朝鲜战争爆发后，美国提出"台湾地位未定论"，做出长久武装国民党军队、阻止中国政府解放台湾的决定。台湾当局虽然不同意"未定论"之说，但是欢迎美军进驻台湾海峡，并与美国签订秘密军事协定。朝鲜战争停战后，艾森豪威尔政府决定进一步密切美台关系，扶植溃逃台湾的蒋介石集团。正是美国插手台湾事务，使台湾问题出现复杂化、国际化的倾向。

为了用有限的军事行动，向国际社会表明我们解放台湾的立场和决心，同时试探美蒋"共同防御条约"的履行程度，朝鲜停战以后，人民解放军向沿海敌占岛屿发起进攻，以期完成解放战争的最后任务。由于台湾国民党当局和美国的阴谋勾结，在两岸之间频繁制造事端，多次在台湾海峡引发危机，险些造成大的战争。本文依据大量资料和较多学者的看法，将几十年来的台湾海峡危机分为三次，简述如下：

第一次台湾海峡危机（1954—1955）

第一次台湾海峡危机发生于 1954—1955 年，针对美台军事活动，期间大陆组织实施了九三炮战，攻占一江山岛，解放大小陈岛。这也是中美两国继朝鲜战争之后的又一次较量，双方再次处于战争的边缘。

一、历史背景

20世纪50年代中期，针对美台接触频繁，台湾当局不断骚扰大陆沿海情况，毛泽东指出，必须向全中国全世界喊出"解放台湾"的口号。1954年10月18日，毛泽东在国防委员会第一次会议上指出："全国解放战争在台湾这一部分还没有完成，还没有胜利。"他还指出："现在美国同我们关系中的一个重要问题就是台湾问题，这个问题是个长时间的问题。"[①]1954年9月2日，根据毛泽东的指示和中央的决定，华东军区下达"为解放台湾而斗争"的指示。要求积极主动地对国民党军进行全面斗争，寻找战机，主动打击敌人，逐次攻占沿海岛屿，推进斗争阵地；加强沿海防务，加强空防斗争、海上斗争和边防斗争。

二、重大军事行动

（一）九三炮战

1954年9月3日，为惩罚国民党军的破坏和骚扰，驻厦门解放军部队集中优势火炮，对大小金门的重要目标实施猛烈炮击，击沉击伤敌舰船7艘，摧毁敌炮兵阵地11处、仓库6座。22日，解放军对大小金门重要目标又组织了一次集中炮击。敌在遭受沉重打击后，利用其暂时的空中优势疯狂报复，仅在炮击金门后的20天内，即出动飞机555架次，窜犯大陆，但我高炮部队英勇应战，仅9月7日一天，即击落击伤敌机23架。

（二）一江山岛登陆作战

1954年12月2日，美国政府与蒋介石集团签订"共同防御条约"，把台湾、澎湖列岛置于美国的"保护伞"下，阻挠中国统一。为了反击美台签约行动，人民解放军发起了一江山岛渡海登陆作战。

一江山岛位于大陈岛西北10公里处，是大陈岛国民党军的外围重要

---

① 《建国以来毛泽东军事文稿》中卷，军事科学出版社、中央文献出版社2010年1月版，第236、216页。

据点。一江山岛战斗，是人民解放军陆海空三军首次联合实施的登陆作战，参战军兵种多，组织指挥和协同复杂。经过充分准备，华东军区浙东前线指挥部（以下简称"浙东前指"），在军区参谋长张爱萍的统一指挥下，以4个步兵营，9个炮兵营，各种类型舰艇137艘，空军和海军航空兵22个大队，作战飞机184架，于1955年1月18日8时，发起对一江山岛的联合登陆作战，至18时，登岛部队占领全岛后转入防御。是役全歼守敌1086人（毙519名，俘567名），国民党军守岛指挥官王生明引爆手榴弹身亡，人民解放军阵亡393人。

一江山岛渡海登陆作战，虽然规模不大，但影响深远。首次陆海空三军联合渡海登陆作战的一举成功，标志着人民解放军的作战能力有了显著提高。这一胜利，提高了中国的国际威望，改变了台湾海峡的斗争形势，也使人民解放军的战略战术宝库中，增加了三军协同作战的新内容。

（三）解放大小陈岛

一江山岛被一举攻克后，1月19日，"浙东前指"迅即派出飞机轰炸大陈岛。1月20日，海军鱼雷艇部队击伤国民党海军炮舰"宝应"号。台湾国民党当局从中察觉到，人民解放军海空军的力量已大有加强，担心其他岛屿国民党守军一触即溃，故而表面上故作姿态，一再声称"大陈岛将准备作最后的战斗"。美国政府为给已丧失固守信心的国民党军撑腰打气，从1月19日开始，先后派出几十艘舰艇驶抵大陈岛以东海面游弋，出动2000多架次飞机临近大陈岛空域活动，企图阻止人民解放军解放大陈岛。

与此同时，美国政府又玩弄"停火"阴谋，怂恿联合国斡旋安排停火。美国国务卿杜勒斯通过外交途径，要求苏联外长莫洛托夫从中劝说，希望解放军在国民党军队撤离大陈时不要攻击。为此，周恩来总理于1月24日庄严宣告："中国人民的主权和内政，决不允许他人干涉。""浙东前指"为了实现解放上下陈等浙江东南沿海岛屿的既定计划，依照中央军委的意图，于30日下达准备攻占大陈岛的预令。台湾国民党当局为了避免失败，不得不于2月5日决定，将国民党军撤离以大陈岛为中心的台州列岛。8

日至 12 日，美国海空军出动大批舰艇飞机，帮助国民党军从北麂山和大陈岛撤逃台湾。撤逃前，国民党军丧心病狂地把几十个村庄烧为灰烬，把 1.8 万多名居民押上军舰，运往台湾。

2 月 8 日至 14 日，"浙东前指"所属部队先后进占北麂山、渔山、披山诸岛。22 日，又出动飞机轰炸南麂山岛，守军于 25 日仓皇逃往台湾，人民解放军当即进占该岛。至此，浙江东南沿海岛屿全部回到人民的怀抱。

第二次台湾海峡危机（1958—1959）

第二次台湾海峡危机发生于 1958 年至 1959 年，两岸之间在金厦地区发生了激烈的炮战。大陆称为"炮击金门"，台湾称为"八二三炮战"。

国民党军占据的金门岛（包括大金门、小金门、大担、二担等岛），位于福建省厦门市以东 18 海里处，总面积为 147 平方公里。金门地区，经国民党军多年设防，到 1950 年代中期，已构成坚固的筑垒地域。1957 年底，"金门防卫司令部"成立，胡琏为司令，辖 6 个步兵师和特种兵部队，共 8.5 万余人，其中炮兵 31 个营又 2 个连，火炮 380 门。

一、历史背景

1958 年 7 月 13 日，伊拉克人民举行武装起义，推翻费萨尔王朝，宣布退出由美英组织的巴格达条约组织，以及由英国一手炮制的伊拉克—约旦联邦。伊拉克革命政府同时宣布承认由纳赛尔总统组织的阿拉伯联合共和国。7 月 15 日，美国调动第 6 舰队运送美军在黎巴嫩登陆入侵，开始是 2000 人，后增至 48000 人。7 月 17 日，英国出兵入侵约旦。英美两国军队随时准备对伊拉克发动战争，中东形势骤然紧张。

台湾国民党当局乘美军入侵黎巴嫩镇压中东人民革命之机，叫嚷要"加速进行反攻大陆的准备"，并于 7 月 17 日令其陆海空三军处于特别戒备状态，连日组织军事演习，出动战机对大陆沿海地区进行侦察挑衅，一些高级将领到金门、马祖活动，金门炮兵还轰击福建沿海村镇。8 月初，台湾当局宣布台澎金马地区进入紧急战备状态。8月7日、14日，两岸空军在台湾海峡发生激烈空战。8月20日，蒋介石亲抵金门岛，对金门守军进行激励。

二、重大军事行动

（一）空军入闽提供空中掩护

空军入闽和炮击金门是当年解放军组织实施的两个相互关联的重大军事行动。空军入闽的主要任务，就是要夺取福建和粤东地区的制空权，为炮击金门提供空中掩护。

20世纪50年代，国民党空军的活动是相当猖獗的。他们不断派遣飞机潜入大陆重要城市乃至内地，空投大批反动传单和"慰问品"，在群众中造成了恶劣影响。1957年11月21日，国民党空军一架飞机窜入大陆活动9个多小时，飞行全程约3000公里。我空军先后起飞18架次拦截，均未将其击落。为了迅速扭转这种状况，总参谋部布置空军和各军区今后必须采取一切积极有效措施，对可能入侵内地的蒋机给以应有的打击并力求击落。12月9日，副总参谋长陈赓将蒋机活动情况以及我军加强内地防空作战部署，向彭德怀和中央军委写了书面报告。12月18日，毛泽东报告上批示："退彭德怀同志：非常必要。请你督促空军全力以赴，务歼入侵之敌。请考虑我空军1958年进入福建的问题。"①

根据毛泽东的指示，经过空军和福州军区讨论，彭德怀主持军委会研究，一致同意空军尽快入闽。1958年3月5日，彭德怀写信向毛泽东汇报，空军"拟在7、8月开始行动"，"准备在必要时轰炸金门、马祖。按上述部署实现后，蒋机从汕头、温州窜入大陆内地就比较困难了。"②3月8日，毛泽东批示："进福建事，同意你的意见，照那样作准备；但最后实行

---

① 《建国以来毛泽东军事文稿》中卷，军事科学出版社、中央文献出版社2010年1月版，第370页。

② 《彭德怀年谱》，王焰主编，人民出版社1988年3月版，第674—675页。

进入，到那时再作决定。"①

7月19日，中央军委根据台湾海峡地区的斗争形势，决定增调军兵种兵力到福建前线。在军委会上，彭德怀对刘亚楼说：这次作战虽然主要是使用炮兵，但焦点在空中，除非复杂气候限制，空军一定要在7月27日前进入福建粤东的作战机场。7月25日，彭德怀在各大军区领导人座谈会上强调，空军27日进驻连城、汕头、漳州、福州。要再准备4个师，应对他们来轰炸。主席说，他们炸福州，我们就炸台北。彭德怀说，是炸金门。如他们炸上海、杭州，我们非炸台北不可。

8月6日，彭德怀主持军委例会，讨论了空军入闽后争夺制空权作战的情况，以及空军党委就空军作战问题的请示。会议认为，关于空军是否可以越出领海作战的问题，首先应从政治上考虑对我是否有利，并且决定了如何处理这一问题的若干原则。

8月18日，毛泽东在广州军区一个请示报告上批示："请叫空司注意，台湾方面可能出动大编队空军（例如几十架至百多架）向我反击，夺回金、马制空权。因此，我应迅即准备以大编队击败之。追击不要越过金、马线。"②

为了有效地指挥空军作战，7月24日，中央军委命令组建福州军区空军司令部，由原志愿军空军司令员聂凤智任福州军区空军司令员。军区空军领率机构于8月25日正式成立。

根据中央军委的部署，解放军空军积极组织转场入闽参战。从7月27日到8月13日，从第一线福州、龙田、漳州、路桥到二线连城、惠阳机场，共部署6个歼击机师（17个团）520余架飞机。蒋介石集团空军性能较好的F-86、F-84G战斗机只有210架。在数量、质量和飞行员的素质方面，解放军空军都居于优势。

从7月29日至8月14日，在17天时间里，入闽空军击落、击伤前

---

① 《建国以来毛泽东军事文稿》中卷，军事科学出版社、中央文献出版社2010年1月版，第378页。

② 《建国以来毛泽东军事文稿》中卷，军事科学出版社、中央文献出版社2010年1月版，第409页。

来骚扰的国民党空军飞机 9 架。① 到 10 月底，入闽空军与海军航空兵共出动飞机 3778 架次，空战 13 次，击落蒋机 14 架，击伤 9 架，我空军被击落击伤各 5 架。经过较量，入闽空军夺取了福建沿海地区的制空权，有力地配合了陆军、海军炮击金门的作战。

（二）决策炮击金门

为了打击对大陆进行窜扰和破坏的国民党军，反对美国侵犯中国主权干涉中国内政，1958 年 7 月 17 日，毛泽东指示准备炮击金门。7 月 18 日晚，他召集军委及空军、海军领导人开会，说伊拉克发生革命后，美军登陆黎巴嫩，英国出兵约旦，我们要以实际行动支援阿拉伯人民的反侵略斗争，决定在金门、马祖地区主要打击蒋介石，牵制美帝国主义。地面炮兵第一次打 10 万至 20 万发，以后每天打 1000 发，准备打两三个月。两个空军师，准备在炮击同时或稍后转场到汕头、连城。根据毛泽东的指示，彭德怀当晚召开军委会议，决定对金门国民党军实施惩罚性炮击。②

经中央军委批准，组成了以叶飞为首的福州军区前线指挥所，还分别组成以福州军区空军司令员聂凤智为首的空军前线指挥所和以东海舰队副司令员彭德清为首的舰队前方指挥所。7 月 19 日，叶飞一行赶赴厦门前线，立即召开作战会议，展开各项准备工作，于 7 月 24 日前完成了一切作战部署。

这时，毛泽东突然又提出缓打的意见。7 月 27 日上午，毛泽东写信给彭德怀、黄克诚说："睡不着觉，想了一下。打金门停止若干天似较适宜。目前不打，看一看形势。彼方换防不打，不换防也不打。等彼方无理进攻，再行反攻。中东解决，要有时间，我们是有时间的，何必急呢？暂时不打，总有打之一日。"毛泽东强调："不打无把握之仗这个原则，必须坚持。"③

彭德怀看到毛泽东的信后，开始感到不好理解，但仍积极贯彻执行。

---

① 《毛泽东传》1949—1976（上），中央文献出版社，第 852 页。
② 《彭德怀年谱》，王焰主编，人民出版社 1988 年 3 月版，第 692 页。
③ 《建国以来毛泽东军事文稿》中卷，军事科学出版、中央文献出版社 2010 年 1 月版，第 407 页。

7月28日，彭德怀主持临时军委会议，宣读了毛泽东的信说，此信已发给福州军区叶飞，并请粟裕（时任中国人民解放军总参谋长）和王尚荣（时任总参作战部部长）研究。8月13日，彭德怀指示王尚荣，如台湾海峡美蒋方面无异常军事行动，过几天后可解除战备转入正常。8月19日，总参通知厦门前线转入正常，解除战备，炮群交厦门驻军指挥。福州军区张翼翔副司令员率前指人员19日返回福州。

时隔20余天，毛泽东又决定要准备炮击金门了。8月18日，他对广州军区8月13日请示拟在深圳方面演习事批示："德怀同志：准备打金门，直接对蒋，间接对美，因此不要在广东深圳方面进行演习了，不要去惊动英国人。"①8月19日晚，彭德怀即通知萧劲光、陈锡联、王尚荣、王秉璋、陶勇等到北戴河开会，研究炮击金门和防台湾空军报复的准备工作问题，同时通知福州军区准备炮击金门。福州军区副司令员张翼翔率前指人员于20日再次赶赴厦门指挥炮群进入战备，待命开火。毛泽东还令叶飞到北戴河来参加指挥。

8月20日、21日连续两天在毛泽东处开会，研究炮击金门问题。林彪、黄克诚、萧劲光、王秉璋、叶飞、王尚荣等均到会。彭德怀择要汇报了台海形势和前线备战情况。他说，美国因得手中东而在台海问题上调门愈加蛮横强硬，台湾则因有美国撑腰，"加速进行反攻准备"的言论也甚嚣尘上，其空军已多次侵入福建地区，与我空军进行空战。我方因主席下达缓攻令，前线战斗准备更为充分，空军顺利入闽，野战工事已大体完成并不断加强，大小金门及其所有重要目标，均在我火炮射程之内。

彭德怀提出，现在蒋介石要固守金、马，那么，这一仗迟早要打，晚打不如早打。我们研究，真打起来，美国确实是个未知数，但不怕，主席讲过，道义在我方，人心在我方，政治主动在我方，地理优势在我方，军事上，我们也不差太多。还有，大家在朝鲜交过手，互相都摸底嘛。总之，打，有风险，但利益极大。

---

① 《建国以来毛泽东军事文稿》中卷，军事科学出版社、中央文献出版社2010年1月版，第409页。

毛泽东说，你们主战的有那么多条理由，我这个主和的还有什么话说？他指着地图上的金门岛说：不要怕，狠狠地打，把它四面封锁起来。

在 8 月 21 日的会上，毛泽东问叶飞：你们用这么多的炮打，会不会把美国人打死啊？当时，国民党军队中美国顾问配备到营一级。叶飞答道：那是打得到的。毛泽东沉吟半晌，又问：能不能避免打到美国人？叶飞答：避免不了。后来毛泽东表态说："那好，照你们的计划打。"最后，毛泽东同意将炮击金门的时间定在 8 月 23 日。这一天是星期六，敌人容易麻痹。

根据毛泽东和中央军委的决定，在彭德怀的主持下，各项炮击金门的准备工作此时都已就绪。从全国各地调往厦门前线的炮兵部队，克服台风暴雨、公路桥梁被毁等重重困难，做好了战前准备。8 月 20 日，彭德怀在他的住处，同萧劲光、王秉璋、王尚荣等研究炮击金门的准备工作。王尚荣汇报说，厦门前线我军炮兵已增加到 36 个营又 6 个海岸炮兵连，共 459 门火炮，可随时开火。另有高射炮兵 5 个团又 5 个营掩护炮群。从现有情报看，台湾蒋军只注意我空军活动，似尚未发现我们部署的大量地面炮兵，我们炮击可出敌意外收奇袭之效。

从 8 月 22 日午夜到 23 日凌晨，福建前线几百门大炮和几千吨弹药从待机位置进入发射阵地，车辆全部闭灯行驶，当时急造军用公路都修好了，很快各就各位，马上搞伪装，太阳出来后，阵地上的影像和头一天没啥两样，好像什么事也没发生。

（三）打了七个波次

从 1958 年 8 月 23 日至 1959 年 1 月 7 日，在毛泽东亲自决策和直接指挥下，福建前线炮兵奉命对金门国民党军进行了 7 波次大规模炮击。现依据军战史资料简介如下：

第一次大规模炮击（8 月 23 日）

8 月 23 日 17 时 30 分，福建前线 36 个炮兵营及 6 个岸炮连，对国民党军指挥机构和炮兵阵地等重要目标，进行猛烈火力突击，消耗炮弹 3 万余发，毙伤"金门防卫司令部"副司令官吉星文、赵家骧、章杰和参谋长刘明奎及官兵 600 余人，2 名美军顾问也丧生。岛上大批军用设施被摧毁，通信系统被破坏，由大型坦克登陆舰改装的"台生"号运输舰被击伤。

第二次大规模炮击（8 月 24 日）

8 月 24 日，福建前线 36 个炮兵营和海军快艇部队联合作战，继续炮击，消耗炮弹 1 万余发，击沉国民党军运输舰"台生"号，重创运输舰"中海"号。26 日，彭德怀电告张翼翔，炮兵封锁大、小金门及大担、二担岛，打击机场起降敌机。空军打击入侵大陆敌机，不出公海线作战。海军打击敌中、小型舰艇。金门被我封锁，补给中断。

第三次大规模炮击（9 月 8 日）

9 月 4 日，中国宣布领海为 12 海里，不经中国政府允许，外国舰船和飞机不得出入中国领海和领空。同日，美国国务卿杜勒斯公开声明，国会授权总统使用美国武装部队保护金门、马祖等有关阵地。9 月 7 日，美国派军舰入侵中国领海，为国民党军舰护航。为打击美国的侵略行径，福建前线 42 个炮兵营和 6 个海岸炮兵连，于 9 月 8 日对金门国民党军和海上舰艇进行全面打击，消耗炮弹 2.17 万余发，击沉击伤国民党军舰各 1 艘，美舰被迫退向公海。

第四次大规模炮击（9 月 11 日）

9 月 9 日，国民党军炮击厦门大学，11 日美舰又为国民党军舰护航，福建前线炮兵 40 个营另海岸炮兵 6 个连，于当天奉命再次对金门进行大规模炮击，发射炮弹 2.5 万发，摧毁金门军事设施 10 处，击伤运输机 1 架。此后，福建前线炮兵开展了零炮射击活动，使金门国民党军防不胜防，陷于严重的困境。

从此次炮击到第五次炮击前后达 40 天之久，中央军委和毛泽东不断地调整对美蒋的斗争政策和策略。9 月 15 日、24 日，中央军委向前线部队发出指示，重申了对金门封锁作战的方针，强调以炮击为主，海军、空军在确实不误击美舰、美机和有把握胜利的原则下相机作战。

第五次大规模炮击（10 月 20 日）

由于美国坚持顽固态度，10 月 19 日又派出军舰为国民党军运输舰护航，中央军委决定提前恢复炮击。20日，福建前线炮兵32个营及岸炮5个连向敌舰开火，消耗炮弹8800余发，击中国民党军"中"字号运输舰3艘、大货船1艘、运输机1架，以及敌阵地和观察所10余处。

第六次大规模炮击（11月3日）

为了影响美国国会选举，使在野民主党获胜，同时为了加大美蒋矛盾，表示金门并未"停火"，使蒋介石得到拒绝从金马减少驻军的口实，毛泽东决定对金门再次实施大规模炮击。11月3日晨6时，福建前线炮兵向金门国民党军阵地实施全面而又有重点的轰击，发射炮弹2万余发。

第七次大规模炮击（1959年1月7日）

1959年元旦过后，金门国民党军炮兵突然对大嶝岛滥施炮击，造成托儿所31名儿童死亡，17人受伤。中央军委决定再对金门实施惩罚性炮击。7日下午，福建前线炮兵28个营及岸炮8个连，共发射炮弹2.6万发，击中敌炮兵阵地12处、观察所15个，毙伤国民党军官兵100余人。这次炮战，实际上成为金门地区最后一次真正的炮战。

福建前线部队除进行7次大规模炮击外，还有数十次中小规模炮击、近千次零炮射击，并进行了13次空战、3次海战，共毙伤国民党军7000余人，击落、击伤飞机36架，击沉、击伤舰船27艘，给予国民党军以有力的惩罚。9月24日，国民党空军使用AIM-9响尾蛇空空导弹，击落解放军空军歼-5战机一架，首开全世界空空导弹击落战斗机的先例。

（四）"文打"战略的妙用

炮击金门是一次大规模的战役行动，发射炮弹数十万发之多，但毛泽东说它"基本上还是文打"。众所周知，炮击金门既是一场军事斗争，也是一场政治斗争、外交斗争和宣传斗争。毛泽东历来就认为政治决定军事、决定战争，军事要从属于政治。炮击金门离不开国内政治，也离不开国际政治。毛泽东着眼于战略全局，灵活地把军事斗争与政治斗争和外交斗争紧密地结合在一起，进行有理有利有节的斗争，充分显示了毛泽东把握军事斗争主动权的高超指挥艺术和灵活的策略原则。

毛泽东对于与美国的斗争，采取的是针锋相对，以文对文，以武对武，先礼后兵的做法。1958 年 10 月 2 日，他在接见外宾谈到怎样战胜帝国主义问题时说："打嘛，有两种打法，文打和武打。基本上是文打，用和平的方法打它，但是我们也准备武打。""金门打炮，这是真打，但是基本上还是文打。"毛泽东从蒋介石讲到希特勒，从墨索里尼讲到杜勒斯，强调他们的反面教员作用。毛泽东指出："台湾海峡这件事，是一个对全世界的教育工具。特别是对中国人民有相当大的教育。"①

炮击金门开始后，美蒋矛盾日益显露出来。国民党当局扬言要轰炸福建、江西，力图拉美国下水与其共同作战，进而"反攻大陆"。美国政府则害怕越陷越深，于 9 月下旬开始将其在台湾海峡的兵力撤到日本，但又不愿放弃侵略政策，便玩弄制造"两个中国"的阴谋，要台湾当局放弃金门、马祖。

为了更有力地反对美国干涉中国内政、制造"两个中国"的阴谋，毛泽东审时度势，生动地提出了"绞索政策"，指出金门、马祖是套在蒋介石脖子上的"绞索"，而更重要的也是套在美帝国主义脖子上的"绞索"。这是美帝国主义自己套上的。"绞索"的另一头拽在中国人民手里，我们可以根据需要时紧时松。由此毛泽东决定暂时利用金、马，把敌人套紧在绞索上，把解放金、马和解放台湾、澎湖统一起来。

在炮击金门中，毛泽东在"文打"上铆足了劲头，做起了文章。先是于 10 月 5 日指示，福建前线部队"暂停炮击金门、马祖两岛"："不管有无美机、美舰护航，十月六七两日，我军一炮不发；敌方向我炮击，我也一炮不还，偃旗息鼓，观察两天，再作道理。"接着又从 10 月 6 日起，一连亲自起草了 5 份《告台湾同胞书》等文稿。有的发布了，有的未曾发布。5 份文稿是：10 月 6 日《中华人民共和国国防部告台湾同胞书》，13 日《中华人民共和国国防部命令》，10 月 13 日《中华人民共和国国防部再告台湾同胞书稿》（未发布），10 月 25 日《中华人民共和国国防部再告台湾同胞

---

① 《建国以来毛泽东军事文稿》中卷，军事科学出版社、中央文献出版社 2010 年 1 月版，第 432 页。

书》，11 月《中华人民共和国国防部三告台湾同胞书稿》（未发布）。① 这些文稿公布和阐明了祖国大陆解决台湾问题的新思想、新方针、新政策。概括地说，最核心的内容有两个方面：一是针对美国制造"两个中国"的阴谋，指出"世界上只有一个中国，没有两个中国"，宣布"美帝国主义是我们的共同敌人"。二是针对解放战争尚未结束、两岸处于敌对状态，向国民党当局提出，"三十六计，和为上计"，"建议举行谈判，实行"和平解决"。

毛泽东根据海峡情势和战场态势的变化，神机妙算地做出新决策，运用高超的指挥艺术，导演了文打。通过打打停停、停停打打、半停半打、"单打双不打"、直接打蒋、间接打美的种种"战法"，使得海峡两岸在客观上形成了一定的"合力"，粉碎了杜勒斯之流导演的"两个中国"阴谋。特别是"以没有美国人护航为条件"，让国民党守军"可以充分地自由地输送供应品"，"出来活动，晒晒太阳，以利持久"等招数，都堪称是战争史上的今古奇观。但是，毛泽东也指出："在必要时，我仍可组织过去那样的大打。灵机应变，主动在我。"可以理解，毛泽东在警示大家，在组织文打时，不要忘了武打。②

1959 年 1 月 9 日，中央军委决定，"今后逢单日不一定都打炮"。为保持台湾海峡局势的稳定，中央军委还指示，从 1961 年 12 月中旬起，不主动打击金门国民党军，只在单日以宣传弹进行射击。事实表明，炮击金门是一场不求杀伤和占领，而是政治意义高于军事意义的战争。

（五）正式宣布停止炮击

1979 年 1 月 1 日，中美两国建交，美国政府和台湾国民党当局的"共同防御条约"即告终止。同日，全国人民代表大会常务委员会发表《告台湾同胞书》，宣布争取和平统一祖国的方针。国防部部长徐向前发表《关

---

① 以上均见《建国以来毛泽东军事文稿》中卷，军事科学出版社、中央文献出版社 2010 年 1 月版，简称"文稿"，凡引文不再注明出处。

② 《建国以来毛泽东军事文稿》中卷，军事科学出版社、中央文献出版社 2010 年 1 月版，第 436 页。

于停止炮击大小金门等岛屿的声明》。声明指出：中华人民共和国和美利坚合众国政府已经宣布互相承认并建立外交关系，这是一件历史性的大事。中美建交将有助于亚洲和世界的和平与稳定，也为完成两岸统一创造了有利条件。台湾同胞是我们的骨肉兄弟。为了方便台、澎、金、马的军民同胞来往大陆省亲会友、参观访问和在台湾海峡航行、生产等活动，从今日起停止对大金门、小金门、大担、二担等岛屿的炮击。历时21年的福建前线部队对金门的炮击，正式画上了句号。

第三次台湾海峡危机（1995—1996）

第三次台湾海峡危机发生于1995—1996年，针对美国批准李登辉访美和强化对台军售，大陆组织实施了多次导弹试射和海空演习，震慑了美台"勾连"活动和"台独"路线的步伐。

一、历史背景

随着1990年前后东欧及苏联解体，美国开始实行战略转变，不仅不再需要联合中国对抗苏联，反而把中国视为经济、军事方面的潜在对手，转而拉拢台湾当局充当"棋子"用。在中美建交后，美国迅即炮制了一个"与台湾关系法"，并以之为依据坚持和强化对台军售。

从台湾方面来讲，1988年1月13日蒋经国逝世后，李登辉上台，两岸关系开始倒退。曾一度表示要"以三民主义统一中国"的李登辉，在1994年4月接受日本著名作家司马辽太郎访问时，明显表露出台湾的所谓"主体意识"，开始向"台独"方向蜕变。

1995年5月2日，美国众议院以396票对零票，5月9日参议院又以97票对1票的优势，通过李登辉访美决议案。5月22日，美国总统比尔·克林顿，打破将近17年从未有过的台湾最高层领导访美的惯例，决定允许李登辉赴美参加母校康奈尔大学的毕业典礼，进行所谓"非官方的私人的访问"。6月9日，李登辉在母校发表了名为"民之所欲，长在我心"

的演讲，公开鼓吹"在台湾的中华民国"，要"突破外交孤立"，强化台美关系，还说什么"本人乐于见到两岸领导人在国际场合中自然会面"，把制造"两个中国"的分裂活动推向国际舞台。

中国共产党和中国政府为维护中华民族的根本利益，果断地从政治、外交、舆论等方面开展了坚决的反分裂、反"台独"的斗争。中国政府启动了一系列对抗措施。6月16日，中国召回驻美大使李道豫，同时决定推迟将于7月份举行的第二轮"汪辜会谈"。中央各层领导人不断向外密集释放信号："如果台湾宣布独立，一定武力解决"。同时解放军转入战备状态，进行了大规模集结，并在7—10月在东南沿海进行了多次导弹试射和海空演习，显示了中国大陆反分裂、反"台独"的坚定决心和强大能力。

二、重大军事行动

1995年7月至1996年3月，解放军在东南沿海地区组织诸军兵种联合作战演习。参加演习的有南京军区海军、空军和第二炮兵等数十万人，重点演练了导弹火力突击、空中进攻、海上作战、渡海登岛、岛上山地进攻等课题。中共中央、国务院、中央军委和各总部领导人，以及有关军区、省市领导同志共400余人参观了演习。

（一）解放军举行诸军兵种作战演习

1. 第一次导弹发射及军事演习

1995年7月18日，新华社受权发表新闻，宣布中国人民解放军第二炮兵部队，将于7月21日至28日在东海公海海域进行地对地导弹发射演习训练。从公布的经纬度看，目标区位于距离基隆港约56公里的彭佳屿海域附近。7月21日1时，二炮部队从江西铅山导弹基地，向目标区发射2枚东风–15导弹；接着又于22日零时跟2时和24日2时跟4时，各发射2枚东风–15导弹。6枚导弹均命中目标区。

7月31日，中华人民共和国国防部长池浩田上将，在建军节发表讲话，宣告：如果台湾宣布"独立"，中国人民解放军决不会坐视不顾。

接着，开始了新一轮演习。8月15日至8月25日，解放军南京军区出动舰艇59艘，飞机192架次，在东引北方约28海里处，进行海上攻防演练。演习发射的各类导弹全部命中目标。各类火炮射击也取得了优异成绩。

9月15日至10月20日，解放军陆、海、空军在闽南沿海地区展示舰艇81艘，飞机610架次。海军举行海上阅兵式，并组织实施海上多兵种协同演习。演习很成功。

10月31日到11月23日，解放军部队于东山岛举行两栖登陆作战操演，出动兵力包括步兵第91师、舰船63艘、飞机50架。这次演习显示了解放军诸军兵种联合登陆作战的能力，探索了高技术条件下作战的有益经验。

2. 第二次导弹发射及军事演习

1996年3月8日至3月25日期间，第二次导弹发射及军事演习。台海对峙达到高潮。

3月8日至3月15日，解放军在福建永安和南平导弹部队基地进行"联合96"导弹射击演习。发射4枚东风–15导弹点火升空，并迅速越过台湾海峡，飞向锁定目标。3月8日零时跟1时，解放军从永安分别试射2枚东风–15导弹，落在高雄外海西南30至150海里目标区；而同步时间前后不到10分钟，3月8日1时，又从南平发射1枚东风–15导弹，落在基隆外海29海里处目标区。后来，美国碉堡山号神盾舰在屏东小琉球附近海域陆续侦测，解放军共发射了4枚导弹。

①3月12日至3月20日间，解放军海空部队在东海与南海展开第二次实弹军事演习，以及航空兵力战术操演和编队航行、火炮导弹射击及海空联训。演习处离台湾当局实际控制的岛屿不足10海里。

②3月18日至3月25日间，解放军海、陆、空军部队展开第三次登岛联合作战的军事演习。演练项目包括三栖登陆、空降及山地作战演练。从争夺制海制空权到快速装载航渡，从装甲集群抢滩登陆到空机降部队垂直登陆，从多层次火力突击到多路强击突破，从立体穿插分割到纵深越点

攻击，展示了现代高技术条件下三军联合渡海登岛作战和山地进攻作战的壮阔演习场景。①

东南沿海军事演习，探讨了高技术条件下联合作战的重点和难点问题，锻炼和检验了解放军在近似实战条件下联合作战的能力，同时对遏制"台独"分裂势力，维护国家主权和领土完整产生了重要而深远的影响。有台湾军事评论家指出，从1995年下半年到1996年3月的大演习，正好演示了解放军从封锁，到夺取海峡制空制海权，再到登陆的对台作战的全过程。事实表明，解放军已具备了对台实施各种军事打击的能力。

（二）台军紧急制定因应方案

解放军的导弹试射和军事演习，震惊了台湾社会，民心大乱，股市大跌，外汇储备骤降，数以万计的市民赶到银行提领存款或换购美金。部分群众挤在机场想取得机位，飞往美国及加拿大的华航客机班班爆满。李登辉亲自出马对记者说，早在4个月前就准备好了18个"剧本"，应对北京可能对台湾采取的各种行动。北京有什么行动，台湾就做什么反应，妄图以此安定民心。

紧张慌乱气氛，也充满了台军。台防务部门急忙寻求应对之策。危机爆发后，台军成立了"永固"指挥小组，由一名上将"副参谋总长"任组长，同时编列三军"副总长"及情报、作战、通信等单位担负战备值班。当时的台军"参谋总长"罗本立也下达了战备命令，要求军队依据"先离岛次外岛再本岛"的原则，迅速完成作战准备及战备训练。台湾空军和导弹部队进入最高警戒，台湾海军派遣"海虎号"潜舰，满载鱼雷潜伏在解放军船团必经海域达1月之久。

面对解放军的导弹试射，当时台军没有任何可执行"源头反制"的武器装备，一度显得束手无策。时任"国防部参谋总长"的罗本立下令"中山科学研究院"，将4枚天弓－2型导弹紧急改造成为地对地战术导弹，并前推部署在某外岛，称为"天弓－2S"弹，拟以此弹实施反击。台军还调

---

① 参见《军旗飘飘——新中国50年军事大事述实》，解放军出版社1999年8月版。

派一个工蜂–6型多管火箭连、一个M60A3战车营，秘密从台湾部署至金门，准备实施报复攻击。

为寻求美国的支持，台"国防部参谋本部"在台湾"大选"前秘密派遣防务部门作战、情报主管两名中将（其中一为帅化民）亲赴美国，向军方高层说明台方因应方案，并带回美方承诺。

（三）美军派遣航母"协防"台湾

针对台海局势，美国先后派遣第七舰队2艘航母战斗群"协防"台湾。1995年12月19日，美国指令尼米兹号航母战斗群通过台湾海域。1996年3月8日，美国宣布"独立"号航母战斗群部署到台湾东北海域。3月11日，美军又命令尼米兹号航母战斗群自波斯湾前往台湾海域，与独立号航母战斗群会合。驻日本的美军也忙碌了起来。3月15日，驻冲绳的美国海军陆战队第31陆战远征部队2000余人接到24小时战备待命的命令：驻冲绳加手纳的哈利亚航空队、驻汉森兵营的炮兵和驻普天间的直升机部队均在待命状态。普天间基地的24架直升机更是忙着装备检查燃料。3月17日，从佐世堡驶出了为美国"独立"号航母运送补给的船，装载了可供5200人食用的粮食、每天7800瓶的洁净饮料和28000个汉堡包。为此，人民解放军海军潜艇部队亦紧急全部出海抗衡，真是双方剑拔弩张。

据美国前任驻华大使回忆美调航母内幕称，在短时间的磋商后，美国太平洋司令部司令普理赫决定向台海调遣航母战斗群。他说："我们当时在菲律宾部署有独立号航母战斗群。那天下午，我命令这些战舰向台湾东部移动，而不是向中国大陆这边。"

（四）博弈结局

有分析指出，普理赫之所以命令美军绕开台湾海峡，一是避免过分挑衅大陆，二是为了保护航母安全。特别是当美军发现中国有2艘战略核潜艇"下落不明"，也不得不考虑美国遭到袭击的可能，只好将航母撤走了。据台湾当局"前总统府资政"曾永贤2019年接受日本"产经新闻"访问时透露，他在 1992 年奉李登辉的指示，开始与大陆方面进行接触，建立有机密联络管道，曾获得国家主席杨尚昆的亲自接待。1995 年 7 月初，曾永贤得知，大陆将在 2 周后进行导弹试射，但不会直击台湾本岛，让台湾当局保持冷静，不要采取军事报复行动。李登辉心中有了数，延缓了"台独"步伐。在三方面的军事行动有所节制之后，此次台海危机由缓解而结束。

钱其琛在回忆经过这场斗争后，认为当时的克林顿政府比较清楚地认识到台湾问题的敏感性，以及中美关系的重要性。中美关系反而因此得以在克林顿总统的第二任期内比较平稳地发展，并得到了进一步提升。

结语

从三次海峡危机中，我们得到的最重要启示是：必须坚持一个中国原则，坚决打击"台独"分裂势力的阴谋活动，坚决反对美国等外部势力策划的"两个中国""一中一台"等分裂中国的图谋。

台湾问题本是中国的内政问题，由于美国的干预，平添了一些国际因素。在第一次海峡危机中，在美国的导演下，一个所谓的"新西兰提案"于 1955 年 1 月 28 日出台了。该提案要求安理会审议海峡两岸"在中国大陆沿岸某些岛屿地区的敌对行动"，"斡旋停火"。这是在明目张胆地制造"两个中国"，理所当然地遭到海峡两岸中国人的同声谴责。蒋介石也表示反对。他在给"台湾驻华盛顿大使"顾维钧的电文中说：'新西兰提案'将鼓励和支持那些正在以'两个中国'为目标的人。"2 月 14 日，他在记者招待会上表示："'两个中国'的说法，真是荒谬绝伦。在四千余年的中国历史上，虽间有卖国贼勾结乱寇叛乱之事，但中华民族不久终归于一统。"后来他又进一步说："台湾和大陆本属一体，骨肉相关，休戚与共。"最后，"新西兰提案"被永远搁置下来了。在第二次海峡危机中，当毛泽东发现美蒋在从金门、马祖撤军问题上有矛盾，认为美国要搞"一中一台"，"划峡而治"，于是立即决定改变原来的部署，"直接打蒋，间接打美"，把解放金、马和解放台湾、澎湖统一起来，对美国实行"绞索"政策，从而挫败了美国的阴谋。到了 20 世纪 90 年代，台湾政坛发生了重大变化，曾一度表示要"以三民主义统一中国"的李登辉，开始向"台独"方向蜕变，并把制造"两个中国"的分裂活动推向国际舞台。美国总统比尔·克林顿，也打破将近 17 年从未有过的台湾最高层领导访美的惯例，决定允许李登辉赴美进行所谓"非官方的私人的访问"。对此，中国方面果断地从政治、外交、舆论等方面开展了坚决的反分裂、反"台独"斗争，并明确声明，"如果台湾宣布独立，一定武力解决"，最终迫使美国和台湾方面的阴谋活动不得不有所收敛。

从历史到现实都表明，美国是不会轻易放弃打"台湾牌"的，制造"两个中国"的阴谋必将贯穿于台湾回归祖国怀抱的全过程中。最近，美国国务院主管东亚暨太平洋事务的副助卿费德玮（Jonathan Fritz）和一些议员公然表示，美国的一中政策不等于中国的一中原则。对此，两岸的中国人必须保持高度清醒的头脑，做好完善的应对之策。祖国必须统一，也必然会统一。

关于"台湾省籍日本兵"的历史考察

2016 年 11 月 5 日下午,蔡英文出席高雄举办的"征战属谁——追思纪念台湾省籍老兵秋祭活动"。这是台湾"总统"首次参加这样的纪念活动。报道称,这些台湾省籍老兵包括"台湾省籍日本兵"(约 20 万人)、"台湾省籍国军"(约 1 万 5 千人)、"台湾省籍解放军"(不详),然而从这些不同属性台湾老兵的数量和秋祭活动内涵来看,绿营要纪念的主要是"台湾省籍日本兵"。笔者现对"台湾省籍日本兵"作一历史考察。

一 "台湾省籍日本兵"概况

(一)募征年代和数量

"台湾省籍日本兵",从广义上说,是指第二次世界大战期间被日本殖民当局征召服兵役,以及从事军中各种事务劳务的台湾人。从 20 世纪 20 年代初,日本开始接受极少数台湾省籍少年进入军中,负责闽南语、粤语与北京官话的翻译。此后,募征工作大约经历了三个阶段。

1. 军夫、军属动员阶段(1937 年 9 月—1942 年 1 月)

1937 年七七事变以后,日本开始征召台湾人充当不具备正式军人身份的军属、军夫,分别从事事务性和劳务性工作,如军中杂役、物资运输、占领区的工农业生产等,以保障侵略战争的需要。从 1942 年 10 月起,台湾总督府还以招募海军军属名义,动员"台湾少年工"到日本学习制造飞机,共生产了上百架飞机。

2. 志愿兵阶段（1942 年 1 月—1944 年 9 月）

太平洋战争爆发后，1942 年 1 月 16 日，日本总督府情报部发布《陆军志愿兵训练所生徒募集纲要》，1943 年 5 月 11 日，日本颁布《海军特别志愿兵令》，先后共招募了 17000 名台湾省籍志愿兵参加日军。其中海军志愿兵 11000 名；汉族陆军志愿兵 4200 名，少数民族志愿兵 1800 名，共6000 名（一说陆军志愿兵为 5500 名）

3. 征兵制阶段（1944 年 9 月—1945 年 8 月）

随着战局的恶化，日本在台湾开始实施全面征兵。1943 年 9 月 23 日，台湾军司令部、高雄警备府与台湾总督府共同发布公告，自 1945 年起正式在台施行征兵制度。第一批 45726 名受检者中，有 22070 名被录取，大部分编入现役。当年 3 月，许多中上学校应届毕业生，都被征召去当学徒兵（学生兵），发配到各县市的海岸线，防备美军登陆。

据日本厚生省 1973 年的统计资料显示，自 1937 年到 1945 年为止，台湾总督府共招募军属、军夫 126750 名，从 1942 到 1945 年征募军人 80433 名，合计 207183 名。到日本投降时，"台湾省籍日本兵"战死30304 人，供奉在靖国神社，约占总数的 15%，另有失踪者约 15000 人。（据"台湾民政府"2013 年参拜靖国神社《祭祷台湾英灵文》称，现有39100"柱"台湾省籍"英灵"供奉在该神社，较前公布数多出 8796 人。）

（二）从军动因剖析

1. "皇民化运动"的毒害

日本军国主义在残酷武力镇压台湾人民的反抗后，即着力推行"皇民化运动"（日本化运动），施行一系列同化政策。1934 年，日本台湾总督府发布《台湾社会教化要纲》，强调要"努力以皇国精神的彻底普及来实施国民精神的教化"。1936 年 9 月 2 日，日本第十七任台湾总督海军大将小林跻造，提出"皇民化、工业化和南进基地化"统治台湾三原则。1937年 9 月 10 日，日本在台湾设置"国民精神总动员本部"，进行亲日思想宣传和精神动员。1941 年到 1945 年又进一步开展"皇民奉公运动"，旨在彻底落实日本"皇民"思想，驱使台湾人挺身实践。小林跻造还说："（台湾）岛民分担着国防重责，首先需使其彻底实践日本精神"，"要让他们在可称为日本精神熔炉的我军队中接受（皇民）之炼成"，为"圣战"服务。

"皇民化运动"虽然遭到了相当多的台湾人抵制，但也造就了一批敌视祖国的亲日"皇民"。正是在这种背景下，台湾一度出现所谓"志愿从军"浪潮，有的还写血书表示决心。1944 年 2 月 25 日《台湾日日新报》，以"血书志愿的热诚结实"为题，报道了李登辉（日文名岩里政男）写血书铭志被录取的消息。

2. 争取与日本人"平起平坐"

日本殖民统治台湾后，将岛上的住民视为"岛人""蕃人"和"清国奴"，是"二等""三等"日本"国民"。他们的社会地位和享受的权利，比起在台日本人相差极大。例如，台湾人的平均薪水工资，不到日本人的一半。日本人吃着台湾人种的米养的猪，但台湾人的配给量则不到日人的 1/2、1/20。台湾人要改变这种受歧视的状况，当时唯一的出路，就是去当日本兵。这既是社会地位的极大提高，也是享受崇高待遇的不二法门。

3. 生存利益的驱动

当年台湾有不少青年人是由于生存所困，希望找到报酬高一点的工作才去当兵的。据当事人回忆，凡抽签入伍的只有 10 元薪俸（日据时期的台湾银行券），但志愿从军的却有 160 元薪俸。当时一名高级教员月薪 30 元，而自愿赴战地服务的护士助手月薪则高达 90 元。

4. 日本当局的强迫欺骗

许多事实表明，有的是由于日本当局采用种种欺骗和强迫手段才去当日本兵的。例如，有的在接到通知到达指定位置，没有办理任何手续，也没有体检，换了军装就上船，干什么也不知道，后来到了菲律宾才知道要去打仗。有的不愿意去当兵，在笔试中故意把成绩考得很差，但最后还是"榜上有名"。

（三）命运悲惨凄凉

1. 无谓送死疆场

在"台湾省籍日本兵"中，战死者不在少数。1942 年 3 月至 1945 年，日军总共八批次征调台湾少数民族参战，估计总数达五六千人之多。他们被送到新几内亚岛和菲律宾等地最前线，参加防堵澳军、美军的作战，战死者达 3000 余人。

2. 被处战犯极刑

有不少"台湾省籍日本兵"在前线直接参加了战斗，有的参与了杀人、虐俘、抢掠、强奸等罪行。资料显示，战后被盟军国际审判庭判为有罪的共 173 名，其中 26 名因在澳大利亚拉包尔战俘营虐待战俘，被判为甲级战犯处以死刑，147 名乙级及其以下战犯被判有期徒刑，送到澳大利亚马努斯岛服刑。

3. 流落异乡难归

日本投降后，大批日本军人被遣返回日本，而对"台湾省籍日本兵"则弃战地于不顾。当时滞留广州的"台湾省籍日本兵"达数万人，境遇非常凄惨。还有极少数人被押到苏联关在集中营干苦力，直到 1949 年才回到台湾。在返台的 10 余万"台湾省籍日本兵"中，后有部分人被征投入国共内战，继而又被俘参加解放军，在抗美援朝战争中又被俘虏。后经无数周折才回到台湾，有的飘零异域不知所终。台湾阿美人日本兵史尼育唔（中文名李光辉，日文名中村辉夫）在印度尼西亚丛林中藏匿 31 年，直到 1974 年才被发现。

4. 求偿遭遇不公

二战后，日本政府在台湾发行的各种军用票证和人寿保险金，一夕间成为废纸。1977 年，"台湾前国军退伍军人及遗族协会""台日和平友好促进会"等民间团体，对日本政府提出要求发放补偿金等。1988 年，日本政府决定以议员立法方式对战死或重伤的台湾人，支付 200 万日元（折合台币约 43 万元）抚恤金，对韩籍日军每人为 260 万元，对日本人至少可领

4000 万日元。1995 年开始发放补偿金，以日军及军属未付薪资、军事邮政储金、外地邮政储金、简易人寿保险金、邮政年金等五项给付计，付给"台湾省籍日本兵"的是原金额的 120 倍，而付给日本军人的则高达原金额的 7000 倍。日本政府解释说，这是因为"台湾省籍日本兵"不是日本国民，因此不能享受日本军人的优厚福利。

二、思考和评说

（一）"台湾省籍日本兵"的产生是时代的悲剧

在历史的巨大变革中，"台湾省籍日本兵"只是小人物，无法主宰自己的命运。他们既参与了日本的侵略战争，同时自身也是受害者。第二次世界大战结束后，这个群体又遇到了与以往战争结束后截然不同的矛盾，例如国籍的转换，就带来了历史的和现实的许多纠结。试想，如果不是日本侵占台湾达半个世纪之久，"台湾省籍日本兵"是不可能在中华大地上出现的。因此，我们不能以"亲日"与"反日"的简单两分法来看待这个问题。事实上，"台湾省籍日本兵"中也有一些人反戈一击，投身抗战洪流，与全国同胞并肩作战的。因此，我们一定要把这笔账记到日本军国主义的头上。

（二）"皇民"情结尚在台湾社会横行

台湾回归祖国已经 71 年了，当年日本在台湾推行"皇民化运动"的恶劣影响，并未被历史的长河淹灭。曾经当过"台湾省籍日本兵"和"国民党兵"的许昭荣，因支持"台独"活动，曾被蒋氏集团以涉嫌叛乱罪逮捕，后沦落为"政治难民"。20 世纪 90 年代末，许昭荣奔走两岸收集资料，写成《台湾省籍老兵的血泪恨》。2008 年 5 月 20 日，在马英九就职的当天晚上，许昭荣自焚身亡，遗书指责台湾当局漠视"台湾历代战殁英灵"。在许昭荣生前积极推动下，并经高雄市政府同意，2009 年 5 月 20 日，高雄旗津"战争与和平纪念公园暨主题馆"开园启用。同日，许昭荣的继承者们，一些专家教授、文艺工作者、社会工作者，还有日本人，成立了"高雄市关怀台湾省籍老兵文化协会"。同年 9 月 29 日该协会总干事庄盛晃，发表关于"台湾省籍老兵的文史价值"文章，声称"台湾住民"本来都是"顺应自然自在生存的"，对于外来军事强权"绝难以抵挡"，当兵是不得已而为之。因此提出要在"战争与和平纪念公园"建立"战争追铭碑"，把 20 多万名"台湾老兵"的名字和故事刻在碑上。他认为，1945 年"终战"至今已有 65 年，如保守以每一个人家族人数 20 人计算，则是 400万人以上。言下之意，战争使"自在生存"的台湾人少了 400 万！这是典型的"台湾主体论"的表现。

（三）蔡英文热衷祭祀"台湾老兵"意在"一箭双雕"

蔡英文秋祭"台湾老兵"，这既可深化"台独史观"，又可向日本献媚，有着"一箭双雕"的作用。以李登辉为代表的"台独"精英们，一直都把台湾的命运寄托在日本身上。"台日命运共同体"早已成为他们的共识。新上任的台"立法院长"苏嘉全更是令人恶心地宣称，台日间如同"夫妻关系"。至于蔡英文的一家，本属于日本殖民统治台湾台时期既得利益集团，对日本怀有"天然"的亲切感。蔡英文在《台湾之塔》碑记中说："当年台日战士皆为同胞，生死与共，荣辱同当"，"期盼成为亲善交流桥梁，巩固日台恩义连接"。在秋祭"台湾老兵"时，蔡英文甚至称他们是"台湾的无名英雄"，表示一定要替"许昭荣前辈"们"完成他所未能完成的工作"。对此，国台办发言人指出，"历史中的正义与非正义、侵略与反侵略、殖民与反殖民的价值标准不容混淆，更不容否定"。蔡英文们妄图篡改历史、走"台独"之路不会得逞！

（中国社会科学院台湾研究所主办《台湾周刊》2016 年第 47 期）

后　记

经过各方运筹，我编写、汇集的《当今台湾观察》一书将出版了，对于我这个高龄老人来说，无疑是一个极大的慰藉和鼓励。此书的出版，首先要感谢九州出版社的同志，从审稿、编辑到出版的全过程，都给予了热情关怀和指导。社会科学院台湾研究所钟厚涛，国防大学黄建国、张忠海等同志，也从多方面给予了积极支持和帮助。原解放军报社 99 岁高龄的老干部刘天鸣，为本书题写了书名。谨在此向以上各位同志表示衷心的感谢！

需要特别说明的是，《当今台湾观察》一书和此书付梓后笔者在一些涉台刊物上发表的文章，都是在耄耋之年写就的。由于笔者阅历不广，见识有限，客观条件的限制，不妥乃至错误之处，在所难免，敬请读者批评指正！

中共中央总书记、国家主席、中央军委主席习近平指出，祖国必须统一，也必然统一。统一是历史大势，是正道。"台独"是历史逆流，是绝路。我虽已达米寿之龄，安居军休所颐养天年，但仍决心在台湾回归祖国，"反独""遏独"的斗争中，尽可能贡献一点微薄之力，哪怕是激起一片小小浪花，此生亦足矣！

瞿定国

2023 年 11 月